RANNSACHADH NA GÀIDHLIG 5

FIFTH SCOTTISH GAELIC RESEARCH CONFERENCE

air a dheasachadh le/edited by
KENNETH E. NILSEN

CAPE BRETON UNIVERSITY PRESS
SYDNEY, NOVA SCOTIA

RANNSACHADH NA GÀIDHLIG 5

FIFTH SCOTTISH GAELIC RESEARCH CONFERENCE

air a dheasachadh le/edited by

KENNETH E. NILSEN

CAPE BRETON UNIVERSITY PRESS
SYDNEY, NOVA SCOTIA

Cape Breton University Press recognizes the support of the Province of Nova Scotia, through the Department of Tourism, Culture and Heritage and the support received for it publishing program from the Canada Council for the Arts Block Grants Program. We are pleased to work in partnership with these bodies to develop and promote our cultural resources.

Canada Council   Conseil des Arts
for the Arts   du Canada

NOVA SCOTIA
Tourism, Culture and Heritage

Cover illustration, excerpt from poem by Alexander "The Ridge" MacDonald. See page 6
Cover design by Cathy MacLean Design, Pleasant Bay, NS
Layout by Gail Jones, Sydney, NS
First printed in Canada by Marquis Imprimeur

Library and Archives Canada Cataloguing in Publication

Rannsachadh na Gaidhlig (5th : 2008 : Antigonish, N.S.)
Rannsachadh na Gaidhlig 5 = Fifth Scottish Gaelic Research Conference / edited by Kenneth E. Nilsen.

Includes bibliographical references.
ISBN 978-1-897009-46-8

1. Scottish Gaelic language--Congresses. 2. Scottish Gaelic literature--Congresses.
3. Civilization, Celtic--Congresses. 4. Language and culture--Scotland--History--Congresses. I. Nilsen, Ken, 1947- II. Title. III. Title: Fifth Scottish Gaelic Research Conference.

PB1514.R36 2010   306.44089916'3   C2010-904255-7

Cape Breton University Press
PO Box 5300
1250 Grand Lake Road
Sydney, NS B1P 6L2 CA
www.cbu.ca/press

Clàr-Ìnnse / Contents

The cover illustration is from the Ridge Manuscript housed in the Fr. Charles Brewer
Celtic Collection in the Angus L. MacDonald Library at St. Francis Xavier University.
It shows the beginning of a poem by Alexander "the Ridge" MacDonald to the Rev-
erend Alexander Maclean Sinclair who taught Gaelic at St. Francis Xavier University
from 1907-1909. A digitized copy of the manuscript can be viewed on-line at http://
library.stfx.ca/etext/RidgMS1/Ridhome.html. The songs of Allan the Ridge MacDon-
ald, Alexander's father have been edited and translated by Effie Rankin in *As a' Bhràighe/
Beyond the Braes : The Gaelic Songs of Allan the Ridge MacDonald (1794-1868)* published
Cape Breton University Press (2004).

We thank Lynne F. Murphy, University Librarian, for permission to use the il-
lustration.

Ro-ràdh / Introduction

Aig an fheusd mhór an oidhche mu dheireadh de Rannsachadh na Gàidhlig 2006 aig Sabhal Mòr Ostaig chaidh ainmeachadh gum biodh an ath Rannsachadh ga chumail ann an 2008 aig Oilthaigh Naomh Fransaidh Xavier an Antigonish an Albainn Ùir, a' chiad uair a bhiodh an Rannsachadh ga chumail air an taobh a-muigh de Sheann Albainn.

Beagan làithean as deaghaidh sin thòisich mi air ullachadh airson na Co-labhairt. Fhuair mi cuideachadh mór san obair seo bho Thelma Snyder, rùnaire na Roinne. Chaidh "gairm scoile" a chur a-mach agus beag air bheag thòisich na geàrr-chunntasan air tighinn a-staigh.

Mu dheireadh thàinig an samhradh 2008. Fhuair sinn taic fhialaidh bho Bhòrd na Gàidhlig an Albainn, Oifis Iomairtean na Gàidhlig Albainn Ùir agus Oilthaigh Naomh Fransaidh Xavier. Agus thàinig na sgoilearan, faisg air trì fichead dhiubh, a' mhór chuid bhon t-Seann Dùthaich, roinn eile bho Chanada, feadhainn bho na Stàitean Aonaichte, dithis bho Éirinn, fear bho Eilean Mhanainn agus aon té bhon t-Seapain! Mhair a' cho-labhairt bhon 21amh gus an 24amh dhen Iuchar.

Mar bu trice bha trì seiseanan a' dol aig an aon àm ann an Ionad Mìle Bliadhna Chéitinn. San iomlan chaidh seachad air leth chiad òraid is a cóig a thoirt seachad, 'nam measg cóig prìomh òraidean. Sa chruinneachadh seo gheobhar aon air fhichead dhe na pàipearan goirid agus trì dhe na prìomh òraidean. Tha na pàipearan a' déiligeadh ri iomadh cuspair a bhuineas dhan Ghàidhlig: an cànan, litreachas, bialaithris, eachdraidh, ath-bheothachadh na Gàidhlig, a' Ghàidhlig sna meadhannan agus mar sin air adhart.

Cha b'e dìreach rannsachadh agus òraidean a bha a' dol. Chuir Baile Mór Antigonish fàilteachadh tlachdmhor oirnn A' chiad oidhche ann an Talla a' Bhaile. An dàrna latha bha fàilteachadh tì agus briosgaidean againn ann an Talla nam Fineachan ann an Leabharlann Aonghais L. MacDhòmhnaill. Am feasgar sin bha fàilteachadh fìon agus càise againn fo urras Bhòrd na Gàidhlig. As deaghaidh sin bha dinneir mhór ghiomach againn. Air feasgar Dhi-ciadain chaidh buill na co-labhairt air turas bus gu Ceap Breatainn far an deach fàilte a chur oirnn leis a' Chlachan Ghaidhealach. Fhuair sinn ar suipeir ann cuideachd: trosg agus buntàta. As deaghaidh na suipearach, fhuair sinn ceòl agus òrain bho mhuinntir an àite. Abair turas eireachdail!

Thàinig Rannsachadh na Gàidhlig 2008 gu crìch air feasgar Dhiardaoin le feusd mór far an d'rinn an t-Ollamh Uilleam MacGhill'Ios ainmeachadh gum biodh an ath Rannsachadh ga chumail ann an 2010 ann an Albainn.

...

At the banquet the final night of Rannsachadh na Gàidhlig 2006 it was announced that the next Rannsachadh would be held at St. Francis Xavier University in Antigonish, Nova Scotia, the first time Rannsachadh would be convened outside of Old Scotland.

A few days after that I started preparing for the conference, receiving excellent assistance from Thelma Snyder, our departmental secretary. The call for papers went out and gradually abstracts began to come in.

At last the summer of 2008 arrived. We received generous support from Bòrd na Gàidhlig in Scotland, the Nova Scotia Office of Gaelic Affairs and St. Francis Xavier University. And the scholars came, nearly sixty of them, most from Scotland, others from Canada and the United States, two from Ireland, one from the Isle of Man and one from Japan! The conference ran from the 21st to the 24th of July.

Generally there were three concurrent sessions held in the Keating Millennium Centre. All-in-all more than fifty-five papers were delivered, including five plenary session papers. This collection includes twenty-one of the short papers and three of the plenary session papers. The essays deal with a variety of subjects relating to Gaelic: language, literature, folklore, history, Gaelic revitalization, Gaelic in the media and so forth.

There were other activities in addition to the research. The town of Antigonish welcomed us with a fine reception the first night in Town Hall. The second day we had a wonderful reception with refreshments in the Hall of the Clans in the Angus L. MacDonald Library. Later that day Bòrd na Gàidhlig sponsored a wine and cheese reception at Crystal Cliffs. This was followed by an excellent lobster dinner. On Wednesday, conference attendees went on a bus trip to Cape Breton where we received a warm welcome from the Highland Village. We had supper there also: cod and potatoes. After supper we were treated to music and song by several people from the area. It was a visit we will long remember.

Rannsachadh na Gàidhlig 2008 came to a close on Thursday evening with a banquet at which Professor William Gillies announced that the next Rannsachadh would be held in 2010 in Scotland.

Kenneth E. Nilsen

I. Pàipearan Làn-Choinneimh / Plenary Session Papers

William Gillies

Studying Gaelic in the 21st Century

A Ollaimh Nilsen, a mhnathan 's a dhaoine uaisle, a chàirdean uile, chan eil e furasta dhomh ìnnse cho toilichte 's a tha mi a bhith comhla ribh ann an Albainn Nuaidh a-rithist. Tha e doirbh a chreidsinn gu bheil naoi bliadhna deug air a dhol seachad bhon turas mu dheireadh a bha mi a-bhos. Tha sin tuilleadh 's fada, agus chan fhàg mi cho fada e an ath turas. Tha mi gu math mothachail air an urram a chaidh a bhronnadh orm leis an Oilthigh agus le luchd-eagrachaidh na Co-labhairt is mi 'nam sheasamh air ur beulaibh an-diugh aig toiseach Rannsachadh na Gàidhlig 5. Gura math a thèid leis a' Cho-labhairt: chuir sibh fàilte chridheil oirnn agus tha e follaiseach gun do chuir sibh clàr air leth inntinneach agus prìseil romhainn. Tha sinn fada 'nur comain.

Some years ago the Saltire Society published two essays, one entitled "Why Scots matters" and the other entitled "Why Gaelic matters." These essays, by Dr. Derrick McClure of Aberdeen University and Professor Derrick Thomson of Glasgow University respectively, were commissioned to articulate in an approachable, yet scholarly way what Scotland's two main indigenous languages have contributed, do contribute, can contribute and should contribute to life and culture in Scotland (i.e. what they "mean" to Scotland).[1] If I were to supply a sub-title to my subject, "Studying Gaelic in the 21st Century," it would be something similar. In fact, "Studying Gaelic in the 21st Century: why it matters" captures pretty neatly both the spirit and the thrust of what I am about to say, given the special honour and responsibility that I have been given, by its organisers, of getting Rannsachadh na Gàidhlig 5 under way.

This means, as you may confidently guess, that there will be an element of *brosnachadh* (i.e., "encouragement" and/or "incitement") in the air. I shall not be devoting my time to a purely factual account of what the Gaelic language is like, or where it is spoken, or who speaks it and when, but will venture into such areas as how an enhanced understanding of these and similar questions can help to secure a better future for the language. While my bias will be firmly pro-Gaelic, this will involve an element of analysis and critique. For I intend to touch on a number of aspects of our current treatment of Gaelic, where I feel we could be doing better. And in doing so I shall in some cases need to ask why we do as we do, and try to pinpoint historical or psychological reasons and causes, with a view to dispelling myths and suggesting better ways forward.

Gaelic, like many another of the world's smaller languages, is in a precarious state. We have to be continuously mindful of that inescapable fact when assessing its prospects and discussing measures which might improve those prospects. Moreover, if I may explicitly invoke the medical analogy which is always near the surface when one is talking about an endangered minority language, we have to be aware that discussions about the health of the patient can affect patients' confidence levels and thereby influence their prognosis and the outcome of their treatment. In other words, this subject is never one to be broached in an unconsidered way. However, in the case of Gaelic the patient does not lack stamina, having survived centuries of persecution, ill-will and neglect. Nor—nowadays at least—is there a lack of well-wishers and concerned relatives to press for the best treatment and standards of care. For there is now a national recognition, more clearly articulated than I have encountered in the past, that in the current, critical phase for Gaelic, the battle is worth fighting. On the other hand, there is need for hard, new thinking in a number of key areas if we are to engage successfully with the problems we face. And the process has to start now.

Reflecting, as I have done, on my credentials to offer an opinion on this desperately important subject, I find myself conscious of both advantages and disadvantages in the "long view" that one develops after a number of years of involvement in the Gaelic world. On one hand, one has experience of what works and what does not work, and can avoid some of the potholes in the track. But by the same token, being good at avoiding potholes can also make one lose momentum. As I approach the end of my tenure of the Chair of Celtic studies at Edinburgh I become increasingly aware that the most important thing that the "old hands" can do is to recognize that there comes a time when a new generation of drivers has to take over; and the most important preparation one can make is to ensure that there are people equipped and ready to do so. Maybe this was a forgivable omission on the part of earlier generations of Gaelic scholars who worked in less pressurized times; but it has to be seen as a crucial duty now.

This brings me to Rannsachadh na Gàidhlig; for I see this conference series as one of the most exciting and positive developments on the Gaelic scholarly scene in my working lifetime. It is notable for the way it enables new thinking and younger voices to be heard and, where necessary, for criticism to be given and received. This sense of critique is vital for the development of confidence and self-awareness and for the maintenance and raising of standards. I would therefore like to spend a little time reflecting on what we are doing here today: who we are, where we are, and when this is happening. For I believe this really is an important juncture—for *Rannsachadh na Gàidhlig*, for Canada and Scotland, and for Gaelic—and one that requires us to be alive to its significance.

I therefore propose to share some reflections on the present situation of Gaelic and Gaelic research, beginning with some well-deserved successes and causes for rejoicing. I will then underline some more challenging factors, whose impact is currently being felt, or may well be felt in the future, by *luchd Gàidhlig* (i.e., by the speakers and supporters of Gaelic). I shall argue that meeting these challenges requires "joined-up" and "clued-up" thinking, and that a creation of a knowledge society with *rannsachadh* (which I shall gloss as "study and research") at its heart, is the most promising long-term strategy for Gaelic. I shall give some examples to illustrate my contention, and then conclude with a reiteration of why the whole enterprise matters.

I should add that my perspective when writing this paper was primarily an Old World, Scottish one. But I hope that what I have to say will prove interesting in detail and relevant in principle to a Nova Scotian and more generally Canadian audience; and I look forward to learning more about the Canadian situation and perspective during the discussion and during the remainder of the Conference. I already know that there are some telling parallels. Here, then, are some palpable causes for rejoicing.

In the first place, it is remarkable in a number of ways that we are here at all, holding a bilingual Gaelic conference of scholars from around the world, in Antigonish in 2008. If one takes a long view, and recalls the confident predictions of the imminent demise of Gaelic that were voiced even in such pro-Gaelic circles as the Gaelic Society of Inverness, it must count as astonishing that we are here at all in the 21st century.[2]

From that 19th-century perspective it would be equally astonishing that we are here in such numbers. Indeed, even in the 1980s I can recall a time when there were just three Celtic Departments of three scholars each and one one-man Gaelic Department to look after Teacher Training—that was the sum of Gaelic Higher Education in Scotland. The effects of earlier neglect are long-lasting, but we have made considerable strides in embedding and developing Gaelic education at the Tertiary level, especially in the last twenty years. Again, it is evident what a high proportion of young scholars are present among us, and how prominently they are represented on our conference programme. When I came into the Chair at Edinburgh only very small numbers of students were taking Celtic in our Universities, and there were virtually no graduate students.

Again, it is indubitably a cause for rejoicing that we are here in Canada—that our Gaelic tradition, having put down roots and gained a fresh vitality in North America should have continued to flourish and be respected down to the present; that those who embody it and honour it should be able and willing to reach out to the *Seann Dùthaich* and unite us here this week. It is also a great boost to be able to say with confidence that Rannsachadh na Gàidhlig has put down its own roots and become a fixture in our scholarly lives. Having started as a millennial celebration of Gaelic Studies in Aberdeen in 2000, it became an instant winner, and travelled successfully to Glasgow in 2002, to Edinburgh in 2004 and to the Isle of Skye in 2006, before making its boldest leap so far, which brought it here to Canada this year.

If one seeks an explanation for the great success of Rannsachadh na Gàidhlig, I would like to link its flourishing with the fact that it has captured and nourished a special ethos of inclusiveness. Partly, this is because its definition of Gaelic research constitutes an excitingly "broad kirk." Partly, too, it has opened its doors to scholars whose expertise is in different disciplines but who have shown themselves interested in working on some aspect of Gaelic. And it has also shown an inclusiveness of a different sort, giving a welcome to both University-based and community-based scholars. This is not just a gesture toward popular culture (though Gaelic popular culture in a slightly different sense is one of our objects of study), but real scholarship and learning being pursued and enjoyed by professional and non-professional scholars side by side. Is this something that is *dualach* (or hereditary) to Gaels? Maybe it is. I first became directly aware of this special source of energy at the conference which celebrated the centenary of the Edinburgh Celtic Chair in 1983, which had "Gaelic education and the Gaelic community" as one of its main themes.[3] I felt it again, much more recently, in 2006, at the Islands Book Trust's Benbecula conference on the Hebridean collecting activities of Alexander Carmichael.[4] Inclusiveness of this sort has been palpably or implicitly present at Rannsachadh na Gàidhlig. In fact, one could put it forward as a real, organically grown, working example of the "knowledge transfer" or "knowledge exchange" that Governments exhort Universities to practise in order to make them impact more directly on the wider world.

When one surveys the range of postgraduate and scholarly research projects recently completed or currently ongoing in our Universities another cause for congratulation emerges. The field of Gaelic Studies has long since expanded outwards from its traditional base in philology and textual study to embrace the whole range of Arts and Humanities research, including linguistic, literary, historical and musical studies, together with ethnological, sociological and other applications of the approach of the Social Sciences, not to mention a range of "applied" studies, including education and pedagogy, policy-making and language maintenance. There are dangers of "over-stretch" here, as we shall see; but the achievement of the Scottish Celtic and Gaelic Departments over the last couple of decades has been a tremendous one.

Last, but not least, it is a cause for rejoicing to me that Gaelic policy-makers and administrators are here amongst us, and will actually be contributing to our proceedings.[5] It was not always so. I well recall how the late Farquhar Macintosh and I had literally to filibuster a Comunn na Gàidhlig Language Policy conference in the mid-1980s, in order to get even a one-line bullet point about Higher Education into a "key priorities" document to be presented to the Secretary of State for Scotland, who was waiting downstairs to receive it. How far we have come from those days to the present situation, where such matters as Gaelic language policy can form part of the agenda of our cutting-edge academic conference for Gaelic, through a general recognition that soundly based research is vital to effective policy-making and monitoring achievement, that it needs to be nurtured before it can deliver, and that its nurturing has wider educational and social benefits to both community and economy. It will become clear from the contributions of the delegates from Bòrd na Gàidhlig to the present conference that the Bòrd is now enlarging and strengthening its commitment to the funding of Gaelic research in the widest sense, both directly and indirectly.

All the above considerations provide genuine, well-based reasons for "feeling good" about Gaelic at the present time. Yet I have to add that we have reached an absolutely critical stage for Gaelic. I know it is a human tendency to believe that what is happening in the present is "making history" and it is certainly a common mistake to assume that "now" is the most important time. But I don't think I am alone in sensing that this is more than a cliché as we approach the end of the first decade of the 21st century. Let me mention some of the most challenging features of the present time.[6]

I hardly need to spell out the generic threats faced by the Gaelic heartlands, as a minority language community whose fate is bound up with that of a neighbouring major economy. The minority culture can suffer equally from periods of prosperity or recession in the wider economy—when people are either attracted away by big money elsewhere or forced to out-migrate because there is no work at home, when incomers with surplus cash buy up homes and non-viable farms and decommissioned schools in the minority culture's homeland, and so on. Of course, happier versons of this scenario can occur, as when fresh blood and fresh skills rejuvenate an ageing and declining community, and the incomers become robust defenders of the local community and send their children to learn Gaelic. And it is possible for communities to continue to function as networks in more physically dispersed circumstances than before, thanks to modern transport and communication facilities. Yet one cannot sit back and wait for such new networks to emerge; firm steps have to be taken to make them happen. It is important for Comunn na Gàidhlig and other language bodies concerned with language maintenance in the Gaelic *coimhearsnachdan*, or local Gaelic-speaking communities, to become increasingly alive to the need for patient, imaginative language reinforcement at the micro level, and open to good ideas from the experience of other minority language workers in places like Ireland and Wales.

In addition to the effects of population mobility in eroding or fragmenting traditional Gaelic-speaking communities, the demographics of Gaelic are an abiding concern in the sense that, despite all efforts to encourage Gaelic speaking, we are still confronted by absolute decline in the numbers of traditional speakers of Gaelic, a rising proportion of elderly speakers, and so forth. It may be that silver linings can be found to compensate for these clouds; for instance, there may be new opportunities for younger speakers to develop Gaelic-speaking habits through virtual communities on the Internet. Possibly the most important development of the last few years is that we are learning to think more clearly and constructively about the future role of the "learner" factor in the Gaelic-speaking equation.[7]

A more specific challenge, which I have come to see as a key one, arises out of the natural tendency for Gaelic educational developments to be dependent on educational developments in "big" subjects like English and modern languages. For there have been plenty of developments; indeed, some would argue that we have created a climate of perpetual change in education. From the present point of view, it doesn't matter whether the changes come from idealistic educationalists or cost-cutting Government Ministers; the effects are the same. In this volatile world, when everyone is running to catch up with the latest directive, there generally isn't time to ask whether the current orthodoxies and the latest objectives set for English or French are appropriate for Gaelic. We truly and urgently need to find a way to identify and address these specifically Gaelic educational needs in a planned and coherent way.[8]

When a language is in a threatened state, as minority languages are, even positive developments can come at a price. For instance, greatly enhanced support for Gaelic media, such as we have seen in Scotland in the last few years, can have an adverse impact on recruitment into Gaelic teaching and other areas. More generally, the enhanced status which we seek for Gaelic, as a prerequisite for reversing language shift, can sometimes expose a dearth of suitably qualified and experienced candidates to apply for key posts. If we apply criteria used by sociologists to determine how great a population is required to generate so many chief executive officers or doctors, teachers, actors or novelists, or whatever, it quickly becomes clear that the Gaelic-speaking population suffers from a lack of critical mass. Even if Gaelic-speaking children are more able than most (something that I'm not going to deny), and even if they stretch themselves educationally more than most (which they have certainly done in the past, though I'm not sure the "system" is nowadays geared to encourage this), there are not enough to go around. It is going to require a lot of ingenuity and lateral thinking and, most of all, advance planning, to solve this problem in anything like a satisfactory way.

I should like now to dwell briefly on the ways in which Gaelic Studies, especially in Higher Education, are affected by these general factors. Obviously, we are not exempt from the demographic considerations I just mentioned. To take an extreme case, if one wants to hire a new Professor of Gaelic, somebody needs to have started "growing" her or him twenty years before; and the same is true, albeit to a lesser degree, when one is looking for new lecturers. This is especially true because the number of years it takes to train such a person may deter many from thinking of such a career, and because of the high degree of specialisation sought nowadays. When thinking about specialisation we have to remember that University recruitment norms are set by people who generally work in "bigger," better supported subject areas, where the absolute numbers of specialists outnumber Celtic and Gaelic scholars by far. The problem faced by small subjects nowadays is that if they cannot produce a short-list of highly qualified, highly productive candidates to be interviewed for their vacancy, a hard-nosed modern dean will conclude that the money should be invested in a better-founded area. And in a climate of chronic under-funding and cut-backs it is certain that there will be others keen to press the case for the post to be transferred to their area. The rich, I am afraid, tend to get richer in circumstances like these, and some incentive towards positive discrimination is probably the only way to correct that latent bias.

The same external pressure on Universities leads to a proliferation of demands made upon those who are in post. Simultaneously one is urged to increase one's research visibility (i.e., by publishing), to take on more graduate students and, in the case of Language Departments, to do more language teaching to greater numbers of students. Not only this, but the current culture in British universities is one which routinely calls on the academic staff to provide the greatest increases in productivity; and our interpretation of the need for accountability likewise multiplies the burdens for front-line teaching staff. These, together with other similar tendencies, tend to put people into survival mode, which inevitably privileges the short-term delivery of tangible end-products, at the expense of longer-term thinking about deeper educational needs. The problem is that at each stage of this game there are extra burdens to be borne by academics, and the drag factor is felt especially keenly in small but widely ramified subjects like Gaelic.

I am not sure that the cumulatively profound effects of these changes in the tenor of academic life are fully understood by people outside the sector. To be fair, they are comparable to what has happened in primary and secondary education and elsewhere. But it is of particular concern in higher education because that is where the fresh strategic thinking and critique are supposed to come from, over and above our share in the training and educating of the future teachers, administrators and leaders. Yet Gaels outside higher education sometimes refer to academics and academic study in terms which assume that we still have time on our hands, which we could invest in saving Gaelic if we just applied ourselves. Nothing could be further from the truth; all the people in academic posts in Celtic Departments that I know work the hours that junior doctors used to work, with the added challenge of trying to be intellectually creative on top of the rewarding but repetitive teaching tasks and the unrewarding and equally repetitive bureaucracy. They are neither dreamers in ivory towers nor potential champions and saviours of the language who are not doing their job properly. Misconceptions like these, whether expressed by journalists or people in politics or whomever, are as discouraging as they are unrealistic. Gaelic scholars are not magicians, though they can, if permitted to, provide illumination in ways that nobody else can. The amount they can do in the field of Gaelic is proportional to the level of resource invested in the subject, a point whose validity has lately been recognized by the Scottish Funding Council's endorsement of an inter-University proposal for a Strategic Research Development Grant to strengthen the Gaelic research base.[9] It is greatly to be hoped that this project can be made to mesh with the most pressing research needs of Gaelic.

One final thing to bear in mind is that scholars and teachers in higher education partake of a syndrome that afflicts others in the Gaelic world, and gets to us all eventually. If I single out broadcasting for special mention it is because there the injection of serious additional money has brought Gaelic into the realms of "normal" over-stretch, by comparison with, say, the BBC in the 1970s, when a tiny number of multi-tasking individuals tried to work magic with a derisory budget. The syndrome manifests itself as a form of workplace stress—an unspoken compulsion, perhaps, to "go the extra mile" or "bust a gut" when people in other sectors or departments or units have gone home. What if people were to say the Gaelic unit is not up to scratch? And what if one little light should go out for the language if I leave work on time or take my full holiday entitlement? These are not fanciful pictures; they indicate a malaise which imparts a lack of spring and dynamism, or worse, in an area where the workers are, in their own way, precious commodities for Gaelic.

While preparing this paper I more than once found myself returning to the old rhetorical question, *Am faigh a' Ghàidhlig bàs?* ("Will Gaelic die?"); and I would like to dwell now on the implications of that question in the present context. What would happen if the language did go down? I well remember it being suggested, by people involved in the Gaelic move-ment, in the old days when academic life really was more autonomous and less pressurized, that the Gaelic scholars were like undertakers waiting for the corpse to become lifeless so they could whip out their measuring tapes and work away undisturbed by twitches or other signs of life. As a young scholar I used to repudiate that indignantly as a calumny; in fact, avoiding the thrust of this accusation was, for me, one of the spurs to "going the extra mile." Nevertheless, I was conscious that it had a measure of truth in it. For in those now far-off days, dead languages and dead poets were indeed seen by many academics as more fitting objects of serious study than living languages and the poetry of living authors, which could upset a balanced academic view by coming up with something new and unexpected. But nowadays most branches of scholarship are happy to deal with dynamic, open-ended things like performance or contemporary politics. This has cer-tainly become true, over my working lifetime, in Gaelic Studies. In short, study of Gaelic as a living, varying, evolving language is no longer thought of (if it ever truly was) as involving some secret death-wish for the language. In fact, quite the opposite is true; for it is now widely recognized that strate-gies for prolonging a language's life (for language maintenance, as it is now called) are crucially dependent on penetrating analysis of current usage and trends in the language.

To answer the rhetorical question, of course Gaelic could cease to ex-ist as a living, naturally transmitted native language, though it will not do so in my lifetime or my children's. It is as well to acknowledge this pos-sibility. But note that the language would assuredly not be consigned to immediate oblivion if native-speakers' language loyalty ceased to provide a viable platform for Gaelic as a community language in the Gàidhealtachd. Individuals and groups of like-minded people would still be drawn to learn Gaelic even if it were in the strictest sense a "dead" language. And it is important to stress that in that eventuality Gaelic Studies would not cease either. Actually, one could argue that there would be an extra special duty to keep the fires of our ancestors' memory burning in that case, so as to make their words and thoughts live on for our descendants and for enquirers of all sorts: historians and archaeologists, lovers of poetry and song and students of the ways languages work. In a way, we do confront that scenario already, given the vast pageant of early Gaelic literature, all the way back to the days of Colam Cille (St. Columba, who died in CE 597), and the more recent Gaelic literature that has been preserved from those parts of the Highlands and Islands that were cleared and are now depopulated, or where Gaelic has died out within living memory.

Having said all that, I would be the first to emphasise how much richer and more meaningful such activity is when viewed from the perspective of a living language—still spoken and sung, still written and composed in, still discussed (and discussed in) both by scholars and by others to whom it is meaningful. So let us be thankful that Gaelic is still out there, and still inside of us, and on our lips. We can still regard Gaelic as "ours" rather than "theirs," unlike Latin and Greek, which we can access but which really belonged to the Romans and Ancient Greeks. The only qualification I would add is that, as scholars and speakers of Gaelic we still need to go that extra mile in using and exercising and promoting our language. We can't expect other people, on a more remote island or further up the glen or across the Atlantic, to do it for us. If we were students or scholars of Russian or Chinese we could possibly take up some other study or activity without losing sleep. We don't have that luxury while Gaelic is a living minority language. Activism and scholarship need to be on the same side here; and in the next section I want to cite some examples of ways in which they can pull on the same oar.

In the present company I hardly need to dwell on how much scholarship and research can benefit Gaelic, though in the wider world one sometimes has to stamp one's foot a bit to get this across. In the most general terms, one can put it that knowledge is a human good, the satisfaction of knowing is a good feeling, and the sharing of knowledge is a good activity. Properly based knowledge is inimical to myths and misinformation and enables dumbing down to be replaced by clueing up in a society that values it. In the case of Gaelic, securely based facts and ideas make a trustworthy basis for pedagogical, educational, policy and commercial use, and enable people to be more discerning and understanding about their own condition. They develop greater respect and esteem for themselves and earn it more readily from others. They end up as more confident people and more confident speakers of their language or languages. This is surely one of the biggest games in town for people who are seriously concerned about a future for Gaelic.

One does not have to be a genius to recognize the truth of these general propositions, or a romantic to believe them. So I won't labour the philosophical argument further here. What I would like to do, however, is to provide some concrete examples of ways in which a better state of understanding is desirable and attainable. This is a personal selection, I should add. Some of the ideas are not new, and some are not mine; but they are all worth airing. Some are tentative in form, but may serve as a stimulus to further thoughts on the part of others.

As I see it, we most urgently need to know more about Gaelic as a language, and about how it works as a language, than we currently do.[10] There are several reasons for saying this. For one thing, the last thirty years have seen the emergence of relatively well-developed sociological strands of enquiry about Gaelic, most notably in connection with the tireless researches of Kenneth Mackinnon. We need to match this capability in other areas of linguistics. Secondly, since learners of Gaelic are going to play an increasing part in the fortunes of the language in future, we need to harness and present its resources in ways that are more user-friendly for these learners. I should stress that provision for "Gaelic learners" will in future need to include the enrichment of language for native speakers, both children and adults. Thirdly, we need better means to help us understand and enjoy the riches and information stored in the older, wider Gaelic tradition. Fourthly, we share the responsibility that rests with the speakers of all languages to preserve, for posterity and future interests that we cannot yet foresee, the fullest and most faithful record that we can of a Gaelic-speaking presence wherever and whenever this can be accessed, recalled or detected. Fifthly, we must surely cherish Gaelic as a precious individual and shared faculty. I shall say a little about each of these points in turn.

As regards linguistic research *in*, and not just *on*, Gaelic, it is easy to understand why "external" enquiries (e.g., about language loyalty and attitudes to language and uptake of Gaelic broadcasting) have flourished more than "internal" investigations. One needs a far greater level of Gaelic expertise to conduct investigations within Gaelic, and the numbers of fluent Gaelic speakers with the requisite sorts of linguistic qualifications have traditionally been painfully few. I do not wish to diminish the importance of the former sort of investigation in any way, but—if I may use the medical analogy again—we need scans and blood-tests as well as thermometers and stethoscopes if we are going to cure our patient. What people say about what they do is important; but what if it turns out that linguistic habits *within* Gaelic are also important, e.g., as indicators of linguistic vitality or decay? And even more, what if they can be manipulated by expert teachers, so as to influence vitality and decay amongst the speakers of the language? It seems extraordinary that the whole world of discourse features (such as the use of loanwords, neologisms, grammatical "short-cuts" and hyper-corrections, cross-dialectal borrowings, register gear-shifts and similar) is represented so far by only a handful of studies, such as William Lamb's pioneering paper on Gaelic in the media.[11] To take a concrete example, what if certain aspects of somebody's linguistic performance (say, a Gaelic learner's) turn out to be switch-on/switch-off triggers for the Gaelic speakers whom s/he addresses? Can we improve the speaker's performance, e.g. by teaching the "tunes" of Gaelic (i.e., intonational features which are barely researched, let alone taught, but which are clearly of immense significance to Gaelic speakers in most speech situations)?[12] Can we improve the receptivity of the Gaelic speaker as a listener (by greater sophistication and self-consciousness in the ways we approach the Gaelic of broadcasting)? It is my belief that all these questions have to be answered in the affirmative, and that they all bespeak urgent research needs.

As regards the better harnessing of resources for teaching and learning Gaelic, the first point to stress is that we are all learners nowadays, as Gaelic vocabulary and idiom lose their traditional power-bases of rural and religious community life and as we move into a world of technical and texting networks. Ways of swiftly accessing words, phrases and texts, and using corpus-based research to determine even basic facts about Gaelic usage are sorely under-developed. It is not a cause for pride that, ten years after an inter-institutional project supported by the Scottish Higher Education Funding Council to do the groundwork for a properly effective computer-assisted language learning scheme which all colleges and universities could use, we are still asking our small numbers of linguistically gifted researchers to go the extra mile and reinvent wheels as Gaelic teachers. There has always been an unspoken impulse to do one's bit to "save the language" by teaching a Gaelic class. But this is a prodigal use of scarce human resources when one considers the alternatives available if we could allow the machines to take more of the strain, what valuable spin-offs could accrue in pedagogical research, and what opportunities might open up for spreading best practices in a globalizing learner market.[13]

A related point needs to be made about Gaelic grammar and linguistic description. We have in Scotland a long, though not always honourable, tradition of Gaelic grammar-writing. There have been some worthy and some heroic efforts, and there are some technical dialect descriptions that fulfil their own purposes admirably. But when one sees grammatical works being published that are based on *Dwelly's Dictionary* or on the introspection and choices of even experienced teachers, and compares what is available to Scottish Gaelic with what is available for other languages (including Irish and Welsh) it seems as though we in Scotland are flying blind. We do so because we lack scientific reference grammars, based on large-scale linguistic analysis of Gaelic as it was and is spoken and written. This facility can underpin not only more specialized or customized modern grammars (for students or adult learners or Gaelic speakers who have to write or teach the language), but also the advanced syntax and sixth-form writing books which students of French and German and Russian enjoy, but of which we are almost entirely innocent in Gaelic. In some ways our need for properly based descriptions of Gaelic is the keenest of all; but it is also the hardest to sell to those who should profit from them, on account of deeply-ingrained educational orthodoxies about the innate badness of grammar. Yet rule-based Gaelic is on balance no harder to teach and learn than rule-free Gaelic; indeed, for adult learners the latter is a contradiction. And if we are going to depend on an influx of highly competent learners to participate in Gaelic revival for the foreseeable future, as seems inevitable, we shouldn't be seduced by the argument that "English grammar is dead and English is still flourishing." Gaelic is not English, and there is little reason to assume

Gaelic can cope as well as English can in this respect. The resolution of the perceived dilemma as between prescriptive and descriptive grammar is, of course, to be found in corpus linguistics, where we harness the power of the computer to tell us what our usage actually is, and the scholar's work is analytic rather than normative per se. The norms come from the data, though the analysis has, of course, to be expert.[14]

As regards the "riches of the language," until fairly recently one would have had to say that Gaelic lexicography suffered similar neglect to the description of Gaelic grammar and syntax.[15] It is good to be able to report that things have changed for the better recently, with Bòrd na Gàidhlig, the Scottish Government and the Scottish Funding Council together recognizing the importance of the inter-institutional project to create *Faclair na Gàidhlig*, a properly researched dictionary on historical principles (i.e., based on the resources of the language through the ages and illustrating the range and development of the meaning of words). Since Professor Roibeard Ó Maolalaigh and Dr. Catriona Mackie are talking about Faclair na Gàidhlig and related projects, it will suffice to say here that a Gaelic dictionary with the authority that the *Oxford English Dictionary* provides in the case of English, and which the *Dictionary of the Scottish Language* (i.e., the digital facility based on the *Dictionary of the Older Scottish Tongue* and the *Scottish National Dictionary*) provides in the case of Scots, is, quite simply, the corner-stone for a self-respecting language. If it is put together cannily, it can facilitate countless derivative uses; and when one has created a digital facility Gaelic-English can give rise to English-Gaelic and vice versa. It has been one of the most pleasing developments of the last couple of years that politicians, language activists and teachers have come to see the central importance of developing lexicography for Gaelic.

There is, of course, a symbiotic relationship between dictionaries and texts. Even a comprehensive dictionary is only as good as the sources it relies on. If the texts are full of misprints and misinformation, then the "garbage in→garbage out" principle applies. That was why the Scottish Gaelic Texts Society was founded in the 1930s by the far-seeing vision of Professor William Watson and others. There are still major Gaelic poets and writers whose work needs to be decently edited, and it is pleasing to be able to report that the SGTS has recently been taking steps to rejuvenate its publishing programme. Not only this, but Bòrd na Gàidhlig has recognized that this initiative deserves special encouragement and support. Like the Dictionary, an active Gaelic Texts Society, with a more inclusive remit than before, can have a multiplier effect in a good number of ways, not least in involving a wider circle of younger scholars as authors and editors, and in offering fresh literary material in a form which teachers can adapt for use in schools.[16]

I turn now to what I earlier called the "record ... of a Gaelic-speaking presence," encompassing the wider Gàidhealtachd that includes ex-Gaelic areas as well as the places where Gaelic is currently spoken. I think immediately of Gaelic dialects, Gaelic place-names and the School of Scottish Studies Sound Archive under this heading. The Gaelic Section of Edinburgh University's Linguistic Survey of Scotland did its principal fieldwork, under the direction of Professor Kenneth Jackson, in the 1950s and 1960s, and a series of volumes containing its phonological data appeared in the 1990s after some years in the doldrums.[17] Covering a Gàidhealtachd that reached from Caithness to Kintyre and from St. Kilda to Braemar, it forms another vital part of the infrastructure to help us understand texts and recordings from all Gaelic-speaking areas and contributes significantly to the history of Gaelic—another project which the wider community of linguists has a right to expect from us some time. But it also has significance for broadcasting and drama, and wherever we seek to re-create the authentic accents of a community now lost to Gaelic, or wherever the Gaelic of our grandparents is still of interest. Although the Gaelic Survey has only been published so far in the austere form of phonetic transcriptions, it is a matter of great importance that ways be found to bring out the remaining materials, and especially the recordings of the 200-odd individual dialect areas covered.

A similar point may be made in relation to place-names, where the University of Edinburgh's Place-name Survey has collected voluminous records from the 1950s to the present, and where a Scottish Place-name Database has created a digital infrastructure into which this and other materials can be fed. Place-names are of intense interest to scholars and deeply meaningful to the communities which give and use them, and it is important that they too be recorded and preserved and made accessible. They bring songs and stories to life and, when used correctly, give authenticity to broadcasting and resonance to creative compositions. Their potency as markers of linguistic territory is recognised and exploited by activists and language planners. They can tell us much about the history of the language and its speakers, and an ongoing Glasgow University project is discovering the parameters of the historical expansion and contraction of Gaelic, beyond the Gàidhealtachd of recent centuries, largely on the basis of place-name evidence. There are tremendous possibilities for linking the terrain with its place-names using modern technology, and for research analyzing historical place-names to study their usage and application spatially and through time. They constitute an area where careful thought needs to precede action, because of the "garbage in→garbage out" principle referred to earlier; but a number of promising avenues are currently opening up, and place-names research deserves to be strongly encouraged because of its attractiveness to both scholarly and local communities. I was deeply impressed last year by the way in which the results of local place-name projects were physically deployed in the stairs and corridors of the new Oban High School Campus to link the children's work in the Gaelic Medium Unit with that in Geography, History and Environmental Studies.

It would be wrong to leave this subject without referring to the uniquely valuable contents of the School of Scottish Studies Sound Archive at Edinburgh University as a resource for the study of Gaelic. One cannot by any means overstate our debt to the Edinburgh scholars who, throughout the period from 1950 to the present, have enabled the singers and storytellers and the experts in every sort of traditional lore and activity to bequeath us the riches of their knowledge, experience, art and craft. In a sense the linguistic and place-name surveys are particular branches of this great Scottish ethnographical enterprise. It is a pleasure to be able to report that very substantial parts of this treasure are, as we speak, being digitized by the inter-institutional Tobar an Dualchais project which also embraces the Sound Archives of the Gaelic Department of the BBC and the John Lorne Campbell of Canna Collection of Gaelic song-recordings; and also that the trail-blazing folklore collections of Calum Maclean have already been brought into electronic form in an Arts and Humanities Research Council project run by John Shaw. This is an area where Gaelic culture has enviable resources which will soon become more readily available both to expand academic research potential and to enrich community experience.

I turn finally to what I classed as "individual and shared heritage." Fifty years ago, Professor W. J. Watson's prose and verse anthologies *Rosg Gàidhlig* (first published in 1915) and *Bàrdachd Ghàidhlig* (first published in 1918) were still considered an adequate *entrée* into the riches of Gaelic literature for secondary schoolchildren. In each case Watson's selections took one backwards in time, starting from the late 19th century. The notes and glosses grew denser, the further back one went; but the vocabulary of Gaelic-speaking children, enriched by the Gaelic of the Bible and the Gaelic of song, still constituted a sufficient grounding to let them tackle the literature of the seventeenth and eighteenth centuries at least. The generations who studied these classic volumes for their Higher Gaelic examinations were, almost without exception, a Highland-born, home-grown constituency. Hailing from Sutherland or Islay or points between, some of them would find careers at home, and others would form part of the age-old export trade to Glasgow and Edinburgh and beyond. But even when they emigrated out of the Highlands they would retain strong links with home, and take with them an identifiable Gaelic culture in the form of social networks and pastimes, church-going, choirs and *cèilidhean*, reinforced by the likes of Gaelfonn records, the Mòd and the BBC Scottish Home Service. There was, in short, a degree of homogeneity and stability about this form of Gaelic culture, which had its roots in the rural-urban relationships of the 19th century.

Since the 1960s or thereby, things have changed very considerably. Although attitudinal surveys of younger Gaelic speakers indicate that in some households these values still hold, that linguistically supportive world is remote from the experience of most youngsters and young to middle-aged adults. Church attendance is in decline, musical tastes have altered and the local *taigh cèilidh* has been supplanted by the demands of the global village (i.e., the national culture of soap operas, celebrity and fashions). On the other hand, we have greatly expanded and improved Gaelic broadcasting services, Gaelic-medium educational arrangements and opportunities to use Gaelic in new public and private domains in the age of blogs and chat-groups.

But this process of fragmentation and realignment of social groups has serious effects for those charged with providing an education for our younger generation of Gaelic speakers. What should we offer them as objects for study? Should we continue to teach a diminishing range of the "classics" of Gaelic literature, i.e., what in my school and student days in the 1950s and 1960s used to be termed the "Golden Age" of Gaelic literature? Can these be made more accessible by means of more comprehensive glosses and explanations of what those old bards (which would have to include at least some of our 20th-century *nua-bhaird*) may have meant? Or should we abandon the older (and more difficult) literature, leave it as the preserve of higher education, and just study contemporary writing? Could we preserve the semblance of studying Gaelic poetry without the substance, by observing it as a collection of cultural artefacts, without close linguistic engagement?

The trouble with all these strategies is that they leave a practical discontinuity between expectations and reality, and between Gaelic speakers and their heritage. It's clearly problematic for teachers to believe and for pupils to be told that Gaelic is our key to the past, and a proud possession because of its rich literature, and then to discover that the literature is inaccessible unless with an inordinate amount of hard work. I know one could say that the same is true of Shakespeare and English-speaking children; but (as I said before) Gaelic is not English, and the problem is a more immediately challenging one for *luchd Gàidhlig*. And it is especially urgent if there is a sense that this dislocation could be one of the reasons why teenagers and young adults switch off from, or fail to feel good about Gaelic language and culture—an impression I have repeatedly gained from speaking to students and other young people in recent years.

What is the way forward? It is easier to see where the problems come from (e.g., in national educational objectives which have unintended consequences when applied in the Gaelic context) than it is to propose solutions. I suspect that what we really need is a broad debate on "What is our literature"? and "What is our culture"?, before resorting to further curricular and pedagogical adjustments. In that spirit, here are some preliminary suggestions of ways in which one could conceptualize and present aspects of our literature in a way more explicitly designed to engage interest and encourage language loyalty. First, we could focus more than we do on Gaelic history as expressed in the Gaelic poetry, songs, writings and traditions which relate to given *coimhearsnachdan*. This could, of course, include the *Gàidhealtachdan ùra* (new Gaelic communities), as we can see from an impressive recent volume of essays on the Gaelic dimension of Glasgow.[18] Second, if we are so proud of our Gaelic songs, we could surely find ways to present them in the round, together with their *seanchas* and together with guidance into their art and craft as artistic creations. I have a lot of sympathy for the position of Bill Innes, who has recently been arguing fervently that we should start on our own doorsteps in literary terms, rather than taking as our starting point literature that has received critical accolades from a remote and self-serving metropolitan establishment.[19]

Third, we could lay a deliberate emphasis on the full extent of the Gàidhealtachd of recent centuries, laying claim to a territory that is not envisioned simply in terms of the shrinking "dark bits" in the successive census maps since 1851. It is my impression that such a philosophy must have lurked behind *Leabhraichean Leughaidh* and *Cascheum nam Bard*, the austere school text-books assembled by Donald MacPhee and Lachlan Mackinnon in the 1930s, which we still read in lower secondary school in my day.[20] At all events, it is a timely notion now, and it would surely have to include Nova Scotia. A closely related idea is that implicit in Michael Newton's excellent aim of producing a series of Gaelic anthologies focusing on localities round the periphery of the Highlands.[21] Fourthly, we should seek ways to relate Gaelic learning to study of the *àrainneachd*, or local environment, through material culture, traditional skills, names, customs, and the visible record of earlier centuries. For younger scholars I recall with special affection the imaginative treatment in Fionnlagh MacLeòid's *Rònan agus Brianuilt*.[22] But this is not simply kids' stuff (*gabhaibh mo leisgeul!*); I am still mindful of the wonderful array of material collected under the auspices of the Comuinn Eachdraidh of the Western Isles with the help of Margaret Thatcher's Manpower Services Commission—a perfect complement to the older-generation lore and traditions collected by the School of Scottish Studies fieldworkers in earlier decades.[23]

Two qualifications are necessary. First, one must be sensitive to the fact that all sorts of issues, relating to both practicalities and philosophy, are raised by these suggestions and those which others might raise in the same spirit. But if I am on the right track in suspecting that this is a key area for language strategists to consider, then a measure of open-ended thinking and high-level planning is called for. Second, I should say that some of the groundwork for this is already being done, to my certain knowledge, by dedicated and imaginative school, college and university teachers, and by

Stòrlann and other agencies. But it needs to be enshrined in a wider philo-
sophical framework that can identify principles and expedite outcomes and
be responsive to the needs of Highland children with Gaelic, their parents
and grandparents, Lowland learners in Gaelic Medium Units, university
and college students, on-line learners from overseas, non-Gaelic-speak-
ing incomers to Highland communities, and all other potential speakers
of Gaelic in the decades to come. Now, there is a challenge for Bòrd na
Gàidhlig to rise to in the next few years.

To conclude, I personally think that Gaelic is an efficacious and lovely
language. I am convinced that its literature—taking traditional and modern
together—is rewarding and sustaining at lots of levels. But I think we need
to wake up to what is out there, and find ways to understand and enjoy it
better than we sometimes do. The modern literature is not all as profoundly
moving as *Hallaig*, of course, and the songs are not all as profoundly mov-
ing as *O is tu 's gura tu th' air m' aire*. We have to believe that not all the best
poems have been made yet, nor the best songs; but that a combination of
respectful and critical familiarity with what has gone before will help to
launch or inspire fresh work. To put it slightly differently, we should temper
our reverence for what has been handed down to us with a robust sense of
ownership that includes the licence to work creatively with it to make it
speak afresh to our own generation. Scholarly research into oral and popu-
lar tradition shows us that in their own way our ancestors and predecessors
themselves were continually selecting and rejecting and adapting what had
been handed down to them. So let us find ways to revel in Gaelic, and make
it buzz for the younger generation because Gaelic is "where it's at" for them.
At the end of the day, there is no other solution to the problem of making
Gaelic "relevant."

To get to that happy position is not an easy or obvious journey, and I
do not claim to have the road-map. A lot of what I have had to say is pretty
basic and commonsensical, and yet begs many questions. There is no doubt,
however, about the need for hard thinking and carefully prioritized research
in and on Gaelic; the need for a widely accepted rationale is the most im-
portant point I have tried to make. I hope that the universities—their ranks
swelled, before too long, by Oilthigh na Gàidhealtachd—will be given the
opportunity to contribute to a greater extent than previously, because that is
their forte, and it has seemed to me that some weaknesses in Gaelic plan-
ning, and some "missed tricks" for the language, can be traced to the neglect
or under-use of this resource over the last twenty or thirty years. With the
cooperative and coordinating potential of Bòrd na Ceiltis within the uni-
versities, and the research-commissioning power of Bòrd na Gàidhlig act-
ing on behalf of an encouraging Scottish Government, one would like to
think that we can face the challenges with increased confidence.

Finally, if we are getting serious about such big issues as making Gaelic appealing to its speakers and worthy of their loyalty, then we also need to find ways of scotching the myths. Recall, for instance, the press cliché that there is an organic relationship between "Gaelic" and "dying." I will never forget how John MacInnes's strongly upbeat pioneering article for the wider English-speaking public on Somhairle MacGilleathain's poetry appeared in the London-based BBC review *The Listener* under the banner "Death of a Language."[24] Nothing could have been less appropriate—unless one were in the grip of a powerful myth about Gaelic. It is still around in some dark corners, and it needs to be flushed out. As I understand it, a myth needs to be replaced by something else, more potent, at the same mythic level. Why cannot we forge an association between "Gaelic" and "fighting back" or "future" or "life"?

Notes

1. Thomson, *Why Gaelic matters*; McClure, *Why Scots matters*.

2. The reports of meetings contained in the early volumes of the Society's *Transactions* are a valuable source of information for the spectrum of attitudes towards Gaelic in the 1870s; see Gillies "A century of Gaelic scholarship" in *Gaelic and Scotland*, 3-21.

3. For the Edinburgh Chair Centenary Conference see the section entitled "Gaelic scholarship and Gaelic education" in Gillies (ed.), *Gaelic and Scotland / Alba agus a" Ghàidhlig*; note especially Murray, "Gaelic education and the Gaelic community," 56-63.

4. For the Carmichael Conference see Stiùbhart (ed.), *The life and legacy of Alexander Carmichael*; MacMillan, *Benbecula donors*.

5. This dimension was present at Aberdeen in 2000 and Glasgow in 2002, and continued at Sleat in 2006. It became formalized, in the guise of a "conference within a conference" on Gaelic language maintenance, at Edinburgh in 2004; see McLeod (ed.), *Revitalising Gaelic in Scotland*.

6. McLeod, *Revitalising Gaelic*, 295-314, provides an excellent consolidated bibliography for the issues covered here; the same scholar's "Gaelic in Scotland: 'existential' and 'internal' sociolinguistic issues in a changing policy environment," sets out clearly the areas of language research most in need of exploration at this time.

7. See especially MacCaluim, *Reversing language shift*.

8. Boyd Robertson has spoken out on this subject for many years. See, among many other contributions, Dunn and Robertson, "Gaelic in Education," in Gillies (ed.), *Gaelic and Scotland*, 44-55; and "Foghlam Gàidhlig bho linn gu linn," in McLeod (ed.), *Revitalising Gaelic*, 87-118.

9. See Scottish Funding Council, *Horizon Fund*.

10. See now the very pertinent comments contained in McLeod, *Revitalising Gaelic*, 37-48.

11. Lamb, "A diachronic account of Gaelic News-speak." See also the same scholar's ground-breaking *Scottish Gaelic Speech and Writing*.

12. Intonation has been touched on in a new chapter in the latest edition of Ternes, *The Phonemic Study of Scottish Gaelic*.

13. See McLeod, *Computer-assisted learning for Gaelic*.

14. A small-scale example is provided by Lamb, *Scottish Gaelic* in the series "LINCOM EUROPA Languages of the World/Materials."

15. We have, of course, some good modern Gaelic dictionaries which must, however, in lexicographical terms be classified as "amateur" productions. Honourable mention should be made of Mark, *The Gaelic-English Dictionary / Am Faclair Gàidhlig-Beurla*, because of his recognition that the way to create a dictionary is to gather and sort what is out there, in a defined area or corpus, rather than generating examples and meanings from personal introspection.

16. The first fruits of this new initiative can be seen in Ó Baoill (ed.), *Mairghread nighean Lachlainn: Song-maker of Mull*.

17. Ó Dochartaigh (ed.) *Survey of the Gaelic dialects of Scotland*, vols. 1-5.

18. Kidd (ed.), *Glasgow: Baile mòr nan Gàidheal*.

19. Innes argued his case in an unpublished paper entitled "Nua-bhardachd traditional style" at Rannsachadh na Gàidhlig 3 (Edinburgh, 2004). His ideas are given effect in *Chì mi: Bardachd Dhomhnaill Iain Dhonnchaidh / The poetry of Donald John MacDonald* and in *Aeòlus: Introduction, Notes and Parallel Translation*.

20. MacPhee (ed.), *Leabhraichean Sgoile Gàidhlig* (6 vols.), brought out under the "guidance" (*stiùradh*) of Prof. W. J. Watson and published with the "authority" (*ùghdarras*) of An Comunn Gàidhealach; and Mackinnon (ed.), *Cascheum nam Bard: An anthology of Gaelic poetry* (3 vols.).

21. Newton, *Leabhar Leamhnachd is Tèatha / The Book of Lennox and Menteith*. It is to be hoped that ways can be found to enable the remaining volumes in this series to be published.

22. Stornoway, 1978. The eponymous Rònan and Brianuilt are goats which travel the length of the Long Island, discovering the history of the places they visit.

23. This extraordinary burst of activity, centred in the early 1980s, is chronicled, together with a catalogue of its achievements, by Hunter, *Comuinn Eachdraidh: the development of local history societies in the Western Isles, 1977-1991*.

24. *The Listener*, vol. 86, no. 2214 (2 September 1971).

Bibliography

Dunn, Catherine M. and A. G. Boyd Robertson. "Gaelic in Education," in *Gaelic and Scotland / Alba agus a' Ghàidhlig*, edited by W. Gillies, 44-55. Edinburgh: Edinburgh University Press, 1989.

Gillies, W., ed. *Gaelic and Scotland / Alba agus a' Ghàidhlig*. Edinburgh: Edinburgh University Press, 1989.

Hunter, Janet. *Comuinn Eachdraidh: The Development of Local History Societies in the Western Isles, 1977-1991*, MLitt Thesis, University of Aberdeen, 1992.

Innes, B. "Nua-bhardachd traditional style." Paper given at Rannsachadh na Gàidhlig 3 (Edinburgh, 2004).

———. *Chì mi: Bàrdachd Dhòmhnaill Iain Dhonnchaidh /The poetry of Donald John MacDonald*. Edinburgh: Birlinn 1998.

———. *Aeolus! Domhnall Ruadh Mac an t-Saoir (Donald MacIntyre) Introduction, Notes and Parallel Translation*. Ochtertyre: Grace Note, 2008.

Kidd, S. M., ed. *Glasgow. Baile Mòr nan Gàidheal / City of the Gaels*. Glasgow: Roinn Na Ceiltis Oilthigh Ghlaschu, 2007.

Lamb, W. "A diachronic account of Gaelic News-speak: the development and expansion of a register," *Scottish Gaelic Studies*, 19 (1999): 141-71.

———. *Scottish Gaelic*. Munich: Lincom Europa, 2001.

———. *Scottish Gaelic Speech and Writing: Register Variation in an Endangered Language*, Belfast Studies in Language, Culture and Politics 16, Belfast: Cló Ollscoil na Banríona, 2008.

MacCaluim, Alasdair. *Reversing Language Shift: The Social Identity and Role of Adult Learners of Scottish Gaelic*, Belfast: Cló Ollscoil na Banríona, 2007.

MacInnes, John. "Death of a Language." *The Listener*, vol. 86, no. 2214 (2 September) BBC 1971.

Mackinnon, L., ed. *Cascheum nam Bard: An Anthology of Gaelic Poetry* (3 vols.), Inverness: Northern Counties Newspaper and Printing and Publishing Company, 1939.

MacLeòid, Fionnlagh. *Rònan agus Brianuilt*. Stornoway: Acair Ltd, 1978.

MacMillan, Angus. *Benbecula Donors in Carmina Gadelica*. Benbecula: Taigh Eachdraidh Beinn na Faoghla, 2006.

MacPhee, D., ed. *Leabhraichean Sgoile Gàidhlig* (6 vols.) Glasgow: Blackie and Son, ca. 1939.

Mark, Colin. *The Gaelic-English Dictionary / Am Faclair Gàidhlig-Beurla*, London: Routledge, 2004.

McClure, J. D. *Why Scots matters*, Edinburgh: Saltire Society, 1988.

McLeod, W. *Computer-assisted Learning for Gaelic: Towards a Common Teaching Core*. Edinburgh: SHEFC Regional Strategic Initiatives: Enabling Gaelic CALL (January, 1998).

McLeod, W., ed. *Revitalising Gaelic in Scotland: Policy, Planning and Public Discourse*, Edinburgh: Dunedin Academic Press, 2006.

———. "Gaelic in Scotland: 'Existential' and 'Internal' Sociolinguistic Issues in a Changing Policy Environment," *Léachtaí Cholm Cille*, 39 (2009): 16-61.

Murray, John. "Gaelic education and the Gaelic community," in *Gaelic and Scotland / Alba agus a' Ghàidhlig*, edited by W. Gillies, 56-63. Edinburgh: Edinburgh University Press, 1989.

Newton, M. *Leabhar Leamhnachd is Tèatha / The Book of Lennox and Menteith*, Stornoway: Acair, 1999.

Ó Baoill, C. J., ed. *Mairghread nighean Lachlainn: Song-maker of Mull*, Edinburgh: Scottish Gaelic Texts Society, 2009.

Ó Dochartaigh, C., ed. *Survey of the Gaelic Dialects of Scotland: Questionnaire Materials Collected for the Linguistic Survey of Scotland*, vols. 1-5, Dublin: School of Celtic Studies, Dublin Institute for Advanced Studies, 1994-1997.

Robertson, A. G. Boyd. "Foghlam Gàidhlig bho linn gu linn," in *Revitalising Gaelic*, edited by Wilson McLeod, 87-118. Edinburgh: Dunedin Academic Press, 2006.

Stiùbhart, D. U., ed. *The life and legacy of Alexander Carmichael*, The Island Book Trust: Port of Ness, Isle of Lewis, 2008.

Thomson, D. S. *Why Gaelic Matters*, Edinburgh: Saltire Society, 1984.

Scottish Funding Council. *Horizon Fund: Gaelic research capacity* (SFC/09/79, 15 May 2009).

Ternes, E. *The Phonemic Analysis of Scottish Gaelic: Based on the dialect of Applecross, Ross-shire*, 3rd ed. Dublin: School of Celtic Studies, Dublin Institute for Advanced Studies, 2006.

Seosamh Watson

Tomhais air Dualchainntean Gàidhlig ann an Ceap Breatainn

Toimhsean a rinneadh cheana

'S ann air toimhsean a chaidh a dhèanamh ann an Ceap Breatainn a bu toigh leam iomradh a thoirt an toiseach.[1] Air leth bhon obair chruinneachaidh is rannsachaidh tha air a dèanamh aig an Ollamh Coinneach Nilsen agus an tionnsgnadh coimeasach a rinn an Dr. Seumas Grannd, 's e an tràchdas nach eil air fhoillseachadh fhathast a chaidh a dhèanamh leis an Ollamh Gordon MacGill-Fhinnein an t-saothair bu chudromaiche a tha air a dèanamh gu ruige seo. (Gheibhear fiosrachadh mu roinn den t-saothair a tha an sin fo na Tùsan ann an deireadh na h-aiste seo.) Ged a b'ann air dualchainntean Shiorramachd Inbhir Nis a bha an rannsachadh aig MacGill-Fhinnein A' cruinneachadh neo'r-thaing nach eil fiosrachadh na leabhar mu dhualchainntean bho phàirtean eile den eilean cuideachd agus bha Gordon e fhèin agus an leabhar aige gam threòrachadh 's mi a' deilbh na tomhais agam fhìn.[2] (Tha toraidhean na tomhais a tha an sin gan ullachadh fhathast ach gheibhear iomradh air ionadan feadh an eilein far an deach fiosrachadh a thional air a son ann an Dealbh 1.)[3] B' e an obair chruinneachaidh a bha air a bhith ga dèanamh ann an Albainn, gun teagamh, an nì bu deatamaiche a bha gam stiùireadh agus, ged nach robh *SGDS* air fhoillseachadh nuair a bha mi a' tòiseachadh (1983), bha lethbhreac den cheisteachan fhèin agam. 'S ann A' feuchainn ri cruinn-shealladh fhaighinn air siostaman foghareolais is crutheolais a bha *SGDS* gun teagamh agus bha e na b'fharsainge a thaobh sin na cuspairean na bha na mo chomas-sa a bhith. 'S e bha sin a' ciallachadh, mar sin, gun do rinn mi fhìn feum na bu mhotha den cheisteachan a tha air a chleachdadh an saothair Borgstrøm. Air an làimh eile, co-dhiù, 's e glè bheag a bhiodh ri ionnsachadh mu bhriathrachas dualchainnt sam bith ann an toraidhean fear seach fear de cheisteachain an dà thùs a bha sin ach, gu fortanach, bha eisimpleir eile faisg air làimh, oir bha e am beachd Heinrich Wagner bho thoiseach fiosrachadh fhaighinn ann an *LASID* chan ann a-mhàin mu bhriathrachas na Gaeilge ach mu bhuill-acainn, beachd-smaointean agus corra phuing den cho-rèir an lùib sin. Fada ron àm a thòis-ich mise a chur ri obair chruinneachaidh bha e fhéin is Colm Ó Baoill air tionnsgnadh coimeasach a thoirt gu buil ann am pàirtean den Ghàidheal-tachd is na h-eileanan—a' gabhail a-staigh Reachlainn cuideachd—agus bha sin air fhoillseachadh cheana. Shaoil leamsa, uime sin, gum biodh e gu math iomchaidh cuid de mo cheisteachan fhìn a stèidheachadh air an fhear aig Wagner san dòigh gum faoidte coimeas a dhèanamh gu rèidh eadar an dà shaothair.

Coinneachadh Chànanan an Ceap Breatainn

Seach gu bheil diofar eachdraidh aig a' Ghàidhlig air an taobh seo den Chuan Siar is dòcha nach miste sinn beachdachadh mu dhèidhinn na gnè àraid sin aig an ìre seo. Air ruighinn na h-Albann Nuaidhe do na Gaidheil, 's ann a fhuair iad iad fhèin gun dàil air an suidheachadh ann an coimhearsnachd a bha ioma-chultarach, ioma-chànanach gu ìre nach robh iad air a bhith aig an taigh. A thaobh chinnidhean Eòrpach ris am biodh iad a' coinneachadh, bha le chèile na h-Acaidianaich (luchd-labhairt na Fraingis) agus luchd-labhairt Beurla a bhuineadh bho thoiseach do chaochladh rìoghachdan, a' toirt a-staigh Èirinn. Neo'r-thaing nach robh luchd-labhairt na Gàidhlig Èireannaich air a bhith ag àiteachadh na dùthchadh bho chionn fhada cuideachd agus, ged nach do mhair an cànan aca, bha àireamh dhiubh air pòsadh am measg theaghlaichean a bhiodh a' bruidhinn Gàidhlig anns an dòigh gur e sloinnidhean Èireannach a tha air cuid dhiubh seo nar linn fhìn, leithidean Burke, Carroll, Coyle, Connell, McDaniel, Cody, Lamey, Ryan agus Dunne; agus anns an latha an-diugh 's e fear Fearghaileach a tha air gin den fheadhainn as òige aig a bheil Gàidhlig Cheap Breatainn bho na glùinean. 'S ann à Siorramachd Longfoirt na h-Èireann a thàinig a shinn-sear ainmeachaidh .i. Eoghann Èireannach, a thàinig a dh'fhuireachd dlùth ri Beinn nam Fearghaileach ann an Eilean na Nollaig.[4]

A dh'aindeoin sin is uile, b' ann ri tùsanaich a' phobail Mi'kmaq bu mhotha a bha na Gàidheil air a bhith a' dèiligeadh air bhonn làitheil aon uair's gum biodh iad air tuineachadh anns an dùthaich, a rèir na beul-aithris. 'S fheudar gun robh eadar-ghnìomhachadh cànain eadar an dà bhuidhinn agus, gu deimhinne, 's fhiosrach sinn gun robh corra neach am measg nam Mi'kmaq aig an robh Gàidhlig anns na ginealaichean a chaidh seachad, ach co-dhiù 's e glè bheag a theisteanas a th' ann—ma tha e idir ann—

de dh'fhaclan-iasaid ann an cainnt làitheil Gàidheil Cheap Breatainn a
fhuaireadh bho chànan nan tùsanach. Air an làimh eile, an dà chuid ann am
Beurla agus ann an Gàidhlig an eilein tha pailteas ainmean-àite a thàinig
bhon bhun-tobar a bha sin, is iad, mar as trice, den aona chumadh, m.e.
Màbu, Ingonish, Eskasoni, Gabarus, Arichat, Baddeck. Tachraidh e corra
uair, ge-tà, an àite fear dùchasach gun deach ainm Gàidhlig a chruthachadh
nach gabhadh a-staigh a Bheurla muinntir Cheap Breatainn, m.e. Pòn na
Maise (Benacadie), Hogamà (Whycocomagh), Eilean Macrì (Margaree Is-
land), agus a leithid sin.

Air leth bhon Bheurla, cànan luchd-riaghlaidh na Dùthchadh, 's ann leis
na Frangaich, mar bu trice, a bhiodh tìrichean Gaidhealach na h-hAlbann
a' dèanamh conaltradh, ach 's e glè bheag a dh'fhianais a th' againn gun robh
tarraing mhath aca ri chèile. Mas ann mar sin a bha, cha bhi sinn a' gabhail
iongantais ged nach eil mòran a dh'fhaclan-iasaid bho Fhraingis an eilein
rim faighinn anns a' Ghàidhlig a bharrachd. 'S fhiach dhomh iomradh a
thoirt air a dhà-no-thrì dhiubh, m.e. *a' ghrip* 'cnatan mòr 1919', *entrevale*
[ˈɪntrəˌval], agus, ma dh'fhaoidte, *mìnn(t)*[5] a tha gu faighinn ri taobh *mèinn*
a tha nas cumanta anns a' Ghàidhlig. A-mach bho na tha sin, 's ann an
ainmean-àite, mar as trice, a gheibhear teisteanas air buaidh na Fraingis ann
an cainnt na Gàidhlig. 'S ann bu chòir a ràdh cuideachd gun robh na Frang-
aich rim faighinn air an sgapadh na b' fharsainge feadh an eilein ron an
seo na ligear fhaicinn ann an earrainn nan ainmean-àite Fraingis ri ar linn
fhìn. Faodar àiteachan eile far an robh an dearbh chinneadh air tuineachadh
fhaighinn a-mach bho ainmean mar 'French Road' no 'French Vale'. Tha
roinn de sheann ainmean Fraingis a chaidh a eadar-theangachadh gu
Gàidhlig, air neo Beurla, m.e. *An Abhainn Mhòr*, agus neo'r-thaing nach eil
suidheachadh na Beurla, *Grand River* a' leigeil bun-ainm na Fraingis fhaic-
inn nas fheàrr na dreach an ainm Ghàidhlig. Air an làimh eile, ma chaidh
an t-ainm Fraingis a chumail ann am fear de na cànanan eile, bidh e air a
chaomhnadh, mar as trice, ann an suidheachadh a tha gu math coltach ris
a' bhun-fhacal, m.e. Barrachois, Belle Cote, Framboise, l'Ardoise, no Main-
à-Dieu. Tha e a' tachairt uaireannan gu bheil am bun-ainm ann am Fraingis
air a ghlèidheadh anns a' Ghàidhlig ged nach deach gabhail ri ainm Beurla
a chaidh a thoirt ri àite nas anmoiche, m.e. *Seastago* Port Hood agus *Ceap
Nòr* Cape North. Tachraidh e uaireannan eile gum bi atharrachaidhean a
thaobh foghareolais no crutheolais eadar a' Ghàidhlig is a' Bheurla, m.s.
Loch Bhradòir, Bras d'Or Lake, *Cheadacong* Cheticamp, *Siudaig* Judique no
Glasbaigh Glace Bay.

Ged a tha a' Bheurla air a bhith smachdail bho chionn fhada anns an
eil-ean, tha ainmean-àite na Gàidhlig anns an fharsaingeachd air mairsinn
beò gu cuimseach math, ri taobh an co-ionnain anns a' Bheurla, mar as trice,
m.e. *Abhainn nam Breac* Trout River, *Eilean na Nollaig* Christmas Island,
no *Gleann Chomhann* Glencoe. Chan ann ainneamh, ach a bharrachd, a tha

ainmean-àite ann am Beurla, air neo air an eadar-theangachadh gu Beurla, air an gabhail a-staigh do Ghàidhlig, gu h-àraid an fheadhainn a tha a' buntainn ri bailtean-mòra mar St Peters no Sydney (air a litreachadh gu tric Sudnidh agus air dèiligeadh ris mar gum biodh ainm Gàidhlig ann). Na leithid de shuidheachadh, ge-tà, bidh corra ainm Gàidhlig air mairsinn ri taobh an ainm Bheurla, m.e. *An Sìthean* Inverness Town, no eadhon air a chleachdadh air thoiseach air an ainm Beurla, m.e. *Baile nan Gall* English-town. A thaobh nan eileamaidean a bha a' cruthachadh nan ainmean-àite, thathar a' toirt fa-near gu bheil caochladh fhaclan-iasaid bhon Bheurla, a tha rim faighinn uaireannan ann an ainmean-àite na h-Albann, a' tighinn am fianais ann an Gàidhlig Cheap Breatainn, le chèile gus bun-bheachdan tìr-eòlais a chiallachadh agus nan cuid de dh'ainm-àite, m.e. *Am Pòn Mòr* Big Pond; *lèag* 'lake', m.e. *An Lèig Dhubh, Lèig Ghabarus* Gabarus Lake. A thaobh sin, tha ri fhaicinn ann an Ceap Breatainn gu bheilear air gabhail ri roinn de dh'fhaclan ùra bhon Bheurla, leithid *ruids* 'ridge', cuid dhiubh a tha a' nochdadh cuideachd ann an ainmean-àite: *bidse* 'beach', *A' Bhidse Mhòr, A' Bhidse Bhàn; maise* 'marsh', m.e. *Pòn na Maiseadh* [ainm àite a tha a' ciallachadh 'linne na boglaich'] Benacadie ann am Beurla; *barain* 'fàsach', m.e. *Am Barain Mòr* the Great Barren. Tachraidh e, uaireannan, gun tig faclan-iasaid air lom ri taobh ainmean àbhaisteach na Gàidhlig, leithid *caolas: Caolas Sìlis* no *Na Narras Bheaga* Little Narrows, ach *An Caolas Mòr* Grand Narrows.'S e eisimpleir eile a th' ann an *còbh* 'camas' bhon fhacal 'cove' ann am Beurla. Tha seo ri fhaighinn ann an *Còbh na Raice* Wreck Cove agus *Còbh an Fheòir* Hay Cove air an aon làimh ach 's e am facal Gàidhlig 'camas' a tha ga chleachdadh ann an iomadach àite eile, m.e. *Camas Leathann* Broad Cove.

A thaobh a' bhriathrachais làitheil Bheurla a tha air freumhachadh ann an Gàidhlig Cheap Breatainn, tha e gu math soilleir gu bheil cuid dheth, mar a thachair a thaobh roinn de na h-eileamaidean anns na h-ainmean-àite ris an robhas a' dèiligeadh ron seo, air a bhith ga cleachdadh anns a' Ghàidhlig mun do thuinich na Gàidheil ann an Canada an Ear. Neo'r-thaing nach e briathrachas cultarach a bha ann an cuid dheth, m.e. *curs garbh* (mu mhin choirce ₇ c.) *bargan, feans, liquor, out-house, town.* Bha caochladh fhaclan aig an robh buntanas teicneolais, m.e. *drive, frame, harness, point, pot, shaft, sleigh,* a' gabhail a-staigh ghnìomhairean mar *frame, nail* no *square,* pàirt den bhriathrachas a' mairsinn, gun teagamh, ri taobh fhaclan àbhaisteach Gàidhlig. Tha taosg de dh'fhaclan eile a thathar a' cleachdadh gu làitheil, 's càch a' gabhail riutha ann an dòigh a tha buileach nàdarach. Faodar luaidh a dhèanamh air an fheadhainn a leanas: *able, all right, beggar, busy, chance, clear, clever* ('luath'), *command, crowd, cruel, dam, load, neighbour, pàstar, poidhle, rough, slow, squall, step, story, tough, trust,* agus ann an gnè nan gnìomhairean: *fight, mark, shift, sink, start.* Thathar air gabhail ri pàirt dhiubh anns a' Ghàidhlig ann a bhith a' cur leasachan mar *an* riutha, leithid *breeze-an,* air neo air an gabhail a-staigh ann an gràmar Gàidhlig, m.e. (am

measg ghnìomhairean) bother-*igeadh,* cover-*igeadh,* clear-*igeadh,* watch-
adh, roll-*adh* agus nail-*adh;* (agus buadhairean gnìomhaireach): fit-*te,* split-
te, stretch-*te* agus pave-*te.* A thuilleadh air sin tha roinn de dh'fhaclair air
a cruthachadh bho fhaclan-iasaid Beurla a chaidh a chleachdadh às ùr gus
ainmearan fillte a dhèanamh, m.e. fork-*phitchidh* 'forc-fheòir' agus *dreas-
mhairbh* 'marbh-fhaisg'.

Às aonais fianais ann an tùsan Albannach, neo'r-thaing nach eil e duilich
faighinn a-mach co-dhiù bha facal-iasaid air leth air a stèidheachadh ann
an Gàidhlig mun tàinig an cànan a-nall thar a' Chuain Siar gus nach robh—
dh'fhaodadh e bhith, gun teagamh, gur ann an dèidh sin a chaidh gabhail
ri cuid den fheadhainn air an tug mi iomradh cheana. Ach tha cuid eile
ann, nam bheachd-sa co-dhiù, aig a bheil comharraidhean àraid a tha leig-
eil fhaicinn gur e faclan a chaidh fhaighinn bho Bheurla Cheann a Tuath
Ameireaga a th' annta. Tha e a' tachairt corra uair gur e fianais fhoghareolais
a th' ann, m.e. *deuce* cairt-chluiche as fhiach a dhà; air neo dh'fhaodadh an
aon chiall a bhith aig facal air leth ann an Gàidhlig 's a tha aige ann am
Beurla Ameireaga, ach chan ann anns a' Bheurla am Breatann no an Èirinn,
m.e. *slick* 'snog', *slack* 'tinn', *spry* 'fallain', *stòr* 'bùth', agus *bush* 'uisge-beatha
mì-laghail'. Cuireamaid an coimeas cuideachd na gnathasan-cainnt a leanas
ann an Gàidhlig an eilein: *air a' chuff/ an cuff air ...* 'air mhisg'; *a' toirt time
do* 'a' toirt gàire air'; agus *a' faighinn pull bho* 'a' gabhail dragh de'. 'S e a tha
clearadh, suidheachadh eile den ainmear gnìomhaireach a tha aig *clear* air an
tugadh iomradh cheana, a' ciallachadh 'achadh' ann an àiteachan an Ceap
Bretainn, a chionn gur ann mar sin a chaidh achaidhean a chruthachadh
feadh an eilein nuair a bha e air a chòmhdachadh le coilltean uile gu lèir. 'S
fhiach cuimhneachadh cuideachd air an fhacal *coille-dhubh* .i. coille a tha air
a losgadh, pàirt den choille a tha air a gearradh agus fuidhleach stoic nan
craobhan air an losgadh air falbh gus dàil-bhuntàta a dhèanamh ann.

Diofrachadh nan Dualchainntean

Mar a thug mi iomradh mu thràth, bhiodh buidhnean nan eilthireach bho
cheàrnaidh àraid den Ghaidhealtachd, mar bu trice, a' tuineachadh ri taobh a
chèile anns an aon phàirt de Cheap Breatainn[6] agus chaidh cuimhneachadh
anns a' phobal c' às a bha sinnsrean muinntir an àite sin. 'S e *Hearaich,* mar
eisimpleir, a thathar a' cantainn ann an Gàidhlig ris an fheadhainn a bha ag
aithneachadh na Hearadh mar an àite bunadais sa Ghàidhealtachd, *Glasaich*
a chante ri muinntir Shrath Ghlais, *Mucanaich* ris an fheadhainn aig an
robh sinnrean aca bho Eilean nam Muc; agus *Aillsich* ri daoine a fhreumh-
aich bho eilthirich a thàinig a-nall bho dhùthaich Loch Aillse. Chan e a-
mhàin gun robhas ag ainmeachadh mar bu cheart feadhainn aig an robh
sinnsrean a thàinig a-nall bho na h-Uibhistean, ach fiù 's anns na 1980an
bha neach-aithris leam ga h-aithneachadh fhèin mar thè Dheasach .i. gur

ann à Uibhist-a-Deas a bha a sinnsrean agus, a bharrachd air sin, bha e comasach dhi an dà chuid daoine àraid eile aithneachadh mar Thuathaich .i. gur ann bho Uibhist-a-Tuath a thàinig na sinnsrean acasan, agus eisimpleirean den dualchainnt aca a thoirt seachad i fhèin. Ged a bha eilthirich bho na Hearadh air tuineachadh gu lìonmhor ann an taobh an eara-dheas an eilein (agus dùthaich Ghabarus air a cur san àireamh) agus eilthirich bho Leòdhas air tuineachadh gu ìre nas lugha teann air a' Chaolas Mhòr am meadhan an eilein, 's e eilthirich bhon dà eilean a bha an sin, 's iad a' tuineachadh ri taobh a chèile ann an àite eile, a stèidhich am poball as motha aig a bheil dearbh-aithne phròstanach san eilean .i. ann an ceàrnaidh ris an abair iad An Cladach a Tuath. 'S ann a tha e dualtach eadhon gus an là an-diugh don dà chuid, luchd-labhairt na Gàidhlig a fhreumhaich bho na h-eilthirich a bha sin agus do na Gàidheil eile air feadh an eilein a bhith gan ceangal fhèin ri ceàrnaidhean den Ghaidhealtachd bhon tàinig na sinnsrean aca agus, mar an ceudna, ri dualchainnt an àite a tha sin—chan e a-mhàin sin ach tha na poballan a tha nan coimhearsnaich dhaibh gan aithneachadh fo na h-ainmean sin cuideachd. Mhothaich mi don t-suidheachadh a bha sin ri linn dhomh bhith a' gabhail do dh'obair-rannsachaidh mun cuairt air Gabarus ann an 1983, 's mi a' sireadh dhaoine aig an robh sinnsrean a thàinig à Loch Aillse ann an Taobh an Iar Rois. Cha robh duilgheadas sam bith aig muinntir an àite, feadhainn Hearach am poball a bu lìonmhoire ann, an stiùireadh a bha a dhìth a thoirt dhomh a dh'ionnsaidh seann Bhan-Aillsich a chruthaich na neach-aithris dhomh cho math 's a ghabhadh.

Anns an dealachadh tha mi airson geàrr-chunntas a thoirt seachad air beagan a dh'obair-rannsachaidh[7] a tha air a dèanamh agam ann an dà àite anns a' cheàrnaidh den eilean ris an canar An Cladach a Tuath, far an do thuinich eilthirich le chèile bho Leòdhas agus na Hearadh,[8] rud a tha a' ciallachadh gun aithnich na Gaidheil a tha a' fuireachd ann iad fhèin mar Leòdhasaich air neo mar Hearaich. B' e Drochaid na h-Aibhne a Tuath[9] an dara àite ann an ceann a deas na ceàrnaidh agus Còbh na Raice mu 30 Cm gu tuath an t-àite eile. A thaobh an dara àite tha ri fhaicinn an cuid ainmean-àite dè cho cudthromach is a tha buaidh na Hearadh, bho chionn chaidh *Tarbot* is *Tarbotvale* a thaghadh a dh'aona ghnothaich, a rèir fear den luchd-aithris agam gus cuimhne a chumail air a' phort ainmeil, Tairbeart, anns an dearbh eilean. A rèir an rannsachaidh agam mu roinn de phuingean foghareolais anns a bheil eadar-dhealachadh ri sònrachadh eadar dualchainntean na Hearadh agus Leòdhais, ged a tha an dà àite a' dol le Leòdhas ann an cuid dhiubh, tha fhios gu bheil dualchainnt muinntir Tarbot a' taisbeanadh cheanglaichean nas dlùithe ri Leòdhas na tha an dualchaint aig Còbh na Raice a tha, air an làimh eile, ag aontachadh ris na Hearadh a thaobh phuingean air leth. Chaidh na toraidhean a bha sin a dhaingneachadh le fiosrachadh a fhuair mi bho bhean den luchd-aithris agam mu dhèidhinn feart eadardhealachaidh a thug i fhèin fa-near eadar dualchainntean an dà àite. 'S ann a mhìnich an tè a bha siud dhomh gun robh i air tighinn a-nuas bhon àite às an robh i, Còbh na Raice, an dèidh dhi pòsadh, a dh'fhuireachd còmhla ri muinntir an duine aice ann an Drochaid na h-Aibhne a Tuath, agus gun do ghabh i ri faclan àraid a bhuineadh ri dualchainnt poball an àite seo. Am measg nam faclan air an robh cuimhne aice bha *bàrr* 'cream' ann am Beurla a bha i air cur an àite an fhacail a bha aice fhèin bho na glùinean .i. *uachdar*. Tha an diofrachadh sin ga dhearbhachadh mar eadar-dhealachadh dualchainnt eadar Leòdhas agus na Hearadh le rannsachadh Borgstrøm[10] agus tha fianais bhon obair a tha air a dèanamh aig Wagner is Ó Baoill ann an taobh an iar na h-Albann[11] gur ann mar sin a bha. Anns an tùs seo tha luaidh air *bàrr* air an aon làimh aig puing *(e)* ann an Leòdhas agus aig puing-ean *(f, g)* air a' chost an iar, ach air an làimh eile, tha iomradh air *uachdar* aig na puingean eile bho Bheinn nam Fadhla gus an ceann a deas, a-mach bhon iomall a deas air fad far am faighear facal diofraichte uile gu lèir.

Tha na bha ri fhaicinn anns an t-suidheachadh a bha sin a' leigeil leinn lèirsinn fhaighinn, gu ìre, air diofrachadh nan dualchainntean ann an Ceap Breatainn. Mar a b' fhiosrach do rannsachairean a' chànain bho mheadhan na 20mh linne air a' chuid a bu lugha, bha air mairsinn air feadh an eilein poballan beaga de luchd-labhairt na Gàidhlig is iad a' fuireachd fhathast anns na h-àiteachan anns an do thuinich eilthirich bho phàirtean air leth den Ghàidhealtachd is bho na h-eileanan. Dh'fhaoidte a bhith an dùil, mar sin, gun cumadh na buidhnean diofraichte sin orra, a h-uile tè dhiubh a' bruidhinn dualchainnt sinnsrean nan daoine a thuinich ann an àite—agus neo'r-thaing nach eil a leithid air agairt ron seo; ach, a rèir mar a tha air a thagradh an seo, is urrainn dearbhachadh nach eil cùisean cho simplidh. Nam bheachdsa, co-dhiù, thèid an co-dhùnadh a tha seo a neartachadh le dà thagradh eile air an dèan mi luaidh. Anns a' chiad dol a-mach, tha am poball Gàidhlig a tha a' fuireachd timcheall air Ì Chalum Cille (Iona) a' cumail a-mach gur ann bho eilthirich à Barraigh a fhreumhaich iad fhèin, ach 's ann a tha an cànan aca a' nochdadh feartan foghareolais air leth a tha nan comharraidhean air dualchainntean faisg air làimh ann an Siorr-amachd Inbhir Nis nach robh bunntanas aig sinnsrean luchd am bruidhne ri eilean Bharraigh, m.s. *l-/-ll(-)* leathann eachdraidheil a dhol na [w]; agus *–nn(-)* eachdraidheil a dhol na [m]. Anns an dara àite, 's fhiosrach sinn gum b' àbhaist coireachadh a dhèanamh anns an dearbh shiorramachd air a' Ghàidhlig aig daoine àraid air tàilleabh feartan sònraichte a bhith rim mothachadh innte. 'S e na h-Abraich a chante ris an fheadhainn a bha siud. Ach chan fhaighear soilleireachadh iomlan air an t-suidheachadh a tha seo gun tarraing a thoirt air na puingean a leanas:

(i) gu bheil na dearbh fheartan a' tighinn am fianais, ach chan ann cho tric, ann an Gàidhlig dhaoine eile anns an dearbh shiorramachd;

(ii) de na feartan a tha sin, chan eil ach aon dhiubh a tha a' comh-
arrachadh Gàidhlig Loch Abair – agus chan ann ach pàirt den
cheàrnaidh a tha sin;

agus, mu dheireadh:
(iii) tha na Gaidheil ann am pàirtean de dh'Alba buailteach air a
bhith a' cantainn 'Gàidhlig Loch Abair' ri dualchainntean air nach eil
iad glè eòlach.[12]

'S e a tha air a thoirt air aghaidh agam an seo, mar sin, nàdar de
dh'aithisg eadarach air dà ghnè de rannsachadh cànanachais mu Ghàidhlig
Cheap Breatainn a tha air taisbeanadh, tha mi an dùil, an dà chuid an saidh-
bhreas ioma-chruthach a tha ri fhaighinn aig rannsachairean anns an raon
àraid seo agus, na lùib sin, an obair ro mhòr a tha fhathast ri dèanamh ann.

Earr-Ràdh

Liosta Sealadach de dh'Ionadan Tomhais Cànanachais an Ùghdair
mar a tha iad rim faighinn ann an Dealbh 1.

Gàidhlig	Beurla
1. An Abhainn Mhòr	*Grand River*
2. Framboise	*Framboise*
3. Lèig Ghabrus	*Lake Gabarus*
4. Rocky Boston	*Rocky Boston*
5. A' Mhaoire Mhòr a Deas	*Grand Mira South*
6. Cùl a' Chnuic Mhòir	*Rear Big Hill*
7. Drochaid na h-Aibhne a Tuath	*North River Bridge*
8. Tairbeart	*Tarbotvale*
9. Còbh na Raice	*Wreck Cove*
10. Camas Leathann	*Broad Cove*
11. Màbu an Ear-thuath	*Northeast Mabou*
12. An Ruids	*Alpine Ridge*
13. Gleann Comhann	*Glencoe*
14. Siudaig na h-Àird a Tuath	*Judique North*
15. Am Bràigh	*Glendale*
16. Gleann nan Sgitheanach	*Skye Glen*
17. An Lèig an Ear	*East Lake Ainslie*
18. Gleann Bharraigh	*Barra Glen*
19. Eilean na Nollaig	*Christmas Island*

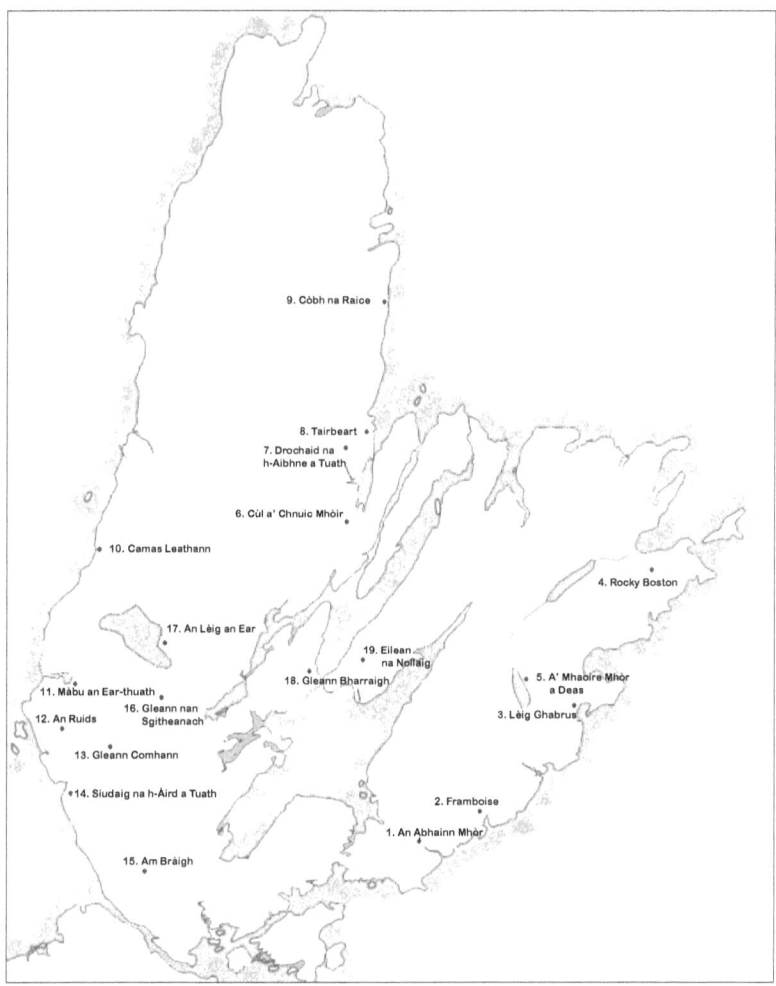

Dealbh 1 - Ceap Breatainn: Clàr sealadach de dh'Ionadan Tomhais Cananachais an ùghdar 1983

Nota

1. Chaidh dreach tòiseachail den òraid a tha an seo a lìbhrigeadh aig a' cholabhairt 'Bho Chuan gu Cuan: Scottish Gaelic in a Canadian Context', a bha air a chumail ann an Oilthigh Ulaidh, Beul Feirsde, 26-7 Giblean 2007, le taic airgid bho Rialtas na h-Albann Nuaidh, Colmcille agus Ollscoil Uladh.

2. 'S mi a tha gu math fada an comain nan daoine a leanas airson an comhairle agus a' chuideachaidh fhialaidh a thug iad seachad dhomh ri linn na h-obrach a tha an seo: Eòs Murphy, Dartmouth; Seumas Watson (Stiùiriche an Taisbeanaidh, An Clachan Gàidhealach, Ceap Breatainn) agus Dr Iain Seathach (Oilthigh Dhùn Èideann).

3. Tha mi a' toirt taing do Sheumas Watson airson mo chuideachadh le fiosrachadh a thaobh na cairt-iùil a tha an seo. Chaidh stuthan airson ceisteachain nach robh cho iomlan a thrusadh ann am pàirtean eile den eilean cuideachd.

4. MacKenzie, *The MacKenzies'*, 25.

5. Ged a dh'fhaodadh buntanas a bhith aig an dreach a tha seo den fhacal ri *mind* anns a' Bheurla Ghallda.

6. Dunn, *Highland Settler*, 26-27.

7. Airson cunntas a bharrachd air an tionnsgnadh a tha an seo faic Watson 2005.

8. "...the great bulk of the [North Shore] inhabitants came the following year [1829] from the Isle of Harris...." Patterson, *History of Victoria County*, 80.

9. "...the great bulk of the inhabitants of [North River Bridge] are, however, from the Island of Lewis and Harris." Patterson, 80.

10. Borgstrøm, *Survey of the Gaelic Dialects*, 71, 164.

11. Wagner agus Ó Baoill, *Linguistic Atlas*, 249.

12. Faic cuideachd Watson 2005, 100-101.

Tùsan

Borgstrøm, C. Hj. *Survey of the Gaelic Dialects of Scotland I: The Dialects of the Outer Hebrides*. Oslo: Oslo University Press, 1940.

Dunn, C. W. *Highland Settler: A Portrait of the Scottish Gael in Nova Scotia*. Toronto: Toronto University Press, 1953.

Grannd, S. "Some Influences on the Gaelic of Cape Breton," *Scottish Language* 17 (1998): 119-128.

MacGill-Fhinnein, G. *Canúint Ghàidhlig de chuid Chontae Inbhir Nis, Ceap Breatainn, Albainn Nua. Ceanada*. Tràchdas PhD neo-fhoillsichte, Ollscoil na hÉireann, Baile Àth Cliath, 1974.

MacKenzie, A. J. *The MacKenzies' History of Christmas Island*. Sudbury, ON: MacKenzie Rothe, 1984.

Nilsen, K. 1996. "Some Notes on the Gaelic of Eastern Nova Scotia," *Scottish Gaelic Studies* 17 (1996): 292-94.

Patterson, G. W. *History of Victoria County*. Sydney, Albainn Nuadh: College of Cape Breton Press, 1978.

Ó Dochartaigh, C., deas. *Survey of the Gaelic Dialects of Scotland I* (1997) *II-V.* Baile Àth Cliath, 1994.

Wagner, H. agus Ó Baoill, C. *Linguistic Atlas and Survey of Irish Dialects* (*LASID*) *IV.* Beul Feirsde: Institute of Irish Studies, Queen's University, 1969.

Watson, S. "Aspects of some Nova Scotian Gaelic dialects," ann am *Celtic connections: Proceedings of the Tenth International Congress of Celtic Studies I.* Black, R. et al. (deas.) East Linton, 1999.

———. 2005. "Canúintí agus coilíneachtaí: fianaise ó Albain Nua," *Éigse* 34 (2005): 99-115.

Robert Dunbar

Am Bàrd MacGilleain: Am Bàrd agus Alba Nuadh

Tha cuspair na h-aiste seo, am bàrd Iain MacGilleain, gar toirt air ais gu làithean òige nan coimhearsnachdan Gàidhlig ann an Alba Nuaidh, agus, gu dearbh, gu laithean òige litreachas na Gàidhlig ann an Alba Nuaidh. 'S ann mar "Iain mac Ailein", neo mar "Bàrd Thighearna Chola" as aithnichear e ann an Tiriodh, Alba, far an do rugadh e ann an 1787. 'S ann mar "Bàrd Abhainn Bhàrnaidh" neo, gu sìmplidh, "Am Bàrd MacGilleain", as aithnichear e ann an Alba Nuaidh, an dùthaich dhan tàinig e ann an 1819. Ann am beachd an Urramaich Eachainn Chamshroin, fear-deasachaidh an leabhair *Na Baird Thirisdeach*, b' e Iain MacGilleain am bàrd Tiristeach a bu chomasaiche agus a bu torraiche a bha ann dhiubh uile.[1] Agus ann am beachd an Àrd-Ollaimh Ruairidh MhicThòmais, b' e *patriarch*, no "athair-teaghlaich", bàrdachd Ghàidhlig Alba Nuaidh a bha ann.[2]

    'S e bàrd, agus duine, eadar-amail a bha ann an Iain MacGilleain, agus bha a bheatha agus a shaoghal gu math caochlaideach. Rugadh e anns an ochdamh linn deug, agus thogadh e ann an seann shaoghal nan Gàidheal— saoghal culturach a bha stèidhichte air dualchas an taigh-cèilidh. Bha alt aige air an t-seann bhàrdachd-mholaidh agus b' e Iain fear dhe na bàird mu dheireadh a fhuair taic agus tiotal bho cheann-cinnidh—Alasdair "Ruadh" MacGilleain, an 15mh "Mac Mhic Iain," no Leathanach Chola—airson a chuid bàrdachd-mholaidh. Ach ann an làithean òige a' bhàird, bha an saoghal sin a' tighinn fo uallach gàbhaidh bhon taobh a-muigh, agus bha cuid dheth a' dol à bith uile gu lèir, rud a bha ro-shoilleir do ghille comasach, forail, mothachail leithid Iain, agus thug sin buaidh air, agus air a' bhàrdachd aige.

    Dè seòrsa duine a bha ann an Iain MacGilleain? Gu cinnteach, gheibh sinn faileas dheth anns a' bhàrdachd agus anns na làmh-sgrìobhannan aige—nam measg, cuid dhe na cunntasan bhon an dà mhalairt a bha aige

ann an Tiriodh, greusachd agus marsantachd—agus gheibh sinn sealladh
dheth bho na bha aig an ogha aige, an t-Urramach Alasdair MacGil-
leain Sinclèir,[3] ri ìnnse ma dhèidhinn anns an leabhar a dheasaich agus a
dh'fhollsich e ann an 1881, *Clàrsach na Coille*, agus ann an sgrìobhannan eile
a rinn e. Ach, gheibh sinn cuideachd seallaidhean beaga luachmhor dheth
ann am beul-aithris agus ann am bàrdachd-mholaidh a rinn bàird eile air.
Gu dearbh, leis mar nach robh MacGilleain Sinclèir ach na ghille beag
nuair a chaochail a sheanair, feumaidh gun robh cuid mhath dhen fhios-
rachadh aige stèidhichte air beul-aithris, leithid fiosrachadh a theaghlaich
agus a choimhearsnachd.

Ann an dòigh, 's e na h-aitealan a gheibh sinn bhon a' bheul-aithris an
fheadhainn as gèire agus as susbaintiche, agus is beag an t-ioghnadh sin, oir
's e na h-iomraidhean goirid beul-aithriseach—samhlaidhean a ghlacas fìor
nàdar an duine agus a ghabhas ìnnse uair is uair anns an taigh-cèilidh—a
chumte beò a b' fheàrr ann an cuimhne an t-sluaigh. 'S ann car coltach ri
soundbites an latha an-diugh a tha na h-iomraidhean beul-aithriseach seo.
Dhan a' mhòr-chuid againn, dh'aithnichear Pierre Trudeau no Margaret
Thatcher gu ìre mhòir tro na seallaidhean beaga seo, seach tro bhunan-fios-
rachaidh eile. Air sàilleabh sin, cuirear seallaidhean beaga dhen leithid seo
gu feum anns an aiste seo nuair a bhios an cothrom ann. Tha e na adhbhar
doitheadais nach eil barrachd againn bho bheul-aithris mun a' bhàrd; tha
amharas agam gun robh iomraidhean gu leòr mun a' bhàrd ann an Sior-
rachdan Antigonish agus Phictou, far an do chuir e seachad an darna pàirt
de a bheatha, bho chionn ginealach no dhà, ach le dol-sìos na Gàidhlig anns
na sgìrean sin, tha iad a-nis caillte.

Bho bhàrdachd-mholaidh a rinneadh aig àm a bhàis, chì sinn gun aon-
taicheadh bàird chomasach eile à Siorrachd Antigonish leis a' bheachd a
bha aig Ruairidh MacThòmais air ìnbhe Iain MhicGilleain mar "athair-
teaghlaich" na bàrdachd Gàidhlig ann an Alba Nuaidh. 'S e "ar ceann ealain"
a bha aig Alasdair Dòmhnallach, "Alasdair Ailein Mhòir," neo "Bàrd na
Ceapaich" mar as aithnichear e, air Iain MacGilleain.[4] Bha Iain Camshron,
bàrd agus marsanta ann an Addington Forks, Siorrachd Antigonish, dhen
a' bheachd gun do "[d]h' fhalbh a' Ghàidhlig 's an eachdraidh" nuair a chao-
chail Iain MacGilleain;[5] a-rèir a' Chamshronaich,

'S gheibhte eachdraichean ciatach,
'S tric a dh' èisd mi bhuat briathran do bheòil.

Agus seo na bha aig Iain "Ruadh" MacGhillebhràth, bàrd eile à Siorrachd
Antigonish, ri ìnnse ann an cumha eile a rinneadh air bàs a' bhàird:[6]

Chaill sinn tuilleadh 's do bhàrdachd,
Ged a tha sinn 'ga h-ionndrainn,
Chaill sinn t' fhiosrachadh sàr ghasd'

A-rèir MhicGilleain Sinclèir, chan e dìreach bàrd a bha ann an Iain Mac-Gilleain, ach cuideachd sgeulaiche air leth. Tha na sreathan seo a' sealltainn gun robh Gàidheil na coimhearsnachd dhen aon bheachd.

A-rèir MhicGillean Sinclèir, 's e òranaiche air leth math a bha anns an t-seanair aige cuideachd, agus a-rèir choltais, bha an Camshronach a' dol leis:

> Gheibhte òranan milis
> Gu ro phongail bho d' bhilibh,
> Dh' fhalbh a' cheòlraidh 's a h-uidheam
> Bhon thug an t-eug bhuainn thu.

Duine a bha measail air seinn, ma-thà—cuimhnicheamaid a' chomhairle a bha aig a' bhàrd fhèin anns an òran aige, "Am Bàl Gàidhealach": "Bithibh aotrom 's togaibh fonn/Cridheil, sunntach gun 'bhith trom"[7]—agus a bha comasach oirre.

A-rèir MhicGilleain Sinclèir, b' fheàrr le a sheanair seanchas na obair chruaidh a' bhaile-fearainn:

> He was very fond of company. He would frequently be away from home. He was clannish, and took pleasure in visiting his friends and acquaintances.[8]

Agus seo agaibh na bha aig Bàrd na Ceapaich ri ràdh anns a' chumha a rinn esan air bàs Iain MhicGilleain:

> 'S nuair a shuidheadh na h-uaislean
> 'S tric a fhuair do dheas labhairt dhut,
> Iad 'bhith mùirneach mun cuairt dhut;
> 'N àm 'bhith 'fuasgladh nan searragan,
> 'S ann 'gan tràigheadh bu dual dhut,
> Le caoin stuaim 's gun a lean i riut,
> Gus na chàireadh 'san uaigh thu.

'S e fìor dheagh chompanach a bha ann, co-dhiù anns an taigh mhòr neo anns an taigh-cèilidh. Agus duine nach diùltadh deoch, mar a chì sinn ann an cumha a' Chamshronaich: "Bu tu an companach dibhe,/An àm èi-righ na suidhe." Is beag an t-ioghnadh sin, oir mar a mhìnich am bàrd fhèin e anns a' "Bhàl Ghaidhealach," thòisicheadh gach deagh chruinneachadh Gàidhealach le deoch-slàinte: "Nuair a shuidheas iad mun a' bhòrd,/Bheir iad tacan air an òl."[9]

'S e fìor dheagh choimhearsnach a bha ann cuideachd:

> 'S bu tu fear furanach, càirdeil
> Ris gach Gàidheal 'fhuair sealladh ort.

Sin agaibh faclan Bàrd na Ceapaich. Neo ann am faclan a' Chamshronaich, "'S do gach nàbaidh mun cuairt duit, / Bha do chomhairlean luachmhor." Aig a' cheart àm, 's e bàrd a bha math air aoirean cho math ri bàrdachd-mholaidh a bha ann an Iain MacGilleain, agus coltach ri bàird aoireil eile, cha bhiodh e na ioghnadh mura robh e dualtach a bhith rud beag biorach aig àmannan. Tha deagh sheansa ann gur e seo a bha Bàrd na Ceapaich a' toirt iomradh air anns an darna loidhne an-seo:

Oilbheum ealamh cha b' fhiach leat,
Ged a b' èasgaidh do theanga dhut;
Ach gu furanach, fialaidh
Bha thu riamh ris gach aineolach.

Bha iasgaidheachd teanga—gu dearbha, biorachas teanga—comas a nochd Iain MacGilleain aig aois òig, mar a chì sinn nas anmoiche anns an aiste seo. Chì sinn cuideachd bho bheul-aithris gun robh e cuideachd dualtach a bhith gu math àrdanach, agus fada na cheann.

Cho fad agus is fhiosrach sinn, rinn Iain MacGilleain co-dhiù 90 pìosan bàrdachd uile gu lèir, 44 òrain shaoghalta agus 46 dàin spioradail. Dhe na h-òrain shaoghalta, rinn e barrachd ann an Alba—26—na ann an Alba Nuaidh, far an do rinn e 18, ach is coltach gur ann ann an Alba Nuaidh a rinneadh na dàin spioradail uile. Aig àm a' bhàis, ge-tà, cha do nochd ach 23 dhe na h-òrain shaoghalta ann an clò, anns an leabhar *Orain Nuadh Ghaedhlach* a dh'fhoillsich e-fhèin mu bhliadhna mus tàinig e a dh' Alba Nuaidh.[10] Le sin, cha robh gin dhe na h-òrain shaoghalta a rinn e ann an Alba Nuaidh ann an clò aig àm a' bhàis, rud a bha na bàird eile a' caoidh:

'S mòr dhe d' sheanachas tha 'n clòithean,
'S roinn ro mhòr gun dol fhathast ann,
Bhios na cuimhneachan bròin dhoibh
Fhad 's beò air an talamh iad.

'S iad sin faclan Bàrd na Ceapaich anns a' chumha aige. Bha Iain Camshron a' caoidh an aon rud anns a' chumha aige. Is coltach, ma-thà, gun robh fios aig muinntir na coimhearsnachd ann an Siorrachd Antigonish mu na làmh-sgrìobhannan a bha aig Iain MacGilleain, anns an robh cuid eile dhe na h-òrain aige nach deach fhoillseachadh fhathast, no eòlach air òrain eile a rinn am bàrd nach deach sgrìobhadh sìos idir (agus a tha a-nis caillte).[11]

Rugadh am bàrd air 8 Faoilleach, 1787, ann an àite ris an canar Cnoc MhicDhùghaill, ann an cùl Urbhaig, anns a' Chaolas, Eilean Thiriodh. B' e Ailean MacGillean athair a' bhàird. 'S ann à Hogh, aig ceann eile Thiriodh bhon a' Chaolas, a rugadh agus a thogadh Ailean, ach chaidh e a Chola, an t-eilean as fhaisg air Tiriodh agus a tha mu choinneimh a' Chaolais, far an tug e a-mach grùdaireachd mar a cheàird—'s e "Ailean Grùdair" a chuireadh air—mus do thill e dhan a' Chaolas. B' e tè de mhuinntir a' Chaolais màthair a' bhàird, Mairead NicPhàidein; 's e nighean Nèill MhicPhàidein, "Niall mac Dhòmhnaill mhic Dhùghaill," a bha innte.[12] 'S iad seo faclan Bàrd na Ceapaich a-rithist:

'S cha b' e 'm fuigheall bhon d' fhàs thu,
Ach an t-sàr fhuil ghlan Leathanach.

Agus bha càirdeas aig Iain MacGilleain ri uaislean nan Leathanach, dàimh agus sinnsearachd a bha e gu math eòlach air, agus moiteil às; 's dòcha gur e seo a bhrosnaich an t-àrdan air an tug mi geàrr iomradh mu thràth, agus a chì sinn a-rithist. Bhuin teaghlach Ailein, athair a' bhàird, ri Leathanaich Threisinis agus tron dream sin ri Mic Mhic Eòghainn, no Leathanaich Àird-ghobhair, agus tron teaghlach sin air ais gu cinn-cinnidh Leathanaich Dhubhairt, leithid nan laoch Leathanach Lachlann Bronnach agus Eachann Ruadh nan Cath, am fear a thuit gu gaisgeil aig Cath Gairbheach ann an 1411. 'S e "Iain mac Ailein mhic Iain mhic Theàrlaich mhic Lachainn mhic Dhòmhnaill Òig mhic Iain mhic Eòghainn mhic Lachainn Fhìnn" sloinneadh iomlan a' bhàird.[13]

Bu dual do dh' Iain MacGilleain bàrdachd. B' e Niall MacLaomainn sin-sheanair a' bhàird air taobh a mhàthar. 'S e bàrd ainmeil Tiristeach a bha ann: gheibhear òran-molaidh aige anns an leabhar *Na Baird Thiristeach*,[14] agus bha e, mar a bha a iar-ogha, na bhàrd do Thighearna Chola.[15] B' e bàrd Tiristeach ainmeil eile bràthair seanair a' bhàird taobh athar, fear Gilleasbaig MacGilleain, no "Gilleasbaig Làidir," à Cill Moluag, aig an robh dà òran anns *Na Baird Thiristeach*.[16] Agus 's e bàrd comasach, gràdhaichte a bha ann am bràthair a' bhàird, Dòmhnall MacGilleain, neo "Dòmhnall Cùbair" mar a theirte ris ann an Tiriodh gus an latha an-diugh; eu-coltach ris a' bhàrd, dh'fhuirich Dòmhnall ann an Tiriodh agus tha bàrdachd aige cuideachd anns *Na Baird Thiristeach*.

A-rèir beul-aithris Thiriodh, nochd Iain comas bàrdail aig aois glè òig. Nuair a chaidh e a Thiriodh ann an 1869, chuala MacGilleain Sinclèir iomradh a bha aig bodach mu rann a rinn Am Bàrd MacGillean an làrach nam bonn air gille eile, Eachann MacPhàidein, agus iadsan a' tilleadh dhachaigh bhon sgoil:

> Nach faic thu stròthan nan spòg
> Tigh'nn 'ga mo chàineadh le shoc;
> Crùbach, speireach, crotach, crom,
> 'S gura h-ann 'na chom tha 'n t-olc.

A' tionndadh gu companach-sgoile eile, Eòghainn MacPhàidein, thuirt am bàrd na leanas:

> Eòghainn, mur fan thu sàmhach
> Bheir mi fàsgadh air do chorp;
> Cuiridh mi fàinne mu d' bhial,
> 'S cha leig mi riasladh le d' shoc.[17]

Chì sinn anns na rannan seo iasgaidheachd teanga—gu dearbha, gèiread teanga—air an tugadh iomradh na bu thràithe. Gheibhear eisimplearan eile de chomasan bàrdail a' bhàird aig aois òig ann am beul-aithris Thiriodh gus an latha an-diugh. 'S e seo rann a chuala mi-fhìn aig Aonghas

MacGilleain, "Aonghas Dhòmhnaill Eòghainn Mhòir,"[18] a tha a' fuireach
ann an Sgairinis, Tiriodh, agus e-fhèin càirdeach dhan a' bhàrd:

'S e obair mu dheireadh a' bhuachailleachd
Seach obair a chunnaic no 'chuala mi;
Nuair 'bhios càch a' stranndachd 'sa leapaich,
Bidh mise is 'Happer'[19] air bhuachailleachd.

A-rèir Aonghais, b' e seo a' chiad rann a rinn am bàrd, aig mu ochd bli-
adhna a dh'aois. A-rèir choltais, bha e dualtach a bhith a' gèilleadh do
ghruaim agus fèin-truas fada mus tàinig e dhan "A' Choille Ghruamaich"!
Tha iomraidhean mar seo cumanta anns a' bheul-aithris a tha againn air
bàird Ghàidhlig chliùiteach eile, leithid "Roib Dhuinn," Rob MacAoidh,
agus cha chreid mi nach biodh e luachmhor sgrùdadh a dhèanamh orra mar
sheòrsa beòil-aithris.

Coltach ri barrachd is barrachd Ghàidheal na linne, bha Iain Mac-
Gilleain eòlach air a' Ghalltachd. Chuir e seachad mu bhliadhna ann an
Glaschu ann an 1808 agus 1809, agus a-rèir na bàrdachd aige, cha do chòrd
an t-àite no na Goill ris. Mar a chì sinn nas anmoiche anns an aiste seo,
lean an t-amharas a bha aige mu na Goill agus mun nàimhdeas a bha aca
dha na Gàidheil fad a bheatha. Ach 's ann ann an Glaschu a phòs e bana-
Ghàidheal Liosach, Iseabal NicIlleDhuibh. 'S e seo na bha aig an Urramach
Dòmhnall MacGilleain Sinclèir, mac Alasdair agus iar-ogha a' bhàird agus
Iseabail, mu a shin-sheanmhair:

No woman could be better qualified to make a home for herself in
the woods than she was. She was kind and hospitable. Her house was
ever open to the stranger. It would indeed be difficult to find a house
between Antigonish and New Glasgow which had freely lodged
more travellers.[20]

Tha seo cuideachd na dheagh theisteanas air an t-seòrsa taigh a rinn a'
chàraid seo ann an Alba Nuaidh—fìor thaigh-cèilidh, mar a bhite an dùil
ris. Bha sianar de theaghlach aca, nam measg Ciorstaidh, màthair Alasdair
MhicGilleain Sinclèir. 'S e seo na bha aig Dòmhnall Sinclèir, mac Alasdair,
ri ràdh mu a dèidhinn:

She possessed a vigorous intellect and a very strong memory. She
was well read for a woman of her circumstances.[21] She read her
Gaelic Bible regularly and knew it well, especially the historical facts
recorded in it. She was well acquainted with Gaelic poetry and had
pieces of a great many poems by heart. She took a deep interest in
genealogy and history.... She was naturally proud of her blood and of
her ancestors. She was most loyal to her own clan, the Macleans. She
was touchy and ready to resent an insult.[22]

Cha do thuit an ubhal fada on chraoibh, a-rèir choltais, oir a-rèir an fhios-rachaidh a tha againn mun a'bhàrd-fhèin, bhiodh e comasach cha mhòr an aon rud a ràdh mu a dhèidhinn.

As dèidh dhaibh tilleadh bho Ghlaschu, lean MacGilleain air ann an obair a'ghreusaiche,[23] obair nach do chòrd ris, agus, a-rèir choltais, air nach robh e uamhasach-fhèin comasach.'S e seo an teisteanas a bha aig MacGilleain Sinclèir:

> Nature gave the poet a mind of great capacity; but evidently it did
> not intend that he should become a wealthy man. He never attended
> regularly to his work; his mind was not upon it. Poetry occupied his
> thoughts when pegging sole-leather in Scotland, and cutting down
> trees in America; it took complete possession of him. He was a good
> poet; but a poor shoemaker, and a poor farmer.[24]

Bha obair na bu chudthromaiche aige na greusachd, ge-tà, agus tha gine-alaich de Ghàidheil—agus sgoilearan na Gàidhlig—taingeil nach robh e na bu thithiche air obair a'ghreusaiche neo obair an tuathanaich. A bharrachd air a' bhàrdachd aige-fhèin, chuir e roimhe bàrdachd bhàrd eile a chruin-neachadh. Chan eil fhios againn le cinnt cuine a thòisich e air an obair-chruinneachaidh seo, ach nuair a thug e Aimearaga air ann an 1819, thug e dà chruinneachadh làmh-sgrìobhannan air leth prìseil leis, agus tha an dà dhiubh fhathast ri fhaighinn ann an Halifax, ann an Nova Scotia Archive is Record Management.

A bharrachd air an fhoghlam a fhuair e anns an taigh-cèilidh, dh'ionnsaich Iain MacGilleain comas leughaidh agus comas sgrìobhaidh, ann an Gàidhlig is Beurla, anns an taigh-sgoile, agus dh'fhosgail am foghlam seo saoghal ùr dha: saoghal nan leabhraichean. Bha Iain eòlach air na cruinneachaidhean cudthro-mach uile de bhàrdachd Ghàidhlig a bha a'nochdach aig deireadh na h-och-damh agus aig toiseach na naoidheamh linne deug, agus is coltach gun d'fhuair e brosnachadh às na cruinneachaidhean seo gus a' bhàrdachd aige-fhèin agus bàrdachd eile air an robh e eòlach a sgrìobhadh sìos.

'S e a' chiad chruinneachadh a thug e leis am fear a rinn e-fhèin,[25] anns an robh 641 taobhan-duilleige de bhàrdachd—93 dhen bhàrdachd aige-fhèin agus 548 le bàird eile, an dà chuid bàird ionadail[26] agus bàird na b'aithnichte[27]; tha mu 15,000 sreathan bàrdachd uile gu lèir anns a'chruin-neachadh seo.[28] 'S e an darna cruinneachadh am fear cudthromach a rinn an Dr. Eachann MacGilleain à Grùlainn, ann am Muile,[29] air an do chuir e crìoch mun a'bhliadhna 1768. 'S e nighean an Doctair, Màiri—an tè uasal chomasach air an do rinn Dr Samuel Johnson moladh anns an leabhar-latha ainmeil aige—a thug an cruinneachadh dhan a'bhàrd, agus tha seo na chomharra dhen urram a bha air ann an Alba, chan ann dìreach mar bhàrd ach cuideachd mar fhear-cruinneachaidh agus fear-glèidhidh dualchais.

Ann an 1818, dh'fhoillsich am bàrd leabhar a bha stèidhichte air na làmh-sgrìobhannan aige, *Orain Nuadh Ghaedhlach*.[30] Chìthear na bha fanear dhan a' bhàrd mar fhear-cruinneachaidh bàrdachd agus mar fhoillsi-chear anns na sgrìobh e anns an ro-ràdh aige:

> Is iomadh uair a bha mi a' smuainteachadh, ma'n do thòisich mi air an obair so, gu'm bu mhór am beud gu'm biodh na seann òrain, nach robh mi a' faicinn anns na leabhraichean a chaidh a chur a mach roimh so, air an di-chuimhneachadh is e sin a rinn ro thoileach mi gu an cur air an adhairt....

Bha Iain MacGillean ag iarraidh, a-rèiste, beàrnan anns na co-chruin-neachaidhean clò-bhuailte eile a lìonadh. Mar aon dhe na 'Gàidheil ùra' aig an robh comas leughaidh is sgrìobhaidh, is cinnteach gun do thuig e anns a' bhad a' chumhachd a bha aig leabhraichean mar chlàr mairaennach dhen dualchas Ghàidhlig. Ach mar a chaidh a ràdh aig toiseach na h-aiste seo, bha am bàrd beò aig àm caochlaideach, àm anns an robh na seann fheartan Gàidhealach agus fiù 's na bunaitean air an robh dòigh-beatha nan Gàid-heal stèidhichte a' sìor-thighinn fo uallach cultair eile. Is cinnteach gun robh e-fhèin, mar iomadach neach-cruinneachaidh eile, deimhinnte gun robh cruaidh fheum ann anns an àrainneachd seo air clàran mairaennach seann chultar nan Gàidheal, agus tha am beachd seo cuideachd a' tighinn troimhe anns an ro-ràdh.

'S ann ann an Lùnastal, 1819, a dh'fhalbh am bàrd is a theaghlach, air bòrd an *Economy*, neo mar a chuir am bàrd fhèin an cèill e,

> Toiseach a' cheud mhìos de 'n Fhoghar
> Sheòl sinn air adhart 'nar cùrsa.[31]

A-rèir fiosrachaidh a nochd ann an litir ann *Am Mosgladh*,[32] iris Co-mann Caitligeach Albannach Chanada, bha bàrd ainmeil eile air bòrd an t-soithich. B' e sin Iain MacGillebhràth, neo "Iain a' Phìobaire," a bha na phìobaire aig "Mac Iain Òig," Dòmhnallach Ghlinn-Alladail, neo "Fear a' Ghlinne" mar as aithnichear e. Tha deagh sheansa ann nach eil am fiosra-chadh seo ceart, ge-tà, oir a-rèir *History of Antigonish*, deasaichte le Ray-mond MacLean ach stèidhichte air eòlas caraid a' Phìobaire, thàinig e air a' bhliadhna roimhe seo.[33] Ach tha barrachd cinnt againn gun robh duine eile a bhiodh cudthromach ann an eachdraidh litreachas Gàidhlig Alba Nuaidh air bòrd an *Economy*, ged nach robh e aig an àm ach na ghille dà bhliadhna dheug a dh'aois. B' e sin Dòmhnall MacIllFhaolain, a chaidh na bhàrd comasach, agus a bha na athair do Vincent MacIllFhaolain, an duine a dh'fhoillsich an cruinneachadh cudthromach *Fàilte Cheap Breatuinn*.[34] A-rèir na beòil-aithris, chuir am bàrd agus an gille seachad ùine gu leòr ann an cuideachd a chèile, agus dh'ionnsaich an gille aon dhe na h-òrain-mholaidh aig a' bhàrd, "Òran Molaidh do dh'Alastair MacDhòmhnaill, Tighearna Ghlinne Garaidh," bhuaithe. Is iongantach gur e sin an t-òran a thug am bàrd dhan ghille, oir, mar a chì sinn ann an tiota, a-rèir beul-aithris Thiriodh is Chola, b' e Tighearna Ghlinne Garaidh a dh'adhbharaich, ann an dòigh, eilthireachd a' bhàird.

Chan eil fios againn le cinnt carson a chuir am bàrd roimhe a dhol a dh'Alba Nuaidh. Dh'adhbharaich deireadh nan cogaidhean Frangach ann an 1815 crìonadh ann an eaconamaidh na dùthcha, agus thuit sin gu cruaidh air a' Ghàidhealtachd. Is cinnteach gun tug seo fìor dhroch bhuaidh air na malairtean anns an robh am bàrd an sàs, a' ghreusachd agus a' mharsantachd. Bha fir-ionaid eilthireachd ag obair gu dèanadach aig an àm sin air feadh na Gàidhealtachd, a' toirt fìor dheagh iomraidhean air na cothroman eaconamach is eile a gheibhear ann an Aimearaga—cothroman a bha gu math tarraingeach do mhòran Ghàidheal a bha a' fulang bochdainn agus cruadal ann an dùthaich am breith is àrach. 'S e seo an cùmhnant a bha ann eadar am bàrd agus Sìm Friseal, am fear-ionaid eilthireachd leis an deach am bàrd agus a theaghlach a dh'Alba Nuaidh:

Tobermory, July 29, 1819.

It is agreed between John MacLean Bard to MacLean, of Coll, and S. Fraser of Pictou as follows: John MacLean will with his wife and three children be accommodated with a passage to North America, which amounts to Twenty-seven pounds, Six shillings, and in addition S. Fraser will endorse the said John MacLean's bill for Thirty-three pounds, Six shillings due to Mr. Robert Menzies, Printer, Edinburgh; for all which the said John MacLean will now pay Twenty-three pounds, Twelve shillings in cash and assign over to the said S. Fraser three hundred and eighty Gaelic song books in security of the balance.

S. FRASER
JOHN MACLEAN

'S e leth-bhric dhen leabhar aige, *Orain Nuadh Ghaedhlach*, na duanairean a chaidh ainmeachadh anns a' chùmhnant. Leis a' chàineadh a rinn am bàrd air fir-ionaid eilthireachd, agus air an Fhrisealach-fhèin, ann an òrain leithid "Òran do dh'Aimearaga," tha deagh sheansa ann gur e cruadal eaconomach agus an dòchas gum faigheadh e beatha na b' fhasa agus na bu shoirbheachaile a bha air cùlaibh co-dhùnadh a' bhàird.[35] Tha seo cuideachd a' dol leis na sgrìobh MacGilleain Sinclèir mun a' ghnothach:

He had formed a very high opinion of the new world; he expected to become in it, in a short time, if not as rich yet as independent as the Laird of Coll. In his vivid imagination he saw himself in America, not handling the last, but cultivating a farm which he could call his own; his children not going off to the fishing, but living around him in good circumstances.[36]

Ann am beul-aithris, ge-tà, gheibh sinn mìneachadh eile air eilthireachd a' bhàird nach eil idir cho tioram agus "àbhaisteach." A-rèir na ch-

uala Eachann MacDhùghaill aig muinntir Chola is Thiriodh, bha am bàrd
anns a' chuideachd a bha còmhla ri Tighearna Chola aig fèist air choireigin
a chumadh ann an àiteigin air tìr-mòr na h-Alba. Bha Alastair Fiadhaich,
Mac mhic Alasdair, Tighearna Ghlinne-Garaidh cuideachd aig an fhèist.
Nuair a chaidh na h-uaislean a-steach gu biadh, dh'fhàg Tighearna Chola
am bàrd na sheasamh air an taobh a-muigh. Nuair a chunnaic Mac mhic
Alasdair am bàrd, thug e a-steach e "mar gum biodh fear a bhiodh co-
ionnan ris fhèin an inbhe," agus thug e drama dha. An làrach nam bonn
rinn am bàrd deoch-slàinte do Mhac mhic Alasdair[37] anns an tug e "Rìgh
nan Gàidheal uil'" air. Chuir seo an cuthach air Tighearna Chola, a thuirt ris
a' bhàrd "Iain, Iain, ciod a rinn thu orm a-nis; carson nach deanadh tu rann
mar siud dhòmhsa?" Fhreagair am bàrd anns a' bhad: "Cha laigheadh e ort."
'S e seo na bha aig MacDhùghaill ri ràdh mun a' bheul-aithris seo:

> Bha an seanachas bitheanta am measg dhaoine anns a' Chaolas
> Thiristeach an uair a bha m' athair 'na dhuine òg—chuala mi féin e
> bho na seann daoine bhuaithe sin—gur ann ri linn an eu-còrdadh so,
> ged nach d' thainig e gu cur a mach air a chéile buileach, a dh' éirich
> smuain an cridhe a' Bhàird an toiseach slàn fhàgail aig a dhreuchd
> mar "Bhàrd Thighearna Cholla," is falbh do America.[38]

Fìrinn ann no às, gheibh sinn deagh dhealbh air dè seòrsa duine a bha
anns a' bhàrd, agus tha an dealbh gu math coltach ris na dealbhan eile a tha
sinn air faicinn cheana, agus is dòcha gur e seo—luach na naidheachd seo
mar *soundbite*, mar eisimpleir de phearsantachd an duine—na bha cudthro-
mach do dhaoine agus a chum an naidheachd seo beò ann am beul-aithris.
Anns an naidheachd, chì sinn duine a bha deas-bhriathrach agus biorach,
agus eadhon àrdanach.

Ach, 's dòcha gun robh tomhas dhen fhìrinn litireil cho math ri
uirsgeulaich anns an naidheachd seo. A-rèir MhicGilleain Sinclèir,
cha robh Tighearna Chola aig an taigh nuair a chuir am bàrd roimhe a
dhol a dh'Aimearaga, agus nuair a fhuair Tighearna Chola fios mu cho-
dhùnadh a' bhàird, sgrìobh e thuige ag iarraidh air fuireach. An e cionnt a
dh'adhbharaich an litir seo? Co-dhiù no cò dheth, bha am bàrd air bòrd an
Economy mus do ràinig litir Thighearna Chola, agus a-rèir MhicGilleain
Sinclèir, leis cho fada na cheann is a bha am bàrd, cha bhiodh an litir gu
feum sam bith co-dhiù:

> He was not a man that could easily be coaxed or advised; he was very
> stiff in his own opinions. When he had resolved to do a thing, it was
> almost useless to try to persuade him not to do it.[39]

Mu dheireadh, tha beagan fianaise eile ann, ann am bàrdachd a' bhàird
fhèin, a thugadh taic dhan a' bheachd gur e an eas-aonta eadar am bàrd agus
Tighearn Chola a thug air Tiriodh fhàgail. Chuir Eachann MacDhùghaill
a chorrag air loidhne anns an òran "Òran eadar Iain MacGilleain agus an

Coirneal Friseal" a rinn am bàrd ann an Alba Nuaidh. Anns an loidhne a tha seo, thuirt am bàrd, agus esan a' bruidhinn air na h-uaislean, "gur sleamhainn an leac aig an dorsaibh." Bha MacDhùghaill dhen a' bheachd gun robh am bàrd a-mach air an eas-aonta anns an loidhne a tha seo.

Ge b' e dè a bha air cùlaibh eilthireachd a' bhàird, chaidh e fhèin agus a theaghlach air an *Economy*, agus 's ann mun chiad latha dhen Dàmhair, 1819, a ràinig iad Pictou. Aig an àm sin, cha robh mòran deagh thalmhainn air fhàgail anns an t-Siorrachd, agus dh'fheumadh am bàrd a dhol gu àite gu math iomallach, monadail ann am meadhan coille mòir, àite ris an canar Abhainn Bhàrnaidh Uachdrach, gus baile-fearainn a lorg, Chuir e an t-ainm 'Baile Chròic' air an àite iomallach a lorg e. Cha robh duine na b' fhaisge orra na dà mhìle, cha mhòr. Cha robh ann dhan a' bhàrd agus a theaghlach ach obair chruaidh, bochdainn agus aonaranachd.

'S ann anns an àite uaigneach agus anns an t-suidheachadh bhochd seo a rinn Iain MacGilleain an t-òran as cliùitiche aige, "Òran do dh' Aimearaga"[40] no "A' Choille Ghruamach" mar as aithnichear e, òran air a bhios Gàidheil Alba a cheart cho eòlach ri Gàidheil Alba Nuaidh, òran a thòisich leis na faclan iomraiteach seo:

Gu bheil mi 'm ònrachd 'sa choill' ghruamaich,
Mo smaointinn luaineach, cha tog mi fonn;
Fhuair mi 'n t-àite-s' 'n aghaidh nàdair,
On thrèig gach tàlant a bha 'nam cheann;
Cha dean mi òran a chuir air dòigh ann,
Nuair 'nì mi tòiseachadh bidh mi trom;
Chaill mi 'Ghàidhlig seach mar a b' àbhaist domh
Nuair a bha mi 'san dùthaich thall.

Chan fhaigh mi m' inntinn leam ann an òrdan,
Ged 'bha mi eòlach air dèanamh rann;
'S e 'mheudaich bròn domh 's a lughdaich sòlas
Gun duine còmhl' rium a nì rium cainnt;
Gach là 's oidhche 's gach car a nì mi
Gum bi mi 'cuimhneachadh anns gach àm,
An tìr a dh'fhàg mi 'bha 'n taic an t-sàile,
Ged tha mi 'n dràst' ann am bràighe ghleann.

Tha Gàidheil air gach taobh dhen chuan gu math eòlach agus measail air "Òran do dh' Aimearaga," agus air sàilleabh sin, cha ruigear a leas mòran a' bharrachd a ràdh mu dhèidhinn anns an aiste seo, ach gur e òran iomadhfhillte, brìghmhor a tha ann. Chuir am bàrd an cèill faireachdainnean uamhasach "pearsanta" anns an òran, air cuspairean domhainn mar aonaranachd, call, cianalas agus aithreachas. Le sin, tha rudeigin glè ùr-nosach agus uile-choitcheann mun òran, agus 's e sin, na mo bharail, an t-adhbhar a thathas fhathast ga sheinn agus ga leughadh. Ann an saoghal luaisgeaneach, gluasadach, caochlaideach na 21mh linne, saoghal anns a bheil imrich na àbhaist do mhòran agus anns a bheil na seann cheanglaichean coimhearsnachd agus fiù 's teaghlaich a' briseadh sìos, tha sinn a' faicinn ann an smuaintean a' bhàird eilthirich faireachdainnean air a bheil sinn uile eòlach.

Ach, a dh'ainneoin cho "pearsanta" is a tha guth a' bhàird anns an òran, cha robh Iain MacGillean dìreach a' sgrìobhadh dha-fhèin; bha rùn sòisealta, "poblach" aige cuideachd. Bha e a' feuchainn ri dealbh fìrinneach de bheatha chruaidh an luchd-tuineachaidh Ghàidhealaich a thoirt seachad, loma-làn fiosrachaidh mun t-saoghal a bha aca, agus anns an t-seagh sin, 's e òran aithriseach a bha ann. 'S e bha fanear dhan a' bhàrd ach rabhadh a thoirt do dhaoine san t-seann-dùthaich, amas a tha soilleir anns an earrainn seo:

> Chan fhaigh mi ìnnse dhuibh anns an dàn seo
> Cha dean mo nàdar a chur air dòigh
> Gach fios a b' àill leam 'thoirt do na càirdean
> 'San tìr a dh'fhàg mi 'rinn m' àrach òg;
> Gach aon a leughas e tuigibh reusan,
> Na tugaibh èisdeachd do luchd a' bhòsd,
> Na fàidhean brèige a bhios 'gur teumadh,
> Gun aca spèis diubh ach dèidh ur n-òir.

Is coltach gun do chuir Iain MacGilleain leth-bhreac dhen òran do a bhràthair Dòmhnall ann an Tiriodh, far an deach an t-Òran a chuartachadh fad is farsaing.[41] Agus is cinnteach gun robh anns an òran seo "the means to keep many persons from emigrating,"[42] ann am faclan MhicGilleain Sinclèir.

Cha do ghabh a h-uile eilthireach ri beachdan cruaidh a' bhàird, agus dh'atharraich fiù 's am bàrd fhèin a bheachd mun dùthaich ùir an ceann beagan bhliadhnaichean. Agus cha robh sliochd nan eilthireach ann an Alba Nuaidh idir diombach mun àite dhan tàinig an cuid shìnnsearan. A dh'ainneoin sin, ge-tà, bha agus tha Gàidheil Alba Nuaidh measail air an òran, agus chaidh a chlàradh bho iomadh neach-aithris ann an Ceap Breatainn. Ann an còmhradh a chaidh a chlàradh le Seumas Watson ann an 2004, thuirt dithis dhe na seinneadairean Gàidhlig as comasaiche a tha againn ann an Ceap Breatainn, Peadar MacGilleain, "Peadar 'Jack' Pheadair Chaluim Ghobha," à cùl Eilean na Nollaig, agus "Maxie" MacNèill, "Calum mac Dhòmhnaill Aonghais Iain Aonghais Eòin," à Highland Hill, Sanntraigh, gur e "A' Choille Ghruamach" agus "Òran a' Bhàil Ghàidhealaich" an dà òran as cliùitiche anns na sgìrean aca a rinn Am Bàrd MacGilleain.[43] A bharrachd air grinneas na bàrdachd, is coltach gu bheil Gàidheil Alba Nuaidh a' cur luach air mar a tha an t-òran a' dèanamh taisbeanadh air smioralachd agus fiù 's gaisgeachd an cuid shìnnsearan. Gabhaibh, mar ei-simpleir, an cuimhneachan seo ann am fèin-chlàradh a rinn Gàidheal à Gleanndàil, Ceap Breatainn, Seumas MacAoidh, ann an 1987:

> Bho 'n àm a bha mi glé òg thànaig roinn do dh' atharrachadh air cor
> an t-sluaigh, agus air an teachd air tìr. 'S an àm mo sheanair bha gach
> àit' an deifir suidheachadh. Aig an àm sin bha a' chuid bu mhotha do

'n t-sluagh a toirt am beòshlàint' as an talamh. Bha saothair glé mhór air a' sin. Cha robh na h-innleachdan a tha aig feadhainn an diugh aca. Bha am fearann ri réiteach "le neart an gaoirdeanan" mar a thuirt am Bàrd MacGilleathain. Bho 'n àm a chuireadh iad a' choille thar a buinn leis an tuaigh bha obair mhór air toirt gu ìre barr a thoirt. Le cinnt bha na coimhearsnaich teann air a' chéile. Bhiodh iad tric am pàirt ri gach obair....[44]

Tha an t-sreath air an robh Seumas MacAoidh a-mach bhon earrainn a leanas anns an òran:

> Mun dean mi àiteach 's mun tog mi bàrr ann
> 'S a' choille ghàbhaidh 'chur às a bonn
> Le neart mo ghàirdean, gum bi mi sàraichte,
> Is treis air fàilinn mu' fàs a' chlann.

Ged 's e gearan a bha am bàrd ris, chan ann mar ghearan a thog Seumas MacAoidh an t-sreath, ach mar dhearbhadh air tapachd agus sùrdalachd nan daoine on tàinig e.

Cha b' e "A' Choille Ghruamach" deireadh na sgeòil, ge-tà, oir mar a thuirt mi cheana, dh'atharraich am bàrd fhèin a bheachd. Anns an òran "Òran eadar Iain MacGilleain agus an Còirneal Friseal,"[45] chì sinn seòrsa de rèite no fuasgladh, eadar MacGilleain agus am Frisealach, fear-ionaid eilthireachd leis an tàinig e a dh'Aimearaga agus air an do chuir e a choire airson a chruaidh-chàs ann an "Òran do dh'Aimearaga," eadar am bàrd agus an dùthaich ùr, agus eadar am bàrd agus an co-dhùnadh a rinn e fhèin ann an 1819 nuair a chuir e roimhe eilthireachd a dhèanamh. Cò às a thàinig an rèite, am fuasgladh seo? Le ùine, thug am bàrd fanear gun robh coimhears-nachd Ghàidhlig anns a' choille ghruamaich, coimhearsnachd a bha, na dòigh-fhèin, a cheart cho Gàidhealach ris a' choimhearsnachd on tàinig e, agus chaidh a ghlacadh leis a' chothrom a bha aige gus pàirt a ghabhail ann a bhith a' togail na coimhearsnachd ùire seo. Anns a' bhàrdachd eile a rinn e, 's e bha fanear dha ach na seann bheusan Gàidhealach a chomharrachadh, a dhìon, agus a neartachadh anns a' choimhearsnachd Ghàidhealaich ùir seo. 'S e sin dìreach na bha e ris ann an òran leithid "Òran a' Bhàil Ghàidhe-alaich,"[46] a rinneadh mun a' bhliadhna 1826. Anns an earrainn seo, tha e a' dèanamh luaidh air, agus anns an dòigh sin, a' cumail beò ann an cuimhne nan eilthireach, na seann bheusan sin:

> Nuair a thèid an comann cruinn,
> Bidh iad sìobhalta le loinn,
> Cliùiteach, ciallach, fialaidh, grinn,
> 'S bheir iad coibhneas do dh'fhear aineoil.
> . . .
>
> Cha bhi sgrùbaireachd man chlàr,
> Ann an cuideachda mo ghràidh,

Aig a bheil an inntinn àrd,
'S nach gabh tàmailt bho na Gallaibh.
. . .

Ged 'tha sibh 'an tìr nan craobh,
Cuimhnichibh air beus nan laoch;
Leòghainn bhorb 'bu ghairge fraoch,
'S iad nach aomadh a's a' charraid.

'S e na tha soilleir anns a' bhàrdachd seo nach robh Iain MacGilleain ag
iarraidh dìreach beatha na b' fheàrr nuair a thàinig e a dh'Aimearaga, ach,
coltach ri iomadh eilthireach Gàidhealach eile, bha e cuideachd ag iarraidh
coimhearsnachd Ghàidhlig ùr a chruthachadh, coimhearsnachd a bhiodh
comasach air an t-seann dòigh-beatha Ghàidhealach a chumail a' dol. Tha
an earrann a leanas, bhon dàn spioradail a rinn e mun a' bhliadhna 1830,
"Craobhsgaoileadh an t-Soisgeil san Tìr seo,"[47] na tomhas air an ìre agus
gun robh, ann am beachd a' bhàird, na h-eilthirich soirbheachail anns an
iomairt aca coimhearsnachd Ghàidhealach ùr a chruthachadh:

Bho chionn trì fichead bliadhna
Bha an t-àit' seo fiadhaich fàs,
Gun taigh, gun duin' ach Innseanaich,
'S e'n-diugh gu tìreil blàth;
Gun d' ullaich am Fear-saoraidh e
Do dhaoine bha nan càs,
'S a chuireadh thar nan cuantan
Leis na h-uachdarain gun bhàidh.

Tha "A' Choille Ghruamach" a-nis na àite beannaichte le Dia.

Chan eil teagamh sam bith ann nach robh an càirdeas agus an caidre-
abh a fhuair am bàrd bho Ghàidheil eile anns na bliadhnaichean tràtha na
chuideachadh mòr dha. Rinn e "Òran a' Bhàil Ghàidhealaich" as dèidh dha
cuireadh fhaighinn gu fèist aig nach robh ach Gàidheil an làthair:

Gur h-i sgeul a fhuair mi 'n dràst',
'S gun a dhùisg i mi gu dàn,
'Bhith 'gam iarraidh 'dh'ionnsaidh bàil
'Th' aig na Gàidheil tùs an earraich.

Ghabh e fhèin an t-òran aig a' Bhàil. Agus ghabh iomadh Gàidheal Alba
Nuaidh an dearbh òran on uair sin, chun an latha an-diugh, oir tha e a-measg
nan òran as gràdhaichte aig Gàidheil Alba Nuaidh, mar a tha clàraidhean a
rinneadh anns an 40 bliadhna mu dheireadh bho sheinneadaireann ann an
àitean cho sgaipte ri Mabù is Eilean na Nollaige a' dearbhadh.

Chì sinn an càirdeas agus an caidreabh ann an òrain eile, leithid "An
Adharc," mu adharc a bha loma-làn branndaidh a fhuair am bàrd mun a'
bhliadhna o 1827 bho fhear Uilleam Foirbeis, duine a bha measail air a'
bhàrd agus a chuid bàrdachd. A-rèir na beòil-aithris aig MacGilleain Sin-

clèir, thug am bàrd an adharc, agus am branndaidh a bha fhathast innte,
gu caraid eile, 's dòcha an caraid a b' fheàrr agus a bu dhìlse a bha aige san
dùthaich ùir, sagart dam b' ainm Maighstir Cailean Grannta. 'S e seo na
sgrìobh MacGilleain Sinlèir mun t-sagart:

> He was a man of ability and great kindness of heart. He was a
> thorough gentleman in every respect. He was fond of a fast horse,
> and as a rider he had few equals. He intended to enter the army, but
> was persuaded by his mother's people to study for the priesthood.
> The poet [John MacLean] was intimately acquainted with him and
> deeply attached to him.[48]

Agus 's e seo am fiosrachadh a bha aig Raymond MacLean, fear-eachdraidh
Shiorrachd Antigonish, mun a' chàirdeas a bha eadar am bàrd agus an sagart:

> The late bard McLean of Glenbard was a frequent visitor at his
> house [i.e. that of Fr. Grant] in Arisaig. The bard, though a Protes-
> tant, could not but admire the fine traits of character he found in the
> priest, and the priest found relaxation from his duties in the intel-
> ligent converse of the genial old bard.[49]

A bharrachd air an tlachd a fhuair am bàrd às na cèilidhean a bha aige
leis a' Ghranntach, fhuair am bàrd taic na bu "shusbaintiche," mar gum
biodh, bhuaithe nuair a thug an sagart còig buinn-òir dhan a' bhàrd nuair
a bha e ann am fìor bhochdainn.[50] 'S e trì òrain-mholaidh eireachdail na
fhuair Maighstir Cailean mar dhuais bho a charaid, iad uile anns an t-seann
stoidhle, mar gur ann do cheann-cinnidh a bha iad.

Mun a' bhliadhna 1830 rinn am bàrd imrich eile nuair a dh'fhàg e fhèin
agus a theaghlach Baile Chròic agus a chaidh iad beagan mhìltean dhan ear,
gu Magh an Leas Leathainn, no *Beaver Meadow*, ann an Siorrachd Anti-
gonish. 'S e seo an t-àite ris an canar Gleann-a-bhàird anns an latha an-di-
ugh, mar urram dhan a' bhàrd. Chan eil fhios againn carson a dh'imrich iad,
gu h-àraid leis an uiread de dh'obair chruaidh a rinn iad aig Baile Chròic
ann an Abhainn Bhàrnaidh Uachdrach. Cha robh am baile-fearainn ùr idir
cho iomallach agus bha an talamh na b' fhèarr, agus feumaidh gun tug sin
buaidh air a' bhàrd. Tha cunntas inntinneach againn bho bheul-aithris a
chaidh a chlàradh ann an Tiriodh bhon sgeulaiche is òranaiche chliùiteach,
Dòmhnall Mac-na-Ceardaich, 'Dòmhnall Chaluim Bhàin'. A-rèir seanchas
Dhòmhnaill, bha am bàrd agus a' bhean a' leagail agus a' losgadh chraobhan
gus an talamh aca a rèiteachadh—is coltach gur ann aig Baile Chròic a bha
iad.[51] Thàinig Innseanach seachad, stad e, agus choimhead e orra fad greise.
An uairsin, thog an t-Innseanach gille a' bhàird agus dh'fhalbh e dhan a'
choillidh leis, agus am bàrd is a bhean an tòir air. Lean iad an t-Innseanach
fad astair, gus an tàinig iad gu abhainn far an robh fìor dheagh thalamh.
Stad an t-Innseanach, agus leig e an gille ma sgaoil. Is coltach gum faca an
t-Innseanach a' chàraid a' dèanamh spàirn uamhasach gus an talamh aca

a rèiteachadh. Bha e eòlach air an sgìre, agus bha fhios aig an Innseanach nach robh mòran feuma anns an talamh a bha iad a' rèiteachadh. Bha truas aige riutha agus, a-rèir choltais, gun chomas còmhradh a dhèanamh leotha, an aon chuid anns a' Ghàidhlig no anns a' Bheurla, chuir e roimhe an treòrachadh gu àite na b' fheàrr, agus 's e an aon dòigh a bha aige sin a dhèanamh an gille a sguabadh air falbh.[52] Ged 's ann an an Tiriodh a chaidh an naidheachd seo a chlàradh, is dòcha gur ann à Aimearaga a bha i bho thùs. Tha sgeulachdan mun a' chàirdeas eadar na tùsanaich agus na Gàidheil cuimseach pailt ann an dualchas Gàidhlig Alba Nuaidh, agus b' fhiach barrachd sgrùdaidh a dhèanamh orra mar ghnè beòil-aithris.[53]

A-rèir a h-uile coltais, 's e bliadhnaichean cuimseach cofhurtail agus glè shona a bha aig a' bhàrd ann an Gleann-a-Bhàird. 'S ann aig an àm seo a rinn e aoirean, leithid "Rafail Dhòmhnaill Iain Bhàin," agus dà òran aotrom eile—ach le teachdaireachd shoilleir phoilitigeach—mun toirmeasg a bha na h-eaglaisean a' feuchainn ri bhith a' cur mun a' bhliadhna 1840 air cleachdadh deoch-làidir. Ged a dh'fhàs am bàrd na bu chràbhaiche anns na bliadhnaichean seo—'s ann aig an àm seo a rinn e a' mhòr-chuid dhe na dàin spioradail aige—tha e gu math soilleir anns an dà òran seo, "Dìteadh Mhic an Tòisich" agus "Aisèirigh Mhic an Tòisich," nach robh e ro thaiceil dhan an iomairt seo gus toirmeasg a chur air deoch-làidir. Mar a chunnaic sinn cheana, bha am bàrd gu math measail air fearas-chuideachd agus an deoch a bhiodh na luib, agus is coltach gun robh e dhen a' bheachd nach robh anns an toirmeasg seo ach "leasachadh" eile bhon taobh a-muigh, "leasachadh" a bha a' bualadh air pàirt eile dhen dualchas Ghàidhealach.

Gus an aiste seo a thoirt gu crìch, toireamaid sùil air òran eile a rinn am bàrd, "Don Phàrlamaid Ùir," no "Brosnachadh Roghnachaidh," an tiotal a chuireadh air ann an *Clarsach na Coille*. 'S e seo eisimpleir dhen t-seòrsa òrain a dh'fhàsadh na bu chumanta anns an dualchas Ghàidhlig anns an 19mh agus an 20mh linn, an dà chuid an an Alba agus ann an Alba Nuaidh, òran mu thaghadh pàrlamaid,[54] agus is dòcha gur e an t-òran seo a' chiad òran dhen leithid seo a chaidh a dheanamh.

Rinn am bàrd e ann an 1830, aig àm taghaidh airson pàrlamaid Alba Nuaidh. Bha an taghadh seo, aithnichte mar "the Big Election" no "The Brandy Election," gu math cudthromach, oir 's e eas-aonta eadar a' Phàrlamaid, a chaidh a thaghadh leis an t-sluagh, agus a' Chomhairle, buidheann chumhachdach anns a' choilinidh a chaidh a thaghadh leis an Rìgh, a dh'adhbharaich an taghadh agus a bha, air sàilleabh sin, na prìomh-chuspair anns an iomairt-thaghaidh. Coltach ris na coilinidhean Aimearaganach eile, bha Alba Nuadh air a ruith le còmhlan de dhaoine, a bha a' fuireach an Halifacs, agus a bha nan Sasannaich no de shliochd nan Sasannach, anns a' chumantas. 'S ann bho na daoine seo a thaghadh buill dhen a' Chomhairle le Riaghaltas Bhreatainn ann an Lunnainn. Gu cudthromach, bha na daoine seo taiceil dhan Eaglais Easbagaich, agus bha iad nan Tòraidhean mòra.

Anns na bliadhnaichean ron taghadh, ge-tà, bha a' Phàrlamaid gu tric ann an làmhan nan Libearalach, a gheobhadh barrachd taice bhon fheadhainn a bha a-mach air an dùthaich, agus bho bhuill nan Eaglaisean nach robh stèidhichte, gu h-àraid bho Chlèirich shoisgealach agus bho Bhàistich. 'S e aon dhe na prìomh-ghearain a bha aig na Libearalaich anns an iomairt-taghaidh 1830 nach robh a' cholaiste ùr, Acadamaidh Phictou, a' faighinn taic-airgid cunbhalach agus sochairean acadaimigeach eile bhon a' Chomhairle.

Chuireadh Acadamaigh Phictou air bhonn ann an 1816 leis an Urramach Thomas McCulloch, ministear à Paislig, ann an Alba, a thàinig a dh' Alba Nuaidh beagan bhliadhnaichean roimhe sin. Bha McCulloch, a bha na Chlèireach soisgeulach, agus Clèirich shoisgeulach eile ag iarraidh ionadtrèanaidh ministearan na h-Eaglaise Clèiriche soisgeulaiche a chruthachadh anns a' choilinidh. Bha cuid mhath dhe na Gàidheil Phròstanach ann an Siorrachd Phictou taiceil dhan Eaglais Chlèirich shoisgeulaich, ach bha cuid eile nach robh, gu h-àraid an fheadhainn a thug taic dhan Eaglais Chlèirich stèidhichte a bha fo stiùireadh an Urr. Iain MhicCoinnich. Cha robh a' bhuidheann mu dheireadh seo idir taiceil do Acadamaidh Phictou, agus air sàilleabh sin, bha iad dualtach a bhith nan Tòraidhean. Chìthear, ma-tha, gun robh polataics toinnte nan eaglaisean clèireach a' cheart cho beò ann an Gàidhealtachdan na dùthcha ùire agus a bha iad anns an t-seann dùthaich.

Bha am bàrd fhèin na Chlèireach, agus rè nam bliadhnaichean seo ann an Alba Nuaidh, bha e a' fàs na bu tithiche air an Eaglais Chlèirich shoisgeulaich. Bhìte an dùil, ma-thà, gur dòcha gum biodh e taiceil do Acadamaidh Phictou agus, air sàilleabh sin, dha na Libearalaich. Gu dearbh, beagan bhliadhnaichean as dèidh an taghaidh seo, rinn e òran—òran a chunnacas cheana, "Craobhsgaoileadh an t-Soisgeil san Tìr seo"[55]—anns an robh e a' moladh Acadamaidh Phictou agus na ministearan Gàidhlig a bha an Acadamaidh a' trèanadh:

> Gun d'ullaich Dia taigh-foghlaim dhuinn
> Na thròcair mhòir tha buan,
> 'S bidh eòlas air a sgaoileadh às
> Mu chionta dhaoin''s mun truaigh',
> Mu cheartas Dhè 's mu naomhachd
> Is mu chaomhalachd 's mu thruas,
> 'S mun t-saorsa cheannaich Iosa
> Leis an ìobairt thug e suas.
>
> . . .
>
> Aig triùir a chaidh an ionnsachadh
> Tha chainnt dheas shùghmhor, bhinn,
> A chleachd a bhith san dùthaich
> San robh sinn an tùs ar tìm;
> 'S bhom bhilibh innte cluinnidh sinn
> Am briathraibh cuimir, fìor,

An naidheachd thaitneach, fhallain
Bheir o amaideachd an crìdh.

Agus a-rèir MhicGilleain Sinclèir, le aois, dh'fhàs am bàird na bu thai-
ceile dha na Libearalaich cuideachd. Ach cuideachd a-rèir MhicGilleain
Sinclèir, chan ann mar sin a bha e ann an 1830; sgrìobh e gun robh am bàrd
na Thòraidh aig an am, ged nach tug e mòran feairt dhan taghadh idir anns
a' chiad dol-a-mach.[56]

Mhair iomairt-taghaidh 1830 mu sheachdainn ann an Siorrachd Phic-
tou agus anns na sgìrean mun cuairt, agus bha ùpraid eagalach ann a-measg
nan Gàidheal, le muinntir na h-Eaglaise Clèirich stèidhichte agus muinntir
na h-Eaglaise Clèirich soisgeulaiche an ugannan a chèile. 'S e seo aon iom-
radh mun fhòirneart a bha ann:

> Rev. John McKenzie led the Kirkmen. The Kirkmen or Highland-
> ers came to the polls armed with sticks and their ministers exhorted
> them in Gaelic in the taverns, on the streets, and on the hustings.
> When a party of armed sailors and Highlanders carrying banners
> with the names of Hartshorne, Barry, Blackadar, and Starr ['s iad sin
> na Tòraidhean] paraded in the vicinity of Pictou Academy and the
> homes of Blanchard and Smith ['s iad sin dithis dhe na Libearalaich],
> the rioting resulted in the death of one man.[57]

Is dòcha gur e am buaireas agus am fòirneart seo anns an robh Gàid-
heil an-sàs a thug air aon dhe na Libearalaich, fear dam b' ainm Archibald,
casaidean suarach mu bhorbachd nan Gàidheal a dhèanamh. Nuair a chuala
am bàrd na casaidean seo, chaidh an ceòl air feadh na fidhle. Rinn e òran,
"Don Phàrlamaid Ùir," anns an do chuir e a làn-thaic dha na Tòraidhean
agus anns an do chuir e an aghaidh nan Libearalach gu làidir. 'S e seo blasad
dhen òran:

Gur mòr an t-adhbhar nàire dhuibh,
Ma ghèilleas sibh do Lasonach,
Do Dheòrsa na do dh'Archibald,
'S an tàir a thug na h-uaislean.

'S e 'thuirt iad gu mi-chiatach,
Gur pronnasg a bha 'dhith orra,
'S gun glanadh iad a' sgrìobach
Do na Gàidheil mhiothair shuarach.

Tha stoidhle an òrain seo stèidhichte air seann stoidhle agus seann
bhriathrachas nan òran "brosnachadh-chatha." Thug am bàrd iomradh air
feartan gaisgeanta a bha aig sìnnsearan an luchd-èisteachd, agus dh'innis e
dhaibh nach seasadh an cuid shìnnsearan tàmailt dhen t-seòrsa seo:

Cha chualas riamh an tàmailte
Aig an t-sinnsearachd on tàinig sibh;

An àm dol sios 'sna blàraibh
Bu neo-sgàthach gu cur ruaig iad.

Agus bhrosnaich e na Gàidheil gu bhith a cheart cho dàna ri an sìnnsearan:

Ma dhearbh sibh riamh ur duinealas,
'S e seo an t-àm dhuibh cruinneachadh,
'S a shealltainn dhaibh gur urrainn sibh
An urram a thoirt bhuatha.

'S a' mhuinntir a bha 'g earbsa ruibh,
Na leigibh dhiubh le dearmad iad,
Bhon 'tha iad fhèin ag earbsa asaibh,
Gun dearbh sibh mar bu dual dhuibh.

A-rèir an fhiosrachaidh a tha againn, ghabh am bàrd fhèin an t-òran seo aig cruinneachadh, agus a-rèir aon iomraidh, "it had a most exciting effect."[58]

Seo agaibh aon iomradh eile mun iomairt-taghaidh ann am Pictou:

There was almost continuous rioting for nearly a week while the poll was conducted; one man was killed and numerous injured. Archibald [sin an Libearalach air an tug am bàrd càineadh], at one point, was driven off into the woods by a mob of gaelic [sic] speaking Highlanders thoroughly rumed [sic] up.[59]

An do dh'adhbharaich an t-Òran an ruaig a chuireadh air Archibald bochd? Aig a' cheann thall, rinn na Tòraidhean a' chùis anns an taghadh ann am Pictou, ged a fhuair na Libearalaich a' mhòr-chuid anns a' choilinidh air fad. An do rinn òran a' bhàird an diofar eatorra am Pictou? Chan eil fios againn, ach cha bu chòir teagamh sam bith a bhith againn mu bhuaidh nam bàrd agus an cuid bàrdachd.

Co-dhiù an robh e na Thòraidh no na Libearalach aig an àm, co-dhiù an robh e cho taiceil ri Acadamaidh Phictou agus dhan a' chreideimh shoisgeulach agus a bha e anns na bliadhnaichean as dèidh 1830, 's e na tha soilleir anns an òran am prìomhachas a chuir am bàrd air dìlseachd dha na daoine aige fhèin. Nuair a bha iad fo ionnsaigh, 's e dìon a thoirt dhaibh an rud a bu chudthromaiche dha. 'S e math nan Gàidheal, math an cultair agus math an cànain nam bun-chuspairean anns a' mhòr-chuid dhen a' bhàrdachd a rinn e ann an Alba Nuaidh, a bha a' ruith troimhpe mar snàithlean òir.

Chaochail am bàrd air an 26mh dhen Fhaoilleach, 1848, ann an Addington Forks, Siorrachd Antigonish. Chaidh am bàrd a thiodhlacadh ann an Cladh na h-Eaglaise Clèiriche ann an Gleann-a-Bhàird, agus chaidh carragh-chuimhne snasail a thogail anns a' chladh le Mòr-roinn Alba Nuaidh mun bhliadhna 1961 mar urram dha. 'S iad seo faclan na lice:

AM BARD MAC-GILLEAIN
1787-1848

'Fhir 's a' chladh 's 'tha 'dol mu'n cuairt
Stad is éisd ri guth bho 'n uaigh s':--
Cum a' Ghàidhlig suas ri d' bheò,
'S a cuid bàrdachd 's airde glòir;
Do gach nì tha math thoir gràdh
'S bi 'tigh'nn beò do Dhia gach là.

A-rèir na fianaise a lorgadh airson na h-aiste seo, 's e beachd an ùghdair seo gur e faclan gu buileach iomchaidh a tha annta.

Notaichean

1. "He was, undoubtedly, the ablest, as well as the most productive, of the Tiree bards." Cameron, *Na Baird Thirisdeach*, 38.

2. Thomson, *An Introduction to Gaelic Poetry*, 220.

3. Mo thaing dhan Oll. Micheal Linkletter, Roinn na Ceiltis, Oilthigh Naomh Frannsaidh Xavier, ar prìomh eòlaiche air MacGilleain Sinclèir, a leig fios dhomh gum b' fheàrr le MacGilleain Sinclèir "Sinclèir" na "Mac-na-Ceardaich."

4. "Òran Cumha," a nochd an toiseach ann an *Casket*; gheibhear tionndaidhean caran eadar-dhealaichte dheth ann an *Clarsach na Coille*, 335; agus ann am *Filidh na Coille*, 142; an dà leabhar seo deasaichte le Alasdair MacGilleain Sinclèir.

5. "Cumha do dh' Iain MacIlleathain, Bàrd Thighearna Chola," a nochd an toiseach gun urra ann an *Casket*; nochd tionndaidhean eile ann an *Clarsach na Coille*, 331; agus ann am *Filidh na Coille*, 138.

6. "Marbhrann do 'n Bhàrd Mac-Gilleain," a nochd ann am *Filidh na Coille*, *supra*, b-n.4, t-d. 141.

7. Dunbar, "The Secular Poetry of John MacLean, 'Bàrd Thighearna Chola', 'Am Bàrd MacGilleain'," 33.

8. *Clarsach na Coille, supra*, b-n. 4, t-d. xvi.

9. *Supra*, b-n. 7.

10. Nochd cuid dhe na dàin spioradail aige ann an leabhar a chaidh fhoill-seachadh ann an Alba ann an 1835 (*Laoidhean Spioradail le Iain Mac Gil-leain; a rugadh ann an eilean Thireadh 'Sa tha 'n drast ann an America mu Thuath* (Glascho: Clodh-bhuailte le Bell agus Bain, agus r'an reic le M. Ogle agus a Mhac, 1835). Tha leth-bhric dheth gu math, math gann, ach tha fear dhiubh anns an leabharlann aig Oilthigh Naomh Frannsaidh Xavier.

11. Dh'fhoillsicheadh 11 dhe na h-òrain shaoghalta, 10 dhiubh a chaidh a dhèanamh ann an Alba Nuaidh, ann an 1856, ann an *Orain Ghaelach le Iain*

Mac Illeathain, Bard Thighearn Cholla (Antigonish: Iain Boide, 1856), leabhar a dheasaich Iain Boide, am fear iomraiteach a chuir am pàipear-naidheachd ionadail Antigonish *The Casket* air bhonn. Thog MacGilleain Sinclèir òrain shaoghalta eile a rinn a sheanair bho sheinneadairean ionadail a chum beò iad air chuimhne, agus tha seansa ann, ma-thà, gun robh òrain eile a rinn Am Bàrd a tha a-nis caillte.

12. Sinclair, Alexander Maclean, *The Clan Gillean*, 338.

13. Sinclair, Donald Maclean, *Some Family History*, 39, b-n. (3).

14. "Do Shir Ailean MacGilleain agus do dh' Eachann Chola," Cameron, *supra*, b-n. 1, tn-d. 1-3.

15. Cregeen and MacKenzie, *Tiree Bards and their Bardachd*, t-d. 6, 8.

16. Bha dhà dhe na h-òrain aig Gilleasbaig MacGilleain "Do Ghilleas-buig Mac 'Illeathain, Fear Chill-mo-Luaig,'an Tiriodh" agus "Cumha do Dhòmhnall Mac 'Illeathain, Fear Chòrnaig,'an Cola": Cameron, *supra*, b-n.1, tn-d.16-24.

17. *Clarsach na Coille*, *supra*, b-n. 4, t-d. xxi; MacDougall, *Clasrach na Coille*, t-d. xviii; *Filidh na Coille*, *supra*, b-n. 4, t-d. 128.

18. Ann am Màrt, 2006. Tha an t-ùghdar fada ann an comain an t-sàr-Ghàid-heil ghasta seo; a-bharrachd air an aoigheachd chiataich agus a' chòmhradh bhrìghmhor, thaitneach a fhuair mi na chuideachd, sheall e dhomh làrach an taighe anns an do rugadh am bàrd—eisimpleir eile de luach agus doimh-neachd na beòil-aithris Tiristich.

19. An cù-chaorach a bha aig a' bhàrd.

20. Sinclair, *supra*, b-n. 13, t-d. 6.

21. "Christy Maclean read and reread the following works in Gaelic: Boston's Fourfold State; Baxter's Call to the Unconverted; Alleine's Alarm; Bun-yan's Holy War; James' Anxious Enquirer; Doddridge's Rise and Progress of Religion; Bunyan's Pilgrims [*sic*] Progress; Cuairtear nan Gleann; and Cor nan Cnoc. She also read in Gaelic; Teachdaire Caidhealach (sic); An Gaidheil (sic); Bratach na Firinn; John MacKenzie's Bliadhna Tearlach (sic); and Angus Mackenzie's Eachdraidh na h-Alba. She was thoroughly familiar with Peter Grant's Hymns, Dugald Buchanan's Hymns; and James MacGregor's Hymns. She read in English Dr. MacRae's Story of the Scottish Church, and Mac-Kenzie's Coinneach Odhar Fiosaiche, the Celtic Magazine, and other works": *ibid*, b-n.10, tn-d. 43-44.

22. Sinclair, *supra*, b-n. 13, tn-d. 6-7.

23. *Clarsach na Coille supra*, b-n. 4, t-d. xv.

24. *Ibid*, t-d. xvi.

25. Nova Scotia Archive and Records Management, MG15G/2/1.

26. Bha 3 pìosan bàrdachd le Gilleasbaig MacGilleain agus 9 le Gilleasbaig MacPhàil, dà bhàrd Tiristeach, agus a dhá leis a' Chùbair Chollach.

27. Leithid Iain "Luim" Dhòmhnallaich, Màiri nighean Alasdair Ruaidh, Eachainn Bhacaich, Mairearad nighean Lachlainn, agus Alasdair MhicFhionghain, à Mòrar.

28. Airson clàr coileanta dhen a' bhàrdachd anns a' chruinneachadh seo, faic Colm Ó Baoill, *Maclean Manuscripts in Nova Scotia.*

29. Nova Scotia Archive and Records Management, MG15G/2/2.

30. Iain Mac Gilleain, *Laoidhean Spioradail le Iain Mac Gilleain*; Bha 23 dhe na h-òrain aige-fhèin agus 34 le bàird eile anns a' chruinneachadh seo.

31. *Clarsach na Coille, supra*, b-n. 4, td. xvii, agus MacDougall, *supra*, b-n. 17, td. xvi; a-rèir seann mhìosachan nan Gàidheal, b' e Lùnastal a' chiad mhìos dhen fhoghar. Faic Ronald Black, *The Gaelic Otherworld*, "The Celtic Year," td. 529, agus b-n 12 an-sin, agus tn-d. 574-75.

32. Sgrìobhte le Mr. A. A. MacLellan à Grand Mira a Tuath, Siorrachd Cheap Breatainn, Alba Nuadh, dha robh Iain MacGilleain na shìn-shìn-bràthair athar/màthar, a-rèir choltais: Giblean, 1931, *Mosgladh: "The Awakening,"* vol. III, àir. 6, td. 1 aig td. 2.

33. Raymond MacLean, *History of Antigonish*, 66.

34. McLellan, *Fàilte Cheap Breatuinn.*

35. *Clarsach na Coille, supra*, b-n. 4, td. xvi.

36. *Ibid.*

37. "Deoch-Slàinte, Mhic 'Ic Alastair, Ghlinne-Garaidh": Dunbar, *supra*, b-n. 7, Appendix I, poem 25.

38. MacDougall *supra*, b-n. 17, td. 283. Airson an sgeulachd air fad, faic MacDougall, *supra*, b-n. 17, td. 283, *et seq.*

39. *Clarsach na Coille, supra*, b-n. 4, td. xvi, xvii.

40. Dunbar, *supra*, b-n. 7, Appendix I, poem 28.

41. Gillies, *Songs of Gaelic Scotland*, 253.

42. *Clarsach na Coille, supra*, b-n. 4, td. xix.

43. Conaltradh pearsanta le Seumas Watson, Stiùiriche na Gàidhlig, An Clachan Gàidhealach, Taigh-tasgaidh na Mòr-roinn, Sanntraigh, Siorrachd Bhictoria, Ceap Breatainn. Tha mi fada an comain Sheumais airson an fhiosrachaidh seo.

44. Watson and Robertson, *Sealladh gu* Taobh, tn-d. 26-7.

45. Dunbar, *supra*, b-n. 7, Appendix I, poem 29.

46. Dunbar, *supra*, b-n. 7, Appendix I, poem 33.

47. Alexander Maclean Sinclair, *Dain Spioradail le Iain Mac-Gilleain*, tn-d. 106-10.

48. Johnston, *A History of the Catholic Church in Eastern Nova* Scotia, td. 70.

49. Raymond MacLean, *History of Antigonish*, td. 52.

50. Feumaidh gun d' fhuair am bàrd an taic seo anns na bliadhnaichean tràtha, nuair a bha am bàrd agus a theaghlach ann am fìor èiginn, agus iad leotha-fhèin ann an Abhainn Bhàrnaidh Uachdrach.

51. A-rèir seanchas Dòmhnall Chaluim Bhàin, 's e Abhainn Bhàrnaidh an t-àite far an d' fhuair iad an talamh na b' fheàrr, le taic an Innsinnich, ach leis mar 's e Baile Chròic a' chiad àite a bha aca, 's ann a tha e nas coltaiche gur ann mun imrich *bho* Abhainn Bhàrnaidh a tha an naidheachd.

52. School of Scottish Studies Sound Archive, sa1966-14, no. 4, air clàradh leis an Oll. Iain MacAonghais.

53. Faic, mar eisimpleir, Michael Newton, "Macs and 'Micmacs': First Encounter Narratives in Scottish Gaelic from Nova Scotia," ri fhoillseachadh.

54. Bha mòran dhiubh aotram agus èibhinn, agus ag amas air taghaidhean ionadail no sgìreil. Faic, mar eisimpleir, "Òran do Chomhairle Cheap Breatuinn," ann an Fergusson, *Beyond the Hebrides*, td. 178, "Òran an election," le Angus Campbell, ann an Creighton and Macleod, *Gaelic Songs in Nova Scotia*, td. 94. Ach, bha ùidh aig na bàird ann an Alba Nuaidh ann an taghaidhean mòr-roinneil agus nàiseanta cuideachd, agus bha iad fiosraichte mu an dèidhinn; tha deagh eisimpleir againn ann an "Coileach as a' *Chronicle*," aoir a rinneadh le Coinneach MacFhearghais a bha air a bhrosnachadh le dealbh-èibhinn pholataigeach anns a' phàipear-naidheachd *Chronicle* Halifacs, pàipear-naidheachd a thugadh taic, anns an àbhaist, dhan a' phàrtaidh Libearalaich, mu thaghadh William Lyon MacKenzie King, an ceannard nàiseanta a bu shoirbheachail e a bha aig na Libearalaich a-riamh agus an duine a bha na phrìomhaire Chanada na b' fhaide na duine sam bith eile, mar cheannard na pàrtaidh: Donald Fergusson, *Beyond the Hebrides*, td. 160. Rachadh Gàidheil Alba Nuaidh an sàs ann am polataics gu h-iasgaidh, agus is dòcha nach d' fhuair duine dhiubh barrachd buaidh na Aonghas L. Dòmhnallach, a bha na phrìomhaire Libearalach air Mòr-roinn Alba Nuaidh agus a bha anns a' Chaibineat fheadaralach fo MacKenzie King aig àm an Darna Cogaidh; bhrosnaich a' chiad thaghadh aige mar phrìomhaire Alba Nuaidh ann an 1933, aig an aois 43, "An Sgiobair Ùr," òran-molaidh le Aonghas Y. MacIllFhaolain, bàrd comasach a bha na fhear-taigh-solais ann an Eilean Mhargaraidh, Ceap Breatainn: Creighton and MacLeod, *Gaelic Songs in Nova Scotia*, td. 209.

55. *Supra*, b-n. 47.

56. *Clarsach na Coille, supra*, b-n. 7, td. 145. Chan eil e soilleir bhon iomradh seo, ach is dòcha gun deach am bàrd na Thòraidh air sgàth na dh'adhbharaich an t-òran seo.

57. Morison, "The Brandy Election of 1830," 30; *Collections of the Nova Sscotia Historical Society* 151, td. 181.

58. *Clarsach na Coille, supra*, b-n. 7, td. 145.

59. B. C. U. Cuthbertson (1982), "Place, Politics and the Brandy Election of 1830," 41 *Collections of the Nova Scotia Historical Society* 5, td. 18.

Tùsan

Black, Ronald, ed. *The Gaelic Otherworld: John Gregorson Campbell's Superstitions of the Highlands and Islands and Witchcraft and Second Sight in the Highlands and Islands*. Edinburgh: Birlinn, 2005.

Boide, Iain. *Orain Ghaelach le Iain Mac Illeathain, Bard Thighearn Cholla*. Antigonish, NS, 1856.

Cameron, Rev. Hector, deas./ed., "An t-Urr. Eachann Camshron," *Na Baird Thirisdeach*. Stirling: The Tiree Association 1932.

Cregeen, Eric and Donald W. MacKenzie. *Tiree Bards and their Bardachd* (Isle of Coll: Society of West Highland & Island Historical Research, 1978.

Creighton, Helen and Calum Macleod, *Gaelic Songs in Nova Scotia*. Ottawa: National Museums of Canada, 1979.

Cuthbertson, B. C. U. "Place, Politics and the Brandy Election of 1830." *Collections of the Nova Scotia Historical Society* 5, 1982.

Dunbar, Robert. "The Secular Poetry of John MacLean, 'Bàrd Thighearna Chola', 'Am Bàrd MacGilleain'," tràchdas PhD, Oilthigh Dhùn Èideann, 2006.

Fergusson, Donald A., ed. "Òran do Chomhairle Cheap Breatuinn." *Beyond the Hebrides*. Halifax, NS: Donald A. Fergusson, 1977.

Gillies, Anne Lorne, ed. *Songs of Gaelic Scotland*. Edinburgh: Birlinn, 2005.

Johnston, Rev. Anthony Angus. *A History of the Catholic Church in Eastern Nova Scotia, Volume II—1827-1880*. Antigonish, NS: St. Francis Xavier University Press, 1971.

MacDougall, Hector ed. *Clasrach na Coille, A Collection of Gaelic Poetry by the Rev. A. Maclean Sinclair LL.D*. Glasgow: Alex. MacLaren and Sons, 1928.

MacGilleain, Iain. *Laoidhean Spioradail le Iain Mac Gilleain; a rugadh ann an eilean Thireadh 'Sa tha 'n drast ann an America mu Thuath*. Glascho: Clodhbhuailte le Bell agus Bain, agus r'an reic le M. Ogle agus a Mhac, 1835.

MacLean, Raymond, ed. *History of Antigonish, vol. 1*. Antigonish, NS: Casket Printing and Publishing, 1976.

McLellan, V. A. McI., *Fàilte Cheap Breatuinn: A Collection of Gaelic Poetry*. Sydney, NS: The Island Reporter, 1891.

Morison, Gene. "The Brandy Election of 1830." *Collections of the Nova Sscotia Historical Society* 151, 1954.

Ó Baoill, Colm. *Maclean Manuscripts in Nova Scotia: A Catalogue of the Gaelic Verse Collections MG15G/2/1 and MG15G/2/2 in the Public Archives of Nova Scotia.* Aberdeen: University of Aberdeen Department of Celtic, 2001.

Sinclèir, Alasdair MacGilleain. "Òran Cumha," *Casket* Antigonish, 3 am Màrt, 1853.

———. "Cumha do dh' Iain MacIlleathain, Bàrd Thighearna Chola," *Casket* Antigonish, 17 am Màrt, 1853.

———, ed., *Dain Spioradail le Iain Mac-Gilleain.* Edinburgh: MacLachlan and Stewart, 1880.

———. *Clarsach na Coille: A Collection of Gaelic Poetry.* Glasgow: Archibald Sinclair, 1881.

Sinclair, Alexander Maclean. *The Clan Gillean.* Charlottetown, PE: Haszard and Moore, 1899.

———. *Filidh na Coille: Dàin agus Òrain leis a' Bhàrd MacGilleain agus le feadhainn eile.* Charlottetown, PE: Examiner Publishing Company, 1901.

Sinclair, Donald Maclean. *Some Family History.* Halifax, NS: unpublished manuscript, 1979.

Thomson, Derick. *An Introduction to Gaelic Poetry.* Edinburgh: Edinburgh University Press, 1990.

Watson, James and Ellison Robertson, eds. *Sealladh gu Taobh: Oral Tradition and Reminiscence by Cape Breton Gaels.* Sydney, NS: University College of Cape Breton Press, 1987.

II. Cànan, Litreachas agus Dualchas na Gàidhlig
/ Gaelic Language, Literature and Culture

Janice Fairney

The Branch Societies
of the Highland Society of London

With the expansion of the British Empire, the Highland Society of Lon-
don saw the possibility of an outreach program of collateral branches both
at home and in the far reaches of the world. It believed that through these
cadet branches it could encourage and promote the retention of the Gaelic
language and culture of all their forebears. It was felt that the Gaelic speak-
ing communities in the colonies would provide a favourable environment
for the language to flourish. The Highland Society of London was estab-
lished on May 28, 1778, and it was the first society with a Gaelic cultural re-
mit in either England or Scotland.[1] It provided a more formal arrangement
for Highland gentlemen based in London to come together at a dinner
club. It provided a place and an opportunity for fellow Gaels to enjoy each
other's company and recall shared memories of the good old days of their
youth, in that halcyon time when the Highland garb was worn, the bagpipe
was heard, and heroic ballads, tales and songs were constant companions
during the long winter nights. But the members wanted to do more than
just remember or imagine the past. They wanted to be proactive in their at-
tempts at preserving a culture that was dear to them. Five objectives were
decided which would "do credit to the Highland Character, and to promote
the Interest of the Highlands."[2] They were:

> For preserving the Martial Spirit, Language, Dress, Music, and
> Antiquities of the Ancient Caledonians; For rescuing from Oblivion,
> the valuable Remains of Celtic Literature; For the Establishment
> and Support of Gaelic Schools in the Highlands of Scotland, and in
> other parts of the British Empire; For relieving Distressed High-
> landers, at a distance from their Native homes; and For promoting

the Improvement, and general Welfare, of the Northern Parts of the Kingdom.[3]

The Society's membership was made up from the crème de la crème of those Highlanders who spent much of the year in London, and it achieved much. It led a successful campaign to achieve the repeal in 1782 of the *Disarming Act* of 1746. It then went on to encourage wearing Highland garb and collected and authenticated clan tartans. It championed the music of bagpipe, by its competitions which included prizes for both dance and best dressed competitors. It established fishing villages in the Highlands and Islands; it published James Macpherson's Gaelic "originals." It made several attempts to establish a piping school to teach young men to become army pipers, and encouraged the development of musical notation for ease in learning to play the pipes. It encouraged its members to hold athletic games, which would include dance and piping competitions on their estates which gave birth to the Highland Games known today throughout the world. From its very beginning the Highland Society of London stamped its own view of Gaelic culture on the world; it successfully wooed the Royal Family, and the sons of Queen Victoria became members and presidents of the society. This royal connection led to enhanced prestige, which enabled the Highland Society of London to expand its own influence in preserving Gaelic culture and language through its branch societies throughout the empire.

Within two years of its establishment, the Highland Society of London had its first branch. The newly formed Gaelic Society of Glasgow was established in March 1780, it was better known as the Gaelic Club of Gentlemen. Its members were on the whole members of Glasgow's Highland nouveaux riches, the merchants, manufacturers and industrialists with the addition of army officers and clergymen.[4] They had been informed that the Highland Society of London "gave charters to other Societies instituted with the same designs" therefore they wrote to London for a charter.[5]

The Highland Society of London was delighted, and the Secretary wrote to its new Glasgow branch:

> Your attention as a member of this Club was much applauded, and the proposal of the Highland Gentlemen at Glasgow received with respect and kindness, as both they and the Gentlemen here are warmed with the same sentiment and attention of enjoying native company occasionally and promoting whatever shall do honour to the name of Highlander in general or benefit any individual Gael.[6]

The Gaelic Club of Gentlemen was extremely pleased to receive its framed charter, and felt honoured that the Highland Society of London as the "Parent Society" had made them a "branch or a colony" of itself. They adopted the Highland Society of London's objectives, and had resolved to establish a fund for "the purposes of promoting the Gaelic Language, and relieving the most necessitous of those who speak it." They were anxious that the fund would receive "endless solicitations, beyond what [they] could answer" but they would do the best they could.

Around that time the Highland Society of London decided to hold a bagpipe competition annually at the Falkirk Tryste.[7] Everything was in hand for the 1781 competition, when a fortuitous visit to the Society's Secretary John Mackenzie by Rev. Dr. Hugh Macleod, of the Glasgow branch, changed the way in which the first and all subsequent competitions would be handled. He accepted the invitation given by Mackenzie stating that the Glasgow branch would readily undertake the honour bestowed by the Parent society. By this agreement the arduous task of running the actual competition was to be borne by initially the Glasgow branch from 1781 to 1783 and then by the Highland Society of Edinburgh from 1784 until 1844, when the competition ceased.

The competition of 1783 ended in uproar. The competitors and some of the audience accused the judges of favouritism, and questions were raised about the suitability of "arrogant Tradesmen" running the competition. The second branch of the Highland Society of London was born from the ruins of the competition. When plans for the 1784 competition were under contemplation, the Highland Society of London informed its Glasgow branch that the newly formed branch in Edinburgh would conduct the competition. From then on it was envisaged that the two branches would take turns annually in superintending the competition. However, the competition removed to Edinburgh and stayed there. The "affectionate respects of the Mother Society in London" were no longer received.[8] There was no more communication with its Glasgow branch. At the Gaelic Club of Gentlemen's Anniversary Dinner of 1798, it was resolved that the relationship with the Highland Society of London should be: "Dissolved with the unanimous consent of all present except one dissenting voice with the view and intention of forming a new Club or Society under new rules and regulations."[9]

It changed its name to the Celtic Society of Glasgow, and joint membership with the Highland Society of Glasgow was required. Apart from the change of affiliation, the ability to speak Gaelic remained essential for membership and its objects remained very similar to those of the Highland society of London.

Its second branch was the Highland Society of Edinburgh. As already noted the creation of the Edinburgh branch occurred from the fiasco of the 1783 piping competition. It did not remain a branch of the London society for long, for the Highland Society of Edinburgh, with its more diverse membership, soon developed an interest in the improvement of the Highlands, and in 1786 was incorporated with a new name—the Highland Society of Scotland. The Edinburgh society continued to run the piping competitions until 1844, when it decided it would no longer supervise the competition and suggested that the Celtic Society of Edinburgh might be willing to take its place.[10]

The matter of branches was not brought before the members until 1804 when the Highland Society of London decided that it would need to establish branches, if it members wanted to achieve their objective in saving the Gaelic language from oblivion. The only way forward was an outreach programme, and it was resolved that:

> for the general union of Highlanders, and for the more ready coop-
> eration of support to measures of national unity which may hereafter
> be brought forward, Branches of the Society be established in all
> parts abroad where Highlanders are settled: and that it be referred to
> a Standing Committee to make Arrangements for the same.[11]

The Standing Committee did not report until four years later. The original resolution was expanded to include parts of England and Scotland, as well as all those countries that were part of the British Empire. It believed that these collateral branches would encourage "a more extensive cultivation and diffusion of the Gaelic language."[12] In the colonies, settlements of Gaels should be given encouragement if the language was to flourish. It was also seen as a way of increasing the Society's funds and a way to cover the cost of its objectives. It was reasoned that these new branches would have a better chance of survival if they received the patronage and guidance of some of its members.

The committee made the following recommendations that branches could be established in the East Indies where at least one hundred members of the Highland Society of London either lived or were employed. Members of the Society were also resident in the West Indies and America, where further branches might be established. The city of Liverpool was also a possibility, for it "abounds with Highlanders of every description."[13] In Scotland, Inverness was considered as:

> a most eligible situation for the Northern District. There are up-
> wards of twenty-five Members of this Society in that Town & its
> neighbourhood [...] the country being also very populous in resident
> Gentlemen, and many officers constantly employed on the Recruit-
> ing Service, there is every reason that this establishment would
> rapidly increase.[14]

It noted that these gentlemen recognized the distinct difference between the Highland Society of Scotland and the Highland Society of London, and appreciated the efforts made by the latter society in preserving language, literature, music and dress. They also requested that, since one of the Royal Princes had become a Member of the Highland Society of London; perhaps "the Earl of Inverness would have the goodness to become the Patron of their local Institution."[15]

It recommended that attempts should be made by the Highland Society of London to renew its relationship with the Glasgow Branch, now called the Celtic Society of Glasgow, which was "severed from its parent root" and was in a state of decline. It was believed that if the Duke of Hamilton, Duke of Argyll or Duke of Montrose became its Patron, it might flourish again for "it is well known, that this City and its vicinity abound in affluence and public spirit, so that a most respectable Institution, by a little exertion, might be expected."[16] The income received from both these branches might:

> with great propriety, be applied in Premiums to Schoolmasters, and for providing the Scholars at a cheap rate, or gratuitously in some cases, with Gaelic Books in the Northern District, a measure thitherto wholly neglected, excepting a slender supply of Bible and Catechism distributed by the Society for Propagating Christian Knowledge [and] the Funds of the Glasgow establishment might be applied to a similar purpose in the Western Highlands.[17]

The branches of the Highland Society of London would all receive a Commission and regular reports from its parent, and they in turn reported back. By this measure the Highland Society of London would promote "a social and friendly intercourse amongst the sons of Caledonia and of cherishing and maintaining that bond of national unity and feeling for which it is be hoped they will ever be distinguished."[18]

The Highland Society of London contacted all the various societies throughout the Highlands, inviting them to become branch members. The Duke of Atholl enrolled the help of David Stewart of Garth to contact these societies; but not all were willing, the response of the Gaelic Society of Perth that although honoured by Highland Society of London's approach it could not afford a charter or pay the annual fees that branch membership would entail.[19] However the Highland Society of Dundee acknowledged the HSL as the "original institution." The newly formed society consisted of Gaelic-speaking Highlanders whose objectives were very similar to the HSL's; and the members were "desirous that this our Infant Institution should be directed and governed upon such principles as may be recommended from and by the Regulations of the original Institution."[20] The HSL also tried to persuade Macdonnell of Glengarry to make his Society of True Highlanders a branch member. But he refused, believing that together they could promote improvement in the Highlands and preserve the language, "and those customs and manners, which have tended to form the character of the Gael, the pride of the United Kingdom and the admiration of surrounding Nations."[21]

It must be remembered that Glengarry's society already had an affiliation in London with the Club of True Highlanders. The Marquis of Huntly had success in establishing a branch in Aberdeen in 1820. As an acknowledgement to its branch societies, the HSL presented each with ten copies of The Poems of Ossian in the Original Gaelic, which it had published, and suggested that they might be awarded to the most zealous members.[22]

The HSL was more successful with its branches overseas than at home. In Asia it had instituted branches in Bombay, Bengal, Calcutta and Madras. Their annual reports include nothing more interesting than lists of names and the subscriptions to the parent society. Other branch societies were established in Cape of Good Hope, Melbourne, Australia and New Zealand and the West Indies. In 1813 the HSL gave a commission to General Downie and its authorization "to establish a branch or branches of the Society in such part of Spain and Portugal as they may find eligible and in such manner as is prescribed by the Rules of the Society."[23] Apart from the Indian branches, there are no extant records of any of these other branches among the HSL records. However, there are quite a few records for the branches established in Canada.

The first branch in that country was the Highland Society of Canada (HSC), founded at Glengarry in 1818. The Rev. Alexander Macdonnell was influential in its establishment and had already proved useful to the HSL in its search for the missing originals of Macpherson's translations. Simon MacGillivray, one of the Vice-Presidents of the HSL, was travelling to Canada, and personally delivered the commission. He reported that "everyone could speak the Gaelic in its genuine purity and most of them in Highland dress."[24] Its objects were the same as those of its parent, namely to preserve all aspects of Gaelic culture, and to rescue any remains of Gaelic literature transported to Canada. It was to help establish Gaelic schools at home and in other parts of the British Empire. Finally, it was to provide relief to needy Highlanders, and to work for improvement and general welfare, not only of the Highland Settlements in Canada, but also of the Highlands and Islands of Scotland.[25] The Rev. Macdonnell remained active, even after being made the Roman Catholic Bishop of Rhosina, and continued to send reports on the progress of the Highland Society of Canada.[26] The HSL was especially magnanimous to this society; it sent a box of fifty copies of The Poems of Ossian in the Original Gaelic in 1820. Bishop Macdonnell in response wrote to thank the HSL, stating that "the original Poems of our immortal Bard whose memory and genius will [...] long live on the Banks of Ottawa and the St Lawrence."[27] By 1824 Bishop Macdonnell was obliged to report to the HSL that the HSC was having some difficulty in promoting its objects. However, a Gaelic School had been founded in the Highland Settlements and:

> Premiums have been bestowed to the best Gaelic Scholars; and
> the proficiency that some youths have already made in the Gaelic
> indulges the pleasing hope that the language of our Ancestors may in
> this remote quarter be long preserved in its purity.[28]

In the letter accompanying the report he states that, although the re-
port only mentions one school, there are actually several schools and the
children learn the poems of Ossian and "to the parents nothing can be more
gratifying than to see the feelings and passions of their children kindled by
the divine fire of their immortal Bard."[29]

The Canadian Society purchased Gaelic dictionaries and Gaelic gram-
mars and gave copies of the poems of Ossian to assist in the object of pre-
serving the language at these schools. It also awarded premiums for poetry
and song competitions that the Bishop found "tolerably fair specimens,"
and also gave prizes to boys who could recite properly the poems of Ossian.
Macdonnell reported also:

> some valuable remains of Gaelic Compositions which have found
> their way to this country and never yet appeared in Print, and [being]
> only known to a few aged persons must inevitably have been for lost,
> [but] have been rescued from oblivion.[30]

Several manuscripts of unpublished poems were in the possession of a
member, W. D. Robertson, and the Bishop asked if they should perhaps be
published. The Society was also doing what it could in regard to Highland
dress and the bagpipe music. Annual premiums were given to the best piper,
and premiums were offered to encourage the manufacture of tartan in the
hope that the dress would become more popular in this northern climate.
The society also provided premiums for agricultural improvements, includ-
ing cultivation and animal husbandry. Finally, a significant amount of its
funds went to assist Highlanders arriving in Canada. The Highland Society
of Canada was certainly a model branch of the HSL. It flourished success-
fully until 1828. After that a difficult period ensued; it was reinstituted in
1842 and its report of 1843 states that the society has recovered and was
once again in fine fettle with renewed vigour and it now had its own branch
societies at Quebec, Montreal, Toronto, Niagara, Hamilton, Amherstburg,
Bytown (Ottawa), Goderich, Johnston District and Kingston.[31]

Two branches were established in 1838, one in Prince Edward Island
in March and another in Halifax, Nova Scotia in May. By 1841 the Prince
Edward Island branch had its own branch in the South West District, and
it had decided to use surplus funds to purchase prizes for "the most merito-
rious Scholars in the various Schools throughout the island."[32] The Society
in Halifax clearly looked at the needs affecting the whole of Nova Scotia
before asking the HSL for help. The letter from this new society was ad-
dressed to the Duke of Sutherland, as President of HSL. It stated:

> It is perhaps sufficient to state that from the want of schoolbooks
> and teachers and the deficiency of funds notwithstanding the liberal
> grants of our own legislature, there cannot be less than seven thou-
> sand children of Scottish descent in this Province who are growing
> up in absolute ignorance of the first rudiments of learning. These are

chiefly to be found in the New Settlements and in Cape Breton, and there are about three thousand who are partially but inadequately instructed. His Excellency, Sir Colin Campbell who enters warmly into our views has addressed the Noble President of the Parent Society in our behalf and we are not without hopes that the means of Education which in this Capital of the Province are accessible to all, will be gradually extended to the remotest districts and shed abroad in this young country some portion of the intellectual and moral radiance which illuminates our Fatherland.[33]

A special meeting of the Management committee was convened as soon as the letter was received, and decided that the matter should be brought to the next general court "to consider the best mode of endeavouring to aid the Branch of this Society in Nova Scotia."[34] There is no record of the next general court meeting, though there is evidence that shows that "two cases of books were shipped to Nova Scotia on the good ship called John Romilly," four years later.[35] I believe other assistance was given before this shipment for R. C. MacDonald informed the Highland Society of London that he was setting up another branch in Nova Scotia in May 1842.[36] He wrote again the following year from Saint John, New Brunswick, and signed himself as the Chief of the Highland Society of Nova Scotia. He had just established a branch in the town of Saint John, the commercial centre for New Brunswick.

The letter was essentially a promotion of the Province and MacDonald hoped that the HSL would share the information with any societies interested in emigration. He stated very emphatically that all the Maritime Provinces were in desperate need of both teachers and British books; for he had a reluctance to use "Republican publications from our neighbour." He also stated that he was personally responsible for the formation of "seven respectable branches of the Highland Society of London, in different parts of Nova Scotia, New Brunswick and Prince Edward Island." Through these he argued that "the name of the venerable Parent Society is becoming known in these Provinces." He further stated that there were one hundred and fifteen thousand Scotsmen or men of Scots descent living in the same provinces.[37]

The provincial Highland Society of New Brunswick was established in March 1842 at Miramichi. However, it did not receive its charter until two years later due to the Governor General of Canada's ill health. It received it in March 1844[38] and was incorporated in April 1846.[39] It was the last record of a branch society in the records of the Highland Society of London.

This is still a work in progress as my sources were limited to the records of the Highland Society of London, and those of its first two branches. Further study is needed in those countries were branches were established to give a more rounded view. However, though limited in some respect to sources, there is significant evidence that it was successful in its attempts. As noted above the Highland Society of London was a society of prestige, its membership included Scottish nobility and members of the Royal Family. Queen Victoria was its Patron. She with her husband Albert and their children, began the Royal patronage for Gaelic culture, and encompassed and patronised elements in their daily life. It was because of this royal patronage that the Highland Society of London was able to develop its branch societies in Scotland and in the Scottish enclaves around the world. Through its branches, it was able "to carry more extensively into effect the important objects for which it was instituted, and of stimulating and preserving a friendly and social intercourse amongst Highlanders."[40] Many of the Branch Societies have survived though no longer affiliated with its parent society. The Highland Diaspora encompassed the Highland Society of London objectives and instilled a pride for all aspects of Gaelic culture that continues throughout the world today.

Notes

1. The Highland Society of London's original name was the Gaelic Society of London, it soon was known by a variety of different names such as Gaelic Club, Highland Club and Highland Society. This is evident from correspondence and from the early journals that are all tooled in gold with the appellation of "Gaelic Society." John Mackenzie, the Secretary, used the name Highland Society from as early as 1780, yet it continued to be referred to as the Gaelic Society up to 1794.

2. Sinclair, *An Account of the Highland*, 4.

3. Ibid., 82

4. Hugh McDiarmid was the first Secretary of the Gaelic Society of Glasgow and also the first Gaelic minister in Glasgow. He was also a collector of Gaelic tradition, see Thompson, *The Macdiarmid MS Anthology*.

5. Glasgow, Gaelic Society of Glasgow (Gaelic Club of Gentlemen) 1780-1798, Membership Book, MS TD746/1, letter dated 8 November 1780, from John Mackenzie, Secretary of the Highland Society to the Gaelic Society of Glasgow.

6. Ibid., letter dated 20 April 1780, from the Gaelic Society of Glasgow to John Mackenzie, Secretary to the Highland Society of London.

7. The location of Falkirk was chosen because of the numerous Highlanders associated with the annual Black cattle fair where it was reckoned gentlemen qualified to judge such a competition would also be conducting business at Falkirk.

8. Glasgow, Gaelic Society of Glasgow (Gaelic Club of Gentlemen) 1780-1798, Membership Book, MS TD746/1, letter dated 26 September 1782,

from Mr. Secretary Mackenzie of the Highland Society of London to Dr. McLeod.

9. Ibid., written in the back page of the Membership Book.

10. Royal Highland and Agricultural Society of Scotland, Sederunt Book, 20, 531.

11. Highland Society of London, Minute Book, MS Deposit 268/23, January 1793-May 1805, 122-23.

12. Highland Society of London, Minute Book, MS Deposit 268/24, March 1802-March 1808, 167.

13. Ibid.

14. Ibid.

15. Ibid.

16. Ibid., 168.

17. Ibid., 167-68.

18. Highland Society of London, Account of proceedings from 1813, MS Accession 10615/114, 29.

19. Highland Society of London, Minute Book, MS Deposit 268/26, December 1814-May 1816, 223.

20. Ibid., 159-60.

21. Ibid., 132-33.

22. Highland Society of London, Rough Minute Book, MS Deposit 268/27, February, 1822-March 1827, 3 May 1828.

23. Highland Society of London, Minute Book, MS Deposit 268/25, May 1808-December 1814, 223.

24. Highland Society of London, MS Deposit 268/43, Extracts of the proceedings of the Society from February 1819 to May 1824, 1.

25. Highland Society of London, MS Deposit 268/6, Correspondence May 1841-April 1890, Report of the Highland Society of Canada.

26. Highland Society of London, Rough Minute Book, MS Deposit 268/27, February, 1822-March 1827, 6 March 1824.

27. Highland Society of London, MS Deposit 268/43, Extracts of the proceedings of the Society from February 1819 to May 1824, 10.

28. Ibid., 32.

29. Ibid., 34.

30. Ibid., 33-4.

31. Highland Society of London, MS Deposit 268/6, Correspondence May 1841-April 1890, Report of the Highland Society of Canada 1843.

32. Highland Society of London, Box of Miscellaneous items, MS Deposit 268/19, Records of the Highland Society of Prince Edward Island July 1840-December 1841.

33. Ibid., Letter from the Highland Society of Nova Scotia, 19 July 1838.

34. Ibid., Special Meeting of Committee of Directors of the Highland Society of London, 13 September 1838.

35. Ibid., Bill of lading, 12 September 1842.

36. Highland Society of London, MS Deposit 268/6, Correspondence May 1841-April 1890, 12 May 1842.

37. Ibid., 28 February 1843.

38. Ibid., 23 January 1843.

39. Highland Society of London, Box of Miscellaneous items, MS Deposit 268/19, NLS 268/19, Report of the Highland Society of New Brunswick.

40. Highland Society of London, Minute Book, MS Deposit 268/26, December 1814-May 1816, 124-25.

Bibliogrpahy

Primary Sources

Gaelic Society of Glasgow (Gaelic Club of Gentlemen) 1780-1798, Membership Book, Mitchell library, Glasgow. MS TD746/1.

Highland Society of London Minute Book(s). National Library of Scotland, MS Deposit 268 etc.

Highland Society of London, Account of proceedings from 1813, National Library of Scotland, MS Accession 10615.

Royal Highland and Agricultural society of Scotland, Sederunt Book, 20, p. 531

Secondary Sources

Sinclair, John. *An Account of the Highland Society from its Establishment in May 1778 to the Commencement of the Year 1813.* London: McMillan, 1813.

Thompson, Derick S. *The Macdiarmid MS Anthology.* Edinburgh: Scottish Gaelic Texts Society, 1992.

Tiber F. M. Falzett

"Am measg nan daoine ga bruidhinn 's ga labhairt"

An Exploration in *Seanchas*-based Discourse

This paper explores the concept of *seanchas*, as a form of discourse capable of verbalizing cultural practices, codes and attitudes among Scottish Gaels at the communal level, looking toward fieldwork conducted among Scottish Gaelic-speaking tradition-bearers in Cape Breton Island and the Outer Hebrides as primary evidence. The discussion focuses on how *seanchas*, as a communicative event, can provide data for analysis that fits into exist-ing trends in the fields of anthropology and socio-linguistics, enriching our understandings of such concepts as local aesthetics[1] and the transmission of communal knowledge. In many ways this discussion follows John Shaw's approach in his article "The Ethnography of Speaking and Verbal Taxono-mies: Some applications to Gaelic."[2] Shaw's work has brought the broader discussion of Dell Hymes's methodologies concerning the study of lan-guage and culture through communication[3] mainly through acts[4] and ways of speaking,[5] into focus on Scottish Gaelic verbal traditions. Taking account of Hymes' recommendation, that "One good ethnographic technique for getting at speech events, as at other categories, is through words which name them,"[6] Shaw developed a folk taxonomy of speech types through the vocabulary used to denote them in Scottish Gaelic circles.[7] Although, as Shaw notes, a "blurring of distinctions between speech styles arising from the loss of formal domains […] has continued to occur among speakers and semi-speakers in Cape Breton communities during this century,"[8] this paper argues that it is still viable and worthwhile to examine the semantic domain of *seanchas*, often glossed in specific terms as historical tradition, along with the semiotics of certain words contained in such discourse. This paper aims at providing a preliminary discussion which attempts to examine *seanchas* in its broader working definition as a form of metafolklore[9] containing certain lexemes semantically capable of providing insights into the practice and dissemination of Scottish Gaelic intangible performance culture, i.e., verbal arts, instrumental music and dance. Excerpts of *seanchas* narrative from personal fieldwork will be employed and it is hoped that such an examination of these narratives will facilitate in illuminating our understanding of this mode of discourse as a means of verbalizing aesthetic attitudes among Scottish Gaels, Old World and New.

...

Seanchas can be defined in a variety of ways in the traditional Gaelic worldview.[10] However, through the ethnographic lens of the current research employed here, an attempt will be made to focus the meaning of *seanchas* in general terms as a discourse-based form of intra-cultural commentary, keeping in mind the various shifts in its semantic meaning over periods of time.[11] John MacInnes, a former senior lecturer at the School of Scottish Studies and an authority on Gaelic tradition,[12] has traced such semantic changes of the word during the early modern period in his own family, noting that his great-great-grandfather, styled *Niall mac Mhaol-Mhaoire*, born at the end of the 18th century, employed *seanchas* as semantically cognate with history or *eachdraidh*; however, by the last quarter of the 19th century his grand-uncles understood *seanchas* as a specific form of conversation related to *còmhradh*, as John himself notes: "*Seanchas, tha sin mar gum biodh e 'cur an cèill air neo 'cur air shùilean do dhaoine gu robh an còmhradh aige a' toirt leis naidheachdan, eachdraidh agus a' leithid.*"[13] The role of *seanchas* as a form of discourse in the MacInnes family tradition is further attested in the phrase "*seanchasair grinn*," or "a fine conversationalist."[14] Therefore, the semantic realm of *seanchas* can be placed securely between the spheres of dialogue and context.

Seanchas' ability to serve as an intermediary between language and culture has not been fully explored through ethnographic research, as preference has been given to the itemized collection of folklore (i.e., the collection of stories, songs, tunes etc.). Traditionally, when *seanchas* was included in the academic discussion of Gaelic folklore it was often treated as another genre to be itemized, as noted in J. H. Delargy's "The Gaelic Story-teller,"[15] revealing the folklorist's desire to categorize various forms of narrative in the tidy boxes of genre.[16] In so doing, discussion of *seanchas* has been kept outside its indigenous ethnic realm in scholarly discourse, in favour of drawing parallels with foreign academic paradigms,[17] and its vital role in the dissemination and reinforcement of all aspects of Gaelic culture has yet to be fully appreciated or explored by researchers.[18] Therefore, it would be appropriate to begin by examining the current state of research specific to *seanchas* and expand the discussion in terms of its applications as an indigenous practice among Scottish Gaels that reinforces and unifies the various aspects of intangible performance culture in their communities.

The principal setting, or social institution, for the dissemination of traditional knowledge, or *seanchas*, in Scottish Gaelic-speaking communities was *an taigh cèilidh*, literally the visiting house, where an informal visit, or *cèilidh*, would occur. Such gatherings, as noted by John Shaw, "served to maintain the integrity of Gaeldom's oral and musical culture by creating a social occasion which sustained the ties between the interdependent elements of the tradition."[19] It should also be noted that these social gatherings, which intrinsically link the performance and transmission of communal tradition, are further enhanced through the medium of *seanchas*, or conversation concerning tradition. Theresa Burke (née MacNeil), styled *Treasag nighean Pheadair Mhòir 'ic Steaphain Mhìcheil*, of Barra and Eigg descent and raised in the Rear of Big Pond, Cape Breton, similarly remembers the function of the *cèilidh* in her local community in disseminating various forms of Scottish Gaelic performance culture. She describes such gatherings at her childhood home during the 1920s and 1930s, where both songs and instrumental music were practiced in the course of an evening along with the work of the *luadh* or milling frolic, a gathering where woolcloth would be fulled to the accompaniment of rhythmic choral singing:

> Treasag nighean Pheadair Mhòir: Bhiodh luadh shìos a's a' chidsin, no's a' cheann-shìos,'s dannsa shuas air a' lobhtaidh a's an aon oidhche. Yeah, bhiodh sin againn a chuile bliadhna, luadh, daoine 'gabhail òran, shin far an cuala sinn na h-òrain uileadh, duine mu seach a' gabhail òran.

> Tiber Falzett: Bha sibh làn 'chiùil.

> Treasag: Bha a chuile duine—Gàidhlig a bh'aig a chuile duine, òg's sean. Bha 'saoghal math an uair sin. Cha robh mòran eagail ort.[20]

Theresa's comments not only demonstrate the reinforcement of various genres of performance-based culture in the course of an evening at *na taighean cèilidh* in her district but also the above narrative provides an example of the type of discourse that can be denoted as *seanchas* and reveals aspects of its temporal relationship to the speaker.

Along with the art forms practiced in the course of a *cèilidh*, great worth was also placed on the conversation that would occur and the strength and depth of the Gaelic language employed during these gatherings. Donald John MacDonald, styled *Dòmhnall Iain Dhonnchaidh*, son of the noted South Uist storyteller Duncan MacDonald, recalls the talent of the previous generations in South Uist at conversing:

Bha bodaich ann an Uibhist ri linn ar seanairean, agus eadhon ri linn ar n-athraichean, a bha air leth eirmiseach ann am briathran beòil agus an gearradh cainnte. Bha am freagairt cho fìor dheiseil dhaibh agus gu saoileadh neach gu robh fios roimh-làimh aca air a' chuspair 's air an t-seanchas a bha a' dol a thighinn mu'n coinneamh. Bha na freagairtean seo a' tighinn bhuapa cho nàdurra agus nach b'urrainn do neach sam bith toibheum a ghabhail bhuapa.[21]

The way in which Donald John describes his father's and grandfather's generations' facility with language underlines an inherent ability at convers-ing, alluding to it as a highly developed form of discourse in its own right, one that has declined with the passing of previous generations. *Seanchas*, as employed here by Donald John MacDonald, can refer to the word's mean-ing as a precise form of conversation in keeping with John MacInnes' above definition.[22]

Peter Jack MacLean, styled *Peadar Eòs mac Jack Pheadair 'ic Chaluim a' Ghobha*, of Rear Christmas Island, Cape Breton reiterates the depth and richness of spoken Gaelic and the requisite acculturated understanding of the language acquired through listening to and conversing with the older generations in his community at an early age during the 1910s and 1920s:

Uill mar a tha mise a' coimhead air 's a' tuigsinn a' ghnothaich—chan eil mi 'faighinn cùradh dhaibh. Tha iad a' feuchainn ris ach chan ann a thog iad e mar a thog mi fhìn. Chuala mi 's an taigh riamh iad— Gàidhlig a-staigh, òrain gan gabhail. […] Nan tigeadh iad air n-ais leth-cheud bliadhna no dà fhichead bliadhna—tha mi 'dèanamh a-mach gu robh an t-seann Ghàidhlig aca an uair 'ud. Mar a bha sinn ag ràdh mu dhèidhinn na faclan. Bha iad gan gabhail 's bha iad ga' freagairt—na faclan—'s ga' labhart. Ach an fheadhainn òg an-diugh tha sin nan aghaidh agus tha iad a' dèanamh an dìchill. Cha bi e gu bràth mar a bha e. Cha chreid mi gum bi co-dhiubh—tha mi duilich a ràdh. […] Ma dh'fhaoidte gu bheil mi ceàrr ach tha mi 'dèanamh a-mach ma tha thu 'dol a dh'fhaighinn brìgh nan òran agus a' Ghàidhlig, feumaidh tu 'tòiseachadh nuair a tha thu òg mar a thòisich sinn uileadh agus am measg nan daoine ga bruidhinn 's ga labhairt. Gheobh thu an uair sin e.[23]

Peter Jack's commentary, like Theresa Burke's, reveals a distinct tempo-ral sense of looking to the community of his youth, with the awareness that they are the last in an unbroken line of linguistic and cultural transmission that can be traced back to the main emigrations of Scottish Gaels to Cape Breton Island in the first half of the 19th century. Peter Jack MacLean's reminiscences here strongly juxtapose the generation of older Gaelic speak-ers he was raised among with the current generation in his community, noting the earlier generation's linguistic skill in a manner similar to Donald John MacDonald's comments. Peter Jack looks to the inherent difficulties at attempting to replicate linguistic and cultural transmission in the absence of a linguistically vibrant community. His comment "*Tha iad a' feuchainn ris ach chan ann a thog iad e mar a thog mi fhìn,*" introduces the lexeme *tog,* which, in this semantic usage, can denote informal methods of learning or enculturation, that must occur "[...] *am measg nan daoine ga bruidhinn 's ga labhairt.*"[24] He also introduces the noun *brìgh,* or essence/meaning, to our discussion, which is often invoked to denote something that is intrinsically part of their encultured cosmos but difficult to describe in other words; the semantic applications of which will be discussed in greater detail later in the paper. From these commentaries on speech among Scottish Gaels, we are provided with insight into the context in which *seanchas* occurs and also a glimpse at its function within a strong linguistic community.

Two studies concerning verbal art and speech in Rannafast, Donegal, demonstrate the importance of looking to kindred traditions relevant to the examination of *seanchas* in the broader Gaelic ethos of Ireland, Scotland and Cape Breton Island. Gordon MacLennan, a scholar who conducted research that engaged with both the living Irish and Scottish Gaelic linguistic traditions in the Old World and New, provides an adept definition of *seanchas* as it relates to his study of the Rannafast *seanchaí* Annie Bhán Nic Grianna:

> Now *seanchas* is an ambiguous word which can mean either *traditional lore* or, simply, *conversation* or *talk* [all italics *sic*]. [...] At any rate it is not necessary to search among the many definitions of folklore to justify its inclusion for there are two very good reasons for it. Firstly, it gives us the context of the lore and the collecting process, which should satisfy that school which attached great importance to the contextual theory. Secondly, this material, which is often delightful and interesting in itself, throws light on Annie's character and personality, and this too has theoretical importance in the study of folklore.[25]

MacLennan's comments note several of the semantic meanings of the term that share obvious parallels with Scottish Gaelic uses of the word. He also stresses the importance of *seanchas* as a form of metafolklore and an area of enquiry that can enhance current corpora of research, through its ability to provide contextual data that can enhance a researcher's understanding of various cultural forms and practices.

The second study is Kathleen Lambert's doctoral thesis "The Spoken Web: An Ethnography of Storytelling in Rannafast, Ireland," which has been cited as one of the first attempts at examining various oral art forms in a Gaelic-speaking community through an ethnographic lens.[26] Lambert explores the meaning of *seanchas* at the indigenous level in terms of its ability to "ground the members of the community in a shared history and cultural outlook that serves to forge the body of mutually-held values and to shape thought and human interactions on a daily basis and over generations."[27] Lambert goes on to note *seanchas* as a conversational interface, which is predicated upon the verbal exchanges between individuals with certain knowledge bases, noting:

> The most valued accounts, moreover, are told by *na sean daoine* (the "'old' people"); they are either personal experiences of older people or remembrances from ancestors. This is especially the case when they are told by an older person who speaks well and is considered a reliable source of information about the past. The conversational narratives and anecdotes that are called *seanchas* are not discrete entities of verbal expression which neatly fit the analytic categories of myth, folktales or legend. While *seanchas* contains similar material, it is realized as a continuum of verbal interactions that is amorphous and changing and shaped by the surrounding conversational context and speech events—*cuairt* (daytime visit) or *Teach Airneáil* (night visiting) [28] in which it is embedded.[29]

Lambert rightly points out that *seanchas* is a cultural practice that evades the categorization of genre classification in folklore. The continued association of *seanchas* with older generations has less to do with an anachronistic or retrospective view of an ideal past than the continued knowledge transfer between generations of individuals who have spent a lifetime acquiring such knowledge within their communities.[30] The ability to interpret *seanchas* in the broader context of conversational narratives within the full spectrum of any given community's members is essential to understanding its function within Scottish Gaelic-speaking communities on both sides of the Atlantic and also in similar models in the context of other cultures.

In terms of recent trends in anthropology, one theoretical framework classified as a "discourse-centred analysis" provides a valuable approach to the academic interpretation of such conversational narratives, having the ability of encompassing varied forms of speech.[31] Joel Sherzer, who has conducted fieldwork concerning speech forms among the Kuna in Panama,[32] provides a valuable introduction to this theoretical framework in his article, "A Discourse Centred Approach to Language and Culture," which observes discourse as "an imprecise and constantly emerging and emergent interface between language and culture, created by actual instances of language in use and best defined specifically in terms of such instances."[33] Sherzer goes on to note that it is "[…] discourse, which is the nexus, the actual and concrete expression of the language-culture-society relationship. It is discourse which creates, recreates, modifies, and fine tunes both culture and language and their intersection."[34] Maintaining that *seanchas* is a specific form of discourse, or conversational narrative, concerning local tradition among Gaels, it can serve as a model capable of demonstrating the union of the separate concepts of language and culture in the form of a speech act as described above by Sherzer. Therefore, such discourse can be presented as an area of enquiry unto itself:

> Both linguists and anthropologists have traditionally treated discourse as an invisible glass through which the researcher perceives the reality of grammar, social relations, ecological practices and belief systems. But the glass itself, discourse and its structure, the actual medium through which knowledge (linguistic and cultural) is produced, conceived, transmitted, and acquired, by members of societies and by researcher is given little attention.[35]

Sherzer's views on discourse are shared by Keith Basso in his research among the Western Apache who notes discourse as a communicative event in which the participants, "explore with each other the significance of past and potential events, drawing from these examinations certain consequences for their present and future actions,"[36] and goes on to note "that speakers pursue such objectives by producing utterances that are intended to perform several speech acts simultaneously, and that hearers, making dexterous use of relevant bodies of cultural knowledge, react and respond to these acts at different levels of abstractions."[37] Therefore, viewing discourse as the vehicle that expresses, disseminates and coordinates various forms of cultural, social and linguistic knowledge among members of a community and also, importantly, to a researcher in the field, reveals its applications in developing a working definition of *seanchas*, which we can view as a form of discourse linked closely with what Sherzer and Basso have articulated above.

For this reason, *seanchas* will be defined as a discourse-based form of intracultural commentary, often appearing in the course of a conversation, which serves as a junction between language, local culture and communal society.[38] It is intended to remove *seanchas* from the restrictive categorization of folklore genre types, from which it is largely evasive,[39] and perceive it as both a social and cultural adhesive that coordinates, reinforces and unifies the various components of a Scottish Gaelic cosmos; revealing how the practice of *seanchas* among members of the same community can serve as a means of reinforcing and transmitting shared identity and aesthetics, and in a robust linguistic environment it can be viewed as an intergenerational exercise in enculturation at the communal level.

Seanchas in the form of conversational discourse between members of the same community coordinates necessary knowledge-bases required to function within it, from how to plough, sow and reap a field to the criteria for an acceptable performance by a fiddler to accompany dance; representing a form of discourse that has waned in tandem with the forms of culture it served to described. The well-known *seanchaidh* Joe Neil MacNeil, styled *Eòs Nill Bhig*, of Middle Cape, Cape Breton emphasises the importance of this interaction in light of the radio and television replacing the traditional forms of entertainment and pastimes of *an taigh cèilidh*, stating:

Agus thuirt mi cheana gum faigheadh iad a h-uile sian a tha na
gnothaichean seo a th'againn an diugh a' toirt dhaibh agus còrr. Agus
'nam bharail-sa 's e 'n còrr a bh' ann, nuair a bha sibh ag éisdeachd
ris an fheadhainn a bha toirt dhuibh a' fearas-chuideachd seo co-
dhiubh 's e cluich na seinn na rannan a bha iad a' gabhail neo òrain
na bha iad a' deanamh dannsa a bha sibh a' faicinn bha sibh còmhla
riu beò anns an fheòil agus bha sibh a' gabhail pàirt anns a' gnothach.
Dh'fhaodadh sibh a bhith a' seanchas riu fhéin agus ged a bhiodh
sibh a' seanchas ris na h-uidheamannan a dh'ainmich mi, cha fhre-
agair iad sibh. Agus bha 'n toileachadh sin ann—bha 'n aonachd. Tha
mi 'n dùil gu robh iad aonaichte. Bha iad aonaichte 'nam feòil agus
'nan spiorad.[4]

Joe Neil's use of *a' seanchas*, here in the form of the verbal noun,[41] de-
notes a specific act of discourse between members of the same commu-
nity, including those who are practitioners of a specific tradition and others,
which reveals *seanchas'* abilities at transferring various forms of communal
knowledge, capable of establishing unified meaning and identity among
Scottish Gaels.

Just as an attempt has been given to provide a working definition
of *seanchas* based on personal fieldwork and published research, it would
also be appropriate to ethnographically examine the semantics of certain
lexemes, which serve as dynamic features in the exercise of *seanchas*. The
following discussion, although far from complete treatment of the topic,
opens up veins of inquiry and interpretation that will form the basis for
future research. Quite often the words employed appear to rely more on
an emic interpretation based on significant indigenous cultural categories
and mutual understanding between community members and fieldworker
than what can be glossed in a basic dictionary entry.[42] This interpretation
would apply to words that are often evoked to describe something that is
a distinct and accepted component of Scottish Gaelic identity, yet which
is difficult to otherwise describe. The strength of these words, through the
semantic importance they evoke, makes their meaning equally difficult to
convey through words. Examples of such words include the descriptive
nouns *blas* and *brìgh*. Such words, as noted by John Miles Foley, can "sum-
mon enormous meaning, as word-power effectively takes advantage of the
medium's limitations to convey information and experience in a densely
packed code."[43]

The use of *brìgh*,[44] which can be translated most effectively here as "es-
sence" or "meaning," was introduced above by Peter Jack MacLean, who
noted, "*Ma tha thu 'dol a dh'fhaighinn brìgh nan òran agus a' Ghàidhlig, feu-
maidh tu 'tòiseachadh nuair a tha thu òg mar a thòisich sinn uileadh agus am
measg nan daoine ga bruidhinn 's ga labhairt. Gheobh thu an uair sin e.*"[45] In
this instance *brìgh* denotes an attribute that is achieved through being im-
mersed in a Gaelic-speaking community, being an encultured member of

that community. Peter Jack's use of *brìgh* has specific applications to language and oral narrative correlating to Dan Allan Gillis's description of *brìgh an òrain*, noted by him in his work with John Shaw as the ability to convey "*an rud a chaidh an t-òran a dheanamh mu dheidhinn.*"[46] It is also important to note that *brìgh* has an equivalent in the Modern Irish cognate, *brí*[47] which can be translated as "life," "sense" and also, similarly to Gillis's discussion, as supplementary narrative concerning the meaning of song,[48] which can be compared with the similar meaning and function of *seanchas*.

The importance of appropriately portraying meaning as designated in the above use of *brìgh* can also transcend the realm of oral communication and verbal art to other genres of performance, specifically instrumental music, as noted by the late Neil MacMillan, styled *Niall Sheonaidh Nill*, of Gearraidh Bhailteas, South Uist when discussing the changes that have occurred in South Uist's piping within his lifetime:

> Chan eil thu 'toir an òrain am bàrr idir, 's cha robh pìobaireachd a bha sineach nach robh faclan rithe. Shin agad. Chan ann ach mar gum biodh tu 'cur òrain—mar gum bitheadh tu 'cur naidheachd air a' phìob. Bha 'Ghàidhlig 's a' phìobaireachd a' dol còmhla, fhios agad, ach chan eil an-diugh. Chan eil guth air. [...] Chan eil thu 'toir na brìgh às, brìgh 'chiùil às idir.[49]

Here Neil McMillan discusses the important relationship and interdependence between the Gaelic language and piping, through associated songs to the melodies of most pipe-tunes, especially the *ùrlar* or ground of *ceòl mòr.*[50] Therefore, *brìgh* as a lexeme denotes aspects of acceptable portrayal that provides the essence of, or meaning in, various aspects of Scottish Gaelic tradition, from the associated lore of a song to the performance of a piece of instrumental music.

Another important lexeme in *seanchas*-based discourse is *tog*, which can be employed in various semantic ways in discussions on performance culture,[51] including its use as a descriptive noun in the form of the verbal noun, *togail*, referring to lift or swing in music[52] as noted in personal fieldwork in South Uist concerning *ceòl cluaiseadh*, or ear-learned music.[53] However, there is one semantic usage of *tog* that appears to be directly linked with the purpose of *seanchas* as defined earlier, namely its role in the transmission, dissemination and reinforcement of cultural knowledge at the communal level. Throughout engaging with tradition-bearers in the Outer Hebrides and Cape Breton concerning various traditions practised in their local communities, *tog*, with its verbal noun *togail*, is often employed to contextually denote what appears as informal oral/aural methods of learning in juxtaposition with the use of *ionnsaich*, with its verbal noun *ionnsachadh*, which often appears in relationship to formal school-based learning,[54] although occasionally the two verbs are used interchangeably.

This concept appears to share distinct correlations with correspond-
ing verbal nouns as used among singers in the Tory Island *Gaeltacht* off
the coast of Donegal as noted in the fieldwork of Lillis Ó Laoire, who was
struck with this semantic use of the verb *tógáil* during a visit to the island
in 1987.[55] Ó Laoire provides an emic-based discussion of the use of *tógáil*,
translated as "lifting," in juxtaposition with *foghlaim*, translated as "learn-
ing," and their implications to transmission of song in an Irish context.[56] He
also places the use of *tógáil* in the Tory Island context of *seanchas*, as a means
of understanding the mechanics of transmission:

> The main point of the *seanchas*, "stories, oral history," for our under-
> standing of how transmission works is the vivid memories singers
> retain about lifting (*tógáil*) songs after one or two hearings, and how
> they were spurred by their desire (*dúil*) to do so. I contrast this with
> the idea of learning (*foghlaim*), contending that the two terms apply
> to different concepts. [...] The term *foghlaim* then, can stress the for-
> mality and the conscious awareness involved in the structured educa-
> tion process, what we have called schooling, while *tógáil*, or orally
> based appropriation, is less detached, less formal, and less gnostically
> aware. However, I maintain that *tógáil* is a structured conscious pro-
> cess, an interpretation which, I believe, can be implicitly understood
> from the narratives of the singers themselves.[57]

Through the contrasting of these two verbs, Ó Laoire is able to provide
insight into the internal workings and perceptions of communal culture and
the manner in which its acquisition occurs. These concepts are revealed by
engaging in *seanchas* with tradition-bearers, allowing the researcher to ob-
tain an understanding of the function and context of cultural transmission
within Gaelic-speaking communities.

To conclude, it would be appropriate to review several narratives that
demonstrate the use of *tog* to denote oral/aural methods of learning with-
in a community. One example comes from Mickey John H. MacNeil of
Jamesville, Cape Breton, styled *Mìcheal Eòghain Chaluim Aonghais Mhòir*,
concerning the acquisition of song: "*Tha duine ann a thogas òran uamhasach
athlamh.* [...] *Nam biodh e aig ur màthair agus ur n-athair nuair a bha thu òg,
thogadh tu òran gu math.*"[58] Mickey John H.'s comments demonstrate the
strong associations between the use of *tog* and a specific type of cultural
acquisition, noting that it requires some degree of natural skill and being
immersed in the cultural activity in question from an early age through
members of the family or community.

The semantic differences of the verbs *tog* and *ionnsaich* are touched upon
by Peter Jack MacLean while discussing the introduction of written music
to the repertoire of local fiddlers in his district of Central Cape Breton:

> An's an àm sin mar a bha iad, cha robh dòigh aca ceòl
> dh'ionnsachadh gus an d'thàinig Dan R. [Macdonald] 's Dan

Hughie [MacEachern] 's iad a' sin. Thòisich iad air a' leubhadh an ceòl. Chum iad romhpa. Thog iad e. Ach ma bha thu leat fhèin 's gun duine gad ionnsachadh—bha thu ann an trioblaid. Bha thu ann an droighneach.[59]

Peter Jack's above commentary provides examples of Gaelic perceptions concerning formal learning in terms of music acquisition in Christmas Island and neighbouring parishes in Central Cape Breton, where local musicians had taught themselves to read and write music through writing out their repertoires of tunes in notebooks,[60] reiterating the above comment "*thog iad e*," or "they picked it up." His comments concerning the difficulties of acquisition in the absence of a teacher should be put in the context of an individual who is on the cusp of two traditions: 1) a communal-based Gaelic one that has arguably altered little since the period of emigration in the first half of the 19th century; and 2) a succeeding globalized or "Western" aesthetic of art-music that was gradually introduced to Cape Breton fiddle tradition through the increased use of written music in the 20th century.[61] This interpretation of the juxtaposition of *togail* and *ionnsachadh* denoting differing methods of cultural acquisition is further demonstrated in the following narrative from Joe Peter MacLean of Boisdale, Cape Breton, styled *Eòs Peadar mac Theàrlaich 'ic Eòis*, a talented fiddler of South Uist emigrant background who grew up in the neighbouring district of MacAdam's Lake during the 1940s and 1950s. Joe Peter discusses the importance of aurality in the acquisition of instrumental music in terms of his father learning the fiddle and picking up tunes from other local fiddlers during the beginning of the 20th century in his district of Cape Breton:

Bha m'athair-sa ris an fhìdheall. [...] Dh'ionnsaich e dìreach a' sgiabadh 's a' sgiamhadh oirre leis fhèin. Bhiodh e 'dol—bha nàbaidh no dhà mun cuairt aig a robh—Bhiodh iad a' seinn. Bha dithis duine goirid dhuinne a' siod—Dòmhnall Iain 'ic Fhionnlaigh [MacIntyre] agus a bhràthair Seonaidh Iain 'ic Fhionnlaigh, bha iad uamhasach math còmhla a' seinn. Bha m'athair, bha e a' cantail gu robh e eagalach doirbh dha puirt a dh'ionnsachadh. Bha e 'cantail gun deach deich bliadhna mun do dh'ionnsaich e aon phort. Ach co-dhiubh, bha sean phuirt aige. Sin mar a bha iad gan ionnsachadh—a' coimhead air a chèile 'dannsa 's a' seinn na fidhleadh ma dh'fhaoidte 's a' togail. [...] Cha robh pàipear no sìon aca riamh. Tha 'n t-seansa nach b'urrainn do mhòran a leubhadh co-dhiubh agus an tuigsinn aca, cha rachadh e 'staigh a 's a' cheann. Ach, chluinneadh iad òran aon turas bha e aca. Bha, tha sin ceart! An duine a thog an gnothach bho phìos de phàipear tha e gu math nas—tha cùram mòr air a' ghnothach a chumail ceart mar a tha e. Ach fear nach do thog e bhon a' phàipear tha e ga sheinn mar a chuala e e. Sin an diofar a th'ann. Uaireannan

tha e gu math nas fheàrr na fear a dh'ionnsaich e bhon a' phàipear
agus uaireannan eile chan eil. [...] Tha togail ann 's barrachd blas ann.
Mar a thogadh mise e, cha robh duine a' leubhadh sìon.[62]

It is also important to note Joe Peter's description of visual, along with
aural methods of learning, *ionnsachadh*, music and dance, citing they would
look at others dancing and fiddling to aid in acquisition, associating it with
the verbal noun *togail*. Although the differences in acquisition as denoted by
ionnsachadh and *togail* in the above narrative are less discrete, as evident in
the use of both lexemes in different semantic contexts, the differences in au-
ral and literate methods of acquisition are quite clear. Joe Peter MacLean's
thoughtful comparison of these methods in acquiring music provides yet
another description of the differences that have gradually become a part
of performance culture in Cape Breton communities. He simply provides
a description of the way in which he and his father acquired their music,
restating his above comment, *"Tha togail* [lift] *ann 's barrachd blas ann. Mar
a thogadh mise e, cha robh duine a' leubhadh sìon,"* revealing certain aesthetic
attitudes as expressed through *seanchas*.

The discussion of certain words and their function and meaning within
the context of *seanchas*-based narratives as examined here, provides an in-
troduction to this under appreciated and under explored aspect in ethno-
graphic research concerning Scottish Gaelic-speaking communities and
tradition-bearers. As noted previously, this generation of Scottish Gaelic
speakers from Cape Breton Island forms the last in an unbroken line of
transmission that can be traced back to the mass emigrations from the
Scottish *Gàidhealtachd* of the late-18th and early-19th centuries. However,
native language efficiency is only one component in the nexus between cul-
ture and language as represented by *seanchas*-based discourse. The knowl-
edge bases represented in this paper have survived in a hostile and adverse
cultural and linguistic environment on both sides of the Atlantic, underly-
ing its inherent value among Scottish Gaels who have consciously transmit-
ted it through multiple generations and the role of their *seanchas* in serving
to maintain the culture it describes. It is hoped that the inherent signifi-
cance of this material has helped in illuminating the multifaceted nature of
seanchas, not only as an invaluable source of contextual data to enhance the
interpretation and understanding of existing archival collections of folklore,
but more so as a unifying force which coordinates a shared identity among
members of the same community and can be employed to augment current
language renewal efforts being undertaken in these communities. This con-
stantly emerging linguistic and cultural framework passed on and modified
from one generation to the next, brings with it the assurance that future
generations will certainly have their own *seanchas* to convey.

Notes

I would like to thank my PhD supervisors Dr. John Shaw and Dr. Gary West in Celtic and Scottish Studies and Dr. Magnus Course in Social Anthropology, University of Edinburgh, whose guidance has been invaluable in developing the questions posed in this paper. Thanks should also be given to Dr. Lillis Ó Laoire at NUI Galway and Dr. William Lamb in Celtic and Scottish Studies, University of Edinburgh, both of whom provided valuable feedback on a draft of this paper and whose work has helped guide my own research. I would also like to express my sincere gratitude to James Watson of the Nova Scotia Highland Village Museum, who has generously mentored me in transcription and fieldwork methods and brought to my attention the richness and depth expressed by words contained in such narratives. I would also like to thank Dr. Kenneth E. Nilsen, St. Francis Xavier University, who inspired and encouraged me to undertake my first fieldwork while an undergraduate student of his in the Department of Celtic Studies. Finally, sincere thanks must be given to the tradition-bearers who have generously provided me with an invaluable education no university could offer.

1. Finnegan, *Oral Traditions and the Verbal Arts*, 131-34; Shaw, "Language, Music and Local Aesthetics," *Scottish Language*; Ibid., "'Sa Chomann Ghrinn: Sùil air Seinn, Sluagh agus Coimhearsnachd," in *Tèada Dúchais*, 499-520; Ó Laoire, *On a Rock in the Middle of the Ocean*, 89-124.

2. In *Celtic Connections: Proceedings of the 10th International Congress of Celtic Studies*, 309-23.

3. Hymes, "Introduction: Toward Ethnographies of Communication," *American Anthropologist*, 1-34.

4. Ibid., "The Ethnography of Speaking," in *Readings in the Sociology of Language*, 99-138.

5. Ibid., "Ways of Speaking," in *Explorations in the Ethnography of Speaking*, 433-51.

6. Ibid., "The Ethnography of Speaking," in *Readings in the Sociology of Language*, 110.

7. Shaw, "The Ethnography of Speaking and Verbal Taxonomies: Some Applications to Gaelic," in *Celtic Connections: Proceedings of the 10th International Congress of Celtic Studies*, 315-22.

8. Ibid., 314-15.

9. Dundes, "Metafolklore and Oral Literary Criticism," *The Monist*, 505-16.

10. Edward Dwelly defines *seanachas* as: "1. Tale, story, narration. 2. Conversation, discourse, talk. 3. Speech, language. 4. Tradition, chronicle, history. 5. A

history. 6. Antiquities. 7. Genealogy. 8. Biography. 9. Talk about old stories" (*Faclair Gàidhlig gu Beurla le Dealbhan, 799*).

11. One such semantic shift has brought *seanchas* into the realm of communal knowledge and traditions, which, as it has been argued, semantically replaced the word *coimcne*, which has been glossed as "knowledge held in common" or "shared knowledge" (Mac Cana, *The Learned Tales of Medieval Ireland,* 23; Mac Airt, "*Filidecht* and *Coimgne,*" *Ériu,* 141; Ó Crualaoich, *The Book of the Cailleach,* 12-25).

12. For a collection of his essays, see MacInnes, *Dùthchas nan Gàidheal.*

13. Recorded in an interview with the author at the School of Scottish Studies Archives, 27 May 2009. The semantic relationship between *seanchas* and *còmhradh* is similarly noted by Father Allan McDonald in his *Gaelic Words and Expressions from South Uist and Eriskay,* "*Bha iad ann an cath seanchais,*" in the middle of an interesting conversation, or heat of talk" (1972: 64). John Shaw has commented on this stating, "In some dialects *còmhradh* finds an equivalent in the word *seanchas* whose more specific meaning is 'historical/local legend', though the origins and geographical extent of the generalised usage are not clear" ("The Ethnography of Speaking and Verbal Taxonomies: Some applications to Gaelic," 316).

14. John MacInnes provided the following example of the word *seanchasair,* what he translated as conversationalist, in a fragment from a song composed in the last quarter of the 19th century by his grand-uncle Myles, or Maol-Maoire, MacInnes: "*mo charaid Iain Camshron a' seanchasair grinn.*" Recorded in an interview with the author at the School of Scottish Studies Archives, 27 May 2009.

15. Delargy, *Proceedings of the British Academy,* 180.

16. See Bascom, "The Forms of Folklore: Prose Narratives," *The Journal of American Folklore* and Bakhtin, "The Problem of Speech Genres," in *Speech Genres and Other Essays.*

17. Lambert, Kathleen, "The Spoken Web: An Ethnography of Storytelling in Rannafast, Ireland" (PhD diss.), 15-16; Zimmerman, *The Irish Storyteller,* 563-65.

18. Some noted exceptions of contextual research among Scottish Gaels come from Donald Archie MacDonald's article "Some Aspects of Visual and Verbal Memory in Gaelic Storytelling," which employs narratives from two Uist tradition-bearers concerning various methods used to remember their repertoires. A complete transcription and translation of the dialogue between Donald Archie MacDonald and South Uist storyteller Donald Alasdair Johnson employed in the aforementioned article was published in *Scottish Studies* under the title "A Visual Memory." Other examples of research where the tradition-bearer's commentary is given attention are John Shaw's publications concerning the lore of two Cape Breton tradition-bearers, Joe Neil MacNeil

and Lachlan MacLellan, both of which contain personal narratives and auto-biographies from the tradition-bearers. Seumas (James) Watson in his paper, "Ás a' Choillidh Dhuibh: Cunntasan Seanchais air a' Chiad Luch-àiteachadh an Eilean Cheap Breatainn," published in the proceedings of the first Rannsachadh na Gàidhlig, although focusing more on the historical realm of *seanchas*, provides several excerpts of narrative on early settlement in Cape Breton Island and discusses the importance in engaging in such fieldwork among Scottish Gaels. Other important works include Thomas McKean's work with the village bard Iain *"an Sgiobair"* MacNeacail of Skye, Carol Zall's PhD work with Brian Stewart and Joshua Dickson's work with pipers in South Uist, all of which contain contextual narratives in Scottish Gaelic.

19. "Language, Music and Local Aesthetics," *Scottish Language*, 38.

20. Recorded by the author in Sydney, Cape Breton on Friday, 15 October 2006. For a similar description of the practice of song and instrumental dance music during the *luadh* see Donald John MacDonald's description of the *bàl-luaidh* in South Uist (MS book 53, pp. 4959) held at the School of Scottish Studies Archives.

21. MacDhòmhnaill, *Uibhist a Deas*, 49.

22. Donald John MacDonald's use of *seanchas* in other portions of his writing to denote a certain type of discourse in the context of conversation among the older generation is of interest (MacDhòmhnaill, *Uibhist a Deas*, 53, 57).

23. Recorded by author with James Watson in Rear Christmas Island, Cape Breton, July 2007.

24. See Ó Laoire, *On a Rock in the Middle of the Ocean*, 43-87, for further discussion on the concept of *tógáil* in an Irish context.

25. MacLennan, "Digression in Irish Oral Tradition: The Case of Anna Nic Grianna," in *Celtic Languages and Celtic Peoples: Proceeding of the Second North American Congress of Celtic Studies*, 106-107.

26. Shaw, "Language, Music and Local Aesthetics," *Scottish Language*, 38; Ibid., "The Ethnography of Speaking and Verbal Taxonomies: Some Applications to Gaelic," in *Celtic Connections: Proceedings of the 10th International Congress of Celtic Studies*, 312.

27. Lambert, "The Spoken Web: An Ethnography of Storytelling in Rannafast, Ireland" (PhD diss.), 178.

28. The terms *teach airneáil* and *cuairt* used in Rannafast can be viewed as social institutions which serve a similar purpose to the aforementioned *cèilidh* of Scottish Gaelic tradition.

29. Lambert, "The Spoken Web...," 179-80.

30. Glassie, *The Stars of Ballymenone*, 2.

31. Ruth Finnegan provides an introductory description, along with a brief bibliography concerning discourse-centred analysis of oral narrative (*Oral*

Traditions and Verbal Arts, 14-15, 44). However, for the purpose of this article focus will be placed on Joel Sherzer's introduction to this theoretical framework in his article "A Discourse-Centered Approach to Language and Culture," *American Anthropology*.

32. See Sherzer's *Kuna Ways of Speaking: An Ethnographic Perspective* and *Stories, myths, chants, and songs of the Kuna Indians*.

33. Sherzer, *American Anthropologist*, 296.

34. Ibid., 206.

35. Ibid., 305.

36. Basso, *Wisdom Sits in Places: Landscape and Language among the Western Apache*, 81.

37. Ibid.

38. Sherzer, "A Discourse-Centered Approach to Language and Culture," *American Anthropologist*.

39. Lambert, Kathleen, "The Spoken Web: An Ethnography of Storytelling in Rannafast, Ireland" (PhD diss.), 179.

40. MacNeil, *Sgeul gu Latha*, 16.

41. The use of *seanchas* in the form of a verbal noun shares parallels with the similar use of *còmhradh* (see note 13). Some examples of this usage, found in the manuscripts of the Irish Folklore Commission from the fieldwork of Calum I. Maclean, include, "*Bha iad a' seanchas a null 's a nall gu cridheil sunndach*" [They were merrily conversing back and forth] (IFC1028, p. 3), from Hugh MacKinnon of Eigg's recitation of a supernatural tale and another, "*Bha sinn a' bruidhinn agas a' seanchas agas bha esan ag iarraidh orm a dhol a mach...* [We were speaking and conversing and he asked me to go out...]," from the autobiography of South Uist storyteller Duncan MacDonald (IFC 1180, 239). John Shaw has also brought my attention to the same semantic use of *seanchas* as a verbal noun in the tale "*Ceudach Mac Rìgh nan Collach*" told by Hector Campbell of Hillsdale, Cape Breton and of Eigg and Muck descent, which contains several uses of the term in this way, including, "[...] *gu robh toil aice 'fhaicinn gu speil a thoirt a' seanachas ris* [she wished to see him and pass some time in conversation with him]" (*Luirgean Eachainn Nill*, Campbell, 55, 56). As John Shaw has also generously noted in discussions with the author, the specific semantic use of *seanchas* as "conversing" in these geographic areas may hint at a development in the Gaelic spoken in Clanranald territories that could be traced back to the period of early 19th-century emigration to Canada. It is also worthy of note that *seanchas* in the form of a verbal noun also occurs in a similar context in Irish, including, "*ag seanchas le chéile*" or "gossiping," and "*ag seanchas air*" or "inquiring about" (Dinneen, 1007).

42. Hammersley and Atkinson, *Ethnography*, 194-96.

43. Foley, *The Singer of Tales in Performance*, 110.

44. Dwelly defines *brìgh* as, "Essence. 2 Substance. 3 Wealth. 4 Sap, juice, pith. 5 Elixir. 6 Vigour. 7 Strength, virtue. 8 Value. 9 Effect, avail, benefit. 10 Juice of meat. 11 Meaning, interpretation. 12 Energy" (*Faclair Gàidhlig gu Beurla le Dealbhan*, 123).

45. Recorded by author with James Watson in Rear Christmas Island, Cape Breton, July 2007.

46. MacLellan, *Brìgh an Òrain*, 24.

47. See Hugh Shields' comparable note of *brí an amhrain* in his volume *Narrative Singing in Ireland*, 63, 70, and John Shaw's note 77 (MacLellan, *Brìgh an Òrain*, 371).

48. Ó Laoire, *On a Rock in the Middle of the Ocean*, 79-80.

49. MacMillan, recorded by the author with Calum Anthony Beaton in Gearraidh Bhailteas, South Uist on 5 August 2006.

50. Neil MacMillan was able to provide fragments of songs connected with the *ùrlar* of several pieces of *ceòl mòr*, including "Slàn gun till Fhir Chinn Duibh," to "The Earl of Searforth's Salute," and "A' faic thu smùid aig Cille Chrìosd" to "Glengarry's March," both of which have associated tales. For further information on the relationship between Gaelic song and the *ùrlar* of pibroch see Allan MacDonald's MLitt thesis on the topic: "The Relationship Between Pibroch and Gaelic Song: Its implications on the performance style on the Pibroch Urlar."

51. Edward Dwelly notes the versatility of *tog*, through its many semantic applications by its use with different prepositions, including: building a structure, raising an individual, removing burden, cheering spirits, clearing of weather, appealing, the activity of ascending, raising a report, hoisting sails, brewing or distilling malt, looking upon, understanding, ceasing, preparing, singing a song, and giving something (*Faclair Gàidhlig gu Beurla le Dealbhan*, 957).

52. Shaw, "Language, Music and Local Aesthetics," *Scottish Language*, 43, 56.

53. The late Calum Beaton, styled *Calum Eairdsidh Choinnich*, of Stoneybridge, South Uist remembers the quality of *na pìobairean cluaiseadh*, or the ear-learned pipers who played for dances in his youth, recalling, "The dancers preferred them when they would play ear-learned music [*ceòl cluaiseadh*], as if it would be setting them up better for dancing [*gan togail na b' fheàrr airson dannsa*]. There was awfully good lift/swing in the tunes [*Bha togail uamhasach a 's na puirt*]. They would make you want to dance" (Recorded by the author with Calum's son, Calum Anthony Beaton, in Stoneybridge, South Uist on 11 July 2006). See the author's forthcoming article "Brìgh 'Chiùil: Vernacular Ear-Learned Piping in Cape Breton and South Uist Explored through *Seanchas*-based Narratives" in *Scottish Studies* 35 for a more complete discussion of the topic.

54. The important implications in making a differentiation between *a' togail* and *ag ionnsachadh* was revealed to the author in a conversation with James Watson after an afternoon of reviewing transcriptions of my fieldwork.

55. Ó Laoire, *On a Rock in the Middle of the Ocean*, 59-60.

56. Ibid., 43-87.

57. Ibid., 73-74.

58. Transcribed and translated by author from the *Mar bu Nòs bho Shean* recording session in Iona, Cape Breton, on 7 August 2007.

59. Ibid.

60. This concept of "picking up" the ability to read music is reiterated by John MacLean of Washabuck, Cape Breton, who recalls how his father, Johnny Red Rory, learned to read music: "Bill Lamey and Joe MacLean were the ones that really pushed the young traditional players, the ear-learned players like my father, to learn how to read music. […] But I have all these manuscript books from when they were learning to read music and when they were doing that, of course, the way they learned it was that they wrote out their reper- toires. So guys like Bill Lamey and Dan R., they were bringing tunes from the Inverness side." (From an Interview with the author recorded in Cole Har- bour, Nova Scotia, on 2 March 2007).

61. It has been argued in the field of anthropology that cultures outwith the realm of mainstream western art aesthetics must lack an aesthetic of their own, as discussed by Alan Merriam in his chapter "Aesthetics and the Inter- relationship of the Arts," in *The Anthropology of Music*, 259-76, which outlines six features of a Western aesthetic. This conflict between Western and local aesthetic values is one that is prominent in the Gaelic traditions of Ireland and Scotland as noted by Lillis Ó Laoire concerning Gaelic-singing traditions in his article, "Ó Chroí Amach" in *Téada Dúchais*:

I gcás na hAlban agus na hÉirinn gan amhras, tá baint ag an cheist seo chomh maith leis an choilíneachas, agus leis an mhíchothro- maíocht chumhachta idir an lár agus an forimeall is dlúthchuid den phróiseas sin. Sa chás seo, glactar leis go bhfuil luach níos airde ar aeistéitic an láir agus, mura sroicheann caighdeáin an fhorimill an caighdeán sin, is é sin na slata tomhais a dh'aithin Merriam, gurb ionann sin is a chruthú nach bhfuil an oiread sin fiúntais ag baint le gnéithe cultúrtha ar nós na hamhránaíochta traidisiúnta. (Ibid., 376-67)

[In the case of Scotland and Ireland, without a doubt, this ques- tion is connected with colonialism as well as the inequality of power between the centre and the periphery and is a central part of that process. In this case, it can be accepted/assumed that there is a higher value on the aesthetics of the centre and, unless the standards of the periphery reach that standard, that is the yardstick [the six features] that Merriam has recognized, proving that not a great deal of worth has been given to cultural features in the practice of traditional singing.] (Personal Translation with the generous assistance of Peadar Ó Muircheartaigh)

62. Recorded by the author with James Watson on 5 July 2007 Iona, Cape Breton.

Bibliography

Bakhtin, M. M. *Speech Genres and Other Late Essays.* Trans. Vern W. McGee. Ed. Caryl Emerson and Michael Holquist. Austin: University of Texas Press, 1986.

Bascom, William. "The Forms of Folklore: Prose Narratives." *The Journal of American Folklore*, Vol. 78, No. 307 (Jan.—Mar. 1965): 3-20.

Basso, Keith H. *Wisdom Sits in Places: Landscape and Language among the Western Apache.* Albuquerque: University of New Mexico Press, 1996.

Campbell, Hector. *Luirgean Eachainn Nìll: Folktales from Cape Breton*, edited by Margaret MacDonell and John Shaw. Stornoway: Acair, 1981.

Delargy, J. H. "The Gaelic Story-teller. With Some Notes on Gaelic Folktales." *Proceedings of the British Academy* 31 (1945): 176-221.

Dickson, Joshua. *When Piping Was Strong: Tradition, Change and the Bagpipe in South Uist.* Edinburgh: Birlinn, 2006.

Dinneen, Rev. Patrick S. *Foclóir Gaedhilge agus Béarla: An Irish-English Dictionary.* Dublin: Irish Texts Society, 1927.

Dundes, Alan. "Metafolklore and Oral Literary Criticism." *The Monist*, 50:4 (October 1966): 505-16.

Dwelly, Edward. *Faclair Gàidhlig gu Beurla le Dealbhan: The Illustrated Gaelic-English Dictionary.* 12th ed. Glasgow: Gairm, 2001.

Falzett, Tiber. "Brìgh 'Chiùil: Vernacular Ear-Learned Piping in Cape Breton and South Uist Explored through *Seanchas*-based Narratives." Forthcoming in *Scottish Studies* 35.

Finnegan, Ruth. *Oral Traditions and the Verbal Arts: A Guide to Research Practices.* New York: Routledge, 1992.

Foley, John Miles. *The Singer of Tales in Performance.* Bloomington: University of Indiana Press, 1995.

Glassie, Henry. *The Stars of Ballymenone.* Bloomington: Indiana University Press, 2006.

Hammersley, Martyn and Paul Atkinson. *Ethnography: Principles in Practice.* 3rd ed. New York: Routledge, 2007.

Hymes, Dell. "Introduction: Toward Ethnographies of Communication." *American Anthropologist* 66, no. 6, pt. 2 (December 1964): 1-34.

———. "The Ethnography of Speaking." In *Readings in the Sociology of Language*, edited by Fishman, 99-138. Tha Hague: Mouton, 1968.

———. "Ways of Speaking." In *Explorations in the Ethnography of Speaking*, 2nd ed., edited by Richard Bauman and Joel Sherzer, 433-51. London: Cambridge University Press, 1989.

Lambert, Kathleen. "The Spoken Web: An Ethnography of Storytelling in Rannafast, Ireland." PhD diss. Boston University, 1985.

Mac Airt, Seán. "*Filidecht* and *Coimgne*." *Ériu*, Vol. 18 (1958): 139-52.

Mac Cana, Proinsias. *The Learned Tales of Medieval Ireland*. Dublin: Dublin Institute for Advanced Study, 1980.

MacDhòmhnaill, Dòmhnall Iain. *Uibhist a Deas*. Steòrnabhagh, Leòdhas: Acair, 1981.

MacDonald, Allan A. "The Relationship Between Pibroch and Gaelic Song: Its implications on the performance style on the Pibroch Urlar." MLitt Thesis, University of Edinburgh, 1995.

MacDonald, Donald Archie. "A Visual Memory." *Scottish Studies* 22 (1978): 1-26.

———. "Some Aspects of Visual and Verbal Memory in Gaelic Storytelling." *Arv* 37 (1981): 117-24.

MacInnes, John. *Dùthchas Nan Gàidheal: Selected Essays of John MacInnes*, edited by Michael Newton. Edinburgh: Birlinn, 2006.

McKean, Thomas A. *Hebridean Song-maker: Iain MacNeacail of the Isle of Skye*. Edinburgh: Polygon, 1997.

MacLellan, Lauchie. *Brìgh an Òrain: A Story in Every Song*, edited by John Shaw. Montreal: McGill-Queen's University Press, 2000.

MacLennan, Gordon. "Digression in Irish Oral Tradition: The Case of Anna Nic Grianna." In *Celtic Languages and Celtic Peoples: Proceeding of the Second North American Congress of Celtic Studies*, edited by Cyril Byrne, 101-23. Halifax: St. Mary's University, 1992.

MacNeil, Joe Neil. *Sgeul gu Latha: Tales Until Dawn*, edited by John Shaw. Montreal: McGill-Queen's University Press, 1987.

McDonald, Father Allan. *Gaelic Words and Expressions from South Uist,* edited by J. L. Campbell, 2nd ed. Dublin: School of Celtic Stduies, Dublin Institute for Advanced Stduies, 1972 [1958].

Merriam, Alan P. *The Anthropology of Music*. Chicago: Northwestern University Press, 1964.

Ó Crualaoich, Gearóid. *The Book of the Cailleach: Stories of the Wise-Woman Healer.* Cork: Cork University Press, 2003.

Ó Laoire, Lillis. *On a Rock in the Middle of the Ocean: Songs and Singers in Tory Island.* Indreabhán, Conamara: Cló Iar-Chonnachta, 2005.

―――. "Ó Chroí Amach: Spléachadh ar Cheist na hAeistéitice in Amhránaíocht na nDaoine." In *Téada Dúchais: Aistí in ómós don Ollamh Breandán Ó Madagáin.* Ed. Máirtín Ó Briain agus Pádraig Ó Héalaí, 371-94. Indreabhán: Cló Iar-Chonnachta, 2002.

Shaw, John. "Language, Music and Local Aesthetics: Views from Gaeldom and Beyond." *Scottish Language* 11/12, (1992/1993): 37-61.

―――. "The Ethnography of Speaking and Verbal Taxonomies: Some Applications to Gaelic." In *Celtic Connections: Proceedings of the 10th International Congress of Celtic Studies,* edited by Ronald Black, et. al., 309-23. Edinburgh: Tuckwell Press, 1999.

―――. "'Sa Chomann Ghrinn: Sùil air Seinn, Sluagh agus Coimhearsnachd." In *Téada Dúchais: Aistí in ómós don Ollamh Breandán Ó Madagáin,* edited by Máirtín Ó Briain and Pádraig Ó Héalaí, : 499-520. Indreabhán: Cló Iar-Chonnachta, 2002.

Sherzer, Joel. "A Discourse-Centered Approach to Language and Culture." *American Anthropologist* 89, no. 2 (June 1987): 295-309.

―――. *Kuna Ways of Speaking: An Ethnographic Perspective.* 2nd ed. Tucson: Hats Off Books, 2001.

―――. *Stories, myths, chants, and songs of the Kuna Indians.* Austin: University of Texas Press, 2003

Shields, Hugh. *Narrative Singing in Ireland.* Dublin: Irish Academic Press, 1993.

Watson, Seumas. "Ás a' Choillidh Dhuibh: Cunntasan Seanchais air a' Chiad Luchd-àiteachadh an Eilean Cheap Breatainn." In *Rannsachadh na Gàidhlig 2000,* edited by Colm Ó Baoill and Nancy R. McGuire, 271-77. Aberdeen: An Clò Gaidhealach, 2002.

Zall, Carol. "Mar a Chuala Mi: Remembering and Telling Gaelic Stories, A Study of Brian Stewart." PhD diss. University of Edinburgh, 1998.

Zimmerman, Georges Denis. *The Irish Storyteller.* Dublin: Four Courts Press, 2001.

Unpublished Material:

IFC Manuscript Sources, Housed at Department of Irish Folklore, UCD:

MacKinnon, Hugh. IFC MS1028. Collected by Calum I. Maclean for the Irish Folklore Commission.

Macdonald, Duncan. IFC MS1180. Collected by Calum I. Maclean for the Irish Folklore Commission.

School of Scottish Studies Archives, University of Edinburgh:

Donald John MacDonald Manuscript Collection, Book 53.

Personal Fieldwork and Interviews:

Beaton, Calum. Recorded by the author with Calum Anthony Beaton in Stoneybridge, South Uist on 11 July 2006.

Burke, Theresa. Recorded by the author in Sydney, Cape Breton on 15 October 2006.

MacInnes, John. Recorded by the author in Edinburgh, Scotland on 27 May 2009.

MacLean, John. Recorded by the author in Cole Harbour, Nova Scotia on 2 March 2007.

MacLean, Joe Peter. Recorded by the author with James Watson in Iona, Cape Breton on 5 July 2007

MacLean, Peter Jack. Recorded by author with James Watson in Rear Christmas Island, Cape Breton, July 2007.

MacMillan, Neil. Recorded by the author with Calum Anthony Beaton in Gearraidh Bhailteas, South Uist on 5 August 2006.

Nova Scotia Highland Village Museum Archives:

Mar bu Nòs bho Shean Recording Project (Iona). Informants Recorded: Marion Burke, Theresa Burke (née MacNeil), Martha Ramey (née MacNeil), Angie Farrell, Joe Peter MacLean, Peter Jack MacLean, Maxie MacNeil, Mickey John H. MacNeil. Fieldworkers: John Shaw, James Watson, Tiber Falzett, Shamus Y. MacDonald. Recorded in Iona on 7 August 2007. 1 DVD (2:23:03); 2 WAV Audio Tracks: Track 1 (59:22), Track 2 (1:33:05). See *Cainnt Mo Mhàthar* project website for excerpts of the *Mar bu Nòs bho Shean* sessions: <www.cainntmomhathar.com>.

Catriona Mackie and Lorna Pike

Faclair na Gàidhlig: The Advent of an Historical Dictionary of Scottish Gaelic

Gaelic learners, those who work with Gaelic, and indeed first-tongue speakers have to rely on a variety of different dictionaries to enhance their knowledge of the language. Faclair na Gàidhlig (FnaG) aims to redress this issue by producing a single, authoritative, historical dictionary for Scottish Gaelic, that will be edited on the same principles as the historical dictionaries that currently exist for English: the *Oxford English Dictionary* (*OED*); and Scots: the *Dictionary of the Older Scottish Tongue* (*DOST*) and the *Scottish National Dictionary* (*SND*).

FnaG was formally established in 2003, with the appointment of the project coordinator, Lorna Pike, a former editor of *DOST*. Later, part-time Editorial Consultant Marace Dareau (who is currently Principal Editor of Scottish Language Dictionaries and was formerly Editorial Director of *DOST*) joined the team, and in 2005, Catriona Mackie was appointed as research assistant. FnaG is managed by a steering committee comprising one representative of each of the five participating universities: Aberdeen, Edinburgh, Glasgow, Strathclyde and Sabhal Mòr Ostaig, UHI. There is also an advisory board whose expertise in the language and in lexicography will be a valuable resource as the project progresses. To date, the project has been funded by Bòrd na Gàidhlig, the Carnegie Trust for the Universities of Scotland, the Gaelic Language Promotion Trust, the Leverhulme Trust and the Scottish Government.

This paper discusses the need for an historical dictionary of Scottish Gaelic and outlines the work that has been done on the project to date. It will also look to the future, by describing the process through which FnaG will eventually be compiled. An account of existing dictionaries of Gaelic and more detail on what FnaG entries will provide can be found in Pike.[1]

Why Does Gaelic Need an Historical Dictionary?

An historical dictionary is the most important resource that any language can have. FnaG will provide the history of every word evidenced in the written language, from the earliest records to the present day, giving referenced examples from Gaelic texts to illustrate every sense and form. The historical dictionary itself will be used by people from all walks of life, both academics and non-academics.

By describing in detail the history of each word—and how its form, meaning, and usage changed over time—the historical dictionary will provide us with a full understanding of the Scottish Gaelic language. It will show us the historical interface between Scottish Gaelic and Irish, Scots, Welsh and English. The lack of an historical dictionary for Scottish Gaelic has left the historical dictionaries of Irish, Scots and English, incomplete. FnaG will fill this gap, and allow a fuller understanding of the history of the languages of Britain and Ireland.

By providing us with a history of the Gaelic language, FnaG will also provide us with a history of Gaelic culture. The link between language and culture, and the contribution that dictionaries can make to the study of history and folklife can already be seen in Gaelic in the excellent dictionary produced by Edward Dwelly in the early 20th century.[2] The historical dictionary will be a useful tool not only for those studying language and literature, but also for those with an interest in history, culture and ethnology, among others.

Derivative Dictionaries

In the past, historical dictionaries have taken up huge amounts of shelf-space, and have been available only in national and reference libraries making them accessible to a limited number of users. The complete set of historical dictionaries for Scots, combining *DOST*[3] and *SND*,[4] was compiled between 1931 and 2002 and comprises twenty-two volumes. Both of these dictionaries are now freely available online as the *Dictionary of the Scots Language* (www.dsl.ac.uk), and can be accessed anywhere in the world.

It is intended that FnaG will be published online, rather than in print. This will make it available to a much wider readership and will make searching the dictionary much easier. For some users, however, a full historical dictionary will provide more information than is necessary for their needs, and will require online access. Consequently, small, derivative dictionaries (bilingual and monolingual) will also be compiled, and will be available in printed format. The historical dictionary will provide the authoritative foundation from which such smaller dictionaries will be created. As with the *Dictionary of the Scots Language*, FnaG will provide the foundation for

the provision of other language learning materials such as vocabularies per-
taining to particular subjects and learning activities for children and adults.

The Creation of New Terminology

In this day and age, as Gaelic is going from strength to strength, particularly
in the realms of education and business and especially since the publication
of the *National Plan for Gaelic* in 2007,[5] the creation of new terminology is
essential to the development of the language in these areas. This process can
be facilitated with the benefit of an historical dictionary. Without it, new
terms will be created without the full knowledge of the language and what
has gone before. There may be obsolete words, evidenced in the historical
dictionary, that could be brought back into usage, rather than creating new
words, which may be based on non-Gaelic roots.

The Structure of the Project

The production of FnaG is, necessarily, a long-term project. It is estimated
that, with the proper funding and a staff of ten full-time lexicographers,
the historical dictionary could be completed within thirty years. This may
seem like a long time but, in the world of historical dictionaries, this is not
very long at all. The *OED* took seventy years to complete its first edition,
and *DOST* was eighty years in the making. With advances in computer
technology, it is hoped that FnaG can be completed in a much shorter space
of time.

In order to facilitate the financing of such a long-term enterprise, it
was decided that the early stages of the project should be broken down into
smaller, fundable, sections. The first challenge was to create an historical
lexicographical tradition in Gaelic as quickly and as efficiently as possible.
The first phase of the project is the creation of an editorial and textual
foundation which, together, will form the basis for dictionary compilation.
This phase was begun at the University of Edinburgh in 2005, under the
direction of Prof. William Gillies and Prof. Donald E. Meek from the de-
partment of Celtic and Scottish Studies.

The Editorial Foundation

The editorial foundation will lay out the editorial principles for the dic-
tionary. It will also be used as a training tool for future lexicographers. The
project coordinator, Lorna Pike, was an editor of *DOST* for nearly twenty
years, and her experience in historical lexicography has been essential to
the creation of the current project. The editorial foundation is being cre-
ated through the compilation of sample dictionary entries, accompanied by

detailed instructions as to how they are created, from quotations on slips to the final dictionary entry. Through these a future generation of Scottish Gaelic historical lexicographers will be trained.

The creation of these sample entries could not have been accomplished without the use of the archive of the *Historical Dictionary of Scottish Gaelic* which was begun at the University of Glasgow in the 1960s. This project suffered from a lack of funding and finally came to a close in the 1990s, without published output. Its archive contains around 500,000 slips, mainly from printed texts. While the archive is not as full as that required for an historical dictionary, it is still a valuable resource and it contains enough slips for sample dictionary entries to be created. We are very grateful to the University of Glasgow, one of the partners in FnaG, for generously allowing us the use of this material.

The Textual Foundation

The textual foundation involves an analysis of those Gaelic texts, both printed and manuscript, that will form the corpus from which the dictionary will eventually be compiled. The selection of texts for the corpus is very important. The texts must be representative of the Gaelic language throughout its written history. They must therefore cover a wide range of subjects, styles, and dialects. It is estimated that the corpus will contain around 250 Gaelic texts spanning around 800 years of Gaelic literature, from the Gaelic notes in the *Book of Deer* which were written in the twelfth century, to examples of the early-21st-century Gaelic novel.

The textual analysis, in the form of written reports on these texts, contains information on the author and the intended audience, the type of language and orthography used, general bibliographical information, and a summary of how useful the text might be to the dictionary. This information will provide the lexicographers with a basic background knowledge of the texts to which they can append additional observations as the project progresses.

The assessment of around 200 published texts is now complete. These date from John Carswell's translation of the *Book of Common Order*,[6] which was published in 1567, to Iain F. MacLeòid's novel *Na Klondykers*, which was published in 2005.[7] Most of the texts date from the 18th century onwards, with just a handful of religious texts being published before 1700. More modern material will also be included—the Gaelic corpus will be continually updated as new works in the language are published. A pilot study has been done on the manuscript texts in order to assess the unique challenges presented by this material.

One of the most important and challenging considerations is deciding which edition of a particular text to use. Some Gaelic texts were published only once, while others were published in a number of editions. For example, Peter Grant's spiritual poems were first published in 1809[8]; the 20th edition was published more than a hundred years later, in 1912. From the point of view of an historical dictionary, it is generally preferable to use the earliest edition of any given text—that is, the text that dates most closely to the time of composition, and this is partly due to the fact that in Gaelic publishing, the orthography is almost always modernised to the date of publication. In some instances, however, a second edition will contain more works than the first. With such texts, the earliest complete edition is often used, and the earlier editions are referred to in the report. In the case of Peter Grant, the earliest complete edition of his works was the fifth edition, published in 1837.

When each report is completed, the text is rated A, B, C or D, according to its usefulness to the project. A-texts are those that are key texts in the history of Scottish Gaelic, and are of great importance to the language as a whole. They will always be cited in every word in which they are evidenced. Very few of the texts will be A-rated. A-texts include the Gaelic notes in the *Book of Deer*, being the first Gaelic text known to have been written in Scotland, and Carswell's translation of the *Book of Common Order*, being the first book to be printed in Scottish Gaelic.

The vast majority of texts are B-texts. This means that the text is useful in the context of the individual entry. For example, Dugald Buchanan's spiritual songs might be considered an important source when compiling entries for religious terms.[9] When compiling entries for words relating to fishing or to crofting, however, other texts are likely to be deemed to be more important, despite the fact that Buchanan may have used vocabulary from these fields.

C-texts are those that should only be used if unavoidable and with caution, due to the unreliability of the text. For example, the poetry collections published by the Rev. Alexander MacLean Sinclair in Charlottetown in the late 19th century are known to contain material added by Sinclair himself, which makes his editions unreliable. Luckily, some of the poems published in his editions exist in manuscript form which, in this instance, make more authentic source material.

D-texts are those that should not be used at all, and which will not be included in the corpus. It was decided that John Francis Campbell's *Leabhar na Fèinne* be classified as a D-text, due to unreliability of its manuscript transcriptions.[10] Very few D-texts have been found, which reflects a sound initial selection of texts.

The Digital Corpus

The next phase of the project involves the creation of a digital corpus of Gaelic texts, from which the dictionary will eventually be compiled. It is planned that a two-year pilot project will investigate the methodology involved, the technical foundation, and copyright issues. The creation of the corpus itself is estimated to take around five years, and should be ready by 2015. The time spent preparing a good foundation for the dictionary will make the dictionary compilation itself a much quicker process.

The digital corpus will comprise two main elements—a full text database of the key texts assessed in the textual foundation, and a word collection database of quotations. The full text database will contain the largest electronic collection of Gaelic texts ever assembled, providing a valuable resource for researchers, and the word collection database will contain substantial excerpts from additional texts, such as newspapers. This selective method of compiling the corpus will ensure that, when complete, the corpus will be representative of the language and of a manageable size for lexicographers to complete the dictionary within a realistic timescale. From this digital corpus, electronic dictionary slips will be generated, saving the time that, in the past, was spent writing slips by hand.

The Full Text Database will make available some of the most important Gaelic texts in the history of the language, most of which are now out of print. The accompanying reports on the texts will provide information on the history of the authors and editors, as well as the texts themselves. The database itself will be fully searchable, and will be of great benefit to those with an interest in Scottish Gaelic language, literature, history, and culture. It will remain an unexplained resource, however, until the historical dictionary is compiled. Compilation of the database began in 2008 at the University of Glasgow under the auspices of the Digital Archive of Scottish Gaelic (DASG) project (www.gla.ac.uk/departments/celtic/projects/) directed by Prof. Roibeard Ó Maolalaigh in the department of Celtic and Gaelic.

Dictionary Compilation

Once the digital corpus is complete, dictionary compilation will begin. It is planned that the dictionary for the modern period will be produced first, as there is greater demand for a modern dictionary. Financial resources will ultimately dictate the period this dictionary will cover, but for the moment it is suggested that the modern dictionary will document the language from 1802, the year after the final book of the Old Testament was published in Gaelic, to the present day.[11] Although a Gaelic version of the New Testament was published in 1767,[12] it was not until 1801 that the complete Gaelic Bible appeared in print.

The estimated time for completion of the modern dictionary is 2025. This will be followed by the publication of derivative bilingual and monolingual dictionaries. The dictionary for the early period (that is from the twelfth century *Book of Deer* to 1801) will then be added on, letter by letter, to the modern dictionary. It is estimated that, with sufficient resources, the early part of the dictionary could be completed in a further ten years, with a publication date for FnaG of 2035. The work of an historical dictionary is never finished, however, as languages continually develop. New words are regularly added, and the meanings of words already in use are altered. FnaG will continue to record the language for as long as Scottish Gaelic is spoken.

The final layout of dictionary entries is yet to be determined. However, each entry will include variant spellings of the word, the different morphological forms of the word, and every meaning of the word, as evidenced in the texts. All of these will be illustrated by quotations taken from Gaelic texts in which they occur. By illustrating the form and meaning of each word through the use of quotes taken from more than 800 years of written Gaelic, users of FnaG will be able to see for themselves how the language has changed over time.

The dictionary definitions will be given in English in order to maximise access to the historical dictionary; however monolingual Gaelic dictionaries can be created relatively easily once the historical dictionary for the modern period is complete. It is envisaged that the etymology will generally be confined to listing cognate and comparative forms in related languages such as Irish, or giving sources from co-existing languages, such as Scots, English and French.

Conclusion

FnaG will be an essential resource for the Scottish Gaelic language, and will be of benefit to everybody with an interest in Scottish Gaelic language, literature, history and culture. It may be a long-term project, but it is one that, when complete, will be of immeasurable importance to the language: it will increase our understanding of our linguistic heritage while providing a foundation for future language resources. By letting the texts speak for themselves, the historical dictionary of Scottish Gaelic will show the development of each word over time, from its earliest meaning to its most modern, and every sense in between. It will be an invaluable tool in studying the history of the language and in studying Gaelic culture through the ages, and it will make Gaelic language and literature more accessible to both the Gaelic and the non-Gaelic community.

Notes

More information about the project can be found on the FnaG website: www .faclair.ac.uk.

1. Pike, "Supporting the Language...," *Scottish Gaelic Studies*, 525-40.

2. Dwelly, *A Gaelic Dictionary*.

3. Craigie, *A Dictionary of the Older Scottish Tongue*.

4. Grant, *The Scottish National Dictionary*.

5. Bòrd na Gàidhlig, *The National Plan for Gaelic*.

6. *Foirm na n-Urrnuidheadh*, The Book of Common Order. Trans. Carswell.

7. MacLeòid, *Na Klondykers*.

8. Grant, *Dan Spioradail*.

9. Buchanan, *The Spiritual Songs of Dugald Buchanan*.

10. Campbell, ed., *Leabhar na Feinne*.

11. *Leabhraiche an t-Seann Tiomnaidh*, The Old Testament.

12. *Tiomnadh Nuadh ar Tighearna agus ar Slanuigh-fhir Iosa Criosd*, The New Testament.

Bibliography

Bòrd na Gàidhlig. *The National Plan for Gaelic, 2007-2012*. Inverness: Bòrd na Gàidhlig, 2007.

Buchanan, Dugald. *The Spiritual Songs of Dugald Buchanan*, edited by Rev. Donald Maclean. Edinburgh: John Grant, 1913.

Campbell, John F., ed. *Leabhar na Feinne*. London, 1872.

Craigie, William A., et al. *A Dictionary of the Older Scottish Tongue*. Chicago: The University of Chicago Press; Aberdeen: Aberdeen University Press; London: Oxford University Press, 1931-2002.

Dwelly, Edward. *A Gaelic Dictionary*. Herne Bay, England: E. Macdonald and Co., 1902-1911.

Foirm na n-Urrnuidheadh (The Book of Common Order). Trans. John Carswell. Edinburgh: Robert Lekpreuik, 1567.

Grant, Peter. *Dan Spioradail*. Elgin: Peter MacDonald, 1837.

Grant, William, et al., *The Scottish National Dictionary*. Edinburgh: The Scottish National Dictionary Association, 1931-1976.

Leabhraiche an t-Seann Tiomnaidh (The Old Testament). Edinburgh: William Smellie, 1783-1801.

MacLeòid, Iain F. *Na Klondykers*. Inverness: Clàr, 2005.

Murray, James A. H., et al. *Oxford English Dictionary*. Oxford University Press, 1888-1933.

Pike, Lorna. Supporting the Language, Defining the Way: Gaelic Dictionaries, Past, Present and Future. *Scottish Gaelic Studies* 24 (2008): 525-40.

Tiomnadh Nuadh ar Tighearna agus ar Slanuigh-fhir Iosa Criosd (The New Testament). Edinburgh: Balfour, Auld and Smellie, 1767.

Clive James

Gàidhlig ann an Argentina
/ Scottish Gaelic in Argentina

The Celtic diaspora in South America is usually typified by the Welsh set-tlement and colony in Patagonia—more specifically in two areas of what is now Chubut Province. The first settlers—driven by Protestantism, national-ism and land hunger, arrived in 1865. By the end of immigration in 1911 some 2,500 had arrived. Almost 150 years later many of their descendents still speak Welsh, although predominant in certain age groups. Immigra-tion by many other nationalities, secularisation, intermarriage and educa-tion through Spanish were death blows to the idealism of a self-governing, nonconformist Welsh speaking colony.[1] Increased contact between Wales and its South American "colony" since the late 1970s and more structured contacts in the form of a well-established scheme which for ten years has sent three teachers each year to the colony and a more recent "language ini-tiative" (*menter iaith*) aimed more at the new generation of younger speakers has radically changed the outlook for the survival of Welsh in what is now the Republic of Argentina.

The Republic of Argentina is not widely known as an outpost of Scot-tish Gaelic speakers—unlike Canada, and parts of the USA, Australia and New Zealand. This is despite 5,900,000 immigrants from Europe to the young republic between 1871 and 1914. Yet the young nation had the larg-est level of English capital investment outside of the British Empire. In the federal capital of Buenos Aires the English establishment was a dominant nineteenth century and early twentieth century force in society, finance, commerce, industry, trade and the railways. They maintained their own English language medium newspapers, schools, churches and clubs. This social role of English remained until the 1960s. However, the 1980s Malvi-nas (or Falklands) conflict in the South Atlantic accelerated its decline.

Within this English speaking elite the Scots, as they were in Canada, were more important than their percentage back home in the United Kingdom would suggest.[2]

First Scottish Settlers

In 1825 the vessel *Symmetry* arrived at Buenos Aires from Leith in Scotland. This was probably the first organized emigration from Scotland to Argentina. Those Scots aboard settled in the Monte Grand area south of Buenos Aires. They were mainly farmers from Galloway and Dumfries in south west Scotland. Maybe a Gael or two were on board, but there is no evidence of any Gaelic language activity. They did however establish a Kirk—a church belonging to the established (and Presbyterian) Church of Scotland.[3]

A Tropical Colony

From the late 1860s onwards Scottish settlers found their way to the area known as Entre Rios—between the rivers. This was a tropical area on to-day's Argentina / Uruguay border. The main towns were, and remain, Guateguay, Conception de Uruguay, Concordia and Mandisovi. The area became known as Colonia Nueva Escosia—the colony of New Scotland. They came to settle lands purchased by Scotsmen John Hugh MacDonald and James Mohr Bell, who sailed from Greenock in 1866 in the vessel *Falconer*. The hot, humid and wet tropical climate of that part of South America was as unlike Scotland as were the coniferous forests and long, cold, snowy winters of Maritime Canada.[4]

The presence of the Scots is recorded in the 1865 census. In Gualeguay we see Escocia (Scotland) as *nacimiento* (nationality) of many families; their surnames include Black, MacDougall, MacDougald, Mackay (Alexa!), MacLean and Fraser. In Gualeguaychu we find Campbell, Weir, Dunn, MacCann, Morrison, MacDuald, Stewart, Nicholson, MacDougall and MacDonald, while in Concepcion de Uruguay we find Forbes and MacLennan. By the time of the 1869 census, in Concordia we find Campbell and "Maquinlen." In nearby Federacion: MacRay, Buchanan, MacLeod, MacCorquadale, Bucannan, MacAri, MacNeill (Lachlan), Clark, Sinclair, Ferguson and Fraser. By 1895 far more were of Arginta (Argentinian) nationality than Escosia. Far more were recorded as being born in Argentina than in Scotland. The 1896 census recorded in Gualeguay families named MacRae, Buchanan, MacTavish, MacDonald and MacLeod. In Villa Libertad were the Ferguson family and in Mandisovi were the Frasers and MacNeills. Nearby in Tatuti lived the Sinclairs and Buchanans and in Frontera the MacRae clan.[5]

What do we know of the Gaidhlig language in late-19th-century En-
tre Rios on the border between the newly independent republics of Argen-
tina and Uruguay? We know that the Rev. Lachlan MacNeill (a Gaidhlig
speaker from Barra, born in 1834) ministered in the Provincias Unidas
(Uruguay) and Entre Rios (Argentina) in Gaidhlig, English and Span-
ish. He came to South America from Paisley Gaelic Church (not far from
Greenock) in 1864 and served the area from 1866 to 1877. He preached at
Concordia, Paysandu, Carmela and Colonia with some twenty to thirty at
each monthly service. He wrote:

> During those years in which I visited Entre Rios there were several
> families who understood Gaelic. I frequently addressed them in their
> mother tongue, the audience numbering about a dozen, They are now
> dispersed, some going to Corrientes, and others have crossed the
> bourne from which no traveller returns.[6]

This would suggest that by the time the Rev. Lachlan MacNeill left the
tropical settlements Gaidhlig had virtually ceased to be as the settlers had
either left the area or had adopted Spanish as their preferred language.

In 1897 a new united, evangelical Protestant church was opened in
Mandisovi. It continues to preach the Christian gospel today—through
Spanish, as happened to some of the Welsh chapels in Chubut Province.[7]
In the 1970s a Gaidhlig-speaking Church of Scotland minister from Bue-
nos Aires attended the wedding of Isabell MacNeill, daughter of Lachlan
MacNeill, himself a descendent of the Rev. Lachlan MacNeill. There was
no Gaidhlig to be heard at all! However, the descendents of the Gaidhlig-
speaking settlers were still evident in the cultural fabric of the Entre Rios
area 100 years later. (Personal communication, Rev. Garbhan Macaoidh).
The settlement of southern Patagonia—south of the Welsh presence in
Chubut, from the late 19th century onwards due to extensive sheep farming
in those areas needed shepherds who could live in very isolated places. Men
from the Gaidhlig speaking Scottish island of Lewis were ideal employees.
Thus commenced Scots emigration from 1889 onward.[8]

There were recruiting agents in Scotland; one of these was the Rev.
Donal MacCullum of Keose, Lewis, who was actively recruiting from 1889
to 1920. From Keose itself between 1903 and 1928 some 32 men went to
Patagonia as shepherds. From nearby Balallan, 56 men went between 1889
and 1937, 31 of whom stayed on in South America. The nearby area of
Lochgranrich, Achmore and Cleasoro saw 22 men departing to Patagonia.
Other main recruiting areas included Leurbost (15), Stornoway (14), South
Lochs (14), Uig (11), Laxay (6) and Ranish (3).[9]

How many in total went from Gaidhlig Scotland to the sheep ranches
of Patagonia? Around 500 had signed contracts up to 1939 when the ad-
vent of the Second World War put an end to the practice. All of these
men would have been fluent, first language Gaidhlig speakers. While no

specific Scots (let alone Gaidhlig) churches were built in Patagonia, clergy-
men, both Anglican and Presbyterian, did periodically visit the area. Visit-
ing clergy from St. Andrews Church of Scotland in Buenos Aires to the
vast rural area included Rev. A Taylor Hill, Rev. Neil MacColl (1923-25),
Rev. Douglas Bruce (1925) and Rev. J. S. Taylor (1926).[10]
    As in the case of Entre Rios the Scots are evident from their surnames.
Thus amongst the probably Gaidhlig speaking Scots in Patagonia between
1885 and 1915 were Alan Finlayson, shepherd, San Julian; Alexander
MacBain, shepherd, Rio Chico; Hugh and Angus MacPherson, shepherds,
Ultima Esparanza; Angus MacDonald, shepherd, Tierra del Fuego; Calum
MacKay, manager, Cerro Guilo; Lachie MacKinnon, manager, Isla del Este
and Donald MacLeod, estate owner, Eight Leagues Camp. Some had obvi-
ously prospered. Scottish owners of ranches in southern Patagonia in 1913
included William Dickie, Lago Argentina; Alexander Finlayson, Rio Gal-
legos; Murdock Finlayson, Rio Gallegos; John MacCormack, Rio Coyle
and D. MacAskill, San Julian.
    Among the southern Patagonia baptisms recorded between 1893 and
1913 were Donald Mac Donald, Gallegos; Dolly MacKenzie, Coyaike;
Murdo MacKenzie, Canades de las Vacas; Kenneth MacDonald, Rio Gal-
legos and Angus MacLean, Punta Arenas. Recorded southern Patago-
nian births between 1893 and 1913 include Annie, Donald and Elizabeth
Campbell, Santa Cruz; Donald and Walter James MacDonald, Gallegos;
Alexander MacKenzie, Rio Gallegos; Catherine MacKenzie, San Julian;
Dolly MacKenzie, Coyaike; Murdo MacKenkie, Canades de Las Vacas:,
Annie MacLean, Gallegos and Kenneth MacDonald, Rio Gallegos.[11]
    Many of these shepherds returned home to their family crofts on Lew-
is. There were many a *ceilidh* around a peat fire when they would retell—in
Gaidhlig—their lives in a lonely shepherd's hut in a remote part of Patago-
nia.[12] Many remained in Patagonia; some married and, in a very few cases,
Gaidhlig was passed on to the next generation.[13]

Buenos Aires

The federal capital of Buenos Aires is by far the largest city in the nation.
It naturally attracted the majority of immigrants, especially the Spanish
and Italian, but also the Scots. The development of Scottish settlement
can be seen in the building of Scots Presbyterian churches, starting with
Monte Grand (1825), followed by Buenos Aires (1829), Adela / Las Mulas
(1854), Jeppener (1854), Quilmes (Glew, 1855), Adela (Chascormas, 1857),
Quilmes(1872), Timperly(1887), Barracas(1888), Belgrano(1890), Bahia
Blanca(1913), Escalad (1913), Olivos (1915).[14]
    What about the Gaidhlig language in these churches? A Gaidhlig-
speaking minister, Rev. Lachlan MacNeill moved to the city in 1877. He

held occasional Gaidhlig services in St. Andrew's in Buenos Aires city cen-
tre and St. John's, Glew, churches. He was later minister between 1883 and
1910 of St. John's and Jeppener churches. There is a record of a Gaidhlig
service on Febuary 12, 1890 when fifteen to twenty were present. However
by 1913, "there was no need for Gaidhlig bibles." He retired to England
where he died in 1917. Assistant ministers in St. Andrew's (City) church
included Donald MacDonald, Benbecula, in 1919-1920 and Donald
MacPhail, Lochcarron, in 1919-1921. No doubt either of these men could
have held a Gaidhlig service—if one was needed. There is no record of such
an occasion.[15]

Buenos Aires still publishes an English language daily newspaper—the
Buenos Aires Herald, or "el Heraldo." Each Saturday it lists English language
church services—Presbyterian, Anglican and Roman Catholic. In 2004 and
2007 the advertised services were:

Church	Services 2004	Services 2007
Dr. Smith Memorial, Belgrano	English and Spanish	Spanish
Flores – la Mision	Spanish	Spanish
Quilmes	Spanish	Spanish
San Antonio de Padera	Spanish	Spanish
Temperley	English and Spanish	Spanish
Olivos	English and Spanish	Spanish
St. Andrew's (City)	English and Spanish	Spanish English (once a month)

Today there is only one service a month in the inner city church to a
small and elderly congregation whose senior minister does not speak Eng-
lish.[16]

What about other activities? Since 1967 there has been a School of
Pipers and Dancers in Buenos Aires. Gaidhlig language classes are held
each week in a room in St. Andrew's Church for twelve to fifteen learn-
ers. During Argentine Celtic Day in 2001 there were discourses on the
old Celtic languages, Welsh in Patagonia and Gaidhlig in the Third Mil-
lennium.[17] The Ceolraidh Gaelic Choir—with fifteen members, has sung
traditional Gaidhlig songs since 2002 and holds an annual ceilidh. "Farum"
sings traditional sacred music in Gaidhlig and sang traditional Gaidhlig
psalms in St. Andrew's Church in 2005.[18] Fingal is a traditional Scots music
group. A linguistic conference in Buenos Aires in 2007 included a paper on
Gaidhlig.[19] Three people are behind most of this activity—Guillermo San-
tana MacKinlay, Luis Sebastian Stuart Pennington and Ian Gall.[20]

Welsh Connections

In the 1880s a Welsh minister, the Rev. W. Williams, kept a school—where church services were also held, at Barracas, the location of an important railway workshop near Buenos Aires. A church was built in 1888 and the Rev. Williams held services there "under supervision" of the Church of Scotland. In 1927 the Rev. R. J. Jones from Wales visited the Welsh in Patagonia. On March 18, he preached in Welsh to 120 people in St. Andrew's Church in the city centre, "thanks to the minister, the Rev. Douglas Bruce, Church of Scotland."[21]

Concluding Remarks

The presence of Scottish Highlanders and the Gaidhlig language in the Argentina (and Uruguay) never rose to the level of the Welsh in Patagonia—or Gaidhlig in Nova Scotia. However, settlers from Gaelic speaking Scotland did settle over a far greater geographic area, from Entre Rios in the north to Tierra del Fuego in the south, than their Welsh cousins. Their physical presence has all but been assimilated into the Latin American culture and the Spanish language. However, Colonia Nueva Escocia remains on the map of Entre Rios and a Protestant church still hold services in Mandisovi. Shepherds from Lewis have left their mark on the names of families, houses and places in remote Patagonia. In cosmopolitan Buenos Aires a few enthusiasts hold together a lattice of Gaeldom. Will we see the Buenos Aires Gaidhlig Choir competing against Coisir na Lochan in the Mòd Naiseanta in Scotland one day?[22] Time will tell.

Notes

1. Williams, *The Desert and the Dream*.

2. Graham-Yooll, *The Forgotten Colony*.

3. Ibid., 148-49.

4. MacAoidh, *"Gaidhlig ann an Argentina,"* 263-64.

5. "British Settlers in Argentina," www.argbrit.org.

6. MacAoidh, 267-68.

7. Drysdale, *A Hundred Years in Buenos Aires*, 12-31.

8. Harper, *Emigration from Scotland*, 143-46

9. MacKenzie, *Why Patagonia?*, 16.

10. "British Settlers in Argentina."

11. Morrison, *The Scots in Argentina*, 6-12.

12. "Highland emigration to Patagonia," *Stornoway Gazette*.

13. "Balallan man emigrated...," *Stornoway Gazette*.

14. Drysdale.

15. Ibid.

16. "Church Services Sunday...," *Buenos Aires Herald*.

17. *"Latha Ceilteach Argentina,"* *Cothrom* 33.

18. "Gaelic psalm in Buenos Aires," *Stornoway Gazette*.

19. MacAoidh, *"Na h-eilthirich Albannach ann an Argentina,"* *Gairm*, 216-23.

20. MacKenzie, 80-82.

21. *Y Blwyddiadur*, 78-79.

22. "Gaelic choir in Argentine...," *Stornoway Gazette*.

Bibliography

Bienvenidos a la Iglesia Presbiteriana San Andres del Centreo, Buenos Aires (nd).

"British Settlers in Argentina – studies in 19th and 20th century emigration," www.argbrit.org

Buenos Aires Herald, "Church Services Sunday, April 15, 2007," 14 April 2007.

———. "Men of Harlech follow Tom Jones to Buenos Aires," 14 April 2007.

Cothrom. "Dearbh-aithne da shluaigh ann an Argentina," 53 (2007).

———. "Latha Ceilteach Argentina," 33 (2002).

———. "Mejor gaelico imperfecto que gaelico callad," 48 (2006).

———. "Moran sa Chumantas eadar Cananan 'Iomallaichte'," 56 (2008).

Dodds, J. *Records of the Scottish Settlers in the River Plate and their Churches.* Buenos Aires, Argentina : Grant and Sylvester, 1897.

Drysdale, J Monteith. *A Hundred Years in Buenos Aires 1829-1929. Being a Brief Account of St. Andrews Scots Church and Its Work, During The First Century of Its Existence*. Buenos Aires, Argentine Republic: 1929

Graham-Yooll, Andrew. *The Forgotten Colony*. Buenos Aires, Argentina : Literature of Latin America, 1999.

Harper, Dr. Marjory. *Emigration from Scotland between the wars: opportunity or exile ?* Manchester, England: Manchester University Press, 1998.

Hebridean, "Patagonian Pioneers," 6 May 2005.

MacAoidh, Garbhan. "Gaidhlig ann an Argentina," *Gairm* 87 (1974): 263-69.

MacAoidh, Garbhan. "Na h-eilthirich Albannach ann an Argentina," *Gairm* 187 (1997): 216-23.

Mackenzie, Greta. Why Patagonia ? Stornoway, Scotland: *Stornoway Gazette*, 1995.

Morrison, Arnold. *The Scots in Argentina 1800 – 1932*. www.myweb.tiscali. co.uk/scotsinargpat/patag.htm

Stewart I. A. D., ed. *From Caledonia to the Pampas*. East Linton, Scotland: Tuckwell Press, 2000.

Stornoway Gazette. "Balallan Man Emigrated to South America 100 Years Ago," 4 December 1997.

———. "Ciobairean Phatagonia," 10 August 1995.

———. "Education in Uig side schools," 27 July 2006.

———. "From Isles to Islas," 14 April 1994.

———. "Gaelic Choir in Argentine Going from Strength to Strength," 29 December 2005.

———. "Gaelic Choir in Argentine Would Love to Compete at Mod," 8 November 2007.

———. "Gaelic Psalm in Buenos Aires," 17 November 2005.

———. "Highland Emigration to Patagonia," 8 May 2003.

West Highland Free Press, "Lewis families Who Made The Long Trek to Patagonia," 22 November 1996.

Williams, Glyn. *The Desert and the Dream. A study of Welsh Colonization in Chubut 1865 - 1915*. Cardiff, Wales: University of Wales Press, 1975.

Y Blwyddiadur – Eglwys Bresbyteraidd Cymru (1928) : 78-79.

Sheila M. Kidd

A Thaghdairean Gaedhealach
/ Early Gaelic Electioneering

As Iain Lom's "*Oran an aghaidh an aonaidh*," on the Union of the Parliaments in 1707 demonstrates, Gaelic poets were not necessarily averse to dealing with national politics. However, with the exception of the Jacobite rebellions and their aftermath, particularly the Disclothing Act which drew censure from Gaels on both sides of the Jacobite-Hanoverian divide, we have very little evidence of Gaelic poets engaging with matters of national politics until the 1870s.[1] Whether this should be attributed to a lack of engagement with, or a lack of relevance of, political issues, given the highly restricted nature of the franchise until the end of the 19th century, or to such verse not having survived, or indeed to a combination of these factors, it is the case that there is a dearth of Gaelic literature relating to political matters from the end of the 18th century through to the later decades of the 19th century. The use of Gaelic poetry as a means of communicating with the Highland electorate in the later 19th century has been highlighted by Donald E. Meek's work on the Gaelic verse of the Land Agitation years in which he has demonstrated how the conventions of traditional panegyric verse were adapted to further the crofters' cause and those politicians supporting it.[2] This is particularly evident in Meek's "poetic biography" of Donald Horne MacFarlane who was elected Member of Parliament for Argyll in 1885, the first election to be held in the wake of the Third Reform Act of 1884.[3] As Meek has discussed, MacFarlane's political career was the focus of no less than fourteen Gaelic songs. Gaelic prose too became a vehicle for electioneering material, featuring in a number of Highland newspapers in the run-up to the 1885 election and also in leaflets produced by individual candidates. In advance of the 1880 election, for instance, Sir Kenneth Mackenzie of Gairloch produced an election poster in Gaelic

("*Da-aobhar-dhiag air son Sir Coinneach Ghearrloch a chur do 'n Pharlamaid*")
and so too did J. W. Malcolm of Poltalloch ("*Do luchd-taghaidh Siorramachd
Earraghaidheal*").[4] The extension of the franchise from some 2.6 per cent
of the Highland population after the Second Reform Act of 1868 to 13.7
per cent after the Third Reform Act of 1884, along with rising levels of lit-
eracy in both Gaelic and English, created an environment in which printed
Gaelic propaganda offered a means of communicating and engaging with
an electorate in their native tongue.[5]

Nonetheless, this was not the first use of Gaelic and Gaelic song for
electioneering purposes. It is, in fact, Nova Scotia which can lay claim to
the earliest evidence for the use of Gaelic in this context with the Bard
Maclean's "*Brosnachadh Roghnachaidh*" composed for the "Big Election" of
1830, as discussed by Robert Dunbar in his study of Maclean's poetry.[6]
Dunbar argues that the motivation behind this composition was not so
much political as one of "ethnic solidarity" with the poet responding to a
perceived slight made upon Gaels by a Liberal candidate.[7] The focus of the
current study, however, is a group of four texts produced very shortly after
this in Scotland—two posters and two songs—which can be dated to the
period 1832–1834. All four relate to a single parliamentary constituency,
the County of Perth, and all are Whig in their stance. These texts are en-
titled as follows:

"Perthshire Election—Gaelic Song" (August 9, 1832).[8]
"*Do Shliochd nan Gael Gaisgeil*" (poster, December 10, 1832).[9]
"*Oran do dh'Iarla Ormeli, am Braid-Alban*" (post 1832 election).[10]
"*A Thaghdairean Gaedhealach*" (poster c.April/May, 1834).[11]

Perthshire's historical position on the Highland-Lowland border has
already presented scholars with valuable evidence for linguistic relations in
this bilingual zone in the shape of the 16th-century manuscript the Book
of the Dean of Lismore and also in the religious verse of Dùghall Bochanan
in the 18th century.[12] It is, therefore, all the more interesting to find that
the earliest surviving Gaelic electioneering material in Scotland is from this
area. The purpose of this study is to consider these texts in their political,
geographical and sociolinguistic contexts. It will examine the evidence they
provide as to the use of Gaelic in the political domain and will pay particu-
lar attention to issues of the intended audience for this propaganda and
how it attempted to engage with this audience. Although beyond the remit
of this paper, these texts would benefit from examination by dialectologists
for the evidence which they provide for Perthshire Gaelic.

The movement for reform of the electoral process had been gathering
force throughout Britain during the 1820s and was to culminate in the
Reform Act (Scotland) of 1832 the same year as a parallel Act was passed
for England and Wales. This, the first of three Reform Acts which would
gradually democratize the electoral process in the course of the 19th cen-

tury, saw the franchise extended to £10 householders in the burghs, and in county constituencies to £10 owners, fifty-seven-year £10 leaseholders, or nineteen-year £50 leaseholders and resulted in the entire Scottish electorate increasing from less than 3,000 before the Act to 65,000 immediately after.[13] In 1831, only a matter of months before the Reform Act became law, readers of the Rev. Dr. Norman MacLeod's ("Caraid nan Gàidheal") Gaelic journal, *An Teachdaire Gae'lach*, had been cautioned against misplaced expectations for the extent to which Reform would extend the franchise. In *"Comhradh na Ceàrdach"* a dialogue which is dominated by a Merchant and a Schoolmaster, the Merchant claims that all men over twenty-one have been promised the vote, but the Schoolmaster is quick to dismiss this:

> Air t-athais, a fhleasgaich, na bi 'g innse ni nach 'eil fìor—cha do gheall iad. Gheall iad gu'm feuchadh iad ath-leasachadh a dheanamh air an dòigh roghnachaidh, agus gheall iad ìsleachadh a dheanamh air cìsean na dùthcha, agus air costas na dùthcha; ach cha do gheall iad riamh na tha thusa 'g ràdh, 's cha mhò bha e 'nam beachd, ged tha cuid a dhaoine gòrach a' glaodhaich a-mach air a shon—daoine, mòran diubh tha suarach ged rachadh an rioghachd bun os ceann. Cha'n fhaic an gobhainn na Alasdair mòr Inbheraora 'n da latha so a thaghadh fear Pàrlamaide, 's tha sin co maith dhoibh.[14]

The passing of the Act was, however, greeted by one Gaelic poet, Donnchadh Gobha (Mac an Tòisich), who was also the composer of the third song under scrutiny here, with great enthusiasm in *"Oran air lath a cho-chruinneach bha 'n Dunedan nuair bha builleadh an Reform air a sheulaich leis 'n righ.*" He celebrates Earl Grey's achievement in extending the franchise, *"Ma 'n choisne è dhuinne an t-shaorsa"* and his Whig viewpoint is in no doubt when he rejoices at the defeat of the Tories *"chaill iad am blar gu boile leo, / Striochd iad dhionnsuidh 'n lair ga 'n ain-dheoin."*[15] In the County of Perth, the largest county electorate, the number of voters in 1832, post-Reform, stood at 3,185.[16] Members of Parliament before the Reform Act, and indeed to a very great extent after it, tended to be members of the landowning gentry and Perthshire was no different. The sitting Member of Parliament for the County in 1832 was the Tory, Sir George Murray (1772–1846). The second son of Sir William Murray of Ochtertyre, he was a distinguished soldier who had served as Secretary of State for the Colonies under the Duke of Wellington. He had proved a consistent opponent of Reform in the lead-up to the passing of the Reform Act, a fact which would be used against him by his Whig opponent in 1832.[17] This opponent was John Campbell, Lord Glenorchy (1796–1862), son and heir to the First Marquess and Fourth Earl of Breadalbane, one of the most powerful landowners in the north and west of Perthshire. Duncan Campbell, a native of Glenlyon in Perthshire, born some four years before the 1832 election, relates in his *Reminiscences and Reflections of an Octogenarian Highlander* how Lord Glenorchy:

> ...dropped his former title of Lord Glenorchy, and took that of Earl of Ormelie, which he would not have done had he consulted the Breadalbane people, who liked the title he dropped and superstitiously disliked the one he had assumed, because it was borne by Duncan, the eldest son of the first Earl, who, on account of imbecility, was displaced in the succession by his next brother.[18]

Ormelie already had parliamentary experience as Whig Member of Parliament for the English seat of Okehampton between 1820 and 1826. The reason for his representing an English rather than a Scottish seat lay in the fact that before the 1832 Reform Act the eldest son of a Scottish peer was not entitled to cast a vote in, nor be elected to, a Scottish constituency, and so those like Ormelie, with political ambitions, had to seek a Parliamentary seat south of the Border.[19] This bar was removed by the Reform Act and so Ormelie was able to stand for election in his own territory and it is to this restriction being lifted that he alludes when he tells prospective electors, "I am now on the eve of being emancipated like yourselves."[20] The result of the 1832 Election, was the return of a Whig government and this was reflected in the outcome of the vote in the County of Perth with a victory for the Earl of Ormelie who polled 1,631 votes, 558 more than his rival Sir George Murray. This Whig majority in Perthshire was, however, to be overturned less than eighteen months later. On the death of the First Marquess of Breadalbane and the Earl of Ormelie's subsequent elevation to the House of Lords, Robert Graham stood against Sir George Murray, but was defeated by 1,464 votes to 1,268, a swing of 754 to the Tories.

Although Gaelic died out in Perthshire before the end of the 20th century, much of the north and west of the region—coinciding to a great extent with the Breadalbane patrimony—was, in the early decades of the 19th century, still strongly Gaelic-speaking. We need look no further than the contribution of natives of Perthshire to Gaelic literature and culture in the later 18th and early 19th century to underline this; men such as the Reverends James and John Stuart, translators of the Bible; collectors of Gaelic verse and tales such as Eoghan MacDiarmid, James MacLagan and Alexander Irvine, and at the end of the 19th-century, Lady Evelyn Stewart-Murray; poets such as Dùghall Bochanan, Mairearad Ghriogarach, Robert Stewart, (Moulin) Iain MacGregor (Glenlyon) and Daniel Grant (Tulliemet) bear witness to the existence of a thriving Gaelic literary tradition well into the 19th century. *The New Statistical Account*, published thirteen years after the election, bears this out with observations such as "the Gaelic is the language of the natives" (Kenmore), "Gaelic is the language generally spoken" (Balquhidder), "the Gaelic is the language of the country" (Blair Atholl). Even where bilingualism is mentioned, a strong degree of preference for Gaelic is discernible as in the parish of Dull where "almost all the people can speak and understand the English language, still the generality of them have a preference for the Gaelic" and in Little Dunkeld where "about four-fifths of the inhabitants are a Gaelic population and much attached to their vernacular tongue."[21] With the spread of schools teaching pupils to read in Gaelic, which included schools in the parishes of Fortingall and Blair Atholl in the 1820s, levels of literacy were rising, both in Gaelic and English.[22] One of the results of these rising levels in literacy was that newspapers were more readily accessible, albeit prohibitively expensive before the middle of the 19th century due to the various taxes imposed upon the press. Duncan Campbell comments on the emerging role of the press in Northern Perthshire in the 1830s and 1840s when he reflects that "even in our isolated Glen, where Reform and the raising of the Church dispute brought more newspapers and many controversial pamphlets, we had people ready to translate them round the firesides, and to discuss them on hillsides, or even over their farming work."[23]

The County of Perth, at the time of the 1832 election, was a predominantly rural constituency with the Burgh of Perth forming a separate constituency. All 3,185 electors for the 1832 Election are listed by parish in the *Register of Voters*.[24] Figure 1 is a parish map of Perthshire and, using the contemporary accounts in the *New Statistical Account*, those parishes where Gaelic was strongest in the 1830s have been highlighted and the number of voters recorded for each of these parishes in 1832 detailed, some 430 in total, or 13.5 per cent of the entire County electorate. The occupations of the majority of the voters are listed in the Register and this reveals that more

Fig. 1

than half of the electorate in northern and western Perthshire, some 245
voters, were listed as farmers, in addition to 39 tenants, 24 tradesmen (in-
cluding blacksmiths, shoemakers, coopers, carpenters and bakers), 16 feuars
and 14 ministers.[25] Those parishes which included larger centres of popula-
tion, parishes such as Weem which included Aberfeldy and the parish of
Callendar, show a more diverse range of professions than rural parishes, as
for example the parish of Logierait where the occupations of the 34 voters
breaks down as:

Parish of Logierait

Farmer	26
Farmer and innkeeper	2
Minister	1
Miller and Farmer	1
Not stated	2
Farmer and distiller	1
Farmer and vintner	1[26]

These individuals, in common with all those named on the *Register of
Voters*, were clearly the wealthier members of the parish and thus arguably
less likely to be Gaelic-speakers than the average parishioner, or at the very
least more likely to be bilingual. In considering the extent to which Gaelic
election propaganda is likely to have held any particular appeal for these
men, it is interesting to compare the names on the *Register* with the list of
those who subscribed to Patrick Turner's poetry collection of 1813, *Com-
hchruinneacha do dh'Orain Taghta Ghaidhealach*. There are fourteen names
which appear on both the Register of Voters for the County and the sub-
scribers' list, and which it can be argued, with a fair degree of certainty, were
the same individuals, notwithstanding the fact that the one in Turner might
be the father and that on the electoral register a son.[27] There are a number
of other instances where we may be dealing with the same individual, but
the place of residence varies between the two sources, while still being near
to one another. These may be the same individuals who have simply taken
up a new lease on the expiry of an old one. There are also two names on
the Register which, with the same proviso (albeit more strongly) regarding
father/son as was made for Turner, are to be found among the subscribers to
the second edition of Donnchadh Bàn MacIntyre's songs in 1790.[28] While
the numbers involved are not large, they shed light on the cohort of electors
at whom these election songs and posters were aimed. It is also interest-
ing to note that both the *Perthshire Courier* and the *Perthshire Advertiser
and Strathmore Journal* regularly carried advertisements for Gaelic books in
the early 1830s; on July 5, 1832, for example, the *Perthshire Advertiser and
Strathmore Journal* carried an advertisement for MacLeod and Dewar's *Dic-
tionary*, James Munro's *The Casket* and *The Gaelic Messenger* (*An Teachdaire
Gae'lach*), all available from John Dewar, Perth. Perth itself was no stranger

to Gaelic publishing with no less than thirty-eight books appearing in print in the city during the 18th and 19th centuries. Its Gaelic-speaking hinterland also saw the sporadic publication of Gaelic books in the 19th century with three apiece being published in Aberfeldy and Killin.[29]

At the time of the 1832 Election Perthshire was served, over and above the national press, by three newspapers, the *Perthshire Courier* and the newly-founded *Perth Constitutional* (1832), both Conservative in their stance, and the Liberal *Perthshire Advertiser and Strathmore Journal* (1829). R. M. W. Cowan, in his study of the expanding 19th-century press, has observed that the last-mentioned "had as rapid a success as any newspaper in Scotland."[30] From the outset it was a strong supporter of Reform and thereafter of Earl Ormelie during his election campaign, and it was in it that the first text under discussion here "Perthshire Election—Gaelic Song," was published on August 9, 1832. This weekly paper regularly published political songs in English supporting Reform and indeed on August 16, 1832, coinciding with the Reform Jubilee, the newspaper published four separate songs attacking Sir George Murray and his anti-Reform stance. The Gaelic song, however, seems to have been the only Gaelic text which appeared in the newspaper between 1829 and 1834. The song, in which the anonymous poet rejoices at the passing of the Reform Act, is a rallying call to the voters of Perthshire. It runs to five verses and a chorus and it is stated that it is to be sung to the tune "Blythe, Blythe, and merry was she." Using the same air as this particular Burns song can have been no coincidence as this was a song which Robert Burns composed in 1787 while visiting the home of Sir William Murray of Ochtertyre, the father of Sir George Murray; the song is one in praise of Euphemia Murray a cousin of Sir William Murray.[31] The air to which this Burns's song was to be sung was "Andro an' his cutty gun," already in use as the tune for a drinking-song, and this Gaelic song too takes the form of a drinking song with the chorus beginning "*Nuas an botul mor, 's an copan / Slaint an Righ theid grad mo 'n cuairt.*"[32] The Gaelic song was undoubtedly given an added edge by its appropriation of a tune already associated with the family of the opposing candidate.

The election battle for the County of Perth is depicted as one between *Gàidheal* and *Gall*, Ormelie the *Gàidheal*, is referred to not as Ormelie, but as "*mor-fhear mor Ghlinn Urchaidh*" in the chorus, and Murray merely referred to as "*an Gall*":

Chaidh Gael gasda, 's Gall mo 'n cuairt.
Tre Shiorrachd Pheart a dian chuir stri
A dh'fheuch co roghnaichadh an sluagh,
A thagradh 'n cuis an Cuirt na rioghachd.

Na 'n faodadh leis a Ghall 'sa chuirt
Cha bhiodh gach cuis an diugh mar tha
Cha bhiodh taghadh aig aon do'n tuagh
Ged phaidhar leo na ceudan mail.

The allusion in the second of these verses is to Murray's opposition to the extension of the franchise. The poet then draws on the traditional ship of state motif when he urges voters to choose Ormelie who was pro-reform:

Co ris a dh'earbar leinn an long
Ach riusadh dhealbh an long 's an stiuir,
A ghleachd ri beuchdaich gharbh nan tonn
'Scairt maraich dhoibh mar lochran iuil.

The emphasis on Ormelie's identity as a Gael is reiterated with the words, "*Na treigar leibhs' an trath s' an Gael, / 'Sgu brath cha treig an Gael ud sibh.*" This contrasts with the English translation of the song which "is provided for the edification of Southron Anti-Reformers" and in which the translator was presumably trying to avoid alienating non-Highland voters with his interpretation of these lines as, "Do not foresake the Reformer and he shall never foresake you."

The *Perthshire Advertiser and Strathmore Journal* was printed and published by John Taylor, whose premises were in King's Arms Close in Perth. It is his name which appears as the printer of both the 1832 and the 1834 Gaelic election posters. We catch a glimpse of his printing processes in George Penny's *The Traditions of Perth* where Penny refers to the newspaper "being thrown off on a machine which was invented and constructed by Mr James Bogle, brother-in-law to the printer. The peculiarity of this invention is great simplicity, combining in its principle all the excellence of the most expensive and complex printing machines."[33] The first of the two Gaelic posters "thrown off" this press has the name "Iain" appended as author. Running to 189 lines of densely-packed print, it is dated December 10, 1832, less than two weeks before the election, and is entitled "*Do Shliochd nan Gael Gaisgeil,*" with the subtitle, "*a Sheas gu dileas, a Chathaich gu flathail, agus a bhuadhaich ann agairt an coir.*" The orthography presents something of a challenge and suggests that if it was John Taylor himself who saw it through the press he was not a Gaelic speaker: the first two sentences alone present the reader with "*re anih*" instead of "*riamh,*" "*nanihaid,*" instead of "*nàmhaid*" and "*comradh,*" instead of "*iomadh*" pointing to someone unfamiliar with Gaelic working from a manuscript text. Orthography apart, the rhetoric here appeals to voters' heroic heritage and this is flagged in the title, the subtitle and again in the very first sentence which reads "*A mhic nan Caledoniach nach de gheill re anih [riamh] do nanihaid[nàmhaid] tha sibhse nis a seasamh anait bhur 'nathrichean.*"[34] This text is the earliest extant piece of Gaelic election rhetoric in prose and reflects the contemporary emergence of secular Gaelic prose writing and writers experimenting with style and genre, most notably in this era in the pages of Norman MacLeod's periodical *An Teachdaire Gae'lach*, (1829-31).[35] In broader terms the journal and election posters reflect the extension of functional writing in Gaelic beyond the religious domain. Emigration propaganda was beginning to appear in Gaelic as for example the poster produced by Nahum Ward in 1822 which begins *"Eisdibh! Eisdibh! Eisdibh"* and the emigrants' handbook written by Perthshire native Robert MacDougall, *Ceann-iùil an Fhir-Imrich do dh'America mu-thuath* (1841).[36]

In *"Do Shliochd nan Gael Gaisgeil"* the rhetoric of the pulpit is evident in questions and imperatives:

> Ciod a rinn ur sinnsearan, a mhic 'Alla [Alba] nam buadh,' comasach
> air seasamh an aghaidh & buaihh [buaidh] a thoirt, mar thubhairt
> mi cheana, air na Romanaich & na Sasgun naich? Ciod ach iad a
> bhith tuaireil, gaisg eil & dileas mar bu nos. Eisdibh fhineachan
> misneachail, treubhach nan gleann nam beann's nan stuchd.[37]

The language of poetic eulogy and incitement is drawn upon when the voters are repeatedly addressed with such epithets as *"Chlann Alla [Alba] nam buadh,"* *"a mhic nan laoch,"* *"a mhic Alba nam buadh,"* *"A chlann nan Gael,"* *"Sibhse luchd aiteachaidh nam beann."* It is striking, however, that it is only towards the end of the text that the candidate, Ormelie, is mentioned, and his name *"Morair Ormelie"* only appears once in the entire text, with only eighteen lines devoted to him out of a total 189 lines.

This particular text has to be read in the context of the movement for the abolition of slavery which had emerged in Britain in the later 18th century, a movement which had resulted in legislation abolishing the British slave trade in 1807 and 1811 and which would legislate against slavery itself in 1833. One of the most prominent reformers, Henry Cockburn, compared Reform with the freeing of slaves when he wrote, "it is like liberty given to slaves: we are to be brought out of the house of bondage, out of the land of Egypt."[38] The converse has, however, been argued by scholars, in the light of evidence that in the wake of Reform some tenants were obliged to accept co-tenants when their leases came up for renewal, thus expanding a landlord's voting capacity and making Reform "not ... a charter of enfranchisement but of slavery."[39] The keywords in this Gaelic text are *saorsa, daorsa, tràill(ean)* and *ain-tighearnas. Saorsa* is used thirteen times in the poster, *daorsa* once, *tràill/tràillean* five times and *ain-tighearnas* twice. The argument is not specifically that the voters have been set free, although that is implicit, but they have the freedom that many others do not enjoy and that they should not waste this. Electors who intend to vote as their landlord, rather than their conscience, dictates are told:

> *Tha e na lagh n'ar rioghachd gu'm bi traill, cia be ionad de' n dom hain as
> an d'thig e, saor co luath 's a Cheanas, a chas do fhearran Bhreatuinn. Ach*

mur agan [mura can] sibhse ar coir mar dhaoine saor, tha sibh neo-airidh air saltairt air fonn Bhreatuinn.[40]

And for those electors who have promised their vote to Ormelie, but whose courage is failing them, the poster accuses them of consigning themselves to slavery:

Bithidh sibh o so amach mi-chiint each & bithidh sibh oiridh air ar comharachadh, aon bhuid le sgian no le iarrunn dearg, mar tha traillean air an comharacdh ann an iomadh earrainn de'n domhain. Ma ni sibh an ni so bheir sibh cothrom do naimhdean an Athleasachaidh—do naimhdean a chinndoine mar a thubhairl nu cheand [mar a thubhairt mi cheana], air raill [tràill] a dheanamh dhuibh & feudar a radh o se [seo] amach mu'r liomchioll [timchioll], "sin agad traill leithed so dhuine."[41]

When Ormelie campaigned in Doune in July 1832 he expressed his opposition to slavery "under whatever form it appears, whether as on the continent of Europe, upheld by the bayonets of despots, or in the West Indies flourishing under the benignant influence of the whip, it has my thorough hatred and detestation."[42] This framing of the rights of the Perthshire voters in terms of slavery versus liberty was not confined to Ormelie's campaign with Sir George Murray using similar terms of reference, and indeed this was a feature of the campaign for Reform itself. It is interesting to note that another native of Highland-Perthshire, Major-General David Stewart of Garth, had in fact some ten years before this election drawn a parallel between the relative lack of attention given to the treatment of evicted Highlanders compared with that given to slaves, observing:

The cruelty of removing the slaves on one West India estate to another, perhaps scarcely five miles distant, is frequently reprobated in the strongest terms, and attempts are made to procure Acts of Parliament to prevent the removal of a slave from his usual residence; yet the ejectment or emigration of the Highlanders, their total ruin and banishment from their native land, is viewed with apathy, and their feelings of despair deemed unworthy of notice.[43]

Stewart of Garth and the future Fifth Earl of Breadalbane were, however clearly cut from different cloth. Ormelie's emancipation rhetoric seems to have been little more than that. On inheriting the Breadalbane estates on the death of his father in 1834, he was to undertake large-scale evictions, with suggestions that as many as 500 families were evicted between 1834 and 1853.[44] It is presumably clearances such as these, in spite of the Earl's support for the Free Church of Scotland in the wake of the Disruption, which led Duncan Campbell to comment that "he never was the man for Gaeldom" and observe "what an isolated magnate he was in his own country, and how he had alienated the affections of his own folk."[45]

The third text, "*Oran do dh'Iarla Ormeli, am Braid-Alban*," which contains thirteen verses, can be dated to some point shortly after the announcement of Ormelie's election victory which it celebrates.[46] The identity of the composer of this song and others contained in a twenty-four page pamphlet of songs entitled *Oran Ghaelach* and published at some point in the 1830s has been discussed by Michel Byrne. He has identified him as Donnchadh Gobha (Mac an Tòisich), a native of Glen Errochty in northern Perthshire born c.1806.[47] Donald MacLean, in *Typographia Scoto-gadelica*, refers to his being known as "*Am Bàrd Mùgach*" (The Sulky Bard).[48] The poet celebrates Ormelie's victory:

Gad a b' fhada ar duil ris,
Thuair sinn dachaidh ar durachd,
Ceannard taice ar duthacha,
Baighail faireachdail iular,
Theid e Shasunn le chursan,
Ard fhear tagra nar cuisean,
Bheir an ceartas o 'n chrun duinn,
'S ard t-fhacal an cuirt 'n tigh pharla.[49]

There are resonances of Jacobite poetry when Ormelie is referred to "*mar 'n rionnaig-iuil tha on iar,*"[50] echoing poetic references to the belief that Prince Charles's birth coincided with the appearance of a new star; the wheel of fortune which appeared in verse of the Jacobite rebellions appears here too in reference to the Tories, "*thionnda chuibhle car cearr orr.*"[51] The election is depicted as a battle with the enemy, the Tories suffering defeat, "*Ged bu ghleadhrach an cainnt, / Thaining maoim air a 'n camp; / Thuit an claidh 'a 'n laimh, / Dh' fhas an gairdein cho fann.*"[52] The poet reserves his satirical powers for the Tory, Sir Neil Menzies of the Appin of Dull, *am Mèinnearach Mòr*, one of Sir George Murray's political allies:

Se bu choslaich Shir Niall,
Na suidh an caithair gu riaghal,
Bhi 'n srath na h-Apuinn ag iasgach,
'S seann assail air srian aig;
Teannadh dhachidh le ciocras,
Gu bothan tart-mhor an iotaidh.
Am faithte a ghoinne ga riarach,
Suidh an taic ris a ghriosaich,
'S am balg-acinn ri chliathaich,
'S adharc fhad an daimh riathich deanamh spain di.[53]

This representation of the 1832 election as a battle to be accommodated within the traditional framework of Gaelic praise poetry, with heroes to be praised and enemies to be satirized, is clearly a precursor to the verse of the 1880s which have been studied by Meek.

The fourth text, the poster entitled "*A Thaghdairean Gaedhealach,*" was, in common with the previous poster, printed by J. Taylor of Perth.[54] The author uses the name "Tomachluig," a placename which has not this far been identified. It is a poster produced in support of Robert Graham of Redgorton who was to stand against Sir George Murray in the by-election caused by Ormelie's elevation to the House of Lords on the death of his father in 1834. There is no reason to think that Graham, from Lowland Perthshire, was a Gaelic-speaker, but rather that he wished to follow the success of his predecessor by appealing to the Gaelic-speaking section of the County's electorate in their own tongue. Significantly shorter than the poster of 1832 it also lacks its rhetorical flourish. Unlike the first poster the focus is very much on the two individuals involved, with Murray described as "*duine mi dhiahaidh neo-ghloine*" and as "*namhaid an athleasachadh*" as opposed to Robert Graham, "*fìor charaid an tuathanich, s' an fhear-cheirde.*"

The use of Gaelic in printed electioneering material raises the question to what extent Gaelic was used by the candidates and their supporters when campaigning in Highland parishes. The absence of evidence does not allow for any detailed consideration of this, although it is interesting to note the report of Lord Ormelie's visit to Rannoch given in the *Perthshire Advertiser & Strathmore Journal* in August 1832, the same issue in which the first text under discussion was published:

> His Lordship addressed the multitude in an energetic speech.... Mr [James] Stewart of Crossmount afterwards addressed the meeting in Gaelic; after recapitulating his Lordship's speech, he animadverted on the conduct of some Rannoch electors.... Three cheers were then given for Oighre Bhealich, agus tri air-son Tulach Croisg.[55]

This indicates that, in at least some Gaelic-speaking parts of the County, Gaelic was used in speeches, albeit in the case of Ormelie, not by the candidate himself, his linguistic skills perhaps not being up to the task. In the same paper a report from December 1832 entitled "Dunkeld. Last Struggle of the Tories" states:

> In such detestation are the bare-faced tricks of the hateful gang [i.e. the Tories] held in the Highlands, that the Gaelic language, replete as it is, can scarcely furnish epithets sufficiently opprobrious to mark the abhorrence of them. The narration of these shameless machinations has superceded every other topic and even the usual salutations have been departed from. Instead of the customary "How do you do?" or "I am glad to see you," it is now "Have any of *Tobhlairean an Diabhail* (the devil's beagles) been at you?"[56]

It is important to note that not having a vote did not prevent individuals from taking a strong interest in the election, a point made by Duncan Campbell who recalls that "the Fortingall blacksmith, George Drysdale, had no vote, but he had a tongue, which he used freely on behalf of Lord

Ormelie, and against his opponent, ... during the election contest."[57] That this was a feature of electioneering post-Reform is evident when Robert Graham of Ormelie's General Committee (and Whig candidate for the seat in 1834) addressed electors as "Friends of Reform! Electors, and Non-Electors."[58] These non-electors should not be overlooked and it is noteworthy that as a cohort they were to play an active part in Highland electoral campaigns in the 1880s, as for instance in the burning of those newspapers which opposed the crofters in the run-up to the 1885 election.[59] David Vincent in his study of the printed word and popular culture in England has commented on this feature of electioneering with non-electors adding to the atmosphere and ritual of the hustings.[60] Clearly those who remained disenfranchized must be borne in mind when considering the intended audience of the texts which have been discussed.

What we have here in this new, and very public, use of Gaelic represents a conscious decision by the Earl of Ormelie, or at the very least by members of his election committee, to communicate with a particular cohort of voters, many of them voting for the first time, through their native language. Evidence from contemporary publications, whether in the form of lists of subscribers to Gaelic books or the advertising of Gaelic books, indicates that there was an audience of both voters and non-voters for propaganda in Gaelic in the northern and western parishes of Perthshire. It was, however, more than a matter of communication, as the use of Gaelic presented a means of differentiating between the two candidates, differentiating between *Gàidheal* and *Gall*, and of establishing the credentials of the Earl of Ormelie as a Gael, as the song published in August 1832 demonstrates. The posters, along with other contemporary publications, provide valuable evidence for the emergence of functional secular writing in the first half of the 19th century in reponse to rising levels of literacy. This material, along with texts associated with later elections, would undoubtedly benefit from further investigation as part of a more detailed study into the use of Gaelic in 19th-century Highland electioneering as the franchise was gradually extended in the course of the century to include a larger proportion of the Gaelic-speaking population.

Notes

I am grateful to the British Academy for their support in the form of an Overseas Conference Grant which enabled me to attend Rannsachadh na Gàidhlig 5.

1. MacKenzie, ed., *Orain Iain Luim*, 222-28. For songs condemning the Disclothing Act see Campbell, ed., *Highland Songs of the Forty-Five*.

2. Meek, *Tuath is Tighearna*.

3. Meek, "The Catholic Knight of Crofting: Sir Donald Horne MacFarlane, M.P. for Argyll, 1885-86, 1892-95," *Transactions of the Gaelic Society of Inverness*, 70-122.

4. Kidd, "Burning Issues: Reactions to the Highland Press during the 1885 Election Campaign," *Scottish Gaelic Studies*, 297 and 305-307.

5. Dyer, *Men of Property and Intelligence*, 19; *Capable Citizens and Improvident Democrats*, 30.

6. Dunbar, "The secular poetry of John MacLean, 'Bàrd Thighearna Chola', 'Am Bàrd MacGilleain'," 345-50.

7. *Ibid.*, 350. Another instance of a political poem composed in Nova Scotia is '*Oran le Alasdair Domhnullach a' prosnachadh nan Gaidheal gu bhith dileas do dh'Iain Mac Ionmhuinn chum 's gu faigheadh e stigh na Mhember,*' *The Casket*, 20 January 1853, 4.

8. *Perthshire Advertiser and Strathmore Journal*, 9 August 1832. This is also listed separately in the National Library of Scotland's catalogue as EL.1.81.21(17).

9. National Library of Scotland, EL.1.81.21(19).

10. Donnchadh MacIntoisich, *Òrain Ghaelach*, 10-13. I am grateful to my colleague, Dr. Michel Byrne, for drawing this poem to my attention.

11. National Library of Scotland, EL.1.81.21(18).

12. See, for instance, Meek, "The Scots-Gaelic Scribes of Late Medieval Perthshire: An Overview of the Orthography and Contents of the Book of the Dean of Lismore," in *Bryght Lanternis*, 387-404; Meek, 'Ath-sgrùdadh: Dùghaill Bochanan (I)', *Gairm*, 267-80, and 'Ath-sgrùdadh: Dùghaill Bochanan (II),' *Gairm*, 319-31.

13. Dyer, *Men of Property and Intelligence*, 27 and 46.

14. T[ormod] O[g], "Comhradh na Ceardach," *An Teachdaire Gae'lach* 227. Many of MacLeod's contributions to his journals appeared with T.O. = Tormod Òg, as author.

15. MacIntoisich. For a brief discussion of this poem see Byrne, "'Chan e chleachd bhith an cabhsair chlach': Am Bàrd Gàidhlig 's am Baile Mòr bhon 17mh Linn chun an 20mh," in *Glasgow: Baile Mòr nan Gàidheal*, 75-76.

16. Dyer, *Men of Property and Intelligence*, 46.

17. Ibid., 30.

18. Campbell, *Reflections and Reminiscences of an Octogenarian Highlander*, 112. See also Raghnall MacIlleDhuibh, "'Moladh Beinn Dóbhrainn' agus Cùis Bhraid Albainn," in *Litreachas & Eachdraidh*, 97-117, who calls into question Duncan's imbecility.

19. Ferguson, "The Reform Act (Scotland) of 1832: intention and effect," *Scottish Historical Review*, 105-14.

20. *Perthshire Advertiser and Strathmore Journal,* 14 June 1832.

21. *The New Statistical Account of Scotland* Volume X, 471, 347, 570, 770, 1010. See also Ó Murchú, *East Perthshire Gaelic.*

22. Harding, "Gaelic Schools in Northern Perthshire, 1832-1834," *Transactions of the Gaelic Society of Inverness,* 1-19.

23. Campbell, *Reflections,* 130.

24. *Register of Voters in the County of Perth.*

25. Nineteen of the farmers listed another occupation alongside that of farmer, for example, "innkeeper," "miller" and "merchant."

26. *Register of Voters.*

27. Paruig Mac-an-Tuairneir, *Comhchruinneacha do dh'Orain Taghta Ghaidhealach,* 385-401. The correlations between the *Register of Voters* and the subscribers to Turner's Collection which can be established with a high degree of certainty are as follows: Balquhidder – Patrick Fergusson, Rev. Alexander MacGregor, Duncan McNaughten, Donald Robertson; Blair Atholl – John Cameron; Dull – John Menzies, John Robertson; Fortingall – John Cameron, Rev. Robert McDonald, Donald Sinclair; Killin – Malcolm McFarlane; Little Dunkeld – Donald Duff; Old freeholders – James Menzies, esq, Pitnacree, Alexander Stewart of Balnahilly.

28. Donchadh Macantsaoir, *Orain Ghaidhealach,* 210-52: John Cameron, Wester Camguran, Dull and James McGibbon, schoolmaster Killin.

29. Ferguson and Matheson, *Scottish Gaelic Union Catalogue.*

30. Cowan, *The Newspaper in Scotland,* 43-44.

31. Low, ed. *The Songs of Robert Burns,* 210-11.

32. Ibid., 211.

33. Penny, *The Traditions of Perth,* 248.

34. EL.1.81.21 (19).

35. Meek, "Gaelic Printing and Publishing" in *The Edinburgh History of the Book in Scotland.*

36. Kidd, "'Caraid nan Gàidheal' and 'Friend of Emigration'," 54; McDougall, *Ceann-iul an fhir-imrich.*

37. Ibid.

38. Quoted in Dyer, *Men of Property and Intelligence,* 23.

39. Ferguson, "The Reform Act (Scotland) of 1832: intention and effect," 112.

40. EL.1.81.21 (19).

41. Ibid.

42. *Perthshire Advertiser and Strathmore Journal,* 19 July 1832.

43. Stewart of Garth, *Sketches of the Character, Institutions and Customs of the Highlanders of Scotland*, 182.

44. MacKenzie, *History of the Highland Clearances*, 47-49.

45. Campbell, *Reflections*, 95-96.

46. MacIntoisich, 10-13.

47. Byrne, "Mairead Ghriogarach: sùil thòiseachail air bana-bhàrd air dìochui-mhne," *Scottish Gaelic Studies*, 87-88.

48. MacLean, *Typographia Scoto-gadelica*, 229-30.

49. MacIntoisich, 10.

50. Ibid.

51. Ibid., 11; Gillies, "Gaelic Songs of the 'Forty-Five'," *Scottish Studies*, 19-58.

52. MacIntoisich, 11

53. Ibid., 12.

54. "A Thaghdairean Gaedhealach," EL.1.81.21(18).

55. *Perthshire Advertiser and Strathmore Journal*, 9 August 1832. The reference to "Oighre Bhealich" is to Taymouth at the east end of Loch Tay, seat of the Earls of Breadalbane.

56. Ibid., 13 December 1832.

57. Campbell, *Reflections*, 117.

58. *Perthshire Courier*, 20 December 1832.

59. Kidd, "Burning Issues," 299.

60. Vincent, *Literacy and Popular Culture*, 237.

Bibliography

Primary sources

"A Thaghdairean Gaedhealach," Perth: John Taylor, n.d. National Library of Scotland, EL.1.81.21(18).

Campbell, Duncan. *Reflections and Reminiscences of an Octogenarian Highland-er*, Inverness: The Northern Counties Newspaper and Printing and Publishing Co., 1910.

"Do Shliochd nan Gael Gaisgeil," Perth: John Taylor, 1832, National Library of Scotland, EL.1.81.21(19).

Macantsaoir, Donchadh. *Orain Ghaidhealach*, Duneidiunn: clo-bhuailte gu féim an ùghdair, 1790.

Mac-an-Tuairneir, Paruig. *Comhchruinneacha do dh'Orain Taghta Ghaidhealach*, Duneidionn: Clò-bhuailte air son an ùghdair, 1813.

MacIntoisich, Donnchadh. *Òrain Ghaelach*, Dùn Èideann: J. Elder, 1830an?

McDougall, Robert. *Ceann-iuil an fhir-imrich do dh'America mu-thuath*, Glasgow: J. and P. Campbell, 1841.

The New Statistical Account of Scotland Volume 10 , *Perth*. Edinburgh: William Blackwood and Sons, 1885.

Penny, George. *The Traditions of Perth*, Perth: Dewar, Sidey, Morison, Peat and Drummond, 1836.

Perthshire Advertiser and Strathmore Journal

"Perthshire Election–Gaelic Song," National Library of Scotland, EL.1.81.21(17).

Register of Voters in the County of Perth, Perth: J. Taylor, 1832.

Stewart of Garth, Major-General David. *Sketches of the Character, Institutions and Customs of the Highlanders of Scotland*, Inverness: Mackenzie, 1885.

T[ormod] O[g]. "Comhradh na Ceardach."*An Teachdaire Gae'lach* 22, (1831): 224-29.

Secondary sources

Byrne, Michel. "'Chan e chleachd bhith an cabhsair chlach': Am Bàrd Gàidhlig's am Baile Mòr bhon 17mh Linn chun an 20mh." In *Glasgow: Baile Mòr nan Gàidheal/City of the Gaels*, edited by Sheila M. Kidd, 55-88. Glasgow: Roinn na Ceiltis, 2007.

———. "Mairead Ghriogarach: Sùil Thòiseachail Air Bana-bhàrd Air Dìo-chuimhne." *Scottish Gaelic Studies* 23, (2007): 85-122.

Campbell, John Lorne. *Highland Songs of the Forty-Five*, Edinburgh : Scottish Gaelic Texts Society, 1984.

Cowan, R. M. W. *The Newspaper in Scotland. A Study of its First Expansion 1815-1860.* Glasgow: George Outram, 1946.

Dunbar, Robert Douglas. "The secular poetry of John MacLean, 'Bàrd Thighearna Chola', 'Am Bàrd MacGilleain'." PhD diss., University of Edinburgh, 2006.

Dyer, Michael. *Men of Property and Intelligence. The Scottish Electoral System prior to 1884*. Aberdeen: Scottish Cultural Press, 1996.

———. *Capable Citizens and Improvident Democrats. The Scottish Electoral System 1884-1929*. Aberdeen: Scottish Cultural Press, 1996.

Ferguson, Mary and Matheson, Ann. *Scottish Gaelic Union Catalogue*, Edinburgh: National Library of Scotland, 1984.

Ferguson, William. "The Reform Act (Scotland) of 1832: Intention and Effect." *Scottish Historical Review* 45, no.139 (1966): 105-14.

Gillies, William. "Gaelic Songs of the 'Forty-Five'." *Scottish Studies* 30, (1991): 19-58.

Harding, A. W. "Gaelic Schools in Northern Perthshire, 1832–1849." *Transactions of the Gaelic Society of Inverness* 52 (1980–82): 1-19.

Kidd, Sheila M. "'Caraid nan Gàidheal' and 'Friend of Emigration': Gaelic Emigration Literature of the 1840s." *Scottish Historical Review* 61, no.211 (2002): 52-69.

———. "Burning Issues: Reactions to the Highland Press during the 1885 Election Campaign." *Scottish Gaelic Studies* 24 (2008): 285-307.

Low, Donald A., ed. *The Songs of Robert Burns*, London: Routledge, 1993.

MacIlleDhuibh, Raghnall. "'Moladh Beinn Dóbhrainn' agus Cùis Bhraid Albainn." In *Litreachas agus Eachdraidh: Rannsachadh na Gàidhlig 2* edited by M. Byrne, T. O. Clancy and S. Kidd, 97-117. Glasgow: Roinn na Ceiltis, 2006.

MacKenzie, Alexander. *History of the Highland Clearances*, Edinburgh: Mercat Press, 1991.

MacKenzie, Annie M., ed., *Orain Iain Luim*, Edinburgh: Scottish Gaelic Texts Society, 1964.

MacLean, Donald. *Typographia Scoto-gadelica*, Edinburgh: J. Grant, 1915.

Meek, Donald E. "The Scots-Gaelic Scribes of Late Medieval Perthshire: An Overview of the Orthography and Contents of the Book of the Dean of Lismore," In *Bryght Lanternis: Language and Literature of Mediaeval and Renaissance Scotland*, edited by J. Derrick McClure and Michael R. G. Spiller, 387-404. Aberdeen: Aberdeen University Press, 1989.

Meek, Dòmhnall Eachann. "Ath-sgrùdadh: Dùghall Bochanan (I)." *Gairm* 147 (An Samhradh, 1989): 267-80.

———. "Ath-sgrùdadh: Dùghall Bochanan (II)." *Gairm* 148 (Am Foghar, 1989): 319-31.

Meek, Donald E. "The Catholic Knight of the Crofting Community: Sir Donald Horne MacFarlane, M.P. for Argyll, 1885-86, 1892-95." *Transactions of the Gaelic Society of Inverness* 58, (1992-94): 70-122.

———, ed., *Tuath is Tighearna: Tenants and Landlords*, Edinburgh: Scottish Gaelic Texts Society, 1995.

———. "Gaelic Printing and Publishing." In *The Edinburgh History of the Book in Scotland Volume 3 Ambition and Industry 1800-1880*, edited by Bill Bell, 107-22. Edinburgh: Edinburgh University Press, 2007.

Ó Murchú, Máirtín. *East Perthshire Gaelic*, Dublin: Dublin Institute for Advanced Studies, 1989.

Vincent, David. *Literacy and Popular Culture: England 1750-1914*. Cambridge: Cambridge University Press, 1989.

Michael Linkletter

Gàidhlig aig Oilthigh Naoimh Fransaidh Xavier agus an t-Urramach Alasdair MacIlleathain Sinclair

Gaelic at St. Francis Xavier University and the Rev. Alexander Maclean Sinclair

Tha mi airson rud no dhà a chantail air cùl Alasdair MacIlleathain Sinclair anns a' Ghàidhlig an toiseach, agus an déidh sin, libhrigidh mi an còrr dhen òraid agam anns a' Bheurla. Dh'fhaodte gu bheil fios agaibh uile mar thà, gu bheil Alasdair MacIlleathain Sinclair á Canada, no fiù á Alba Nuadh. Uill, chan ann fada air falbh bhon a' Bhaile Mhór Antigonis far a bheil sinn an-dràsda a chaidh a bhreith ann an 1840 ann an àite beag air a bheil an t-ainm Gleann a' Bhàird a-nis. Thogadh e cuideachd an sin ann an taigh beag a sheanair, am bàrd iomraiteach Iain MacIlleathain á Tiriodh a thàinig dhan dùthaich seo còmhla ris an teaghlach aige ann an 1819. Tha ogha a' bhàird, Alasdair fhéin, gu math ainmeil airson nan leabhraichean bàrdachd a chuir e an clò agus dh'fhaodte gu h-àraidh airson nan atharachaidhean a rinn e ri-utha. 'Se ministear Clèireach a bh'ann am MacIlleathain Sinclair agus chuir e seachad fichead bliadhna's a dhà a' riarachadh ann an Siorramachd Phicto, Alba Nuadh agus ochd bliadhna deug eile ann am Belfast, sgìre air taobh an ear Prince Edward Island, no Eilean a' Phrionnsa mar a chanadh na Gàidheil an sin. Leig MacIlleathain Sinclair dheth a dhreuchd anns an eaglais ann an 1907 agus thill e air ais a dh'Albainn Nuaidh far an do dh'fhuirich e gus a bhàs ann an 1924. Nuair a thill e a dh'Albainn Nuaidh bho Eilean a' Phrionnsa, theagaisg e Gàidhlig agus Eòlas Ceilteach an seo aig Oilthigh

Naoimh Fransaidh Xavier is Oilthigh Dalhousie ann a' Halafacs. Chan eil MacIlleathain Sinclair uabhasach ainmeil ann an saoghal na Gàidhlig airson na rinn e ann an oideachas Ceilteach, mar sin bidh mi a' coimhead air a' phàirt seo de a bheatha anns an òraid seo a tha a' leantail.

Anns an dol seachad, mus tòisich mi leis a' chuspair agam, bu toil leam facal no dhà a chantail air sloinneadh Alasdair. B'fheàrr le Alasdair fhéin "Sinclair" a chleachdadh an àite Mac-na-Ceàrdaich. Chleachd e fhéin an sloinneadh Sinclair an àite Mac-na-Ceàrdaich gun chaochladh anns na sgrìobh e.[1] A-rèir Alasdair, tha dà shloinneadh ann airson a' shloinnidh Sinclair anns a' Ghàidhlig. 'S ann á Earra-Ghàidheal a bha Mic-na-Ceàrdaich ach 's ann á Gallaibh, mu thuath ann an Alba, a bha na "Singlearaich" agus 's ann á Gallaibh cuideachd a thàinig Iain Sinclair, athair Alasdair. Mar sin, ann an inntinn Alasdair, cha bhiodh e ceart sloinneadh Earra-Ghàidhealach a chleachdadh idir.

...

Alexander Maclean Sinclair invariably wrote his name in Gaelic as Alasdair MacIlleathain Sinclair and not Mac-na-Ceàrdaich because he believed that that version of the name in Gaelic was more properly reserved for the Argyll Sinclairs of which he did not belong. Rather, his father came from the Sinclairs of the north of Scotland, who Sinclair stated did not use the Gaelic form of the name from Argyll. I am well aware of the practice of Gaelic scholars in using the name Mac-na-Ceàrdaich in referring to Maclean Sinclair in more recent Gaelic articles. Are they correct? Does it even matter? Does Maclean Sinclair have a point here or is it just splitting hairs? *Co-dhiubh, air ais dhan phrìomh-chuspair agam.* At any rate, back to my subject at hand: Maclean Sinclair's activities in Celtic and Gaelic studies.

Although Alexander Maclean Sinclair was a well-read man, interested in a great deal of subjects from theology and philosophy to physics and engineering—in this he was a typical 19th-century man of letters—it is his contribution to Gaelic literature and history for which he is remembered in academia. Maclean Sinclair was a major figure in the world of Gaelic publishing in the late 19th century. Between 1880 and 1904 he published twenty books (fifteen of which were volumes of Gaelic poetry), edited a Gaelic column in a local newspaper and contributed to a variety of Celtic and Scottish journals, newspapers and magazines in Scotland, Canada and the United States. He is perhaps not so well known today in the Gaelic world, however, for his role in teaching Gaelic and Celtic studies during his retirement years at two universities in Nova Scotia: St. Francis Xavier University here in Antigonish and Dalhousie University in Halifax. This paper looks specifically at the history of the teaching of Gaelic at St. Francis Xavier University with emphasis on the role of Maclean Sinclair. I will explore Maclean Sinclair's influences in the development of his program at

St. FX (as we call it for short), keeping in mind events regarding the establishment of Celtic programs in Scotland and elsewhere.

Through periodical subscriptions and an active correspondence life, Maclean Sinclair was very familiar with the academic rhetoric of Celtic studies, which offered a new comparative matrix for the study of all branches of the Celtic family of languages. He stated in a letter to the *Celtic Magazine* from Inverness in 1887: "I have read with deep interest the articles on 'The Present State of Celtic Studies', 'The Present State of Celtic Ethnology' and 'Loan-Words in Gaelic'. Of course I have read the clan history with pleasure."[2] Even though Irish, Welsh and Gaelic all were operating within the same political entity in the 19th century, their historical affiliation had largely not been recognized and they had not been studied in conjunction. The nascent field thus offered a new and exciting intellectual vantage point.

As an inhabitant of the far eastern edge of the New World, in a region barely out of its colonial stage, it is perhaps somewhat surprising that Maclean Sinclair should be so influenced by intellectual trends and movements in the Old World, as is evident from his involvement in the nascent field of Celtic studies. He did go to college to study for the ministry, but in the area of Celtic studies, including Gaelic language and literature, he was virtually completely self-taught. As a lecturer of Celtic studies in his retirement at St. Francis Xavier University and Dalhousie University, he was part of the growing interest in, and acceptance of, the field as an academic discipline in North America.

Though there were interruptions in Celtic course offerings at St. Francis Xavier University around the war years, just as there were at other universities such as Harvard,[3] Gaelic education has been a persistent feature at St. Francis Xavier University since D. M. MacAdam, a native Gael from East Bay, Cape Breton, offered the first class in 1890-91. After MacAdam's final year of teaching Gaelic in 1900, there was a two-year hiatus until Father Ronald H. MacDougall of Southwest Margaree, Cape Breton taught it from 1902-03 and Father Ronald Beaton of Broad Cove, Cape Breton from 1903-08.[4] In 1907 Maclean Sinclair was hired by both St. Francis Xavier University and Dalhousie University to teach, not only Gaelic language and literature, but also Celtic civilization, including a comparative philological component. This was the first time a Celtic studies course—as an academic subject comparable to offerings at other universities with Celtic such as Harvard and Edinburgh entailing the historical and comparative linguistic origins of the Celtic peoples—had been offered at either St. Francis Xavier or Dalhousie.

Cultural identity was more of a contributing factor in the original institutionalization of Gaelic and Celtic studies in Nova Scotia than was the philological impetus behind the introduction of Celtic, for instance, at Harvard University. This is not surprising given the historical factors behind St.

Francis Xavier University's establishment and its Highland constituency. A continuing lectureship in Celtic was as much a *desideratum* for Canadian Gaels as it was for Scottish Gaels, and indeed the foundation of the Chair of Celtic at Edinburgh University in 1882 undoubtedly provided added impetus behind the foundation of a Gaelic and Celtic lectureship in Nova Scotia. The considerations for establishing such a position seem to be out of a nationalistic sense that the Gaels *should* be represented with a chair at the university level, if for no other reason than the value of their literary and linguistic heritage, beyond the practical value of training the clergy to minister to Gaelic-speaking parishioners. The role of comparative philology was not insignificant in an argument for Celtic studies in Nova Scotia, it did after all, lend weight to the field as a legitimate intellectual pursuit in the eyes of some academics. Maclean Sinclair himself stressed the importance of Gaelic to philological studies on more than one occasion and pointed out that it was "the language which some of the best scholars in Germany [were] studying with the greatest diligence."[5] Though perhaps not so influential as the cultural factor, the high profile paid to the Celtic languages by European philologists, of which the Nova Scotian literati were aware, and which formed such an important part of the intellectual climate of the day, was certainly a factor in its acceptance, at least at the intellectual level, at universities in Nova Scotia. Maclean Sinclair was certainly of this opinion; he felt that one of the arguments for "the preservation of old Gaelic poems" was for philological purposes: "...for the purposes of comparative philology, it is necessary to have words in their oldest written form. [...] My object is not to explain philological rules, but to show the need of preserving all the Gaelic words in existence."[6]

The *Presbyterian Witness* newspaper is the main source of information regarding the establishment of the Celtic program at Dalhousie University and the appointment to it of Maclean Sinclair. The formation of the Celtic Society of Halifax and support for a Celtic program at Dalhousie was largely due to the efforts of Senator W. Ross of Cape Breton. Ross announced Maclean Sinclair's appointment in the *Presbyterian Witness*. Ross indicated in the *Witness* that the program would be for native Gaelic speakers:

> The Keltic [*sic*] Society of which the writer has the honor of being President and the Reverend M. A. McKinnon, Secretary, is now well established and the number of its members is increasing. The Reverend A. McLean Sinclair, has been engaged to give a course of lectures on the origin, history and literature of the Gaelic language before the students of Dalhousie who already understand the language.[7]

Ross went on to call for financial support for the lectureship from the readers of the *Witness*. He particularly appealed to readers in the traditional Gaelic-speaking districts of the Maritimes: "We therefore appeal for the support of our friends from P. E. Island, Antigonish, Pictou, Guysboro, and the whole Island of Cape Breton for liberal contributions of five dollars and upwards, which will be thankfully received and faithfully applied."[8] Subsequent issues of the *Witness* contain further mention of the Dalhousie Celtic program, including mention of donations received.

Maclean Sinclair's services as Celtic lecturer were first secured by Dalhousie earlier in 1907, though he did not begin teaching there until January 1908, and St. Francis Xavier University hired him to teach in the autumn of 1907. An article in the Antigonish newspaper the *Casket* in 1907, described the initiative behind getting Maclean Sinclair as a Celtic lecturer at St. FX:

> Arrangements are on foot to secure the services of that well-known Gaelic scholar, the Rev. A. MacLean Sinclair to conduct a class in Gaelic and Celtic literature at the College. [...] Mr. MacLean Sinclair is engaged as Celtic lecturer and instructor in Gaelic at Dalhousie for the year, and it is proposed that he should give a third of the term to work in our College, the friends of Gaelic and of the College undertaking to pay his salary.[9]

The *Casket* article continued by explaining that the funds were already raised for Maclean Sinclair's salary at Dalhousie, and that public subscription was desired to secure his services at St. FX:

> We understand that Senator Ross, an enthusiast in the cause of Gaelic, has succeeded in raising among the Highlanders of Victoria County, $300 toward paying Mr. Maclean Sinclair's salary at Dalhousie. We need less than that amount and are quite confident that we shall have no difficulty in getting it through the subscription that is herewith opened in the columns of the Casket.[10]

The *Casket* subsequently published donors' names and the amount of contribution, the most common amounts being $5 and $10. Apparently donations were not as forthcoming as had been expected, or at least they slowed down by 1910, as Maclean Sinclair indicated in a somewhat cynical letter to the president of St. Francis Xavier University, Rev. Dr. Hugh MacPherson:

> I received the other day your [money] order for $200.00. The money is as good for me now as it would have been a month ago. I suspect it is a little difficult to get the money needed, even from men who are professedly strong friends of the Gaelic language.[11]

Announcement of Maclean Sinclair's program at Dalhousie and St. Francis Xavier was carried in the *Celtic Monthly* periodical published in Glasgow and to which Maclean Sinclair contributed and subscribed. The *Monthly* stated that:

> Gaelic is evidently on the up grade, not only in Scotland but also the Colonies, and Celtic lectureships are to be founded in various

centres. At a meeting of the executive of the Celtic Society, held in Halifax, letters were read from Rev. A. MacLean Sinclair [...], outlining the lectures which he proposes delivering on the Celtic language and literature at St. Francis Xavier's College and Dalhousie College. [...] Dalhousie, it may be mentioned, is the principal University in Nova Scotia. It is non-denominational. St. Francis Xavier's College and University belongs to the Roman Catholic Church in Nova Scotia. The Celtic Society has its headquarters in Halifax, and includes Scotsmen, Irishmen, Protestants and Catholics.[12]

That Maclean Sinclair should be employed by Dalhousie to lecture there is not at all surprising given the strong Presbyterian element to its foundation. What is surprising, however, is that Catholic St. FX should decide to engage Maclean Sinclair's services. Religious differences among the Gaels in the so-called new world do not give the impression of being as divisive as they were in the old. They certainly had their differences, but the interdependence necessitated by the rigours of pioneer life forced a certain amount of cooperation and tolerance among neighbours of different church affiliations. Tensions between Catholics and Protestants among the Nova Scotia Scots rarely erupted in violent conflict; however, there was certainly a degree of mutual suspicion between the two groups. As Campbell and MacLean suggest in *Beyond the Atlantic Roar: A Study of the Nova Scotia Scots*, it would be surprising if attitudes of hostility and suspicion among Catholics and Protestants, so typical in Scotland, were not transported to Nova Scotia with the settlers.[13]

In light of this, Maclean Sinclair's appointment at St. Francis Xavier University is somewhat of an anomaly: "Rev. Sinclair was a retired Presbyterian minister, and, to that time, the only Protestant cleric ever to teach at the Catholic college."[14] The shared Gaelic cultural bonds between Maclean Sinclair and his colleagues at St. Francis Xavier seem to have outweighed their sectarian differences. Maclean Sinclair had also developed a significant international reputation as a Gaelic scholar by this point with his numerous Gaelic publications, and his name carried a certain amount of currency among Gaels, especially from the area of his home community. The area near which Maclean Sinclair was raised was largely, if not predominantly Catholic, and indeed many of his classmates in the local schoolhouse were Catholic. His schoolteacher Norman Macdonald was also Catholic. The family was known to have good relations with Catholics as Maclean Sinclair's grandfather, John Maclean, was a great friend of Catholic priest Father Colin Grant, for whom Maclean composed three songs. Maclean Sinclair himself corresponded with Catholic priests, such as Father Ronald MacGillivray, Sagart Arasaig, who was an important informant on Antigonish local history and Gaelic songs, and another significant informant on Gaelic matters, Rev. Dr. Alexander MacDonald (who had a PhD and DDiv from the Urban College of Rome, and was a prefect of studies and professor of Latin, English and philosophy at St. FX, and later bishop of Victoria, British Columbia).

At any rate, though the study of Gaelic obviously had its sympathizers at St. Francis Xavier, the university never had a policy for the teaching of Gaelic as part of its founding philosophy, and the establishment of Maclean Sinclair's Celtic lectureship was largely in response to community demands for cultural representation in the curriculum. Acadians from the local French-speaking population had always had at least a small representation among students and staff at St. Francis Xavier University, and the language had been taught there since its beginnings in 1853; there was undoubtedly some feeling of need among the community of Highland descendants to redress this imbalance.[15] The community pressure behind the establishment of Gaelic and Celtic courses at the university had been a factor virtually since the first Gaelic classes were taught there. In 1894 for instance, it was seen as a coup over the strong classical element to the curriculum: "The more loyal sons of the heather are just as jubilant over the fact that they have succeeded despite the strong classic atmosphere of St. F. X. in getting a class in their own beloved Gaelic started and that as a consequence they are able to inhale pure Celtic air three times a week."[16] This type of sentiment was characteristic even after Maclean Sinclair's time, whose lectureship was by no means a secure chair of Celtic, and particularly surfaced in 1919 with the establishment of a chair of French:

> The announcement of a chair of French propelled into action those Gaels loyal to their own cultural heritage. The Antigonish Highland Society, which had been formed in 1861 to preserve and promote Scottish culture, was provoked by the alleged "lifting of the Gaul above the Gael" at the college; it urged the college to establish a chair of Gaelic along with the chair of French. The society underscored the importance of the "Highland element" in founding and developing St. F.X.; and it did not want this element to play "second fiddle" to any other nationality.[17]

Though Gaelic would continue to be taught at the university, it would not get secure status as a course of instruction until 1958. In that year Celtic Studies became a separate department within the university, and two endowed chairs followed in 1983 and 2001, the Sister Saint Veronica Chair in Gaelic Studies and the Ben Alder Chair in Celtic Studies respectively.

Returning to 1907, the appointment of Maclean Sinclair at St. Francis Xavier and Dalhousie was a landmark event for Celtic studies in Canada; this was the first time a dedicated lecturer was hired specifically to teach both Gaelic language and literature, and with a remit that included comparative Celtic studies. The Gaelic classes that were previously held at St. Francis Xavier were generally offered by lecturers who taught other subjects such as science, or math, and, as native Gaelic speakers, provided a course secondary to their other teaching duties. Indeed, even with regards to North America as a whole, the Gaelic/Celtic lectureship established for Maclean Sinclair was one of the earliest dedicated academic positions; only the Catholic University of America appears to have had a specifically designated position before that, with the start of their program in 1898.

After his retirement from the church and return to Nova Scotia from Prince Edward Island, Alexander Maclean Sinclair lectured at St. FX and Dalhousie Universities from 1907 to 1912. He began lecturing at St. FX University in the autumn of 1907 and taught subsequently every fall until 1911. Course calendars from 1908/09 to 1911/12 include Maclean Sinclair under the academic staff. In the St. FX University calendar he is listed under the Faculty of Arts in 1908/09, but a course description does not appear until the following year in 1909/10 as follows: "Keltic Literature (including Gaelic language). This course begins in September, and continues until 22[nd]of December. It includes regular class-work in the Gaelic language, and lectures on the history, customs, and literature of the Keltic race...."[18] The *Casket* briefly described Maclean Sinclair's duties:

Rev. A. McLean Sinclair is also a specialist and enthusiast in his chosen department. A man of superior mental endowments, a student and a Kelt from toe to tonsure, his lifetime study of the traditions and characteristics of the Kelts admirably qualify him for the post of lecturer in Keltic Literature and teacher of the Gaelic language. He lectures for two hours and teaches for four hours a week.[19]

The *Casket*, to which Maclean Sinclair subscribed, had actually published a description of the Celtic program at Edinburgh University in 1891. Maclean Sinclair was surely aware of the curriculum at Edinburgh. The article from the *Casket* appears as a clipping in his scrapbooks, and perhaps more significantly, Maclean Sinclair was a correspondent of the holder of the Celtic Chair at Edinburgh, Donald MacKinnon. MacKinnon's "Celtic Languages and Literature" program at Edinburgh was strongly linguistically oriented with a comparative Celtic element as well as a specific Scottish Gaelic component. The program was divided between classes and lectures:

The class meets on five days in the week at 4 p.m. For session 1890-91 the work of the class will be arranged as follows: 1. Monday and Wednesday, Lectures on the Celtic Languages, Literature and History. 2. Tuesday and Thursday, Reading and Exposition of Gaelic Poets and Prose authors. 3. Friday, Reading of Old Gaelic and manuscripts. The course of Lectures for 1890-91, which may be attended separately, will consist of two parts: (1) Celtic Philology, (2) Lectures on the Literature of the Scottish Highlands.[20]

When the time came for Maclean Sinclair to prepare his own Celtic curriculum for St. Francis Xavier University and Dalhousie University in

1907, he had obviously been contemplating what his own approach to such a program would be for many years. Maclean Sinclair had a definite plan of attack when it came to the type of program he had in mind, which was a combination of instruction in Gaelic language and literature, and lectures on the origins of the Celts, including a philological component.[21]

Maclean Sinclair was almost certainly influenced by Donald MacKinnon when it came time to construct his own Celtic program at St. Francis Xavier University and Dalhousie University, and he indicated his proposed course of study in a detailed letter to the *Casket* in 1907, which shows some similarity to MacKinnon's program:

> Those who have no clear conception of what it should be, may think there is but very little to be done. From my point of view, the work of a Keltic lecturer would be a very difficult work. [...] the work of the Keltic lecturer and instructor in Gaelic should, in my judgement, be as follows:

> 1° Two written lectures a week should be delivered, or about twenty lectures in all. The lectures of the fifth year should be on the History of the ancient Kelts. This would include introductory matters, speculations in Keltic ethnology, the Kelts of Italy, the Kelts of Spain, the Kelts of Germany and the Danube, the Galatians or Kelts of Asia Minor, and the Kelts of Gaul, including their customs, religion, struggle with the Normans, &c.[22] In the second year the Kelts of England, or the Britains [*sic*] who lived in the country now known as England, the Kelts of Wales and the Kelts of Ireland could be dealt with.

> The historical lectures for the third and last year should be:

> 2nd° Instruction in reading and spelling Gaelic – instruction in Gaelic Grammar – reading and translating the poems of Duncan Bàn, Mac Mhaighstir Alasdair, and the prose composition in the *Cuairtear*, and other works. Those who could read all the books in Scottish Gaelic they desired to read, could devote at least a part of the third year to the study of Irish Grammar and the reading of Irish poetry and prose. Keltic philology would also come up in the third year.

> The work of the lecturer as an instructor would be an easy matter, but as a writer of lectures on the History of the Kelts would be an extremely difficult matter. I know the history of the Kelts fairly well, possibly as well as any one else, but I would not undertake to give more than two written historical lectures a week, each lecture to take between 30 and 40 minutes in reading it.

The history of the Highlanders would include the people, sketches of the clans, sketches of the Highland Regiments, &c.[23]

There are certainly elements of similarity here with the 1891 program at Edinburgh described in the *Casket*, such as a distinct separation between Celtic "lectures" and Gaelic "instruction" and the Celtic philology component. Also interesting is the inclusion of Irish grammar and literature showing Maclean Sinclair had knowledge of Irish Gaelic. The *Celtic Monthly* of Glasgow also mentioned that he was "at home in Irish as well as in the Highland Keltic lore, and is thoroughly master of the grammar as well as the literature of the language. Still more he is a student of the whole wide science of human language."[24]

Maclean Sinclair stated he could read modern Irish and recommends Irish grammars and dictionaries to readers in the *Scottish-American Journal*, such as John O'Donovan's *Grammar of the Irish Language* (1845), which compared medieval with modern modes of written and spoken Irish, and Edward O'Reilly's *Irish-English Dictionary* (1817) with O'Donovan's 1864 *Supplement*. Maclean Sinclair also said that he could understand Welsh well enough to be able to compare it with Gaelic: "[b]y getting Spurrell's *Welsh Grammar*, Spurrell's *Welsh Dictionary*,[25] and a New Testament in Welsh, one can learn enough of the Welsh language to enable one to compare it with the Gaelic. Prof. Rhys' *Lectures on Welsh Philology* [1877] are very valuable and sensible [Sir John Rhys, first professor of Welsh at Oxford]."[26]

Like the program at Edinburgh University, Maclean Sinclair provided a specific Gaelic element and it is clear that he assumed the class would be made up of Gaelic speakers with varying levels of literacy. He mentions at the end of his proposal that a history of the Highlanders would be included; he does not say a history of Scotland, but of the Highlanders specifically—the Gaels whose history has often been misunderstood or glossed over in histories of Scotland written by historians without a knowledge of Gaelic. This was a sensitive point for Maclean Sinclair. He was fully of the opinion that one must have knowledge of the language, and especially of the poetry, in order to understand the history of Gaelic Scotland properly:

The true history of the Highlanders is to be found in their poems, and nowhere else. The world at large may not care very much how our forefathers looked at things and how they lived; but surely men with Highland blood in their veins should take some interest in these things.[27]

Maclean Sinclair's inclusion of 18th-century poets in his curriculum is notable in this regard. He mentions the poetry of Alasdair Mac Mhaighstir Alasdair, probably the most famous poet of the 18th century, and who printed the first secular Gaelic book, and Duncan Bàn MacIntyre who was himself largely influenced by Mac Mhaighstir Alasdair. Concerning Gaelic prose, Maclean Sinclair was a great fan of Dr. Norman MacLeod: "*Caraid nan Gaidheal* [1867] by Dr. McLeod is the best work in prose in the language. It contains selections from the old *Teachdaire Gaidhealach* [1829-31] and the *Cuairtear* [i.e., *Cuairtear nan Gleann*, 1840-43]. It is an admirable work."[28] Norman MacLeod is today considered to be "one of the leading figures in the history of Gaelic prose,"[29] and Maclean Sinclair's inclusion of MacLeod's *Cuairtear nan Gleann* into his curriculum is no surprise. Maclean Sinclair found it an essential resource for his own understanding of Scottish history: "My real text-book in history was not Chamber's British Empire, but Norman Macleod's *Cuairtear nan Gleann*, a most valuable and attractive work."[30] His high opinion of *Cuairtear nan Gleann* is indicated elsewhere, where he also recommends appropriate literature for learning Gaelic "correctly": "If we want to learn Gaelic correctly we must study the works of the Gaelic bards, J. F. Campbell's *Sgeulachdan Gaidhealach* [*Popular Tales of the West Highlands*, 1860-61], and Norman McLeod's *Cuairtear nan Gleann*."[31]

In terms of enrolment numbers in Maclean Sinclair's program, unfortunately there is no official extant record for Maclean Sinclair's years at either St. Francis Xavier or Dalhousie. However, the *Presbyterian Witness* stated that there were thirty Gaelic–speaking students going to Dalhousie in December 1907,[32] and after Maclean Sinclair started at Dalhousie in January, the *Witness* announced that there were "a larger number of students studying the language than [...] anticipated."[33] Maclean Sinclair did record students' names from at least his first year of teaching at St. Francis Xavier University. There were twelve students in the 1907 class.[34] In a letter from 1910, Maclean Sinclair stated that he had eight students at each of Dalhousie and St. Francis Xavier, and that all sixteen intended to study for the clergy: "but eighteen clergymen, if they leave politics and compulsory temperance alone, should have a good deal of influence in behalf of Gaelic."[35] Some of Maclean Sinclair's students did go on to be big supporters of the language. One student was P. J. Nicholson, a future president of St. Francis Xavier and after whom a building on campus is named. A member of Maclean Sinclair's 1907 class was Angus L. Macdonald who became minister of national defence for Canada during the Second World War and was twice Premier of Nova Scotia. The library at St. FX is named after him and he was about to become the first chair-holder of a new Celtic Department at the university in his retirement, when he died suddenly in 1954.[36]

As a lifelong student of many interests, especially comparative philology, ethnology, and history, Maclean Sinclair was acquainted with the intellectual developments of his day and the developments in the emerging field of Celtic studies as an academic subject. Though it was one of his passions, Maclean Sinclair never had formal instruction in the field of comparative linguistics and it would necessarily remain little more than an intellectual diversion for him, even though he dabbled in it himself with his 1894 treatise *Peoples and Languages of the World*. With his retirement in 1907 from the ministry, he was once again able to return to his early love of teaching. It was fitting perhaps that he was able to do this in the field in which he had made a lifelong personal study, and to which he had made such a significant contribution. His precedent as lecturer of Celtic would have an enduring influence on the establishment of Celtic studies in Nova Scotia in later years, especially at St. Francis Xavier University, but it would be for his substantial contribution to the corpus of Gaelic literature for which he would become particularly known internationally.

Notes

1. According to Maclean Sinclair, there are two forms of Sinclair in Gaelic (i.e., "Singlear" and "Mac na Cearda"). He says the latter was used by Sinclairs from Argyllshire in the west of Scotland (see Sinclair, *The Sinclairs of Roslin, Caithness, and Goshen*, 18). Though his grandfather (John Maclean) came from Argyllshire, Maclean Sinclair's father (John Sinclair) came from the north, and Maclean Sinclair never used the Argyll version of Sinclair in Gaelic himself. However, there are secondary references to him in Gaelic that employ this usage; for instance see Hector MacDougall's preface to the 1928 edition of *Clàrsach na Coille* (viii), where he refers to him as "Mgr. MacGhilleathain Mac na Ceardach," and Calum Iain M. MacLeòid's *Bàrdachd á Albainn Nuaidh* (11), where he refers to Maclean Sinclair as "Dr. Alasdair Mac Gille-Eathain Mac na Ceardadh." See also Raghnall MacilleDhuibh's (Ronald Black) paper "'Moladh Beinn Dóbhrain' agus Cùis Bhraid Albainn" in *Litreachas & Eachdraidh Rannsachadh na Gàidhlig 2*, where he refers to Maclean Sinclair in Gaelic as "Alastair MacillEathain Mac Na Ceàrdaich" (111). Maclean Sinclair invariably wrote his surname "Sinclair," in Gaelic as well as English.

2. A. Maclean Sinclair, "Correspondence: The Cup Song," *Celtic Magazine*, 284.

3. Robinson, "Celtic at Harvard," *The Canadian-American Gael* 2, 17.

4. Nilsen, "Report, Department of Celtic Studies, St. Francis Xavier University," 4.

5. A. Maclean Sinclair, "A Lesson in Gaelic," *Casket*, 4.

6. A. Maclean Sinclair, "The Preservation of Old Gaelic Poems," *Scottish-American*.

7. Ross, "For the Presbyterian Witness," *Presbyterian Witness*, 322.

8. Ibid.

9. A. Maclean Sinclair, "The Study of Gaelic," *Casket*, 4.

10. Ibid.

11. A. Maclean Sinclair to Rev. Dr. Hugh MacPherson.

12. "Gaelic in the Colonies," *Celtic Monthly*, 36. See also "Gaelic in Nova Scotia: Rev. A. MacLean Sinclair's Lectures," *Celtic Monthly*, 100 (this was an announcement of Maclean Sinclair's inaugural lecture at Dalhousie).

13. Campbell and MacLean, *Beyond the Atlantic Roar*, 221-22.

14. Cameron, *For the People*, 142.

15. Ibid., 165.

16. "Xaveriana," 1.

17. Cameron, *For the People*, 165-66.

18. *The Calendar of the University of St. Francis Xavier's College (1909-10)*, 18.

19. "The University of St. Francis Xavier," *Casket*, 5.

20. "Celtic in Edinburgh University," *Casket*, 1.

21. He may have been contemplating such a design at least as early as 1879 as evident in an outline in one of his notebooks. See A. Maclean Sinclair Notebook (PB1633S54).

22. See his Gaelic article on the Galatians, "Na Galataich," *Mac-Talla*, 2. Maclean Sinclair provides an amusing anecdote at the end of the article stating that it originally appeared in his *Pictou News* Gaelic column, "Cùil na Gàidhlig." His copies of the paper had been stacked in a corner of his house for many years, and Maclean Sinclair says mice got to the stack and attacked the Galatians. I have not found this article among the extant issues of *Pictou News*.

23. Maclean Sinclair, "The Study of Gaelic."

24. "Gaelic in Nova Scotia: Rev. A. MacLean Sinclair's Lectures," *Celtic Monthly*, 100.

25. Spurrell, *A Grammar of the Welsh Language* and *A Dictionary of the Welsh Language* and *An English–Welsh Pronouncing Dictionary*.

26. A. Maclean Sinclair, "Gaelic Books" *Scottish-American Journal*.

27. Maclean Sinclair, "The Preservation."

28. Maclean Sinclair, "Gaelic Books."

29. Thomson, ed. *The Companion to Gaelic Scotland*, 35.

30. A. Maclean Sinclair, "Passing Away," *Casket*, 4.

31. A. Maclean Sinclair, *Comhchruinneachadh Ghlinn-a-Bhàird*, v.

32. Ross, "The Keltic Society…," *Presbyterian Witness*, 386.

33. MacKinnon, "The Gaelic Lectureship," *Presbyterian Witness*, 98. For an announcement of the program in 1909 see "Gaelic at Dalhousie," *Presbyterian Witness*, 20 and "Gaelic in Dalhousie and St. Francis Xavier," *Presbyterian Witness*, 68.

34. Donald Maclean Sinclair to Dr. MacKinnon.

35. A. Maclean Sinclair to Hugh P. Macpherson.

36. Cameron, *For the People*, 322.

Bibliography

A. Maclean Sinclair Notebook (PB1633S54), St. FX Special Collections.

The Calendar of the University of St. Francis Xavier's College (1909-10), 18, St. FX Archives.

Cameron, James D. *For the People: A History of St. Francis Xavier University*. Montreal and Kingston: McGill-Queen's University Press, 1996.

Campbell, D. and R. A. MacLean. *Beyond the Atlantic Roar: A Study of the Nova Scotia Scots*. Toronto: McClelland and Stewart, 1974.

"Celtic in Edinburgh University," *Casket*. 2 Apr. 1891.

"Xaveriana," *Casket*. 29 Nov. 1894.

"The University of St. Francis Xavier," *Casket*. 24 Oct. 1907.

"Gaelic in the Colonies," *Celtic Monthly* 16.2 (November), 1907.

"Gaelic in Nova Scotia: Rev. A. MacLean Sinclair's Lectures," *Celtic Monthly* 16.5 (February) 1908.

MacDougall, Hector. *Clàrsach na Coille*. Glasgow : Alex. MacLaren and Sons, 1928

MacKinnon, Murdoch. "The Gaelic Lectureship," *Presbyterian Witness*. 28 March 1908.

MacLeòid, Calum Iain M. *Bàrdachd á Albainn Nuaidh*. Glasgow: Gairm.

MacilleDhuibh, Raghnall (Ronald Black). "'Moladh Beinn Dóbhrain' agus Cùis Bhraid Albainn". *Litreachas & Eachdraidh Rannsachadh na Gàidhlig 2*. University of Glasgow.

Nilsen, Kenneth E. "Report, Department of Celtic Studies, St. Francis Xavier University," 4. Unpublished typescript.

Pictou News. Gaelic column, "Cùil na Gàidhlig."

Presbyterian Witness. "Gaelic at Dalhousie." 16 January 1909.

Presbyterian Witness. "Gaelic in Dalhousie and St. Francis Xavier." 27 February 1909.

Robinson, F. N. "Celtic at Harvard." *The Canadian-American Gael* 2 (May), 1948.

Ross, W. "For the Presbyterian Witness." *Presbyterian Witness*. 13 October 1907: 322.

Ross, W. "The Keltic Society…," *Presbyterian Witness*. 7 December 1907.

Sinclair, A. Maclean. "Gaelic Books." *Scottish-American Journal*, 10 July 1884.

———. "Correspondence: The Cup Song." *Celtic Magazine* 12.138 (April) 1887.

———. "Na Galataich." *Mac-Talla*. 25 April 1896.

———. "A Lesson in Gaelic." *Casket*. 15 April 1897.

———. "The Preservation of Old Gaelic Poems." *Scottish-American*. 27 February 1889.

———. *Comhchruinneachadh Ghlinn-a-Bhàird: The Glenbard Collection of Gaelic Poetry, Part III*. Charlottetown: Haszard and Moore, 1890.

———. "Passing Away." *Casket*. 19 May 1898: 4.

———. *The Sinclairs of Roslin, Caithness, and Goshen*. Charlottetown: Examiner Publishing, 1901.

———. "The Study of Gaelic." *Casket*. 26 September 1907: 4.

Sinclair, A. Maclean to Rev. Dr. Hugh MacPherson, 17 Feb. 1910, St. FX Archives, President MacPherson Papers, RG5/9/11,076.

Sinclair, Donald Maclean to Dr. MacKinnon, 28 Feb. 1975, RG5/9/25,689, St. FX Archives.

Spurrell, William. *A Dictionary of the Welsh Language, with English Synonymes and Explanations/Geiriadur Cymraeg a Saesoneg*. Carmarthen: William Spurrell, 1848.

———. *An English-Welsh Pronouncing Dictionary/Geiriadur Cynaniaeithol Saesoneg a Chymraeg*. Carmarthen: William Spurrell, 1850.

———. *A Grammar of the Welsh Language*. Carmarthen: William Spurrell, 1853.

Thomson, Derick S., ed. *The Companion to Gaelic Scotland*,1983; rpt. Glasgow: Gairm Publications, 1994., s.v. "Caraid nan Gaidheal," 35.

Aonghas MacCoinnich

"Scribis le pen de shenchis." Criomagan de Ghàidhlig ann an Eachdraidhean Beurla Chlann Choinnich, c. 1550-1711

Ro-Ràdh – Clann Choinnich & na h-Eachdraidhean

B'e buidheann cumhachdach a bh'ann an Clann Choinnich a bha a'riaghladh caob farsaing de Shiorrachd Rois eadar Rubha na Cananaich air tìr-mòr agus Àird Uige ann an Leòdhas rè an t-seachdamh is an ochdamh linn deug.[1] Cha robh cinneadh eile na bu lìonmhoire is na bu chumhachdaich air a' Ghaidhealtachd mun àm-sa ach na Caimbeulaich a-mhàin. Coltach ris a' mhòr chuid de chinnidhean eile air a' Ghaidhealtachd agus mòran theaghlaichean de dh'uaislean ann an seagh nas fharsainge ann an Alba is ann am Breatainn, bha iad a'cruthachadh eachdraidhean an cuid teaghlaich fhèin mun àm seo.[2] Chomharraich Màrtainn MacGriogair cnap de eachdraidhean, 62 dhiubh, a bhuineadh do dhiofar theaghlaichean air feadh na Gaidhealtachd, agus bhuineadh 15 dhiubh sin do Chlann Choinnich.[3]

Ged is e 15 a dh'ainmich Màrtainn airson a' chinnidh seo, ma chunntas tu leth-bhreacan agus tair-sgrìobhainnean de na làmh-sgrìobhainnean seo cuideachd, tha 34 dreach againn uile gu lèir de làmh-sgrìobhainnean a bhuineas do eachdraidh agus sloinntearachdan Chlann Choinnich a-mhàin ann an grunnan thasg-lannan (agus dh'fhaodadh gun tigeadh an tuilleadh am bàrr) a chaidh an dèanamh eadar an t-siathamh is an ochdamh linn deug (Pàipear Taic [neo 'PT'] 2). Tha sia dhiubh sin air chall. Ged a bha iad sgrìobhte le Gaidheil, b'anns a' Bheurla seach anns a' Ghàidhlig a bha iad seo sgrìobhte, ach coltach ri dòrlach beag eile de sgrìobhainnean anns a' Bheurla le Gaidheil mun àm seo, bha beagan rannan a' nochdadh annta anns a' Ghàidhlig—ach ann an cruth-sgrìobhainn neo *orthography* Beurla Scotaich/Shasannaich seach na modhan sgrìobhaidh 'àbhaisteach' Clasaigeach (neo Èireannach) dhan Ghàidhlig.[4]

Ged a bha corra dhuine agus teaghlach, nan *"Literati"* mar a theirte riutha, a' leantainn modhan sgrìobhaidh na Gàidhlig Clasaigich, b'ann air an taobh siar agus ceann a deas na Gaidhealtachd a bu bhitheanta a bhathar a' cleachdadh seo. Cha mhòr gu bheil fianais sam bith ann gu robh Gàidhlig Chlasaigeach ga cleachdadh air taobh a-muigh iomall deas is siar na Gaidhealtachd.[5] B'e Laideann, gu ìre bheag, agus a' Bheurla Ghallda neo *Scots* (a' Bheurla Shasannach a' tòiseachadh an dèidh 1603) gu ìre nas motha, a bha ga chleachdadh air a' Ghaidhealtachd air fad airson na mòr chuid de sgrìobhainnean rè an àma seo (còigeamh-seachdamh linn deug). Cleachdadh a bh'ann a bhith a' sgrìobhadh le *Scots*/Beurla, theirinn-sa, a bha gu math cumanta is farsaing air a' Ghaidhealtachd o linntean gu math tràth.[6]

Tha seo a' fàgail gu bheil beàrnan mòr againn anns an taobh "Ghaidhealaich" de eachdraidh na Gaidhealtachd, agus gur ann an Scots neo Beurla (is Laideann gu ìre nas lugha) a tha cha mhòr a h-uile pioc fianais àbhaisteach "eachdraidheil" a th'againn mu na fineachan Gaidhealach. Cha bhiodh a bheag a dh' fhianais air Clann Choinnich mar Ghaidheil ann an clàraidhean co-thìmeil eachdraidheil idir againn mura b' e gun deach duanaire Fheàrnaig (1688) agus làmh-sgrìobhainnean Dhòrnaidh (c. 1860 x 1897) an sàbhaladh. Tha iad sin a' toirt boillsgidhean de sheallaidhean dhuinn (ged is ann tro mhodh-sgrìobhaidh na Beurla) air a' bhàrdachd Ghàidhlig a bha ga cruthachadh ann an dùthaich Mhic Choinnich anns an t-seachdamh linn deug.[7]

Mar sin, leis gu robh coltas cho "Gallda" air sgrìobhainnean dhaoine on Ghaidhealtachd anns an fharsaingeachd, feumar oidhirp a dhèanamh cuimhneachadh, le bhith a' leughadh nan tùsan Beurla, gur e Gaidheil a bh' annta, fiù anns na h-eachdraidhean aca fhèin leis gur ann sa Bheurla a tha iad sgrìobhte. Agus is ann mar seo a tha an iomadach dreach de dh'eachdraidh Chlann Choinnich cuideachd a thaobh cainnt—is iad uile, coltach ri eachdraidhean chinnidhean eile (ach leabhraichean Chlann Raghnaill a-mhàin), sgrìobhte anns a' Bheurla, ged a tha sanasan annta gu math tric mu chomasan "Gàidhlig" an luchd sgrìobhaidh, sin gum b'urrainn dhaibh a bruidhinn, mar eisimpleir, neo corra inneas air ainm, facal, neo abairt shònraichte.[8] Mar seo is ann air an *"illiterati"* co-dhiù ann an seagh na Gàidhlig Clasaigich, a bhios am pàipear seo a' cuimseachadh—sin buidheann de Ghaidheil, Clann Choinnich, nach robh idir, cho fad's is aithne dhuinn a' cleachdadh na Gàidhlig Clasaigich neo modhan sgrìobhaidh àbhaisteach na Gàidhlig ach Gàidhlig na h-Albann a thaobh cainnt agus modhan-sgrìobhaidh na Beurla *Scotach* / Shasannach anns a' bhitheantas.[9]

Eachdraidh Sgoileireachd nan Sgrìobhainnean

Tha trì fichead bliadhna on a mhol an t-Urr Uilleam MacMhathain gu robh feum air sùil chunbhalach a thoirt air eachdraidhean Chloinn Choinnich:

A thoroughgoing criticism of these traditions [Mackenzies] should be based upon a detailed study of the various family histories and their recensions, showing how they are related to one another, and possibly to other works such as Robert Gordon's Genealogical History of the Earldom of Sutherland. This would be a difficult undertaking, not only on account of the great number of MSS, but also because some of the most important of them, believed to be in private hands, would require to be traced.[10]

Thug e mu leth-cheud bliadhna mas do thog sgoilear eile air a' bhunait seo, nuair a rinn Jean Munro alt beag a' comharrachadh càit an gabhadh làmh-sgrìobhainnean le eachdraidhean Chlann Choinnich a lorg.[11] Ach cha do sgrìobh daoine dad mu ghnè sgrìobhaidh nan eachdraidhean teaghlaich "Gaidhealach" seo anns an fharsaingeachd gun do nochd dà alt tùrail, brosnachail is farsaing o Mhàrtainn MacGriogair ann an 2002 is 2008.[12] Cha tèid agamsa air ceist neo dùbhlan Uilleim MhicMhathain (gu h-àrd) fhuasgladh an seo. 'S e cuspair mòr a th' ann an seo a tha airidh air rannsachadh nas fharsainge, ach lùiginn clach bheag eile a chur air bunait nan càrn a thòisich Jean Munro agus a thog Màrtainn MacGriogair. Tha mi an dùil sgrùdadh nas iomlaine a dhèanamh air na h-eachdraidhean agus air na caoban Gàidhlig an àiteigin eile anns an àm ri teachd na thèid agam air a dhèanamh anns an alt ghoirid seo, ach bu mhath leam cuid de cheistean mu na h-eachdraidhean seo a thogail, agus na caoban Gàidhlig cudromach a tha nan lùib a thoirt fa chomhair dhaoine—cuid dhiubh airson a' chiad uair an clò cho fad's is aithne dhomh (Seallaibh ri Pàipear Taic 1 no "PT 1" an dèidh seo) ged a tha na luinneagan Gàidhlig sin airidh air tuilleadh sgrùdaidh a thaobh cainnt is structur na bàrdachd na gheibh iad an seo. Is e iad seo, oidhirpean air caoban beaga de Ghàidhlig a sgrìobhadh, rud a chaidh a chur air pàipeir le daoine a bha a' sgrìobhadh gu làitheil, gu sgiobalta is gu fileanta anns a' Bheurla ach nach robh a' sgrìobhadh is dòcha anns a' Ghàidhlig ach fìor chorra-uair—ma bha idir.[13] Le seo b'e Gaidheil a bh'annta nach robh idir foghlamaichte anns a' chànan aca fhèin agus modhan sgrìobhaidh na Gàidhlig ach cho fileanta is a ghabhas ann an *Scots* agus Beurla. Agus, b' ann sa Bheurla a bha 'eachdraidhean' nam fineachan Gaidhealach air fad (ach Clann Raghnaill a-mhàin) sgrìobhte, c. 1550-1750, is eachdraidhean Chlann Choinnich mar an ceudna.[14]

Tùs nan Eachdraidhean

Bhathar a' smaoineachadh o shean gur e fear "Parson MacQueen" a sgrìobh
a' chiad eachdraidh de Chlann Choinnich. Bha am beachd seo stèidhichte
air fiosrachadh a thog Uilleam MacMhathain, a' chiad duine a sgrìobh mu
na h-eachdraidhean seo, o sheann làmh-sgrìobhainn, is dòcha an dreach
dhan *Ardentoul MS* a th'ann an leabharlann bhaile Dhùn Èideann (PT
2). Lean Jean Munro MacMhathain leis a' bheachd mu MacQueen mar a'
chiad sgrìobhaiche.[15] Is e Mgr Iain MacRath, a bha na mhinisteir an Inbhir
Pheofharain eadar 1674 agus 1704 a sgrìobh an *Ardentoul MS* seo.[16] Bha
luaidh aig MacRath an sin air fear "Parson MacQueen":

> This parson finding himself fallen out of favour with Mackenzie in
> his later days sold his possessions in Ardmeah[n]aich, and went to
> Strathnarn, his native country, where his friends and relatives were in
> Kenneth Lord Kintails time [*i.e., 1594-1611*], and that he did write
> the history of the Mackenzies before that appears by his farewell,
> delivered in Irish verse or rhyme [...][17]

Tha an "Irish verse" seo rud beag doirbh a leughadh, an dàrna is an
còigeamh loidhne gu h-àraid. Tha an dreach seo dheth (gu h-ìosal) stèid-
hichte air an leughadh agamsa de làmh-sgrìobhainn Mhgr Eachainn agus
na shaoileas mise a bh'anns an duanaig air a chuir an Gàidhlig "àbhaisteach"
Albannach seach "Chlasaigeach" (seall PT 3, dealbh 2, agus PT 1, àir. 14):

Soraidh leat Choinnich Òig
           bho a thrèigeas do charaid
B' [*? ionmhuinn mo mhiann mo bheatha*
           Bhios tu fo dhìblidh gun lèighe ?]
A bharail ud a bhith ann,
           a Mhic Chailein nan Gorm-lann,
Bidh leat mo lann air mo chneas
           agus a sgrìobhas le peann do sheanchas
A-nis bhon a tha mise [? *àrsaidh, glas,*]
           [*a mhic Flaith na brugh shòlas ?*]
A Mhic Choinnich is mòr brìgh,
           fàgam agad-sa soraidh

Ged a tha leughadh chuid dhan dàn sin mì-chinnteach, tha a' chuid as
motha dheth soilleir gu leòr. Bha Cailean Càm 'nan gorm-lann' na chean-
nard air a' chinneadh eadar 1569 agus 1594 agus lean a mhac, Coinneach
Òg, e eadar 1594 agus 1611.[18] Tha luaidh air a' phears-eaglais a sgrìobh seo
ann an cuideachd cheannardan Chlann MhicChoinnich cho tràth ri 1567
is luaidh air an uair sin mar "William M'Ayne Dow McQueyne, parson
of Assynt,'"agus bha e fhathast an sin gu 1578; agus tha luaidh air anns na
1590an mar sheumarlan do Mhac an Tòisich ann am Peitidh.[19] Tha iom-
radh air parson "MacQueen" le ciad ainm "Dòmhnall" seach Uilleam anns

an aon tùs eile a th' ann dhan sgeulachd seo, LS Mhgr Eachainn, ach tha
fuasgladh ann airson sin cuideachd, oir tha iomradh air fear air an robh
"Domhnall MacQueyne," (fl. 1606-1623) a bha is dòcha an càirdeas do
dh' Uilleam, faisg air an aon àm anns an Àrd Mheadhanach (an t-Eilean
Dubh). Ach ged a tha eas-aonta beag eadar an dà thùs mu ainm an fhir a
sgrìobh "a' chiad" eachdraidh agus an dàn seo, tha e soilleir gur e an aona
dhuine air a bheil iad a' toirt luaidh. Is e sin "McQueyne," neo Mgr Uilleam
MacCuinn à Srath Narann, is dòcha Coire Bhruaich, a sgrìobh eachdraidh
do Chlann Choinnich uaireigin eadar c.1580 agus c.1611.[20]

    Ach ged a tha mise air dearbhadh an seo is ann an àite eile gur e
saoghal litreachais Scotach / Beurla anns an robh Clann Choinnich agus
Mgr MacCuinn beò, feumar a bhith mothachail cuideachd gu robh fios aca
mu thraidisean na Gàidhlig Clasaigich.[21] Tha coltas ann gu bheil beagan de
bhuaidh meadrachd a chithear gu math tric ann an Gàidhlig Chlasaigeach,
deibhidhe, agus, is dòcha, bàrdachd lideachail air an dàn "Soraidh leat a
Choinnich Òig" (gu h-àrd agus is dòcha ann an dàn PT 1.7 cuideachd).[22]
Cha ghabh cus a ràdha mura seo leis nach eil cus chinnt ann mu na facail
Gàidhlig mar a tha iad againn, ach dìreach gur e coltas Gàidhlig na h-Alba,
seach a' Ghàidhlig Chlasaigeach a th' air mar a chì mise.[23] Ach ged is ann an
Gàidhlig na h-Alba a tha na caoban Gàidhlig, le cruth Scotach/Beurla air
a' mhodh-sgrìobhainn, bha na daoine seo eòlach air luchd-cleachdaidh na
Gàidhlig Clasaigich agus mothachail gu robh Gàidhlig Chlasaigeach ann
ged nach robh iad idir rithe.

    Tha fios gu robh bàird (ge b'e cò) a' tadhal air Cailean Càm oir tha na
cunntasan-oighreachd aige againn o 1569, agus tha iomradh an sin gun tug
an t-oifigear aige "Jhone Dow McFerchir" (Iain Dubh mac Fhearchair) sia
notaichean do "thua bards that come to the la[i]rd" (dà bhàrd a thadhail air
a' cheann-cinnidh) fhads a bha Cailean an Cinntàile.[24] Chan eil fhios idir cò
na bàird a bha ann an sin neo cò às a thàinig iad, ach gabhaidh suidheachadh
eile far an robh Cailean Càm a' suathadh ri saoghal luchd na Gàidhlig Cla-
saigich a dhèanamh follaiseach cuideachd. Ann an 1569 chaith Cailean
Fèill Mhìcheil (29 Sultain) ann an Cinntàile, is dòcha an Caisteal Eilean
Dhonnain agus Iain Mùideartach (†1574), ceannard Chlann Raghnaill a'
cèilidh air an sin.[25] Chan eil iomradh air a' chèilidh seo ann an "compt"
(chunntas bhliadhnail) oighreachd Chailein, ach dìreach gun deach deich
chaoraich a spadadh nuair a bha "Jhone Modiltort" (am Mùideartach) a'
tadhal—comharra gu robh hò-ro gheallaidh a' dol—agus cha bhiodh e idir
mì-choltach gum biodh bàrd "clasaigeach"—is dòcha MacMhuirich air
choireigin—cuide ri Iain Mùideartach ann an Cinntàile.[26] Ged nach gabh a
ràdha le cinnt gu robh Mgr MacCuinn, a sgrìobh "Soraidh leat Choinnich
Òig..." an làthair nuair a thàinig am Mùideartach a thadhal, tha e soilleir
gu robh e ann an cuideachd ceannard MhicChoinnich air uairean, agus

co-dhiù gun fhaodadh gu robh eòlas aige (agus càch an oighreachd Mhic-Choinnich) air leithid de bhàrd is de bhàrdachd "chlasaigeach."

Ach ged a bhiodh fios aca mun Ghàidhlig Chlasaigich agus na modhan sgrìobhaidh na lùib, cha robh MacCuinn, is càch co-cheangailte ri Clann Choinnich (coltach ris a' mhòrchuid de Ghaidheil na h-Alba is dòcha), a' cleachdadh nam modhan sgrìobhaidh Èireannach / Clasaigeach seo idir. Agus, chan eil e soilleir gu robh Gàidhlig Chlasaigeach idir bitheanta an Alba aig àm sam bith ach ann an Earraghaidheil is na h-Eileanan an Iar a-mhàin.[27] Tha seo soilleir cuideachd nuair a thachair buill de Chlann Choin-nich ri fear dhen ainm "Fergus Mackenzie" o thraidisean an fhoghlaim Chlaisigich a bha na sheanchaidh do chloinn Mhic'Ill'Eathain ann an Dubh-àird, ann am Muile uaireigin timcheall air a' bhliadhna 1602 leis gun deach iad às àicheadh na h-eachdraidh aige a thaobh sloinntearachd.[28] Bha seann làmh-sgrìobhainn de shloinntearachdan "traidiseanta" aig "Fergus" seo, is math dh' fhaodte anns a' Ghàidhlig Chlasaigich. Ach cha robh buill de Chlann Choinnich idir ga chreidsinn no a' cur earbsa ann, oir bha eas-aonta eadar sin agus na sgeulachdan aca fhèin mu thùsanach a' chinnidh, Normanach à Èirinn len ainm Cailean Fitzgerald (tuilleadh mu dheidhinn-sa gu h-ìosal). Bha Fearghas a ràdha gun deidheadh aige air sloinntearachd a h-uile duine a thoirt air ais gu Adhamh nan deidheadh ainmean nan sia ginealach mu dheireadh de thùsanaich a shiubhal a thoirt dha, agus, nach b' ann do Normanaich a bhuineadh sinnsearachd Chloinn Choinnich ach do sheann rìghrean Èirinn.[29] Tha e soilleir gu robh buill a' chinnidh a' cur an cùlaibh air na sloinntearachdan on traidisean Chlasaigich agus a' cur làn earbsa ann an eachdraidh 'Rory begg sone to Rorie More" (agus eachdraidh MhicCuinn/'Macqueen').[30]

Lean mise a bheachd a bh' aig MacMhathain agus Munro a-roimhe nam thràchdas PhD: sin gum b' e Mgr MacCuinn seo a sgrìobh an dreach tùsail de dh' eachdraidh Chlann Choinnich.[31] Ach tha mi air eachdraidh "Mr Hector" no Mgr Eachann MacChoinnich (c.1645-1719) a leughadh on uair sin agus tha e soilleir, saoilidh mise bhon an seo, gu robh dreach fiù nas tràithe ann dhen eachdraidh.[32] Thug Mgr Eachann (1710) iomradh air na h-eagraidhean eile de na làmh-sgrìobhainnean eachdraidheil, ach is ann aigesan a bha an dreach tùsail a bu tràithe ri làimh a-rèir coltais nuair a bha e fhèin a' sgrìobhadh eachdraidh a' chinnidh:

> ...to the standeing and glory of the noble family and surname of Mackenzies and with the help of ane small manuscripts of the foresaid pourpose composed by his great grandfather one the mother side called Rorie Makenzie ignamed beg son to Rorie moir of Achaluinachan or Farburn as afterwards shall be mentioned and who lived in the dayes of Kenick ni Cuirk and Coline Cam his sone the eleventh and Twelth barron Lords of Kintaill in which manu-script the author learned that when evir the Mackenzies came to be

civilized in any learning such as were had great delight to show to there successsion by there own names in writing which is the only sufficient eart for the preservation of history....[33]

Tha seo a' sealltainn a' bheachd a bh' aig a' mhinistear mu luach sgrìobhainnean an coimeas ri beul-aithris ann a bhith a' cumail rian dhòigheil air eachdraidh. Cha robh idir an aon earbsa aige ann an "traidisean" as aonais làmh-sgrìobhainn gus a bhith a' glèidheadh fios phongail mu "eachdraidh" sa bh' aig aon de na comh-aoisean aige Alasdair Caimbeul a sgrìobh eachdraidh Chaimbeulaich Chraiginis.[34] Tha e soilleir cuideachd gu robh làmh-sgrìobhainn Ruairidh Bhig (fl. 1530-1590) aig Mgr Eachann nuair a sgrìobh esan a chuid eachdraidh ann an 1710.[35] B' e mac "dìolainte" do Ruairidh Mhòr, "of Achaluinachan or Farburn," neo ciad Fhear Aicheallaidh (c.1480-c1533), fear a bha gu math càirdeil ri Seumas V Rìgh na h-Alba, a bh'ann an Ruairidh Beag (fl. c.1530 x c.1590). Mar seo bha Ruairidh Beag, mac do Ruairidh Mhòr, na ogha do Choinneach a' Bhlàir, an ceanncinnidh a chaochail ann an 1491, agus b'e bràthair-athar dha a bh' ann an Iain Chillfhinn, fear Chinntàile, ceannard a' chinnidh, c.1501-1561. (Seall air PT 5) Tha e na shamhla air a' chàirdeas seo a bh' aig athair, Ruairidh Mòr Fear Aicheallaidh, is a bhràthair Murchadh, ciad Fhear Farabhraoin, a bh' aig a' chùirt-rìoghail, c.1529-1542, ri Seumas V, gun d' fhuair Ruairidh Beag fhèin is a bhràithrean litrichean on rìgh gan dèanamh "dligheach" is a' cur às dhan inbhe "dìolainte" seo ann an 1541/2.[36] Le seo tha e soilleir gu robh tùsan fiosrachaidh co-thìmeil sgrìobhte aig Mgr Eachann (1710) a bhuineadh dhan àm eadar 1541 agus 1594, oir bha Eachann a' mìneachadh gun deach eachdraidh Ruairidh Bhig a chur ri chèile rè àm cheannas Choinnich na Cuilc, fear Chinntàile (1561-9), agus rè àm ceannas Chailein Càim, fear Chinntàile (1569-1594).[37] Bha Mgr Eachann (1710) an uairsin ag ainmeachadh Mgr MacCuinn (Macqueen) mar an ath fhear-eachdraidh a bh' aig a' chinnidh an dèidh Ruairidh Bhig mu dheireadh na siathamh linn deug. Tha am fiosrachadh seo a bh' aig Mgr Eachann a' tarraing àm cruthachaidh sgeulachdan eachdraidh Chlann Choinnich nas fhaide air ais o fhìor dheireadh na linn, mu 1594-1611, gu teis-meadhan na siathamh linn deug.

Tha puing bheag neo dhà eile ann a bheir taic dhan linn seo, meadhan an t-siathamh linn deug, mar an t-àm [nuair] a chaidh na sgrìobhainnean a chruthachadh an toiseach. A rèir eachdraidhean Chlann Choinnich b' e fear Cailean Fitzgerald, fògarrach Normanach à Èirinn, a stèidhich Clann Choinnich anns an 13mh linn. Shàbhail Cailean Fitzgerald an rìgh (Alasdair III is dòcha) o dhochann-dhàimh nuair a bha iad a' sealg fhèidh agus bhuilich an rìgh, mas fhìor, baranachd Eilean Dhonnain air. Tha sgoileirean air a bhith ag ràdh bhon naoidheamh linn deug gur e ficsean a bh'anns an sgeulachd.[38] Bha e na fhasan do fhineachan, is dòcha bho riamh, agus gu h-àraid mu mheadhan na siathamh linn deug, a bhith "cruthachail" len cuid sloinntearachd agus cha b'e rud a bha "fìrinneach" a bu chudromaiche, is dòcha, ach dè cho iomchaidh is a bha seo aig an àm do chùis na fine.[39] Ach *bha* buidhnean de theaghlach Fitzgerald a' frithealadh cùirt rìgh ann an Alba—cha b'ann, cho fad is aithne dhuinn, anns na 1260an ach a' tadhal air Seumas V fad nan 1530an. Agus, *tha* clàraidhean-sgrìobhte againn a dhearbhas gu robh buill de Chlann Choinnich ann an seirbhis aig cùirt an rìgh aig an aon àm, buill de theaghlach MhicChoinnich Farabhraoin (sinnsirean Mhgr Eachainn is dòcha) nam measg.[40]

Tha sin a' fàgail gu robh buill dhen chinneadh, Clann Choinnich, a' frithealadh na cùirte aig an robh leithid de dhaoine, "Fitzgeralds" à Èirinn, anns na 1530an is Clann Choinnich, ceannarcaich o shean, ach, a bha a-nis mar bhuidheann "ùr-dhìlseach" do na rìghrean Stiùbhartach ann an sin cuideachd.[41] Is cinnteach nach e turchart a th'ann gu robh "Fitzgeralds" mun cuairt aig a' chùirt mun aon àm agus a bha "Ruairidh Beag" agus a theaghlach, am fear a sgrìobh ciad eachdraidh de Chlann Choinnich. Seo eachdraidh a tha a-mach air dìlseachd dha[n] na rìghrean Stiùbhartach, agus a tha a' moladh Fitzgerald, Normanach, mar thùsanach do Chlann Choinnich (mar a bh'aig nan rìghrean Stiùbhartach fhèin) seach Èireannach mar a bha aig na Dòmhnallaich agus cuid de chinnidhean eile.[42] Bha Clann Choinnich (coltach ri na Caimbeulaich) ri seo, theirinn-sa, gus iad fhèin a dhèanamh an àirde ris na rìghrean Stiùbhartach is na h-uaislean Gallda eile.[43] Cha ghabh seo a dhearbhadh le "cinnt," ach cha shaoilinn gur e tuiteamas a th' ann gun gabh na ceistean agus ceanglaichean leithid seo a thogail agus tha e duilich co-theacs nas fhreagarraiche airson cruthachadh nan sgeulachdan "Fitzgerald" seo anns na h-eachdraidhean a lorg roimhe seo no às a dhèidh.

Roghadh is Taghadh an Luchd-sgrìobhaidh

Dh'fhaodadh gun gabhadh ceistean a thogail mun chainnt cuideachd, oir ro 1603 is e *Scots* an cànan a bha na h-uaislean a' sgrìobhadh is a' leughadh air feadh Alba agus air a' Ghaidhealtachd mar chainnt làitheil. Ach an dèidh 1603, thòisich cruth a' chànain *Scotaich* sgrìobhte air fàs na bu choltaiche ris a' Bheurla Shasannaich mean air mhean agus bha seo ri fhaicinn air a' Ghaidhealtachd cuideachd.[44] Am faodadh gu robh seo ga fhàgail gu robh e beagan doirbh do dhaoine leithid Mgr Iain MacRath (†1704) agus Mgr Eachann MacCoinnich (†1719), a bha eòlach air Beurla a sgrìobhadh, a bhith ri leughadh seann cheathramhan "duilich" de Ghàidhlig ann an cruth-sgrìobhainn Scotach o linn eile? Chan eil fios mu dheidhinn sin, ach tha e smaoineachail gun do dh'fhàg MacRath an dàn mu "Ailean mac Ruairidh" às uile gu lèir nuair a bha e ag innse na sgeulachd mu dheidhinn (PT 1.5, PT 3 dealbh 1). Tha e soilleir cuideachd gun do dh' fhàg e beàrn airson a' cheathraimh Ghàidhlig anns an earrann, agus gun do sgrìobh e am "fuasgladh" Beurla fodha ach nach do sgrìobh e an ceathramh Gàidhlig ann air adhbhar air choireigin. Rinn e an aon rud leis a' phìos mu "Inbhir Sèile nan Srath Ghlais...," far an do chuir e a' chiad cheithir loidhne dhen òran seo air pàipeir ach dh' fhàg e an dàrna ceathramh às ach le beàrn ann far am faodadh e tilleadh thuige. (PT 1, 8. PT 3, 6)

Le seo, am faodadh nach robh MacRath a' tuigsinn an dà rann seo ro mhath ? Mas e sin a bh' ann cha ghabhainn idir ealla ris, oir tha an tionn-dadh aig Mgr Eachann (PT 1, àir 5) air rann Ghàidhlig cuide ris an rann Bheurla (mu chonas eadar Clann Raghnaill is Clann Choinnich c. 1490)—rud a dh' fhàg Mgr MacRath às—gu math doirbh a leughadh. Seo mar a bha e a' nochdadh am meadhan na sgeulachd Beurla aig Mgr Eachann:

...when Allan MacDonald of Modart heard of the defeat given his freinds at Park[45] he drew his he[l]bert and shaking it strongly, he swore nevir to cease till he sould exert revenge. The which threats was told to Kenich Vlair and he smilingly answers and says:

> W hin shin tue Kin Tenig
> Nach Lei Varig dichini
> Na di haughs Allan vic Rori
> ga moir tais ga mūiag

In Scots to this sens.
> Tell Allan wee seen Halberts doe fates
> More then his can doe for all his threats

After this Kenich Vlair lived at peace with all his nighbours....[46]

Leis nach eil sealladh againne air gin de na làmh-sgrìobhainnean tùsail againn às an robh Mgr Eachann is càch a' tarraing, tha e duilich a bhith cinnteach dè dìreach mar a dh' obraich seo. Ach ma chaidh dàn leithid sin (gu h-àrd) a sgrìobhadh anns an t-siathamh linn deug bho thùs chan eil e a' tighinn thugainn ach tro làmh-sgrìobhainnean a chaidh an cur ri chèile air pàipear aig deireadh an t-seachdamh agus toiseach an ochdamh linn deug (c. 1660-c. 1725). Mar sin, theirinn-sa gun deach ath-sgrìobhadh a dhèanamh air na rannan Gàidhlig a th' anns na pàipearan uile a tha far comhair.

Tha comharra inntinneach eile anns na pìosan Gàidhlig mun àm cruthachaidh, sin gum buin iad uile agus gu bheil iad ceangailte ri sgeulach-dan bhon a' chòigeamh agus an t-siathamh linn deug (c. 1430-c. 1595). Ged is ann anns an t-seachdamh is an ochdamh linn deug (c. 1660-c. 1725) a chaidh na dreachan de na làmh-sgrìobhainnean a th' againn an diugh a chur air pàipear, chan eil rannan Gàidhlig idir annta o na linntean sin. Comharra làidir a th'ann an sin, chanainn-sa, gur ann anns an t-siathamh linn deug a chaidh na tha annta a chruthachadh bho thùs agus gun deach na duanagan Gàidhlig a tha ann an seo uile an cruthachadh mu mheadhan an t-siathamh linn deug cuide ris a' chiad eachdraidh aig "Ruairidh Beag mac Ruairidh Mhòir," agus gur e ath-chleachdadh a th'anns na làmh-sgìobhainnean mar a tha iad againn an diugh de stuthan nas tràithe. Is dòcha gum faodadh gu robh na sgrìobhaichean a' togail nan caoban Gàidhlig o bheul-aithris, ach nam bitheadh, carson a stad duanagan o bheul-aithris mu na 1590an ? Agus ma bha iad gan togail à beul-aithris, carson a dh' fhàg cuid de na sgrìobhaichean beàrnan nuair a bha iad (theirinn-sa) ag ath-sgrìobhadh duanagan Gàidhlig ?

Tha e na annas gu ìre nach do tharraing na pàipearan seo mòran aire o sgoilearan gu ruige seo—sin a thaobh nan caoban de Ghàidhlig ann an cuid de na làmh-sgrìobhainnean. Tha ceist eile ann carson a bha Mgr Eachann, Mgr Iain MacRath agus sgrìobhaiche LS "Allangrange," a' cur nan ceathramhan Gàidhlig seo a-steach an lùib nan sgeulachdan far nach robh càch – daoine mar "Cromartie" (Seòras MacCoinnich, Morair Thairbeirt c. 1680) agus "Applecross" (Iain Molach fear na Comraich c. 1660). Tha e soilleir gu robh Gàidhlig aig na daoine seo agus co dhiù cuid mhath eile dhen fheadhainn a sgrìobh na h-eachdraidhean a tha saor o rannan Gàidhlig—is gu robh iad sin eòlach air na rannan ach nach do chleachd iad idir iad gus cuideachdadh leis an sgeulachd innse (seall PT 2, eagraidhean gun rannan Gàidhlig).[47] An e nach robh iad a' faicinn gu robh Gàidhlig iomchaidh mar a bha an dà phearsa eaglais agus sgrìobhaiche LS "Allangrange"?[48] An ann gu robh an dà phearsa eaglais na b' fhaisge air an t-sluagh is cur-seachadan an t-sluaigh leis gu robh iad chan ann ri cleachdadh na Gàidhlig a-mhàin ach cuideachd a' toirt sgeulachd mu na Fèinn a-steach an lùib na h-eachdraidh? (PT 3, 5)

Is ann anns a' Bheurla a tha an sgeulachd seo mu fhear glèidhidh choin Fionn MhicChumhail cuideachd, agus mar a choinnich e ri Coinneach a' Bhlàir, mas fhìor. Ach tha an dà phears'-eaglais a' toirt dhuinn chan e an sgeulachd fhèin a-mhàin ach rann de Ghàidhlig na measg:

...When Kenich Vlair [†1491] went home to Kinellan[49] haweing the bigg man [i.e. 'dog keeper to Ffin MacCouill'] with him, when a grey-hound noticed the big man entring the dore. The grew-hound birsed all up and wold [fli]e at the bigg man at which the man Ffleyed and fell [b]ack, Makenich seeing which, said smileingly:

Mas moir shid a va nein, Berin teriv gim tash
Mar ta I.an Mac Nay techig vo chren choin chlash

To this sense,
Iff the Finerin were such surly then
I may conclude they were not hardy men
But soft and timmorous as thou as found (?)
A ffleeing for fear from a swartling hound

Upon the morow the man was missed and nevir seen thereafter. This is not fixtion but a true story, for there ar yet one lyfe that saw and spake with them that saw the horns for Kenich Vlair was so

very weell loved and feared that many men was content to have his
favour.... (PT 1, àir. 6, PT 3.5)[50]

An Dùil an e ceathramhan de dhàin a bhathar a' filleadh a-steach mar
"thaic" dhan sgeulachd a bha seo agus airson, is dòcha, a thoirt beò dhan
luchd èisteachd a bha eòlach air na rannan ? Cha ghabh leithid de cheis-
tean a fhreagairt, ach is fhiach an togail. Is dòcha gu bheil seo coltach ris a'
chunntas a thug Colm Ó Baoill agus Dòmhnall MacAmhlaigh air: "stanzas
occurring in prose anecdotes of the type known in Irish as *rannscéal*, i.e. an
anecdote whose function is to explain the origin of a stanza."

Thog Colm agus Dòmhnall eisimpleirean de rannan a mhìneachadh a'
phuing seo far am faicear faisg air an aon sheòrsa phàtrain ann an sgeulach-
dan. Sin sgeulachdan is dàin o thaobh siar dùthaich Chlann Choinnich a
rinn Iain Moireasdan am Bràgair (c. 1630-1708), athair a' Chlàrsair Daill,
far an robh luinneagan beaga eirmseach an cois nan sgeulachdan aige (ged
a b'ann am beul-aithris a thàinig iad seo sìos thugainn seach làmh-sgrìob-
hainn co-thìmeil).[51]

Ach saoilidh mi co dhiù gu bheil taic ann dhan bheachd gur e pìosan
beaga de dh' òrain neo rannan nas fhaide a tha ri fhaicinn ann an cuid de
na criomagan Gàidhlig seo. Tha seo air a shoilleireachadh dhuinn far an
do sgrìobh Mgr Eachann "etc." an dèidh a dhà de na rannan air an do rinn
e tair-sgrìobhainn, a' comharrachadh gum biodh e an dùil gum biodh fios
aige fhèin no an luchd-leughaidh / luchd-èisteachd air a' chòrr dhen òran
(PT 1, àir. 11, 13).[52] Ged nach eil e soilleir gur e òrain na b' fhaide a bh'ann
an cuid eile de na duanagan, seach seòrsa de "rannscéala," tha e follaiseach
gu robh sgrìobhaichean eile eòlach air na rannan a bha an cois phìosan
de na sgeulachdan, ach nach tug iad idir a-steach iad dha na teacsaichean
aca. Mar eisimpleir, bha Fear na Comraich (c. 1660) gu math eòlach air
an duanag Ghàidhlig a bha an cois sgeulachd mun chonas eadar Iain Fear
òg Chinntàile agus Eachann Ruadh Fear Gheàrrloch (c. 1501 x 1508), is
Eachann a' feuchainn ri cas a' mhaide a chumail ri Iain, mac a bhràthar.[53]

His uncle said in Irish that he had made a verse qlk verse is to this
meaning. The Emmet said to ye Bee and they sitting at the stoack qr
thow hast made thy summer home let it keep thee a winter lodg-
ing....[54]

Seo mar dhòigh aige, is dòcha, a ràdha ris gu robh Iain (mar an t-
seillean) air taghadh a dhèanamh is gun fheumadh e an roghainn sin a-nis a
leantainn. Ged a bha iomradh aig Fear na Comraich ("Applecross") air "said
in Irish" an cois an sgeulachd seo, cha tug e idir luaidh air an rann Gàidhlig
seo ged a bha an sgeulachd aige sa Bheurla. Ach tha sinn fortanach gun tug
aon sgrìobhaiche, an neach a sgrìobh an Allangrange MS, luaidh air an seo
(PT 1, àir. 10) a ghabhas (is dòcha) a thuigsinn ann an Gàidhlig àbhaisteach
leis na h-uiread de dh' earbsa mar: "Thuirt an seangan ris an seillean is i na

suidhe aig bonn an stuic, far an do rinn thu do mhil shamhraidh bidh e na thaigh geamhraidh dhuit" (PT 1, 10).[55]

Bha duanag eile an cois na sgeulachd mun aimhreit a bha eadar Sliochd Gheàrrloch agus Sliochd Chinntàile rè na siathamh linn deug, agus co-cheangailte ris a' mhurt a chaidh a dhèanamh air Iain Glasraich, ceannard Gheàrrloch, le Coinneach na Cuilc, mac Fear Chinntàile mu 1551.[56] Tha seo (PT 1, 12) aig LS *Allangrange* – dàn nach eil ri fhaighinn ann an tionndadh eile de na h-eachdraidhean. Bha e ri ràdha gun do chuir Coinneach na Cuilc "John Glassrigh Mc Echin" (Iain mac Eachainn Ruaidh, fear Gheàrrloch) an grèim agus:

...sent him prisoner to Islandonan where it was said that he was poisoned by the Constable's lady, whereupon an certain female foster sister of his made the following rhyme—whether true or not I am not to justifie

> Gire Dire i chainnich mi dhihit
> Hūgg Nÿn Evir di Mc ʒeachin
> ʒhirrids si vihin de ʒilogg
> Di chroich qugerrie sad i rahier

This Nin Evir was spouse to John McUrchie Duy priest of Kintail who was preferred to be constable of Islandonnan a great debate having arisen between the McRaes and MacLennans....[57]

Is dòcha gur e "Gur daor a cheannaich mi an diathad / a thug nighean Ìomhair do Mhac Eachainn..." a th'anns a' chiad dà shreath. Ach tha an còrr dhen rann seo gu math duilich a thuigsinn—an dùil an e sin as adhbhar nach do thog Mgr Eachann agus Mgr MacRath e dha na sgeulachadan aca fhèin? Neo an e nach robh luchd-eachdraidh eile airson àite a thoirt do sgeulachd nach robh cho càileir ri sin—gun do mhurt Coinneach na Cuilc ceannard Sliochd Chinntàile aon de na nàmhaidean (is càirdean) aige mu 1551? Ach ge b'e dè as adhbhar gu robh cùl ga chur air an rann seo, chaidh cùl a chur cuideachd air cuid de rannan eile, far an robh luaidh aig cuid de na h-eachdraidhean leithid "Cromartie" neo "Applecross" air sgeulachdan agus gun dad aca mu na rannan Gàidhlig a bha nan cois mar a tha aig "Mr Hector," "McRa" agus LS "Allangrange." Tha e soilleir leis an seo agus an dòigh anns an robh luchd-sgrìobhaidh nan teacsaichean a' taghadh na chuireadh iad air pàipear gu bheil sinn gu math fortanach gu bheil na ceithir duanagan deug seo air fhàgail againn an diugh. Ged a tha beagan dhuanagan Gàidhlig ann an ochd de na làmh-sgrìobhainnean, tha naoidh làmh-sgrìobhainnean deug eile (air an do laigh mo shùil-sa) gun lorg air ceathramhan Gàidhlig idir annta (PT 2).

An Luchd-leughaidh no an Luchd-èisteachd.

Chuir Màrtainn MacGriogair agus David Allan mòran bheachdan air ad-
hart mu carson a chaidh na h-eachdraidhean teaghlaich seo a sgrìobhadh
ann an Alba le diofar bhuidhnean. Bha na h-eachdraidhean seo, is dòcha
(a-measg tòrr rudan eile), a rèir na h-ùghdairean sin, mar dhòigh air dìon
agus dearbhadh còraichean na prìomh shliochd a bhith a' riaghladh (agus
sloinntearachd aig cridhe sin); gu robh e na dhòigh eile aig diofar chin-
nidhean a bhith a' strì le fineachan neo buidhnean eile; gu robh e na dhòigh
aig fineachan ùra air an inbhe aca a thogail; agus gu robh sloinntearachd
eachdraidheil mar seo, is dòcha, luachmhor mar oidhirp air inbhe nan uais-
lean a dhìon is iad fo chuideam eaconomaigeach.[58] Is ann air na h-each-
draidhean a chaidh a sgrìobhadh air a' Ghaidhealtachd a bha Màrtainn a'
cuimseachadh agus thog e tòrr phuingean luachmhor a dh' fhosgail tòrr
de dhorsan ùra ann a bhith a' beachdachadh mu na làmh-sgrìobhainnean
eachdraidh-teaghlaich. Chan eil mise a' dol às àicheadh gin de na beachdan
sin, ach lùiginn a dh' aindeoin sin sùil às ùr a thoirt air cùis sgrìobhaidh nan
eachdraidhean.

Leis gun deach na leth-bhreacan sgrìobhte de na h-eachdraidhean a
sgrìobhadh (na dreachan a th' againn an-diugh), gu ìre mhòr eadar 1660
agus 1720, gabhaidh ceanglaichean a dhèanamh eadar iad seo is an saoghal
a bha a' dol aig an àm—eadar ath-thilleadh Theàrlaich II (1660), is toiseach
tòiseachaidh strì nan Seumasach (1688-), Aonadh nam Pàrlamaid (1707) is
eile. Thog Màrtainn mòran phuingean luachmhor na alt mu na h-adhbharan
airson iad seo a sgrìobhadh, ach chan eil rùm an seo airson an deasbad sin a
thogail air fad agus bhiodh iad seo uile gam thoirt ro fhada air falbh o amas
a' phàipeir seo.[59] Ach tha mi an dùil togail air aon neo dhà de na puingean
a bh' aig Màrtainn aig a bheil buntanas ri amasan a' phàipeir seo. Is e iad sin
mar a bha e a' beachdachadh air an èisteachd a bha aig na h-eachdraidhean
seo. Ged a dh'aontaichinn ris a' mhòrchuid de na beachdan a bh' aig Màr-
tainn (2002), dheidhinn às àicheadh an fhir a leanas a thaobh cànan nan
làmh-sgrìobhainnean eachdraidheil: sin gur ann gus an ìomhaigh aca fhèin
a thogail fa chomhair nan Gall is nan Sasannach a b'adhbhar gun deach na
h-eachdraidhean a sgrìobhadh anns a' Bheurla: "the overwhelming choice
of English or Scoto-English rather than Gaelic makes sense if the target
audience embraced points south...."[60]

Thog Màrtainn MacGriogar fhèin a' phuing (2007) on uairsin gur e a'
Bheurla "Scotach" a bha na cainnt làitheil aig na fineachan a thaobh gno-
thaichean sgrìobhte tòrr na bu tràithe na bhathar an dùil gu ruige seo.[61] Agus
chan eil teagamh gu bheil an fhianais eachdraidheil gu lèir a' sealltainn gu
robh Scots is Beurla bitheanta air a' Ghaidhealtachd (a thaobh sgrìobhaidh)
agus gu robh Gàidhlig sgrìobhte tearc an coimeas riutha sin.[62] Chom-
harraich Màrtainn cuideachd gu robh cultar de sgaoileadh agus leughadh

làmh-sgrìobhainnean "eachdraidheil" is ath-chleachdadh sgeulachdan càch a chèile a' dol am measg "daoine uaisle" (is ministearan) nam fineachan.[63] Le seo, an dùil an ann do na fineachan fhèin a bha an liuthad eachdraidh seo gan cruthachadh airson an leughadh do luchd-èisteachd far am biodh daoine a' tighinn cruinn còmhla, agus gus am biodh daoine ag èisteachd ris an leughadh seo ? Tha fios gu robh cultar làidir ann an roinn eile de Bhreatainn—Sasainn—aig an aon àm ann a bhith a' leughadh leabhraichean eachdraidh (gu prìobhaideach is gu poblach) airson luchd-èisteachd, agus ged nach eil fianais agam gu robh seo a' tachairt air a' Ghaidhealtachd cha bhiodh an leithid de shuidheachadh idir mì-choltach.[64]

Nam b'e is gu robh eachdraidhean Chlann Choinnich air an leughadh airson luchd-èisteachd, bhiodh sin na cho-theacs gu math freagarrach airson nan duanagan Gàidhlig. Mas e is gu robh luchd-èisteachd eòlach air na luinneagan seo, dh' fhaodadh gum biodh an "etc." a sgrìobh Mgr Eachann aig deireadh nan ceathramhan a' ciallachadh gur e criomagan de dh' òrain na b' fhaide air an robh daoine eòlach a bh' ann an cuid de na duanagan, neo ceathramh co-cheangailte ris an sgeulachd air an robh an èisteachd eòlach (is dòcha *aide memoire* do sheanchaidhean?). Bhitheadh seo cuideachd a' freagairt nam pàtranan cleachdadh-cainnt a chithear anns an sgìre anns an fharsaingeachd: Beurla sgrìobhte anns a' mhòrchuid le bloighean beaga de Ghàidhlig eadar corra cheathramh de rann agus iomraidhean air corra fhacal Gàidhlig. Is e pàtran cainnt a th'ann an seo nach biodh idir freagarrach do dh' èisteachd sa cheann a deas. Agus, tha ceist eile ann. Mar a bha iad cho eòlach air a' Ghàidhlig, ach a' leughadh anns a' Bheurla, an dùil am biodh iad a' dèanamh seòrsa de thaisbeanadh sa Ghàidhlig (neo eadar a' Bheurla agus a' Ghàidhlig) a-mach o stuthan Beurla do luchd èisteachd aig nach robh comas leughaidh? [65] Is fhiach, is dòcha, a bhith mothachail air na ceistean sin ged nach gabh am freagairt.

Cùis is Adhbhar nan Eachdraidhean – Beachdan is tuilleadh cheistean

Tha fios gu robh sgrìobhaichean ri saothair is iad a' cruthachadh nan eachdraidhean seo—an dùil carson? Tha iomadh màthair-adhbhar aig Màrtainn MacGriogair mu choinneamh seo agus dh' fhaodadh gu bheil iad uile ceart gu ìre, ach chan eil rùm agam a dhol am bogadh anns an deasbad sin an seo uile gu lèir. Ach an dùil cuideachd an e "foghlam poileataigeach" a bha seo ga dhealbh le "eachdraidhean oifigeil" gan cruthachadh airson buill de Chlann Choinnich (agus teaghlaichean eile a bha a' slaodadh riutha)?[66] Cha ghabh seo a ràdh le cinnt. Ach aig àm nuair a b' ann air an teaghlach agus air an fhine a bha an saoghal ga òrdachadh cha b'e cuspair dìomhain idir a bh' anns na h-eachdraidhean teaghlaich seo. B'e buidheann a bh' ann an Clann Choinnich a bha air tòrr mòr fearainn a ghabhail os làimh (ann an Siorrachd Rois is Leòdhas) ann an ùine gu math goirid, 1475-1611.[67] Bha iad cuideachd a' riaghladh tòrr mòr de "dhaoine ùra." [68] Tha fios gu robh iad a' feuchainn ri daingneachadh nan ceanglaichean ùra sin le dàimhean pòsaidh is daltachais.[69] An e seo dòigh air cur an cuimhne dhaoine gu robh iad an "càirdeas" dhan cheann-cinnidh (ged a b' ann fad às is tro phòsadh neo eile) agus gur e euchdan nan sinnsirean aca-san na h-aon euchdan a bh' aig sinnsirean a' chinn-cinnidh, is gu robh iad uile tro eachdraidh air a bhith "aonaichte," gaisgeil—agus mar seo gum bu chòir dhaibh a bhith dìleas agus aonaichte ri ceannardan rè am beò fhèin? [70] Bhitheadh seo gu math freagarrach do chinneadh a bha rìoghaileach agus a bha a' taobhadh ri cùis nan Seumasach.

Bha na h-eachdraidhean cinnidh seo cuideachd cudromach, 's math dh' fhaoidte, ann a bhith a' daingneachadh cheanglaichean ri iar-chinnidhean agus an càirdeas a' dol gu math fad a-mach—rud a bh' air a chur an cèill aig na Rothaich is na Caimbeulaich air "craobhsgaoileadh teaghlaich" ann an cruth deilbh mòra.[71] An e oidhirp air togail aonachd am measg fine a bh' anns na h-eachdraidhean-cinnidh seo ? Agus ged a b' e cultar sgrìobhaidh Scotach-Beurla a bh'ann an oighreachd Chlann Choinnich, tha e soilleir bho na dàin a th' ann an LS Fheàrnaig (1688) agus air an glèidheadh ann an Làmh-sgrìobhainnean Dhòrnaidh (c. 1860 x 1897) gu robh a'bhàrdachd Ghàidhlig gu math làidir anns na ceàrnaidhean seo. An dùil an robh na duanagan Gàidhlig a tha am measg nan làmh-sgrìobhainnean "eachdraid-heil" Beurla seo nan dòigh air eachdraidh "oifigeil" Beurla a' chinnidh a cheangal ris a' bheul-aithris agus ris na sgeulachdan a bha a' dol am measg an t-sluaigh ?

Co-dhùnadh

Tha mi air tòrr mòr cheistean a thogail anns a' phàipear seo agus tha cuid aca co-dhiù nach gabh am freagairt aig an ìre seo. Ged is ann dhan t-seach-damh linn deug agus tràth anns an ochdamh linn deug a chaidh na dreachan de làmh-sgrìobhainnean "eachdraidheil" Chlann Choinnich a sgrìobhadh, is dòcha nach ann aig an àm sin fhèin a chaidh na stuthan a tha an lùib nan eachdraidhean a chruthachadh bho thùs. 'S e Ruairidh Beag, mac Ruairidh Mhòir ciad Fhear Aicheallaidh, a sgrìobh a' chiad eachdraidh de Chlann Choinnich, a rèir coltais, mu mheadhan na siathamh linn deug. Tha pìosan de dh' fhianais eile a tha a' cur taic ris an àm cruthachaidh sin cuideachd airson a' phrìomh theacsa. Cha bhiodh e idir mì-choltach gur ann on àm seo a thàinig uirsgeul chruthachaidh "Fitzgerald" Chlann Choinnich gu bith, is dòcha mar phàirt dhan a' chiad eachdraidh sin. Agus, dh' fhaodadh e bhith cuideachd gur e rannan Gàidhlig a chaidh a chruthachadh anns an t-siathamh linn deug a tha cuide ris na sgeòil seo, is cuid dhiubh air an glèidheadh is a'tighinn thugainn tro mheadhan dhreach sgrìobhaichean nas anmoiche (c. 1680-1710). Tha na rannan Gàidhlig a tha an lùib nan eachdraidhean seo nan criomag bheag de dh'fhianais a tha a'cur taic ris a'bheachd a bh' aig Ruairidh MacThòmais gu robh rannaigheachd an Gàidhlig na h-Albainn (seach ann an Gàidhlig Chlasaigeach a-mhàin) bitheanta anns an t-siathamh linn deug agus is dòcha fiù gu math na bu tràithe.[72] Tha na h-eachdraidhean nam fianais cuideachd (ma bha feum air) air cho cumanta is lìonmhor is a bha sgrìobhadh na Beurla (seach sgrìobhadh na Gàidhlig) am measg fineachan Gaidhealach.

Ged a tha e soilleir gu bheil tòrr mòr de rannsachadh a dhìth air a'chuspair seo, faodar a ràdh gur dòcha, gur ann do dh'èisteachd air taobh a-staigh crìochan oighreachd MhicChoinnich a chaidh na h-eachdraidhean is na sloinntearachdan seo a chruthachadh. Is e sgrìobhadh air adhbhar a bha seo, agus chan e eachdraidh anns an robh luchd-sgrìobhaidh a' sàs airson "ùidh" a-mhàin (ged a dh'fhaodadh gu robh na h-uiread dhen an sin ann cuideachd). Tha na h-eachdraidhean seo nan dòigh air sealladh fhaighinn air dè a bha daoine—uaisle a' chinnidh a' meas cudromach, agus tha na h-earrannan Gàidhlig a tha an lùib an uilt seo a' toirt boillsgeadh beag de shealladh dhuinn cuideachd air cuid de na pàtranan cànain a bha a' dol air a'Ghaidhealtachd eadar meadhan an t-siathamh linn deug agus fìor thoiseach an ochdamh linn deug.

PT 1 / Pàipear Taic 1 – Earrannan de Ghàidhlig ann an Eachdraidhean Beurla Chloinn Choinnich

Feumar a h-uile gin de na teacsaichean seo a bhith air an leughadh cuide ris a 'cho-theacs Beurla às an tàinig iad. Tha beagan treòrachaidh ri fhaighinn an sin, mar as trice, anns a 'Bheurla, mu na tha sgrìobhte anns na ceathramhan Gàidhlig. Rinn mi oidhirp dreach àbhaisteach a thoirt air na teacsaichean anns na fo-notaichean ceangailte ris a 'chlàr seo. Tha iomraidhean anns a 'cholbh air an làimh dheis, an dàrna cuid air eachdraidh Chlann Choinnich (1894), neo tùs air choireigin eile a tha iomchuidh dha[n] na teacsaichean seo.

Mr. Hector, 1710. Mitchell Library (chan eil àireamhan air na duilleagan san LS seo – is iad seo na h-àireamhan-duilleig agamsa)	Allangrange MS (17mh linn?) – (tair-sgrìobhainn bho 1849). BL Add. MS 40721	Allangrange MS Mitchell Library MS 591703 (dreach tùsail on 17mh linn?)	Mr. John McRa (Ardentoul MS) c. 1678 BL Add MS. 40721	Alexander MacKenzie, History and Genealogy of the Mackenzies (1894)
1.	1. (c.1430x1470) fol 57 v (12) Guir iomhuin leum i trihir Tha tuigh eir na haiche Alister ghast guinnigh Fowill phiornoil agus dighin	1. (c.1430x1470) fol.8 & 9 Gerr Ounbýn Leumb i triher Ha tûghk er ni haighù Allister gast greinigh Servill pleunoil agus Aighin[1]	1.	1. Iomradh aig Mackenzie (1894) air "three bastard uncles" (c. 1430– ?) 60, 70–71. Seall cuideachd "Cromartie," 475 & Applecross, 14. (An aon sgeulachd ach le Beurla a-mhàin)
2.	2. (c. 1480–90) fol 62v (22) Eighe ghiom i Chilichuddin Bha cudigin gun neim hogain Cha doughre leumh ainte i thachairt Ach boghkin feumb sa vaig-girle	2. (c. 1480–90) Fol. 16 Eighe ghomb i Killichùdin Va cuddigin gun remb aggin Cha doghri Luimbaind i choghir Ach boghkin fuinb Tha vaig-girle[2]	2.	2. Mackenzie (1894) 84–87. Seall cuideachd "Cromartie" 475–76 & "Applecross" 21–22 (Beurla a-mhàin). Seall cuideachd ris an eachdraidh aig "Hugh MacDonald" Highland Papers i, 43, far a bheil dàn gu math coltach ri seo an teis-mheadhan sgeulachd.

Mr. Hector, 1710. Mitchell MS	Allangrange MS 1849 BL Add. MS 40721	Allangrange MS (17mh linn) Mitchell MS 591703	Mr. John McRa (Ardentoul MS) c. 1678 BL Add MS. 40721	Alexander MacKenzie, History and Genealogy of the Mackenzies (1894)
3.	3.	3.	3.	3. Còmhradh eadar Donnchadh mòr na Tuaighe (MacRath) & Eachann Ruadh Ghearrlaich, (c. 1490), aig Blàr na Pàirce. D. Mar a faigh mi miabh [miadh ?] duine cha dèan mi gnìomh duine… R Dèansa gnìomh duine 's gheibh thu miabh dhuine… D. Buille mhòr bho chùl mo làimhe, 's ceum leatha, am fear nach teicheadh romham, teicheadh roimhe… D. Mar a faigh mi ach miabh aon dhuine cha dèan mi ach gnìomh aon dhuine… D. Am fear nach biodh a' cunntadh rium cha bhithinn a' cunntadh ris… Mackenzie (1894) 94 (à Beul-aithris?). Seall cuideachd ri an Celtic Magazine ii, 432, agus ris a' Bheurla aig "Ap-plecross," 23-4 "Cromartie," 170, 90.

4	4.	4.	4.	4 Abairt aig "Cailleach na Màigh" (c.1490) "O ghaolaich, is aon ath an Amhuinn, Ged a tha i dubh chan eil I domhainn." Mackenzie (1894) 100. Seall cuideachd, airson coimeas, ri sgeulachdan (am Beurla) aig "Applecross," 24, agus "Cromartie," 480.
5. [fol. 26r–26v] (c. 1490 ?) W hin shin tue kin tenig nach lei varig dichini na di haughs Allan vic Rori ga moir tais ga mùiag[3]	5	5	5	5. Iomradh aig MacCoinnich (1894) air seo ann an sgeulachd (c. 1490) ach ann an Beurla a-mhàin Mackenzie (1894) 75–76.
6. [fol. 27r] (c. 1490 ?) Mas moir shid a va nein Berin teriv gim tash mar ta I an mac Nay techig ro chren choin chlash[4]	6.	6. (c. 1490 ?) Fol. 13v (20) Mas an muir suid bha Nean Berims derve g.m'taish Mar ta Iyan Mac Nay Techig ro ghreand Choinn Ghlaish	6.	6.

Mr. Hector, 1710. Mitchell MS	Allangrange MS 1849 BL Add. MS 40721	Allangrange MS (17mh linn) Mitchell MS 591703	Mr. John McRa (Ardentoul MS) c. 1678 BL Add MS. 40721	Alexander MacKenzie, History and Genealogy of the Mackenzies (1894)
7. *(c. 1490 –1500?)* *[fol. 28v]*	7. *(c. 1490 –1500?)* fol 67v	7. *(c. 1490 –1500?)* Fol. 21	7. *(c. 1490 –1500?)* fol 14v	7. Mackenzie (1894) 109–112.
Oill lium tfaighen chind, chleachk mi vi and chomin gin deargh er di-ghroigh naroch	Oich leum taigkin a chein Gin di chiddri i cummynd Gun draigh err di ghriomh narrich	Och luimb tay keint chuind-gin di Chaidri i Commynd Gun draigh uir ghrogh nar-rich	Oillum taikin 'Chine Cleachk mi bhi an d'chomin Gin dreach er d' ghroigh narach	(Bha an sgeulachd seo aig Alasdair MacCoinnich ach cha robh guth mun dàn. Seall cuideachd, Watson, 'Bàrdachd Albannach, '96.)
mi chreach smi gin com-panich[5]	Mi chraigh sine gun choim-panich	Mi Chraigh smi cun Choup-manach	Mi chreach v mi gin Chom-panach	
8. *[fol. 30r]* (c. 1497-1508)	8. Fol. 71 (39) (c. 1497-1508)	8. Fol. 26 (c. 1497-1508)	8. fol 15r (23) (c. 1497-1508)	8. Mackenzie (1894) 125 (cf. 'Cromartie' 472).
Invershell na Stra ghlaish Tar as ffer ell ga fiffh	Innersell ni Stran glaishe Tair ase ferr vill ga trish	Inershell ni Stranglase Tair ase ffer eill ga torsh	Inversheal na strave glaish Tair asse 's ferr eil ga tisse (tifse ?)	Inversheala na Struth Bras Tar as, fear foill gad fhei-theamh
Neanag ga coal cass bi lean-nan eik gin nish	Nainag ga kyle i cash Tha lainan aiche gin rish	Nainag ga kyle occasse Tha Leiman aick gin nishe	Neannag ca kiel e' kass bi leannan aik c'niss	Nineag ga caol a cas Tha leannan aice gun fhios
	I tyn ga moire i hess Tha ea fi nehis fo mi chris No tair lin guil brugh glasse	Thyn ga morre i hesse Tha in fi m kis fo mi chrise No tair lin Guilbrigh ghlase		A'tighinn gam fhaire a shios Tha i gun fhios fo mo chrios Tha'n sàr lann ghùilbhneach ghas
Ma farin chulcrich chlaish vrishin lurg fo mi liss Si tuin ga moir hesh ha he s. neich fo mi chriss[6]	Bherrimh uirchur dhi lea bhois.	Verrin urchir yi Lea tlyss		Bheirinn urchair dha le fios

9. *[fol. 31v]* (c. 1498 ?) Eachin le heaught fichind ferr Agus us le't ought Keid Se's MacRae varhu na doan Er Cull baish Knock Farvill [7]	9.	9.	9. fol. 17v (28) (c. 1498 ?) Eachin le'seachk fichid ferr Agus us le t' oughk keid S e MacRa i mharve na Doanie Er baish Knockfarrell	9. Mackenzie (1894: 118) à tarraing seo à LS "Ardintoul" "Eachainn le sheachd fichead fear, Agus thusa le d' ochd ciad, Se MacRath a mharbh na daoine Air Baothais Cnoc Faireal." Bha Mackenzie (1894: 118) a' tarraing seo às an "Ardintoul MS")
10.	10. (c.1500-1511) fol. 68v (34) Huird i shaiggan rish i Teillan Stad no sigh aig bun i stuick Foir i dreind u di veil hauri By eah no hoich ghauri zhuit	10. (c.1500-1511) fol. 22 Thuirt i shaiggan rish i Tỹllan Thad no sỹh eg bun i stũick Thor i drein u di veil hauri Bỹ ne Teigh ghauri ʒhuit[8]	10.	10.
11. (1539) *[fol. 32r]* Donchni vic Gilchrist vic Finlay, is moir beid huit le don laive o, is ero vic Ri Fĩnchall, huitim le mac bramag ninvig etc.[9]	11. (1539) fol. 73v (44) Dhonochy mhic Gillichrist mhic Eulay Mhor i leighk huit lea tyn lann Oir is iero mhic righ Fhaun gheall Thuit ibh lea trom err neunaig	11. (1539) Fol. 30 Gonochi vic illi Christ ic Enlay Moir i torght huitt lea tỹn laũg Oi is Eiro vic Ri Funghaill Huitimb Lea bram err i niũn vỹk'	11. (1539) fol. 19v (32) Dhounchie Vic Gillichrist vic Finlay Smoir beid huit le t'oan laive O's iero Mac Rìgh Finghail Hutum le bramag 'n fhuin vig	11. Mackenzie (1894) 137, à o LS "Letterfearn" A Dhonnchaidh mhicGillchriosd mhic Fhionnlaigh 's mòr am beud a thuit le d' aon làimh Ogha is iar ogha Mhic Rìgh Fhinghaill Thuiteam le bramag an aon mhic

Mr. Hector, 1710. Mitchell MS	Allangrange MS 1849 BL Add. MS 40721	Allangrange MS (17mh linn) Mitchell MS 591703	Mr. John McRa (Ardentoul MS) c. 1678 BL Add MS. 40721	Alexander MacKenzie, History and Genealogy of the Mackenzies (1894)
12.	12. (c. 1550) fol. 74v (46) Gur diri chainnich mi dihit Thug ryre Evir di mac Yeachin Yhirrids si bhaibh (bhailli ?) di Yilleag Di chrough gueyrra fad i rauchur	12. (c. 1550) fol. 31 Gire Dire i chainnich mi dhihit Hugg Nÿn Evir di Mcӡeachin ӡhirrids si vihin de ӡilogg Di chroich qugerrie sad i rahier[10]	12.	12. Iomradh an seo aig "MacKenzie" (1894) air an sgeulachd (c. 1550) ach ann am Beurla a-mhàin. "ane certane female foster sister of his composed a Gaelic rhyme to commemorate him" Mackenzie (1894) 147-8; 401. "Applecross," 83.
13. [fol. 30r] c.1595-96 Olk fuoir me tuis nerrich sni feall Brids cha harrim chail mi mo thruir brarin gell tawe ri tawe shillig fall she chag mo chri go crotich fer beg dui chlay ladir mac Finlay dui e Kintaill, derg mherlich na nech s na nagach etc.,[11]	13. fol. 76v (50) c.1595-96 Solk i foughere mi tuise i nair-rich Si neil brihids chaiharrin Dhaig ead my hruire bhara gail Sine ri tuith shill faill Sho i deore reyn mi hairruch Fer begg du chlai saidihir Smack eulay duy a ther tate Deirg bhairlygh ni nach 's naighich	13. fol. 35 (c.1595-96) Sol i foure mi tuise i Nairrich Sin Neile Br hid chay harrim Ghaigh ead my hrüire vrahru gaill Tine r atiwe shilly falle Sho i doose reyne mi hairse Fer begg duy chlas laidihir Smaick Eulay Duy a Kintail Dairg vairligh ni naigh s hin aigigh	13. fol. 25r-25v (43-44) c. 1595-96 'S olk fuoir mi tuis 'n earrich 'S n feal brids' cha harrim Chail mi m' thruir Bhrarin geall Toave ri toave shille falle She ghaig mi chri gu cratach Feir beg dow Chlay ladir 'S mack Finlay Dhui a Kintail Dearg Mhearlach na Neach 's na Naigach	13. Mackenzie (1894) t.d. 181 Is olc a fhuair mi tus an Ear-raich 'S na Feill bride a chaidh thairis Chaill mi mo thriùir bhràithrean geala Taobh ri taobh a' sileadh fala Se 'n dithis a rinn mo sharach' Fear beag dubh a' Chlaid-heamh làidir 's mac Fhionnla Dhuibh à Cinntàile Deadh mhearlach nan each is nan aigeach

14. (c. 1594-1611) [fol. 4v]	14.	14. (c. 1594-1611) Fol. 3	14.
Sorri let Khenick Oig, Vona thregis do charroid/ Bin – vin de mo vin mo bhea vi stu fo debli oun leigh/ Ah varrall -od vi an m'vick Challain ni gorm land/ Bi let mo land er mi chris & scribis le pen di henchis Ah nish vo taims arsie glas vic fla na Brongh holas m vic KHENICH is mor bri fagim agits sorri[12]		Sorie let Kenick oig voner thregis do charaid/ Brithinn d'inhian to m'Koah gin khi fo dhikli gan taigh/ Achlar el dkri an mich Khallen na gorm land/ 'S leatt m'land or m'ichniss & scribis le penn d'sheanchis Och nish n t'am vis tue glass mhich ffahna brugh holdeas Mhic Kennich is more brigh fagom asite sorie	

Notaichean airson clàr Pàipear taic 1

1. [? Gur h-ionmhain leam an triùir / tha a 'teachd air na h-eichibh (?) / Alasdair gasda grèigheach / Somhairle fiar-shùil is Eachann. (?) ?]

2. Oidhche dhomh an Cuil a'Chudainn / bha cuid againn gun rum againn / [?Cha d'fhuaireadh ....(?) / Ach .... ?]

3. Chan eil seo ro shoilleir. [? *"Thuagh an sin is tu gun tàinig, nach leatha a bheireadh an di-cheannadh, ge b'e dè chanas Ailean mhic Ruairidh, gu mòr is tais a' maoidheadh"*?] Tha Mgr Eachann a'toirt fuasgladh am Beurla: "In Scots to this sens—Tell Allan wee seen Halberts doe fates, More then his can doe for all his threats."Tha a'Bheurla seo aig LSn Allangrange agus an LS Ardentoul cuideachd, ach cha deach na loidhnichean Gàidhlig a sgrìobhadh anns na LSn sin cuide ris a'Bheurla.

4. Mas ann mar siud a bha an Fhèinne / Bheirinn dearbh gum bu tais / mar a tha na Aodhain (?) mac an Fhèidh (?)/ teicheadh ro ghreann choin ghlais. (?)

5. Olc leam d'fhaicinn a chinn / chleachd mi a bhith ann ad chomain / gun dreach air do ghruaigh narach / mo chreach is mi gun companach (?)

6. Tha seo doirbh: Inbhir Sèile nan Srath Ghlais / Tàr às, fear fhoill (?) ga feitheamh / Nigheanag gu caol a cas, bidh an leannan aice gun fhios / Ma bheirinn cùl a'chrich clais (?) / bhrisinn lurg fo mo mo leas (?) / Is duine cho mòr ris cha sheas / _____ fo mo chrios.' (?) Tha na ceithir loidhnichean mu dheireadh aig Mgr Eachann an seo diofraichte on dàrna rann a th'aig càch. Am faodadh le sin gu bheil sinn a'faicinn dusan loidhne de dh'òran an seo uile gu lèir ?

7. Eachann le sheachd fichead fear / Agus tusa le'd ochd ceud / Is e MacRath mharbhu na daoine / Air culaibh bais Cnoc Farralaidh. Tha tionndadh eile dhan an seo ri fhaicinn ann an làmh-sgrìobhainn le Fear Gheàrrloch, "*Eachin le ffeacht fighid boght, is / Morer Rosb le biachk keid/ Mac-rae do variive (?) noe dinie bar/ Baisb Crock Farrivilic.*"Tha Cnoc Farralaidh air iomall taobh sear baile Srath Pheofhair. Seo, "A Genealogical Series of the House of Gerloch (1776)," paisgte am measg leabhran beag de làmh-sgrìobhainn: "*A Genealogical Series of the family of Gerloch (1776).*" Chan eil àireamhan air na duilleagan. Chunnaic mi seo am measg pàipearan Iain MhicChoinnich Fear Gheàrrloch, Taigh Chonain. NRA(S) 0143. "Unpainted Deed Box: No 41,

Papers on the Genealogy of the Mackenzies of Gairloch." Mo thaing do Fhear Gheàrrloch a leig dhomh na pàipearan seo fhaicinn.

8. "Thuirt an seangan ris an seillean is i na suidhe aig bonn an stuic, / far an do rinn thu do mhil shamhraidh bidh e na thaigh gheamhraidh dhuit."

9. "A Dhonnchaidh mhic Gillechrìosd mhic Fhionnlaidh/is mòr am bèud a thuit fo d'aon làimh/Ogh'is iar ogh' mhic Rìgh Fhionnghal/ thuiteam le bramag an duine bhig, etc. "Tha an "etc" a' ciallachadh, is dòcha, gu robh pìos nas fhaide ceangailte ris air an robh daoine eolach? Seall cuideachd ri "Cromartie" 490, MacPhail, ed., *Highland Papers* i, 216, agus *NLS MS 2133*, fol. 149. Iomraidhean air seo cuideachd aig Wilson McLeod ann an dà alt, "Rì Innsi Gall, Rì Fionnghall," 37, agus "Anshocair am Fhionnghall," 18.

10. "Gur daor a cheannaich mi an diathad / Thug Nighean Ìomhair do Mhac Eachann / (?) gheàrrte (?) sa bhithinn de ghill' òg (?) / Do ....?

11. Is olc a fhuair mi tùs an Earraich / Is na Fèill Brìghde a chaidh tharam / chaill mi mo thriùir bhràithrean geall / taobh ri taobh a' sileadh fala / Ie e dh' fhàg mo chridhe gu cràiteach / fear beag duibh a' chlaidheamh làidir / mac Fhionnlaigh dhuibh à Cinntàile / dearg mhearlaich nan each is nan àigeach, etc.' A bheil an 'etc' seo a' ciallachadh gu robh tuilleadh ann dhan seo a th'air a dhol à cuimhne dhaoine ? 'Is ann air dreach eile dhan LS seo a bha an Urr Gilleasbaig Dòmhnallach a' tarraing cuideachd, is dòcha, agus is e seo mar a leugh esan e o LS a tha air chall a-nis. "Solk fuoir mi tuis 'n earraich / 'S n' fheail brìd's cha harim / Chail mi m'thriuir bhraihirin geal / taove ri taove shill faill / She ghaig mo chriodh go cratich / Fer beg dow chlay ladir/ 'S mac Finlay duy a Kintail / Dearig mhearlach nan each 's nan naigich." Seo ri fhaighinn, le fuasgladh ann an Gàidhlig àbhaisteach air t.d. 195 & 211 anns an alt a bha aig an Urr. A. Dòmhnallach: MacDonald, ed., 'Fragment of a Mackenzie MS'TGSI 36, 1931-33, 187-212.

12. 'Soraidh leat Choinnich Òig / bho a thrèigeas do charaid / B'[?]ionmhuinn mo mhiann mo bheatha / Bhios tu fò dhiblidh gun leighe ?]/ A bharail ud a bhith ann / a Mhic Chailein nan Gorm Lann / Bidh leat mo lann air mo chneas / agus a sgrìobhas le peann do sheanchais /A-nis bhon a tha mise [àrsaidh, glas,/ a mhic Flaith na Brugh shòlais ?] / A Mhic Choinnich is mòr brìgh/ fàgam agad-sa soraidh.'

Pàipear Taic 2. Na Tùsan agus càit a bheil iad ?

Tùsan na LSn - Liosta de LSn a bhuineas do Chlann MhicChoinnich a' leantainn is a' togail air an obair aig Jean Munro (1999: 12-17).

Ainm an LS neo an ùghdar	Càite a bheil e ?	Loidhne Gàidhlig ?
A. 'Ruairidh Beag, mac Ruairidh Mòr'(fl. 1540-60)	Air chall.[1]	?
B. Parson MacQueen (fl. 1560-1600)	Air chall.[2]	6
C. John Mackenzie. of Fairburn (fl. 1650 ?)	Air chall.[3]	?
D (& E). George Mackenzie of Tarbat (1st Earl Cromartie) – 'person of quality' (1630-1714)	1. BL Add MS 39205.[4] 2. An clò aig Sir W. Fraser.NAS GD 305/1/172.[5]	0 0
E (& D) Person of Quality (?George Mackenzie of Tarbat, 1630-1714, air àrdachadh an inbhe gu Iarla Chrombaidh,)	1. NLS Adv MS 49.7.12.[6] 2. Gairloch MSS.[7] 3. NLS MS 657[8] 4. Stonyhurst College.[9] 5. ML MS 591699 (b).[10] 6. ML MS 591706.[11] 7. ML MS 591711.[12]	0 0 0 ? 0 0 0
F. Applecross 'A' Le Iain Molach fear na Comraich c. 1667	1. NLS Acc 9711/1/1a.[13] 2. NLS Adv MS 34.6.27.[14]	? 0
G. Applecross 'B' Sloinntearachd an seo nas motha na eachdraidh (mar a tha ann an Applecross 'A').	1. NLS Adv MS 35.4.8 fol. 85-163.[15] 2. NLS Acc. 9711/1/1b.[16]	0 ?
H. Redcastle MS	Air chall	?
I. Allangrange MS (Gun urra.)[17]	1. BL. Add. MS 40271 ff. 50-104.[18] 2. ML MS 591703.[19]	40 40
J. Letterfearn MS. Hist. & Gen. of the Clan Mackenzie. Gun urra.[20]	1. BL. Add. MS 40271 ff. fol. 104-123.[21] 2. NLS MS 2133, ff. 213-245 [x 2].[22]	0 0
K. Mr John McRa († 1704) & an 'Ardentoul Manuscript.'[23]	1. BL Add MS 40721 ff. 1r-49v.[24] 2. Edinb. Pub. Lib., RBR QX DA758.3.MK37.[25] 3. Air chall.[26]	34 28 8
L. Dr George Mackenzie († 1725).[27]	1. BL Add MS 40720.[28] 2. NAS GD 46/14/1.[29] 3. NLS MS 2135, (ff. 307-).[30] 4. ML MS 591701.[31] 5. Kilcoy MS (air chall ?	0 0 0 0 ?
M. Mr Hector Mackenzie.[32] (c.1645-1719)	ML MS 591702	25
N. Deduction (Rodk. Mackenzie, c. 1755)	1. ML MS 591699.[33] 2. Gairloch MSS., Conon House.[34]	0 0

| O. Gairloch MS. Conon House, am measg pàipearan fear Gheàrrloch | 1. Genealogical Series of the family of Gerloch (1776).[35] | 4 |
| | 2. 'Memorial for the family of Gerloch to be inserted Dugglasses Barronage 1766...'[36] | 0 |

Nota taic 2

1. Ruairidh beag mac Ruairidh mòr, no 'Rorie Mackenzie.' Beò am meadhan an t-siathamh linn deug. 'Mr Rorie who then waited on Mackenzie and afterwards died parson of Contin.' ML MS 591702. Macdonald, 1931-33: 205.

2. Na phearsa eaglais air oighreachd MhicCoinnich c. 1567-c.1594 x 1611. Aon rann Gàidhlig leis air a ghlèidheadh anns an 'Ardentoul MS' agus a-rithist aig Mgr Hector. ML MS 591702; BL Add MS 40721.

3. Beò mu mheadhan na seachdamh linn deug. Fhuair Mgr 'Hector,' 1710, sealladh air an LS a dh' fhàg Iain fear Farabhraoin nuair a sgrìobh e fhèin a chuid eachdraidh.

4. 'Sir George Mackenzie's history of the family. Copy of Lord Tarbet's Manuscript made by Lewis Mark Mackenzie of Findon (1849).' Munro, 1999.

5. 'Cromartie' – W. Fraser, ed. (1876: pp. 462-513).

6. "The genealogie of the Mackenzies predeeding the year 1661 written in the year 1669 by a person of quality."

7. "The genealogie of the Mackenzies predeeding the year 1661 written in the year 1669 by a person of quality." Tha 'G E of C Flowerdale, 1754' sgrìobhte air an dreach a tha am-measg pàipearan fear Gheàrrloch.

8. NLS 657 – leth bhreac le John Matheson (1732).

9. Chan fhaca mi an LS seo a tha ann an Colaisde an Sasainn.

10. Earrann fìor bheag de eachdraidh a' chinnidh.

11. 'Fragment'- Chan eil ann an seo ach mir bheag de LS nas fhaide.

12. Leth-bhreac beag. Mu 30 duilleag (mu 7cm x 4 cm) a tha gann de dh' fhiosrachadh.

13. 'Genealogy of the surname of Mackenzie since their coming into Scotland collected by John Mackenzie Applecross.'

14. An clò ann am MacPhail, ed. *Highland Papers* ii, 5-68.

15. LS an clò aig an J.T. Clark ed., *Genealogical Collections concerning families in Scotland made by Walter Macfarlane 1750 – 1751* (SHS, Edinburgh, 1900, 2 vols) vol. i, 69-102.

16. Chuir 'persons of quality' ann an Inbhir Pheofharain seo an clò ann an 1843.

17. Rinn Lewis Mark Mackenzie leth-bhreac dhan an seo dha fhèin mu 1850, agus aig an àm sin: 'the original is in the possession of Mrs Mackenzie of Allangrange.' BL Add MS 39208, fol. 56.

18. History and Genealogy of the chiefs of Mackenzie, MS from Murdoch Mackenzie esqr, Calcutta, Balavil, Feb, 1857.' Leth-bhreac dheth a rinn Lewis Mark Mackenzie. Ochd pìosan beaga de bhàrdachd Gàidhlig, dà fhichead loidhne uile gu lèir. Tha nota air aon dhuilleag ann am peansail le ainm 'Alexander Mackenzie' (Celtic Magazine) fodha, 1878. 'This is a copy (with the spelling partly modernised by the copyist) of the "ancient " Allangrange MS so often quoted in the Allangrange service in 1829, added the conclusion from the original, now in my possession, the first 20 leafes (?) of the original is incomplete...'

19. Mitchell Library, LSn a bha ann an leabharlann Chaisteal Bhrathain. Tha mi a' smaoine-achadh (gun cus dearbhaidh) gur dòcha gur e teacs 'tùsail' a th'ann an seo a thaobh coltas an sgrìobhaidh agus an coltas àrsaidh 'Scotach' a th' air na cruthan sgrìobhaidh Gàidhlig.

20. Leis an ainm seo, 'Letterfearn MS' oir bha leth-bhreac aig 'L. Mackinnon of Letterfearn" aig aon àm dhan dreach a bh' aig Dòmhnall Gregory agus a ghabh Alasdair MacCoinnich seo air iasad bhuaithe.

21. Leth-bhreac a rinn Lewis Mark Mackenzie (1849) o LS a fhuair e o W.F. Skene le Dòmhnall Gregory. Chan eil rannan de Ghàidhlig anns an dreach seo.

22. Seo an dreach a bh' aig Dòmhnall Gregory. (Tha leth bhreac anmoch eile de dh' each-draidh Chloinn MhicRath le Mgr Iain MacRath air a cheangal ri thaobh).

23. Bha Mgr Iain MacRath (†1704) na mhinisteir an Inbhir Pheofharain. Rinn e each-draidh cuideachd do Chlann MhicRath. Bha leth-bhreacan dhan na h-eachdraidhean aige lìonmhor. Rinn Lewis Mark Mackenzie leth-bhreac dhan eachdraidh seo dha fhèin mu 1849. A rèir na sgrìobh esan (an 1849) chaochail Iain Macrath ann an 1704 is e air aois 90 a ruighinn. Chaidh tàir-sgrìobhainn a dhèanamh le Fearchair MacRath an Inbhir Ionaid ann an 1786, ach b' e tàir sgrìobhainn a rinn 'Captain (afterwards Sir) John MacRa (of the Royal Scots) from MacRa's transcript of the book in possession of Dr John MacRa of Chit-tagong,' ann an Calcutta ann an 1816 a chunnaic Lewis Mark Mackenzie (an 1849). Dh' fhàg Lewis Mark Mackenzie nota cuideachd a tha na fhuasgladh air an t-ainm an Làmh-Sgrìobhainn: 'Sir John MacRa's copy of [the manuscript] belongs to Miss Flora MacRa of Ardintoul, Kintail, Ross, his sister, Sept 1849.' BL Add MS 39208 fol. 180.

24. 'History of the Clan Mackenzie by John MacRa minister of Dingwall, 1704.' Theirinn-sa gur e seo an dreach tùsail – is dòcha le làmh Mhic Rath fhèin ach a' chiad dà dhuilleag a-mhàin. Tha leth bhreac dhan chiad dà dhuilleag a bha air chall air a cheangal ris a' chòrr dhan LS. Chaidh a' chiad dà dhuilleag a bh' air dhìth a cheangal ris an LS le Lewis Mark Mackenzie (c. 1849 ?) o leth-bhreac a bh' aige do èagradh eile a bh' aig Fear an Ùird. Seachd bloighean beaga de Ghàidhlig.

25. 'By JMR.' Chan eil an eachdraidh san leth bhreac seo a' dol seachad air 1651. Coltas nach e seo idir an dreach tùsail dhan eachdraidh ach leth-bhreac nas anmoiche leis gu bheil rannan a dhìth. Seo an dreach a bha A. Mackenzie a' cleachdadh airson 'The History of the Mackenzies,' agus, seo an leth-bhreac a bha an Urr. Uilleam MacMhathain a' cleachdadh cuideachd. Tha ainm 'William Matheson' agus '1959' sgrìobhte am broinn an duilleag-aghaidh.

26. Bloigh de LS a tha air fhoillseachadh (Macdonald, 1931-33) fon ainm 'Fragment of a Mackenzie Manuscript.' Ochd loidhnichean de rann Gàidhlig ann. Bha seo aig 'Aeneas MacDonnel of Morar' anns an 19mh linn ach tha e air a dhol à sealladh bho chaidh a dheasachadh, 1931-33.

27. B' e ogha do Sheòras an dàrna Iarla Sìophoirt († 1651) a bh'anns an Dr Seòras. Bha an Dr Seòras ag obair mar lighiche an Dùn Èideann is chaochail e ann an 1725. Bha seo a' fighe Eachdraidh Clann Choinnich agus eachdraidh Fitzgeralds is eile an Eirinn ri chèile, taobh ri taobh sìos chun an latha aige fhèin (Munro, 1997).

28. Briathrach. 'six MSS wrote of it by six different persons, which I have by me…' Chan eil rannan de Ghàidhlig anns an dreach seo (BL MS). A rèir Munro (1999), 'copied by Alexander Mackenzie of Breda from Kilcoy MSS.'

29. Tha an làmh-sgrìobhainn seo a' tighinn gu crìoch le fios mun Tighearna Tarbat (Iarla Chrombaidh) agus Aonadh nam Pàrlamaid 1707, air t.d. 258.

30. Ceangailt ann am pasgan leabhair cuide ri LSn eile (ff. 307-398).

31. Tha ceud, ceithir fichead sa sia taobh duilleag anns an làmh-sgrìobhainn seo (186 t.dd.) ach tha e coltach ris gu bheil an deireadh a a dhìth air. Tha e a' ruighinn chàirdean Chailein Càim (bh. 1594). Rannan Beurl' ann is Laideann ach chan eil aona rann Gàidhlig ann.

32. Is dòcha fear a bhuineadh do shliochd Gheàrrloich taobh athair. Cheumnaich e 1666 ann an Obar Dheathain is a bha na mhinisdeir an Cinn a' Ghiuthasaich is an uair sin an Inbhir Nis, c. 1688-1694. B' e Easbaigeach daingeann a bh' ann agus chaidh a chur às a dhreuchd air thàillibh sin agus chum e air a' searmonachadh an Gàidhlig an Inbhir Nis gus an do chaochail e ann an 1719. *FES* vi, 457. *NAS GD 46/14/1* fol. 118-120. (Mackenzie, 1894: 492). Teacs tùsail an seo sgrìobhte le Mgr Eachann na dhachaigh fhèin ann an Inbhir Pheofharain, 1710. Cha deach àireamhan a chur air duilleagan an LS seo (ach an cunntadh agam fhìn). Cho fad's is aithne dhomh chan eil dreach eile ann dhan làmh-sgrìobhainn seo. Tha ochd bloighean bheaga de dhàin ann - 25 loidhne de Ghàidhlig uile gu lèir. Bha an làmh-sgrìobhainn ann an leabharlann Chaisteal Bhrathain, agus thàinig e a steach a thaigh-tasgaidh Mhitchell ann an 1942.

33. 'Deduction of the Family of Seaforth from its first Settlement in Scotland down to the present time [1755].'

34. A deduction of the family of Seaforth from its first settlement in Scotland (1798 ?).

35. Tha iad seo (1 & 2) air an ceangal ann an leabhran cuide ri lethbhreac de dh' eachdraidh 'George Mackenzie Earl of Cromartie' agus an 'Deduction.'

36. B'ann ag amas air leabhar a chur Sir Robert Douglas a-mach a bha an dàra pìos seo: 'The Peerage of Scotland' (Edinburgh, 1764).

PT 3, Dealbhan

PT 3.1 Ìomhaigh ga chleachdadh le cead o Leabharlann Bhreatainn. (© *The British Library Board. BL Add MS 40721*.) LS "Ardentoul" leis an t-Urr Iain MacRath, c. 1678 (aig d. 12).

Beàrn far a bheil e air an rann Gàidhlig fhàgail às – ach bha dùil aige a lìonadh (?) oir tha e air beàrn fhàgail far an deidheadh an rann agus "an fhuasgladh" Beurla a chuir ann cuide ris.

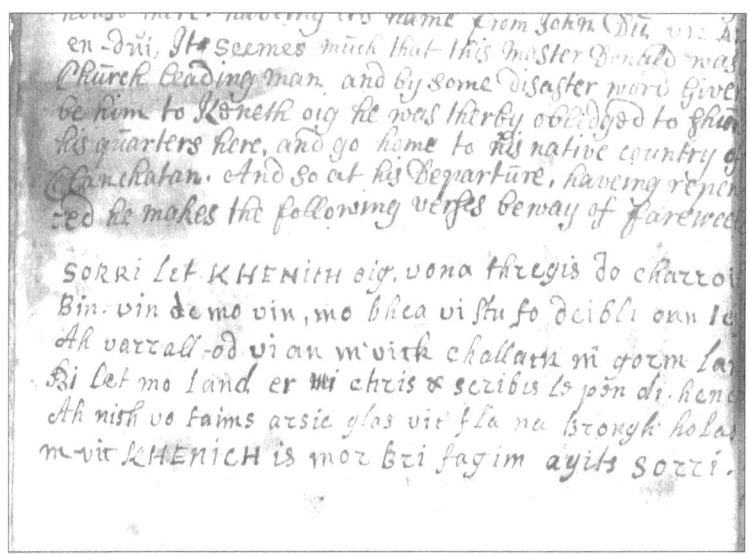

PT 3.2 Ìomhaigh air a chleachdadh le cead o leabharlann Mhitchell, Comhairle Bhaile Ghlaschu. (*Image by courtesy of The Mitchell Library, Glasgow City Council.*) LS an t-Urr Eachann MacCoinnich, 1710. *ML MS 591702* fol. 4.

"Sorri let Khenich oig, vona thregis do charroid...."

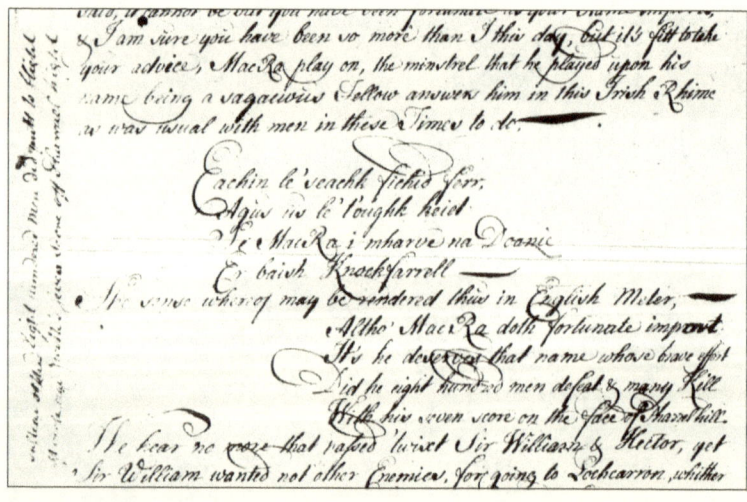

PT 3.3 Ìomhaigh air a chleachdadh le cead o leabharlann Mhitchell, Comhairle Bhaile Ghlaschu. (*Image by courtesy of The Mitchell Library, Glasgow City Council.*) LS "Allangrange" c. 1700 (?). *ML MS 591703* fol. 31.

"Gire Dire i chainnich mi dhihit...."

PT 3.4 Ìomhaigh ga chleachdadh le cead o Leabharlann Bhreatainn. (© *The British Library Board. BL Add MS 40721*). LS "Ardentoul" leis an t-Urr Iain MacRath, c. 1678 (aig d. 17).

"Eachin le seachk fichid ferr, Agus us le t' oughk keid, Se MacRa i mharve na Doanie Er baish Knockfarrerll"
le "fuasgladh" sa Bheurla sgrìobhte air oisean clì na duilleige.

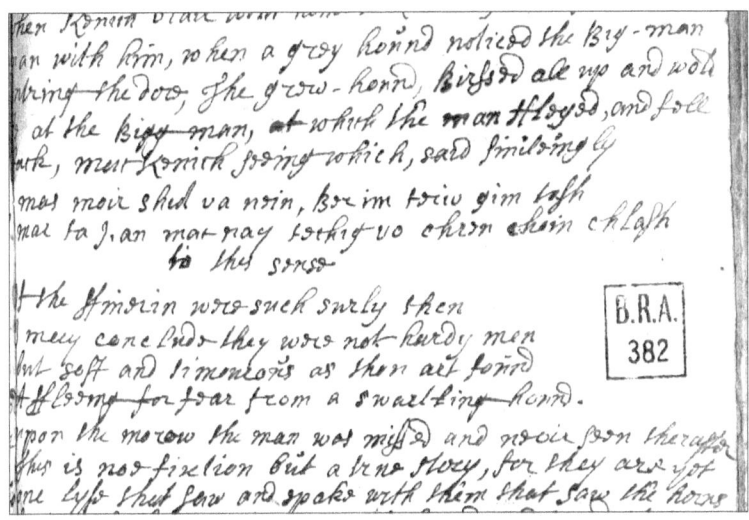

PT 3.5 Ìomhaigh air a chleachdadh le cead o leabharlann Mhitchell, Comhairle
Bhaile Ghlaschu. (*Image by courtesy of The Mitchell Library, Glasgow City Council.*)
LS an t-Urr Eachann MacCoinnich, 1710. *ML MS 591702* fol. 4.

...with him when a grey hound noticed the big-man entring the dore, the grew hound birsed
all up and wold [flie] at the bigg man, at which the man ffleyed and fell back, Mac Kenich
seeing which, said smileingly:

   Mas moir shid va n ein, berim teriv gim tash
   Mar tha I. an mac Nay, techig ro chren choin chlash

To this sense,
   Iff the Finerin were such surly then
   I may conclude they were not hardy men
   But soft and timmrous as thou as found (?)
   A ffleeing for fear from a swartling hound

Upon the morow the man was missed and nevir seen thereafter. This is not fixtion but a true
story, for there ar yet one lyfe that saw and spake with them that saw the horns for Kenich
Vlair was so very weell loved and feared that many men was content to have his favour....

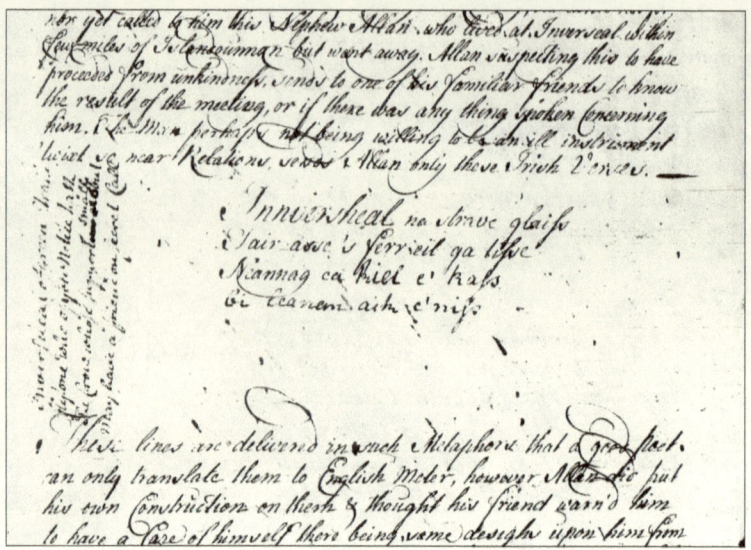

PT 3.6 Ìomhaigh ga chleachdadh le cead o Leabharlann Bhreatainn (© *The British Library Board* Add MS 40721). LS "Ardentoul" leis an t-Urr Iain MacRath, c. 1678 (aig d. 15).

Beàrn air fhàgail aige far am bu chòir don dàrna ceathramh a bhith.

Innversheal na Strave glaiss
Tair asse 's ferr eil ga tisse
Neannag ga kiel a' kass
Bi leannan aik c'niss

PT 4 Mapa a' sealltainn na sgìrean ann an oighreachd MhicChoinnich

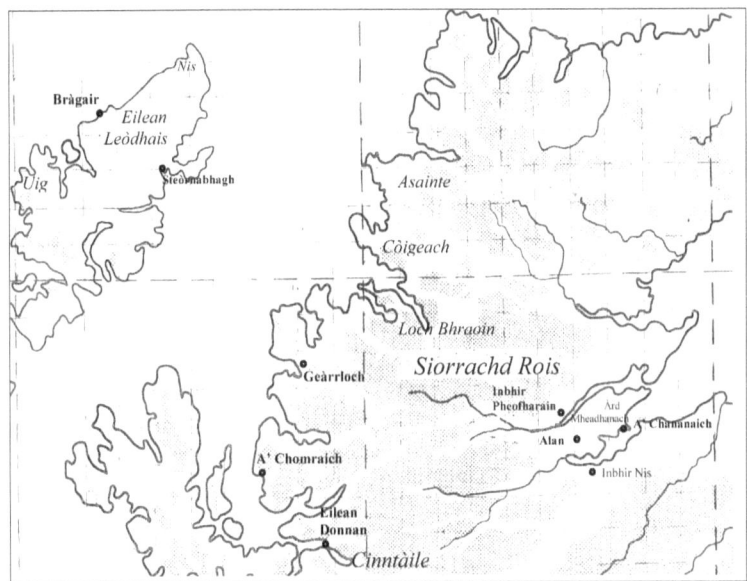

Saoghal Chlann Choinnich rè an 16mh-18mh linn

Cuid de dh'àitean air a bheil iomradh san teacsa

PT 5 Ceanglaichean Chàirdeis

Ceannnardan Chlann Choinnich (Sliochd Chinntàile) anns an 16mh linn agus Ruairidh Beag mac Ruairidh Mhòir.

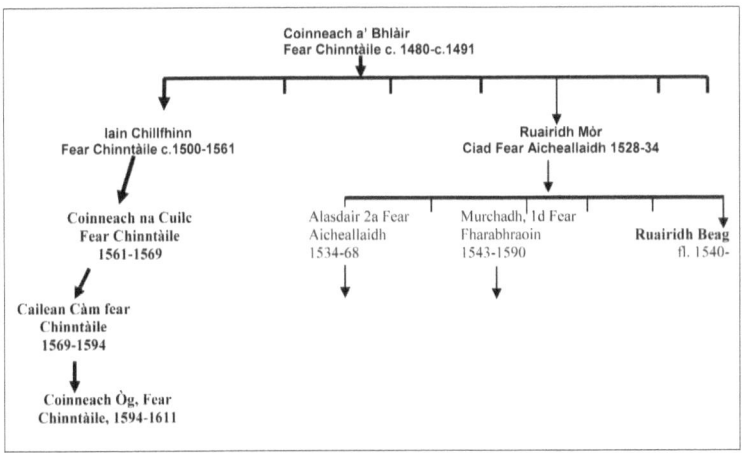

Fios bho Duncan Warrand, *Some Mackenzie Pedigrees* (R. Carruthers, Inverness, 1965) 3-15, 130-31, 142-43.

Nota

Bu chaomh leam taing mhòr a thoirt dhan Oll. Colm Ó Baoill, Roinn na Ceiltis Oilthigh Obar Dheathain airson seo a leughadh agus beachdan cho cuideachail a thoirt dhomh. Tha mi cuideachd fada an comain an Dr Michel Byrne (Roinn na Ceiltis is na Gàidhlig) agus an Dr Màrtainn MacGriogair (Roinn na h-Eachdraidh), an dithis aca aig Oilthigh Glaschu, airson dreachan dhan alt seo a leughadh agus airson an cuid beachdan is molaidhean. Chan e idir coire nan seòid ud a th'ann ma tha mearachdan an lùib a' phàipeir. Tha mi gu math fada an comain ceannard na roinne an seo ann an Glaschu, an Oll. Roibeard Ó Maolalaigh a bhrosnaich agus a chuidich mi gus a' cho-labhairt seo a fhrithealadh.

1. Munro, "The Mackenzies" ann an Oram, ed., *Lordship and Architecture* 273-91. (Mapa ann am Pàipear Taic 4.)

2. Allan, "What's in a Name?" ann an *Scottish History: The Power of the Past*, 147-67. MacGregor, "The Genealogical Histories of Gaelic Scotland," anns an leabhar, *The Spoken Word*, 196-239.

3. MacGregor, "Writing the History of Gaelic Scotland," 364-74.

4. Coltach ris an t-seòrsa sgrìobhaidh ann an Leabhar Deadhan Lios-Mòr neo Làmh-sgrìobhainn Fheàrnaig. MacCoinnich, "Where and How was Gaelic Written ?" *Caindel Alban, Fèill Sgrìobhainn do Dhòmhnall E. Meek: Scottish Gaelic Studies*, 24, 309-13, 316-21.

5. Tha mi a' togail "literati" on alt chudromach is brosnachail a rinn Ruairidh MacThòmais mu na teaghlaichean "foghlamaichte" ann an saoghal na Gàidhlig Clasaigich. Thomson, "Gaelic Learned Orders and Literati," 60-79. MacCoinnich, "Where and How was Gaelic Written?" 315-16, 328-29, 336 (n. 21) 353-56.

6. Ibid. 317-22, 325-29, 353-56.

7. Ibid. 339 (nota 38). Seall cuideachd ri Ó Baoill & MacAulay, "Scottish Vernacular Gaelic Verse to 1730," 7-8, 22-4, 41 (fo na cinn-fhacail "Mackenzie," "MacRaoiridh" agus "MacCulloch").

8. Ibid., 318-21, 335-36 (n. 16), 337-39 (n 30 & 39). Seall cuideachd ris a' mhìneachadh aig Martin MacGregor, "Genealogical Histories," 196, 201-202, 204.

9. MacCoinnich, "Where and How was Gaelic Written?" 335 (n.16). McLeod, "Divided Gaels," 36-37. Airson cuid de dh'eisimpleirean de chriomagan tràth de Ghàidhlig na h-Albann ro 1600 faic cuideachd Ó Baoill & MacAulay, *Scottish Vernacular Verse to 1730*, àireamhan 10, 13, 37, 162, 300, 162, 209, 210, 340, 388-488. Airson criomagan eile de Ghàidhlig tràth mu is ro 1600, seallaibh cuideachd ri Thomson, "The Earliest Scottish Gaelic non-Classical Verse Texts," 533-43, agus McLeod & Bateman, eds., *Duanaire nan Sracaire*, xlix, dàin leis na h-àireamhan 50-52, 57, 65-85.

10. Matheson, "Traditions of the Mackenzies," 193, 224 (n. 4).

11. Munro, "Mackenzie Manuscript Histories," 12-17.

12. MacGregor, "Genealogical Histories," 196-239. MacGregor, "Writing the History of Gaelic Scotland," 357-79.

13. MacCoinnich, "Where and How was Gaelic Written?" 329.

14. MacGregor, "Genealogical Histories," 204. Airson leabhraichean Chlann Raghnaill seallaibh ris an aiste aig Gillies, "The Clanranald Histories," 315-18, 331-36.

15. Matheson, "Traditions of the Mackenzies," 226 (n.51). Munro, "Mackenzie Manuscript Histories," 16-17. Tha e coltach gu robh MacMhathain air an tionndadh dhan "Ardentoul MS" a tha ann an leabharlann Bhaile Dhùin Èideann a leughadh ach nach robh e air an tionndadh ann an Lunnainn fhaicinn idir. Tha seo soilleir oir tha iomradh ann an gach tionndadh dhan làmh-sgrìobhainn air "Irish verse" co-cheangailt ri sgeulachd mu "MacQueen" ach chan eil an "Irish verse" seo idir ri fhaicinn ach ann an LS Lunnainn a-mhàin, agus cha robh guth aig MacMhathain air na rannan seo. Is math dh' fhaoidte, le sin, nach robh fios aige mun duanag seo (Seall PT 1, àir. 14).

16. B'e mac do dh' Alasdair MacRath ann an Inbhir-Ionaid, Cinntàile, a bh'ann am Mgr Iain. Cheumnaich e an oilthigh Obar Dheathain agus chaidh e mar mhinisteir a Chille-Mhòrag, 1667-1674. Dh'fhalbh e bhon an sin gu bhith na mhinisteir an Inbhir Pheofharain, 1674-1704. Scott, *Fasti* (1870) iii, 298, 289.

17. British Library *Add MS 40271* fol. 1. Tha mi a' smaoineachadh gur e dreach tùsail a th' ann an seo dhan "Ardentoul MS" ann an làmh Mgr Iain MacRath fhèin o mu 1680. Ach chaidh a' chiad duilleag air a bheil an "Irish verse" seo a' nochdadh a dhìth anns an dreach seo dhan "Ardentoul MS." Chaidh a "chàradh" le duilleag ùr ga cur ris le fear Lewis Mark Mackenzie ann an 1849. Thog Lewis M. Mackenzie an stuth a chuir e air an duilleag ùr seo o leth-bhreac a bh'aige de làmh-sgrìobhainn a fhuair e air iasad o Mhac-Coinnich an Ùird. Tha an duilleag "ùr" seo o 1849 air a ceangal ris a' chòrr dhan làmh-sgrìobhainn a-nis. Tha mi a' smaoineachadh gur ann an làmh an Urr Iain MhicRath fhèin a tha e o dheireadh an 17mh linn ged nach gabh seo a dhearbhadh le cinnt. Tha dreach dhen aon dhuanaig seo ri fhaicinn ann làmh-sgrìobhainn Mhgr Eachainn cuideachd (PT 2, àir 14).

18. Aithnichte mar "Colin Mackenzie of Kintail" agus "Kenneth Mackenzie 1st Lord Kintail" agus cruthan leithid sin ann an Scots agus am Beurla an àma. Warrand, *Some Mackenzie Pedigrees*, 11-18. Airson iomradh orra anns a' Ghàidhlig faic Ó Baoill, "Gàir nan Clàrsach," 78-82. MacCoinnich, "Tùs gu Iarlachd," 359-60, 370-75.

19. MacCoinnich, "Tùs gu Iarlachd," 31.

20. Theirinn gur e Mgr Uilleam seach Dòmhnall MacCuinn a sgrìobh e. Tha e soilleir gu robh Mgr Uilleam ann an cuideachd, agus is dòcha ann an seirbhis cheannardan Chlann Choinnich ann an dòigh air choireigin eadar na 1560an agus na 1580an. Is dòcha gu robh Dòmhnall MacCuinn (fl. 1606-c.1623) ro òg gus a bhith eòlach air Cailean Càm (fl. 1569-1594). *Ibid.*, 29-32 (& n. 98-104).

21. MacCoinnich, "Where and How was Gaelic Written?" 314-20, 325-30, 335-36 (n. 16), 337-38 (n. 30). Tha mise air dearbhadh nach robh ach glè bheag de ghnothaich aig a' Ghàidhlig Chlasaigeach ris a' Ghaidhealtachd taobh a-muigh Earraghaidheil is na h-eileanan. Ach gabhaidh e a thuigse ann a dòigh eile cuideachd. Is dòcha nach e an sgaradh a chithear, eadar roinn den Ghaidhealtchd anns a bheil a' bhàrdachd chlasaigeach, agus roinn anns nach eil i idir; ach eadar roinn far an tèid a sgrìobhadh sìos "gu h-àbhaisteach," agus roinn anns nach tèid, ma thèid a sgrìobhadh sìos idir. Tha mi fada an comain an Dr Màrtainn MacGriogair airson a' bheachd sin agus airson deasbaid mun phuing seo (post-dealain, 16 Ògmhios 2009).

22. Tha mi fada an comain am Proifeasar Colm Ó Baoill, Roinn na Ceiltis ann an Oilthigh Obar Dheathain, agus cuideachd dhan Oll. Michel Byrne Roinn na Ceiltis is na Gàidhlig, Oilthigh Glaschu, airson a' phuing seo a chur air shùilean dhom.

23. Ach dh' fhaodadh gum biodh beachdan eile ann. Is dòcha, an àite "a thrèigeas," "a charaid" agus "a tha mise" ris am biodh tu an dùil ann an Gàidhlig na h-Alba, gur e "thrèigis," "charroid" agus "táims" a th' ann an cuid de na facail a tha an lùib luinneag MhicCuinn—rud a dh' obraicheadh glè mhath a thaobh an rannaigheachd is am meadrachd. Is e sanas a th'ann an sin, nam b'e is gum biodh sin ceart, gur dòcha gur e Gàidhlig Clasaigeach a bh' ann. Tha mi fada an comain Dr. Michel Byrne airson a' phuing seo a dheasbad leam.

24. British Library Add MS. Fol. 12v. MacCoinnich, "Tùs gu Iarlachd," 391.

25. British Library Add MS. Fol. 11v. MacCoinnich, "Tùs gu Iarlachd," 388-89. Bha gnothach air choireigin air a bhith a' dol eatorra on 8mh dhan Ceitean 1566 co-dhiù, oir tha lorg ann an clàraidhean an riaghaltais gun do chuir a' Bhanrigh fios gu dithis aca le gille a chaidh gu tuath o Dhùn Èideann "witht clois writtingis of oure soveranis [Màiri is Eanraig] to [Coinneach na Cuilc, † 1568] Mackenz[i]e and Johnie Myderat, Capitane of Clanranald." "*Accounts of the Lord High Treasurer*" *xi*, 506. Ach bha an riaghaltas a' feuchainn (anns an Dùbhlachd 1567) ri dòighean a lorg gus Iain Mùideartach a cheannsachadh. *Records of the Parliament of Scotland*, 1567/12/90 (Sheall mi ri seo, < http://www.rps.ac.uk/ > 28 Ceitean 2009). Dh' fhaodadh gu robh ceangal aige seo ris a' choinneimh eatorra. Agus, goirid an dèidh sin, anns an Iuchar 1570, b' fheudar do [Chailean Càm] MhacChoinnich dlighe a dhèanamh a' gealltainn gun dìonadh e na Granndaich an aghaidh Chlann Raghnaill. Fraser, ed., *Chiefs of Grant* iii, 389-90.

26. Is dòcha gur e Lachlann MacMhuirich, athair Nèill Mhòir, a bhiodh a' frithealadh Mac mhic Ailein mun àm seo. Thomson, "The MacMhuirich Bardic Family," 295-98. Thomson, "Niall Mòr MacMhuirich," 9-11.

27. MacCoinnich, "Where and How was Gaelic Written ?" 310-13, 315-22, 328-29.

28. Airson seanchaidh nan Leathanach, Fergus "Mackenzie" faic MacGregor, "The Genealogical Histories of Gaelic Scotland," 213, 234 (n. 125). Tha mise a' smaoineachadh gur e mearachd a th' anns an dreach-ainm seo, "Fergus Mackenzie," mar phearsa ann am Muile (c.1600), agus gun do rinn tair-sgrìobhaiche am "Fragment of a Mackenzie MS mearachd. Tha "C" agus "r" agus "n" uaireannan duilich an aithneachadh o chèile ann an seann lamh-sgrìobhainn mura h-eil fhios dè na facail a bha fa-near dhan neach-sgrìobhaidh. Is dòcha gu robh cuideigin a' leughadh 'MacRourie" mar "MacCounie" agus gun do rinn e "MacCoinnich" dheth is ga chuir dhan Bheurla mar "Mackenzie." Cha ghabh seo a dhearbhadh, gun na làmh-sgrìobhainnean fhèin fhaicinn, ach tha fianais eile ann mu "Fergus MacRourie," ach chan eil mu "Fergus Mackenzie." MacGregor op. cit. A. MacDonald, ed., "Fragment of a Mackenzie Manuscript," 204-205. Faic cuideachd Matheson, "Traditions of the Mackenzies," 226-27 (n. 68).

29. Cha ghabh e a dhearbhadh, ach an dùil an e seo 'LS 1467' mar a bha e ga chleachdadh mu 1600 ? Airson an LS seo seallaibh ri MacGregor, 'Genealogies of the Clans: Contributions to the study of MS 1467.' 131-146. A. MacDonald, ed., "Fragment of a Mackenzie Manuscript," 204-205.

30. A. MacDonald, ed., "Fragment of a Mackenzie Manuscript," 204-205. Tha sgrìobhaiche am "Fragment" ag innse nach robh Clann Choinnich idir a' cur earbsa ann am beachd an t-seanchaidh Muileach a bha a' toirt tùs "Gaidhealach" is "Èireannach" dhaibh ach gu robh iad a' taobhadh ris an t-seanchaidh aca fhèin "Ruairidh Beag mac Ruairidh Mhòir" a bha a' toirt tùs "Normanach" is "Èireannach" dhaibh.

31. Ibid.,11, 28-37 (nota 127). Matheson, "Traditions of the Mackenzies," 226 (n. 51). Munro, "Mackenzie Manuscript Histories," 16-17.

32. Rugadh Mgr Eachann mu 1645 ann an Srath an Fhàmhair. Fhuair e foghlam an oilthigh Obar-Dheathain is bha e na mhinistear an toiseach ann an Cinn a' Ghiuthsaich, 1670-1688. Chaidh e a dh' Inbhir Nis ann an 1688 far an robh e gus an deach a chur às a dhreuchd le Clèir Mhoireibh ann an 1695 leis gu robh e na Easbaigeach daingeann. Cha b'urrainn dha searmanachadh am Beurla an dèidh sin, ach lean e a' searmanachadh anns a' Ghàidhlig an Inbhir Nis gu àm a bhàis, 1719. Scott, "Fasti," (Revised edition, 1926) vi, 457. *NAS GD 46/14/1*, fol. 118-20.

33. Mitchell Library, MS 591702, fol. 4r. Tha Mgr Eachann cuideachd ag ràdha gum faca esan làmh-sgrìobhainn Mhgr MhicRath, oir tha e a' toirt iomradh (air an t-siathamh duilleig ron an deireadh) gun do leugh e "ane manuscript writ by Mr John MacRa umquhill minister of Dingwall."

34. A rèir Alasdair Caimbeul, 1717 x 1722: "parchments are the best genealogist..." agus: "it can be no surprise that as certain an account of their transactions and proceedings might be transmitted by tradition as by wryteing...." MacGregor, *The Genealogical Histories of Gaelic Scotland*, 211.

35. Chan fhaca sgrìobhaiche am "Fragment" LS Ruairidh Bhig, ach bha e a' tarraing air sgrìobhainnean chuideigin eile a bha air fhaicinn. Seo gu h-àrd sa phrìomh theacs agus A. MacDonald, ed., "Fragment of a Mackenzie Manuscript," 204-205.

36. Warrand, *Some Mackenzie Pedigrees*, 131. *Registrum Magni Sigilli* iii, no. 2622, t.d. 604. *Registrum Secreti Sigilli Regum Scotorum* ii, 4541, t.d. 688. MacCoinnich, "Tùs gu Iarlachd," 35 (n. 114-19). Tha Acha-glùineachan (Auchlunachan, OS NH 180 834) ann an Sgìre Loch Bhraoin, agus tha Farabhraoin (Fairburn, OS NH 470 523) agus Aicheallaidh (Achilty OS NH 450 562) faisg air baile Chunndainn (Contin).

37. Warrand, *Some Mackenzie Pedigrees*, 8-13.

38. MacCoinnich, "'Kingis Rabellis' to 'Cuidich an Rìgh'?" 176-86.

39. Sellar "Highland Family Origins," 108. Gillies, "Some Aspects of Campbell History," 277-79. MacGregor, "Genealogical Histories," 221. Gillies, "Heroes and Ancestors," 58-60. Sellar, "The Earliest Campbells," 109-22. MacGregor, "Genealogies of the Clans," 146.

40. MacCoinnich, "Daltachas, Fineachan agus Alba." MacCoinnich, "Tùs gu Iarlachd," 4, 26-27, 32-38. Cha ghabh a dhearbhadh, ach cha bhiodh e idir mì-choltach gur e ceangal leithid seo a bheireadh naidheachd mu uirsgeulan is bàrdachd Ghearoid Iarla Fitzgerald agus a chuid bàrdachd gu Deadhan Lios Mòr faisg air an aona àm. Airson fiosrachadh mu cheanglaichean eadar cùirt nan Stiùbhartach ri teaghlach Fitzgerald mun àm seo seall cuideachd ri altan Cathcart, "James V, King of Scotland – and Ireland" 124-143 agus Ó Siochrú, "Foreign Involvement in the Revolt of Silken Thomas," 49-66.

41. Airson mar a bha Clann Choinnich anns a' chòigeamh linn deug ann an dàimh ri Clann Dòmhnaill seach nan rìghrean seall ri MacCoinnich, "Kingis Rabellis," 187-97.

42. MacGregor, "Genealogies of the Clans," 217.

43. Bha na Caimbeulaich ris an aona chleas mun aon àm neo is dòcha fiù roimhe sin (Sellar, "The Earliest Campbells," 115, 118). Airson "Rìoghalachd" ged is ann anns an t-seachdamh seach an t-siathamh linn deug, faic MacGregor, "Genealogical Histories," 217.

44. MacCoinnich, "Where and How was Gaelic Written?" 339-40 (n. 40).

45. Blàr na Pàirce, c. 1491. MacCoinnich, "Kingis Rabellis," 190-95.

46. Chan eil an duanag Ghàidhlig seo idir soilleir. [?*"Thuagh an sin is tu gun tàinig, nach leatha a bheireadh an dì-cheannadh, ge b'e dè chanas Ailean mhic*

Ruairidh, gu mòr tais ga mhaoidheadh" ?] Mitchell Library MS 591702 fol. 26r-26v (PT 1, 5).

47. Tha e soilleir o leughadh eachdraidh "Cromartie" (Morair Tairbeirt †1711) gu robh Gàidhlig aige. Faodar a bhith cinnteach gu robh Fear na Comraich (†1646) "...an sgoilear gun dìobradh, meòir as grinne nì Sgrìobhadh..." gu math fileanta sa Ghàidhlig. J. Carmichael Watson ed., "*Orain agus Luinneagan Gàidhlig le Mairi Nighean Alasdair Ruaidh. The Gaelic Songs of Mary MacLeod*" Loidhne, 153-236, 948. t.d. 14-20, 78. Airson tuilleadh fios mu "Applecross" agus "Cromartie," thèid gu MacCoinnich, "Tùs gu Iarlachd," 11.

48. Tha iomradh ann am "Fasti" gur e "Gaelic preacher of note" a bh' ann am Mgr Eachann MacCoinnich. Scott, "Fasti," (Revised edition, 1926) vi, 457. Thuirt Dr George Mackenzie (1725) gun deach Mgr Eachann a chur às a dhreuchd ann an 1695, ach lean e a' searmanachadh anns a' Ghàidhlig an Inbhir Nis gu àm a' bhàis, 1719. *NAS GD 46/14/1*, fol. 118-20. Airson ceanglaichean eadar Mgr MacRath agus eòlaichean chànan is cultur nan Gaidheal na latha fhèin seallaibh ri MacGregor, "Genealogical History," 208, 212-15, 220. Chan eil e soilleir dhomh-sa cò a sgrìobh an "Allangrange MS." B'e taca cudromach a bh'ann an Alan (neo "Allangrange" OS NH 623 515) do Chlann Choinnich agus bha "Mackenzie's girnel house" ann—an t-àite anns am biodh an ceannard a' glèidheadh na mine san t-siathamh linn deug. Bha teaghlach "Mackenzie of Allangrange" ann cuideachd, ach chan eil e soilleir an robh ceangal aig an teaghlach seo ris an làmh-sgrìobhainn. MacCoinnich, "Tùs gu Iarlachd," 192-93. Airson teaghlach "Mackenzie of Allangrange" o mu dheireadh na seachdamh linn deug seallaibh ri Mackenzie, "History of the Mackenzies," 357-61.

49. Is e cranag air eilean ann an loch faisg air Srath Pheofharain (NH 470 575) a th' ann an Cinn Eilein. Bha taigh aig Iarlan Rois ann is dòcha agus tha lorg air fianais co-thìmeil sgrìobhte gu robh taigh-còmhnaidh aig ceannardan Chlann Choinnich ann cho tràth ri 1494 agus gu robh iad fhathast ann ann an 1569 agus is dòcha greis an dèidh sin. MacCoinnich, "Tùs gu Iarlachd," 140 (n. 468).

50. Is dòcha gun gabh a' Ghàidhlig seo a thuigsinn mar: "Mas mar siud a bha an Fhèinne, Bheirinn dearbh gum [bu] tais/ Mar a tha Aidhean (?) mac an Fhèidh, teicheadh bho ghreann choin ghlais (?)."

51. C. Ó Baoill & D. MacAulay, "Scottish Gaelic Vernacular Verse to 1730: A Checklist" 1-2. Matheson, "An Clàrsair Dall," 206-26.

52. MacCoinnich, 'Tùs gu Iarlachd,' 324-29, 335 (n. 16).

53. Airson fiosrachadh mun bhuaireadh is an conas eadar Sliochd Chinntàile agus Sliochd Gheàrrloch rè an 16mh linn, seall ri MacCoinnich, "Tùs gu Iarlachd," 122-28, 186-88.

54. "Applecross," *Highland Papers* ii, 28.

55. "Airson deasbad eadar 'An Seillean agus a' chuileag' bhon naoidheamh linn deug, faic cuideachd, Celtic Magazine, iv (Inverness, 1879) 65-67. Seall cuideachd air dàn Dhùbhghaill Bhochanain (c.1767), 'An Geamhradh.' Mackenzie, ed., 'Sàr-Obair,' 195."

56. MacCoinnich, "Tùs gu Iarlachd," 122-28, 158, 186-88.

57. cf. Mackenzie, "History of the Mackenzies," 147-48, 401. "Applecross," *Highland Papers* ii, 33. MacCoinnich, "Tùs gu Iarlachd," 158. PT 3, dealbh 3.

58. Bha mòran bheachdan eile ann cuideachd. Seall ri MacGregor, "Genealogical Histories," 216-19. Allan, "What's in a Name? Pedigree and Propaganda in the Seventeenth Century," 159-61.

59. MacGregor, "Genealogical Histories," 216-23.

60. Ibid., 222.

61. MacGregor, "Creation and Compilation: The Book of the Dean," 214-15.

62. MacCoinnich, "Where and How was Gaelic Written?" 316-22.

63. MacGregor, "Genealogical Histories," 208-209.

64. Woolf, "The Speaking of History," 121-24.

65. Tha seo a' togail ceist eile cuideachd. Ged a rinn Bedell (1685) agus Kirk (1690) tionndaidhean de Bhìoball anns a' Ghàidhlig Chlasaigich, cha robh Bìoball Gàidhlig ann ro 1767 (TN) agus 1801 (ST). Chan eil e soilleir dè cho feumail is a bha na teacsaichean Gàidhlig "Clasaigich" seo an Alba. Meek, "Bible, Gaelic Translations of," 23-24. An dùil an ann mar seo (i.e., mar a bha càch le eachdraidhean) a bha ministearan ag obrachadh a thaobh pàtranan cainnt cuideachd? A' leughadh anns a' Bheurla ach ag eadar-theangachadh gu Gàidhlig anns a' bhad? MacCoinnich, "Where and How was Gaelic Written?" 322-24, 341-42 (n. 53). Chan eil mòran fios le cinnt againn mu bheatha Iain Luim, Bàrd Cheapaich (c.1620-c.1710). Ach a rèir aon chunntas o bheul-aithris cha b' urrainn dhan bhàrd leughadh no sgrìobhadh ach chumadh e caoban mòra dhan na sgriobtaran air bàrr a theanga a dh' aindeoin sin. Ach leis nach robh Bìoball Gàidhlig ann rè beatha Iain Luim is fhiach faighneach an ann am Beurla a bha e a' faighinn naidheachd Dhè ? A.M. Mackenzie, ed., *Orain Iain Luim*, xxvi-xxvii. Mo thaing don Dr Màrtainn MacGriogair airson a' phuing seo mu Iain Lom a chuir air shùilean dhomh.

66. Tha Màrtainn MacGriogair a' tighinn faisg air a' phuing seo anns an dol seachad le "...in some instances they dedicate their histories to him [i.e., ceann-cinnidh] broaching the possibility that these were commissioned...." MacGregor, "Genealogical Histories of Gaelic Scotland," 222.

67. MacCoinnich, "Kingis Rabellis," 183-90.

68. "Daoine ùra" fo smachd Chlann Coinnich, mar Clann Mhic Rath, Clann Mhic Ìomhair, Clann Mhic Amhlaigh, Clann Mhic Mhathain, Clann Mhic-Leòid is eile. MacCoinnich, "Tùs gu Iarlachd," 211-14 (& notaichean 753,

756). Airson a' cheangal a bha iad a' togail le Sliochd MhicGhille Riabhaich à Cinn Loch Iù, seallaibh ri "Applecross," 9-12, 31.

69. MacCoinnich, "Daltachas, Fineachan agus Alba."

70. MacCoinnich, "Tùs gu Iarlachd," 211-14.

71. Dealbh le George Jamesone, 1635, "Genealogy of the House of Glenorchy" ann an D. Thomson, "Painting in Scotland," 65. Tha dealbh de chraobhsgaoileadh nan Rothach air uachdair am "Munro Tree." R.W. Munro, ed., "The Munro Tree (1734)" uachdar & t.d. vii (nota "a" "b").

72. Thomson, "The Earliest Scottish Gaelic non-Classical Verse Texts," 542-43.

Liosta de Thùsan Fiosrachaidh

Làmh-sgrìobhainnean

British Library

Add MS 39205 "George Mackenzie of Tarbat, 1st Earl of Cromartie" (c. 1680, copy 1849)
Add MS 39210 ff. 7-17 "Compt" of Colin Mackenzie of Kintail.
Add MS 40720 "Dr George Mackenzie"
Add MS 40721 ff. 1r-49v. "Ardentoul MS"
Add MS 40271 ff. 50-104 "Allangrange MS"
Add MS 40271 ff. fol. 104-123 "Letterfearn" MS

Edinburgh Public Library

"Ardentoul MS" (Copy) by "JMR" Shelfmark RBR QX DA758.3.MK37

Gairloch Muniments, Conon House, NRA (Scot) 0143.

"A Deduction of the Family of Seaforth from its first settlement in Scotland" (copy, 1798 x 1817).

"Memorial of the Family of Gerloch, to be inserted into Douglas's Baronage," 1766.

Notebook containing two items: "Genealogy of the Mackenzies before 1661, written in 1669 by a 'Person of Quality,' with continuation to 1630, and initialled G. E. of C," Flowerdale, 1754; (20ff) & "A Genealogical Series on the Family of Gerloch, 1776" (10ff).

National Archives of Scotland

GD 46/14/1 "Dr George Mackenzie"
GD 305/1/172 "George Mackenzie of Tarbat, 1st Earl of Cromartie"

National Library of Scotland / Leabharlann Nàiseanta na h-Alba

Acc 9711/1/1a "Mackenzie of Applecross" (?)
Acc 9711/1/1b "Mackenzie of Applecross" (?)
Adv MS 34.6.27 "Mackenzie of Applecross" (?)
Adv MS 35.4.8 fol. 85-163 "Mackenzie of Applecross" (?)
Adv MS 49.7.12 "Person of Quality"George Mackenzie, Earl of Cromarty ?)
MS 657 "Person of Quality"
MS 2133, ff. 213-245 [x 2] "Letterfearn" MS
MS 2135, (ff. 307-) "Dr George Mackenzie"

Mitchell Library, Glaschu

MS 591699 (b) "Person of Quality"
MS 591699 "Deduction" of Roderick Mackenzie
MS 591701 "Dr George Mackenzie" (1725)
MS 591702 "Mr Hector Mackenzie" (1711)
MS 591703 "Allangrange MS"
MS 591706 "Person of Quality"
MS 591711 "Person of Quality"

Tùsan -fiosrachaidh ann an riochd leabhar neo alt

Accounts of the Lord High Treasurer of Scotland 1473-1580: Compota Thesaurari-orum Regum Scotorum 1473-1580, T. Dickson, J. B. Paul and C. T. Macinnes (13 vols., Edinburgh, 1877-1978).

Allan, David "'What's in a Name?' Pedigree and Propaganda in Seventeenth Century Scotland." Ann an, *Scottish History. The Power of the Past,* edited by Edward J. Cowan & Richard J. Finlay, 147-167. Edinburgh. Edinburgh University Press, 2002.

Applecross. "Genealogie of the Surname of M'Kenzie Since their Coming into Scotland. Collected by John Mackenzie of Applecross."'J. R. N. MacPhail, ed., *Highland Papers vol. 2,* 1-68. Edinburgh, Scottish History Society, 1916.

Barrow, G. W. S., "The Lost Gaidhealtachd of Medieval Scotland." Ann an *Gaelic Scotland / Alba agus a' Ghàidhlig,* edited by W. Gillies, 67-88. Edinburgh University Press, Edinburgh. 1989.

Cathcart, Alison, "James V, King of Scotland – and Ireland ?" anns an leabhar, *The World of the Gallowglass: Kings, Warlords and Warriors in Ireland and Scotland, 1200-1600,* edited by Seán Duffy, 124-43. Dublin, Four Courts Press, 2007.

Celtic Magazine, vol. iv. Inverness, 1879.

Clark, J. T. ed., *Genealogical Collections made in Scotland by Walter MacFarlane, 1750-1751.* Scottish History Society, Edinburgh, 1901.

Cromartie. "History of the Family of Mackenzie. By Sir George Mackenzie, first Earl of Cromartie. In *The Earls of Cromartie: Kindred, Country and Correspondence*, edited by W. Fraser, 462-523. Edinburgh, 1876.

Douglas, Sir Robert. *The Peerage of Scotland*. Edinburgh, 1764.

Fraser, W. ed., *Chiefs of Grant*, 3 Volumes, Edinburgh, 1883.

Gillies, W. "Some Aspects of Campbell History. *Transactions of the Gaelic Society of Inverness* 50(1976-78): 256-95.

Gillies, W. "Heroes and Ancestors. Ann an *The Heroic Process: Form Function and Fantasy in Folk Epic. Proceedings of the International Folk Epic Conference, University College Dublin, 2-6 September, 1985,* edited by B. Almqvist, S. Ó Catháin and P. Ó Héalaí, 57-73. Dublin, 1987.

Gillies, W. "The Clanranald Histories—Authorship and Purpose." Ann an *Origins and Revivals: Proceedings of the First Australian Conference of Celtic Studies,* edited by G. Evans, B. Martin and J. Wooding, 315-40. Centre for Celtic Studies, University of Sydney, 2000.

MacPhail, J.R.N., ed. *Highland Papers*. Scottish History Society, Edinburgh (4 imleabhraichean), 1916-1934.

MacCoinnich, Aonghas "Kingis Rabellis' to 'Cuidich an Rìgh' ? Clann Choinnich: the Emergence of a Kindred, c. 1475-c.1514.' Ann an leabhar: *The Exercise of Power in Medieval Scotland, c. 1200-1500.* Edited by S. Boardman & A. Ross. 175-200, Four Courts Press, Dublin, 2003.

————.*Tùs gu Iarlachd, Eachdraidh Chloinn Choinnich, c. 1466-1637* (Tràchdas PhD, Oilthigh Obar Dheathain, 2004)

————. "Where and How was Gaelic Written in Late Medieval and Early Modern Scotland ? Orthographic Practices and Cultural Identities." Ann an *Caindel Alban. Fèill-Sgrìobhainn do Dhòmhnall E. Meek. Scottish Gaelic Studies,* vol. 24, edited by C. Ó Baoill agus N. R. McGuire, 309-56, 2008. http://eprints.gla.ac.uk/4940/

————. "Daltachas, Fineachan agus Alba anns an t-siathamh agus an t-seachdamh linn deug." Anns an leabhar: *Cànan agus Cultur/ Language and Culture Rannsachadh na Gàidhlig 4, Proceedings of a Conference held at Sabhal Mòr Ostaig, July 2006.* Air a dheasachadh le G. Rothach is R.A.V. Cox. Edinburgh: Dunedin Academic Press, 2009.

MacDonald, A., ed. "Fragment of a Mackenzie Manuscript (beginning at page 139 and breaking off at 174): Being an Account of the Struggle between the Mackenzie and the Glengarry People." *Transactions of the Gaelic Society of Inverness 35* (1931-1933): 187-212.

MacGregor, M. "Genealogies of the Clans: Contributions to the study of MS 1467." *Innes Review* 51(2000): 131-46.

————. "The View from Fortingall: The Worlds of the Book of the Dean of Lismore." *Scottish Gaelic Studies* 22 (2006): 35-85.

————. "Creation and Compilation: The Book of the Dean of Lismore and Literary Culture in Late-Medieval Gaelic Scotland." In *The Edinburgh History of Scottish Literature*, vol. 1, edited by I. Brown, T.O. Clancy and M. Pittock, 209-218. Edinburgh: Edinburgh University Press, 2007.

MacGregor, Martin. "The Genealogical Histories of Gaelic Scotland." Ann an *The Spoken Word,. Oral Culture in Britain, 1500-1800*, edited by A. Fox and D. Woolf, 196-239. Manchester University Press, Manchester, 2002.

————. "Writing the History of Gaelic Scotland: A Provisional Checklist of 'Gaelic' Genealogical Histories." Ann an *Caindel Alban. Fèill-Sgrìobhainn do Dhòmhnall E. Meek. Scottish Gaelic Studies* 24(2008): 357-79.

McGuire, N. "Lost and Found: the Papers of Alexander Matheson." *Scottish Gaelic Studies* 23(2007): 145-78.

Mackenzie, Alexander. *The History of the Mackenzies with the Genealogies of the Principal Families of that Name.* (Inverness, 2nd edition, 1894). Clan Mackenzie Society reprint, Ontario, Canada, 1998.

Mackenzie, A.M., ed. *Orain Iain Luim. Songs of John MacDonald, Bàrd of Keppoch.* Edinburgh: Scottish Gaelic Texts Society, 1964.

Mackenzie, J. ed., *Sàr-obair nam Bàrd Gaelach. The Beauties of Gaelic Poetry and Lives of Highland Bards.* Edinburgh, John Grant, 1907[1841].

Mackenzie, J. D. (of Findon), *Genealogical Tables of the Clan Mackenzie, Introduction & 12 Sheets.* Edinburgh, 1879.

McLeod, W. "*Rí Innsi Gall, Rí Fionnghall, Ceannas nan Gàidheal*: Sovereignty and Rhetoric in the Late Medieval Hebrides." *Cambrian Medieval Celtic Studies* 43 (Summer 2002): 25-48.

————. "Anshocair nam Fionnghall: Ainmeachadh agus Ath-ainmeachadh Gàidhealtachd na h-Albann." Ann an *Rannsachadh na Gàidhlig 2000*, edited by C. Ó Baoill and N.R. McGuire, l.d., 13-24. Obar Dheathain: An Clò Gaidhealach, 2002.

————. *Divided Gaels: Gaelic Cultural Identities in Scotland and Ireland, c. 1200-c.1650.* Oxford: Oxford University Press, 2004.

McLeod, W. and M. Bateman, eds. *Duanaire nan Sracaire /Songbook of the Pillagers: an Anthology of Medieval Gaelic Poetry.* Edinburgh: Birlinn, 2007.

MacPhail, J. R. N., ed. *Highland Papers Vols. i-iv.* Edinburgh: Scottish History Society, 1916-1934.

MacPhàrlain, Calum. ed., *Làmh-Sgrìobhainn MhicRath. Dòrlach Laoidhean do Sgrìobhadh le Donnchadh MacRath, 1688 / Fernaig Manuscript: A handful of Lays Written by Duncan MacRae, 1688.* Dùn Dè: Calum S. MacLeòid, 1923.

Matheson, A. "Gleanings From the Dornie Manuscript." *Transactions of the Gaelic Society of Inverness* 41 (1951-52): 310-81.

Matheson, W. "Traditions of the Mackenzies." *Transactions of the Gaelic Society of Inverness* 39/40 (1942-50) 193-238.

———. "Further Gleanings from the Dornie Manuscript." *Transactions of the Gaelic Society of Inverness* 45 (1968) 148-95.

———, ed. *An Clàrsair Dall, Orain Ruaidhri Mhic Mhuirich agus a chuid ciùil: The Blind Harper, the Songs of Roderick Morison and His Music*. Edinburgh: Scottish Gaelic Texts Society, 1970.

Meek, Dòmhnall Eachann. "Bible, Gaelic Translations of." In *The Companion to Gaelic Scotland*, edited by D.S. Thomson, 23-24. Glasgow: Gairm, 1994[1983].

Munro, Jean. "Dr George Mackenzie." *West Highlands Notes and Queries*, Series 2, vol. 16 (1997): 25-27.

———. "Mackenzie Manuscript Histories." *West Highland Notes and Queries*, Series 2, vol. 19 (March 1999): 12-19.

———1. "The Mackenzies." Ann an *Lordship and Architecture in Medieval and Renaissance Scotland* edited by R. Oram and G. Stell, 273-91. Edinburgh: Birlinn, 2007.

Munro, R. W., ed., *The Munro Tree: A Genealogy and Chronology of the Munros of Foulis and Other Families of the Clan : A Manuscript Compiled in 1734*. Edinburgh, 1978.

Ó Baoill, C., ed. *Gàir nan Clàrsach: The Harps' Cry: An Anthology of Seventeenth Century Gaelic Poetry*. Trans. M. Bateman. Edinburgh: Birlinn, 1994.

Ó Baoill, C., and D. MacAulay. *Scottish Gaelic Vernacular Verse to 1730: A Checklist*. Second Edition, Aberdeen University, Department of Celtic, 2001.

Ó Siochrú, Micheál, "Foreign Involvement in the Revolt of Silken Thomas, 1534-5." *Proceedings of the Royal Irish Academy, Section C*, 96 (1996): 49-66.

Registrum Magni Sigilli Regum Scotorum: Register of the Great Seal of Scotland, 1306-1668, 11 Vols., 1882-1914, edited by J. M. Thomson. Edinburgh: Clark Constable Reprint, 1984.

Registrum Secreti Sigilli regum Scotorum: Register of the Privy Seal of Scotland 1488-1580, 7 vols, 1948-1966, edited by M. Livingstone et al. Edinburgh.

[RPS] *The Records of the Parliaments of Scotland to 1707*, edited by K. M. Brown et al. St. Andrews, 2007-2009. http://www.rps.ac.uk/mss/1567/12/90. Accessed 28 May 2009.

Scott, H. *Fasti Ecclesiae Scoticanae: The Succession of Ministers in the Parish Churches of Scotland from the Reformation AD 1560 to the Present Time*, 3 vols. Edinburgh: 1866-1870.

Sellar, W. D. H. "Highland Family Origins—Pedigree Making and Pedigree Faking." In *The Middle Ages in the Highlands*, edited by L. MacLean, 103-16. Inverness, Inverness Field Club: 1981.

————. "The Earliest Campbells—Norman, Briton or Gael?" *Scottish Studies* 17 (1977): 109-25.

Thomson, D. *Painting in Scotland, 1570-1650.* Edinburgh: Trustees of the National Gallery of Scotland, 1975.

Thomson, D. S. "The MacMhuirich Bardic Family." *Transactions of the Gaelic Society of Inverness* 43 (1961-63): 276-304.

————. "Niall Mòr MacMhuirich." *Transactions of the Gaelic Society of Inverness* 49 (1974-76) 9-25.

————. "The Gaelic Learned Orders and Literati in Medieval Scotland." *Scottish Studies* 12 (1968) 57-58.

————. "The Earliest Scottish Gaelic Non-Classical Verse Texts." Ann an *Scottish Language and Literature, Medieval and Renaissance. Fourth International Conference, 1984, Proceedings*, edited by D. Strauss and H. W. Drescher, 533-46. Frankfurt Am Main: Verlag Peter Lang, 1986.

Warrand, Duncan. *Some Mackenzie Pedigrees.* Inverness: R. Carruthers and Sons, 1965.

Watson, J. Carmichael, ed. *Orain agus Luinneagan Gàidhlig le Mairi Nighean Alasdair Ruaidh. The Gaelic Songs of Mary MacLeod.* Edinburgh: Scottish Gaelic Texts Society, 1982 [London: Blackie, 1934].

Watson, W. J. ed., *Bàrdachd Albannach: Scottish Verse from the Book of the Dean of Lismore.* Edinburgh: Scottish Gaelic Texts Society, 1978 [1937].

Woolf, D. "Speaking of History: Conversations about the Past in Restoration and Eighteenth Century England." Ann an *The Spoken Word, Oral Culture in Britain, 1500-1800*, edited by A. Fox and D. Woolf, 119-37. Manchester: Manchester University Press, 2002.

Alasdair MacDhùghaill

Seann Amannan ann an Ceap Breatainn

Tapadh leat, a Choinnich. Seo agaibh an coimpiutair agam. Chan eil sìon air a sgrìobhadh 'na bhroinn. Ach fiachaidh mi ri facal no dhà a ghràdhainn ribh, co-dhiubh. Tòisidh mi le ìnnse dhuibh co th'unnam. 'Se Alasdair Seumas MacDhùghaill. Air taobh m'athar, thàinig na daoine agam san t-seann dùthaich á Srath Ghlais, Strathglass. Agus cuideachd mo mhàthar, 's e Cloinn an t-Saoir a bh'unnta á Uidhist a Deas. Thàinig iad a'seo bho chionn còrr is dà chiad bliadhna.

Dh'éirich poile a-mach anns an dà chiad bliadhna ud. Ah, thogadh mise ann a' Siudaig, baile beag air taobh an-iar Ceap Breatainn. Bho chionn, o, còrr math is dà chiad bliadhna thàinig duine, a' chiad duine a's an tìr againne, ma chunnaic sibh poster air a dhèanamh mu dhéidhinn a' chruinneachadh seo, chitheadh sibh loidhne air a sgrìobhadh ann an Gàidhlig, "Is àlainn an t-àite tha againn cois na tràghad," Mìcheal Mór McDhòmhnaill. Tha mise fuireach mu mhìle suas a' rathad bhon àite san do ràinig Mìcheal air tìr an toiseach. 'S e bàrdachd a bh'ann. Sgrìobh e bàrdachd mhath. Pàirt dheth dol mar seo:

Is àlainn an t-àite tha againn cois na tràghad
Nuair a thig e gu bhith àiteachadh ann
Leis a' chrann, leis a' chrann
O, ni mi an t-aran leis na gearrain
Is an crodh bainne a chur mun bhaile
Cha bhi annas oirnn san earrach
Chuirinn geall, chuirinn geall.

Chuirinn geall. Cha robh e cinnteach dé bhiodh aca anns an earrach. Chuireadh e geall air a shon sin gum biodh rudan math, gun tigeadh an t-earrach, gun tigeadh an samhradh is gum biodh an geamhradh doirbh air a dhol seachad agus gum biodh rudan math ann a-rithist. Dar a bha mise 'nam ghille òg chaochail mo mhàthair is m'athair, dar a bha mi glé òg is chaidh mo thogail còmh' ri mo sheanair agus mo sheanmhair. A' chiad chuimhne tha agam-sa is ann air bliadhnaichean mu dheireadh dhen chogadh, 's e an dàrna cogadh a tha sin.

Agus bha radio againne agus ma bha dig idir anns a' bhattery dh'éisteamaid ris na naidheachdan air an fheasgar agus bhiodh pàirt dhe na coimhearsnaich a' tighinn a-staigh airson cluinnteil naidheachdan a' chogaidh. Agus se daoine ionnsaichte a bh'unnta. Bha iad glé eòlach air gach ceàrn dhen t-saoghal agus shuidheadh iad ma chuairt a' bruidhinn air a' chogadh, air na batail a bha dol air adhart air fad, dh'fhaodte, uair no dhà as deaghaidh sin. Agus a'sin rachadh iad air adhart agus thòisicheadh iad ri innse naidheachdan eile, naidheachdan, dh'fhaodte uaireannan, beagan de bhriagan a bhiodh iad a' cur air n-ais is air n-adhart.

Ach co-dhiubh, a' dol air n-ais dh'ionnsaigh dar a bha mise a'seo san Oilthigh, tha cuimhne agam gun dàinig nighean á Éirinn a'seo a bhruidhinn ruinn. Agus chaidh i air feadh Éirinn agus bha i faighinn a-mach mu dhéidhinn na sìthean. Agus bha i bruidhinn ri, tha mi creidsinn, seann fheadhainn, a bha ma chuairt Éirinn mu dhéidhinn na sìthean agus dh'innis i mu dhéidhinn aon seann fhear a bha i bruidhinn ris. Agus cha chreid mi, a' cheist fo dheireadh a chuir i air, thuirt i ris, "A bheil thusa creidsinn sna sìthein?" "O," thuirt e, "chan eil, chan eil mise creidsinn unnta. Ach tha seansa gu bheil iad ann air a shon sin." Tha sin cur naidheachd, coltach ris na naidheachdan a chluinninn dar a bha mise òg agus bha mi fhìn am miosg seo. Mar a bha an cleachdadh, thigeadh pacaidean dha Oifis a' Phuist. Agus bha mo sheanmhair a' dol a dh'Oifis a' Phuist a dh'fhaighinn pacaid. Agus bha làir againn agus chuir mo sheanair a' làir anns an t-sleighe agus dh'fhalbh mi fhìn agus mo sheanmhair sìos a' rathad, miadhon a' gheamhraidh.

Ach co-dhiubh, ràinig sinn a' rathad mór, aig ceann a' rathaid againne. Agus dar a ràinig sinn ceann a' rathaid stad a' làir. Thàinig coltas fiadhaich oirre. Leum i suas air banca a' rathaid. Theab car a' mhuiltein a dhol far an t-sleighe. B'fheudar dhuinne leum dheth. Chaidh mise an ceann a' làir. Fhuair sinn air n-ais air a' rathad i. Agus an ceann beagan ùine chaidh sinn air ais air an t-sleighe agus ràinig sinn Oifis a' Phuist.

Dar a ràinig sinn sin, an aon dòigh a stadamaid a' làir 's e a draibhea' suas eadar a' sabhal agus an dùn innearach. Ach chaidh mise 'na ceann a-rithist. Chaidh mo sheanmhair a-staigh agus fhuair i pacaid. Thàinig i a-mach is thàinig duine a bha sa phost a-mach còmh' rithe. Fhuair sinn a' làir a thionndainn ma chuairt. Thòisich sinn suas a' rathad a-rithist. Ràinig sinn an aon àite. Thionndaich a' làir a-staigh. Thàinig an coltas fiadhaich oirre a-rithist. Thàinig i a-mach le fallus.

Co-dhiubh, thog i oirre cho luath is a b'urrainn dhi. Ràinig sinn dhachaidh. Beagan lathaichean as deaghaidh sin, bha mo mhàthair-sa fad cóig bliadhna ann an ospadal a' chaitheimh. Se a' chaitheamh an galar a bha marbhadh móran dhaoine aig an àm agus chaochail mo mhàthair. Is thàinig an corp aice, an ciste air *train* ciad mìle dh'ionnsaigh a' Ghut, àite mu fichead mìle bhon taigh. Chaidh a' chiste a chur air *truck*. Bha stoirm mhór ann, cathadh, cathadh sneachda. Bha bancaichean móra air a' rathad againne.

Thàinig an *truck* gu ceann a' rathaid. Chaidh mo sheanair, chuir e a' làir san t-sleighe. Chaidh e sìos a'sin. Chaidh an corp a chur air an t-sleighe agus a thoirt suas dhachaidh. Seo an dòigh a bh'aca sna seann amannan. Bhiodh na h-airichean aca anns na taighean. Dh'fhalbh a' làir air a socair. A-niste, chan fhaca mise sìthean riamh. Chan eil mi ag ràdhainn gu faca a' làir sìthean ach nach eil e iongatach mar a thachair beagan lathaichean roimhe sin?

Chan eil fhios 'am dé na th'agam de dh'ùine. Ma théid mi air adhart tu-illeadh agus fada tha mi an dòchas gun tilg cuideigin bròg orm na rudaigin. Ach 's e daoine math a thàinig dhan dùthaich seo as an t-seann dùthaich. Chaidh mise air n-ais dhan t-seann dùthaich bho chionn beagan bhliadh-naichean agus air feasgar leam fhìn chaidh mi sìos an cois a' chladaich agus bha mi a' studaigeadh air an fheadhainn a dh'fhàg sin bho chionn iomadach bliadhna. Thàinig iad a'seo, thog iad taighean, thog iad teaghlaichean agus tha mise glé thaingeil gun do chuir iad an dùthaich choibhneil, sìtheil a tha mise fuireach ann an diugh ri chéile.

Tha mise fàs beagan sean a-nist. Uair air choireigin thig mise air n-ais dhan t-seann dùthaich, tha mi an dòchas agus feasgar thig mi sìos dh'ionnsaich a' chladaich agus coimheadaidh mi a-mach air a' mhuir, coimheadaidh mi air mo chùlaibh air na bancaichean agus 'nam inntinn is 'nam chridhe their mi taing dhan fheadhainn a dh'fhan anns an t-seann dùthaich le cridhe trom briste faicinn an cloinn agus na bràithrichean agus na peath-raichean a' fàgail. Agus coimheadaidh mi air ais agus chi mi an fheadhainn a dh'fhàg a' dol á fradharc, toirt taing gun tàinig iad dhan dùthaich seo agus gun do thog iad an dùthaich shìtheil a th'againn an-diugh. Bha iomadh naidheachd air ìnnse mu dhéidhinn an obair a rinn an t-seann fheadhainn. 'S e bàird a bh'unnta, dhèanadh iad òrain, chluicheadh iad ceòl ach chan ann leis a' bhàrdachd a rinn iad am beatha, is ann le fallus am bathais. Obair chruaidh, obair ann an coille, obair air an fhearann, toirt an iasg as a' mhuir, togail teaghlaichean agus a' cur ri chéile dùthaich mhath. Tha mise taingeil air a son.

A-nist tha mi faicinn cuideigin a' fosgladh a bhial shìos a'sin. Dh'fhaodte gu bheil an ùine agam sgur. Ach tha mi son taing dhuibh-se, gu h-àraidh an fheadhainn a thàinig air astar airson tighinn a'seo. Tha mi dòchasach gum bi an ùine còmh' ruinn glé thoilichte agus tha mi airson taing a thoirt dhan fheadhainn a thug cuireadh dhomhsa bhith a'seo an-diugh. Tapadh leibh.

Lorrie MacKinnon

The Song "Air mìos deireannach an fhoghair" as a Model for Four New World Bards

In his groundbreaking article "The Panegyric Code in Gaelic Poetry and its Historical Background", Dr. John MacInnes states that:

> There is ... an 8-lined stanza form of *dàn* which our bards have used for elegy, for celebrations of battles (e.g., Duncan Bàn MacIntyre's songs on the Battle of Falkirk and Corporal Alexander MacKinnon's *Blàr na h-Olaind* and *Blàr na h-Éiphit*), for satire, and for religious subjects.[1]

The most well known of these in Nova Scotia was Corporal Alexander MacKinnon's "*Blàr na h-Olaind*," known in the New World by its first line, "*Air mìos deireannach an fhoghair*" ("In the last month of the autumn"). MacKinnon was of Morar descent and he composed this song in the early 19th century. It is a song of eight-line verses, with eight syllables per line with penultimate stress.[2] These poetic characteristics are based on the older "*Alasdair a Gleanna Garaidh*" ("Alasdair of Glengarry"), composed by Sìleas na Ceapaich in 1721.

The old-country songs of these poets are steeped in the imagery and tradition of the panegyric code, as described by John MacInnes in the above-noted paper. He describes the characteristic traits and motifs of a large volume of Gaelic poetry by a number of categories: allies, address, social roles, household, physical attributes, obsequies, and kennings.[3] These songs also exhibit many characteristics that are particular to eighteenth century Gaelic poetry, as described by Ronald Black in the introduction to his book *An Lasair*, including the personal and locative opening, the runs of adjectives, the packing of motifs together and the developing of them over several verses.[4]

MacKinnon's song was used as a basis for several compositions in the New World. This paper will examine four of these songs—three composed in the 19th century by well-known emigrant bards, and one composed in the 20th century. The New World songs, although of a different time and place, are very much part of a direct continuum. Although each song is very different in topic, all exhibit many aspects of 18th century Gaelic poetry and of the panegyric code (although the four bards each approach the panegyric code in a different way and use it to different ends). Additionally, the songs all show a great fidelity to the metre and rhyming scheme of their Old Country model(s).

The 18th-century Approach: Allan "the Ridge" Macdonald—"Sliochd an Taighe"[5]

Allan "the Ridge" MacDonald lived from 1794 to 1868. His *sloinneadh* is Ailean Mac Alasdair 'ic Aonghuis 'ic Alasdair Bhàin 'ic Aonghuis Mhòir 'ic Aonghuis a bhòchdain 'ic Aonghuis Mhòir Bhothiunntin 'ic Alasdair 'ic Iain Duibh 'ic Raonuill Mhòir na Ceapaich—described by Keith Norman MacDonald as a "formidable pedigree."[6] He was born in Lochaber, but emigrated to Nova Scotia with his family, in 1816, settling up on the Mabou Ridge. In 1847 the family moved to Upper South River, in Antigonish County.

Of the four bards' texts being considered, Allan the Ridge makes use of the elements of the panegyric code in a way that is the most characteristic of the poetry of an earlier time (although chronologically it is not the earliest composition). "*Sliochd an Taighe*," known in the oral tradition as "*Cuir am botal air a' bhòrd*," is an incredible nineteen-verse song in praise of the MacDonald clan. The text shows that it was composed after the family left Mabou, so the date of composition is likely the late 1840s or early 1850s. As Effie Rankin notes:

> Sliochd an Taighe is a truly remarkable composition in many ways.
> It is obviously the product of one who regarded himself as a clan
> poet—even though this function would be considered long obso-
> lete in the old country and most certainly in the new. It is therefore
> anachronistic and out of step with the times, but Allan the Ridge
> marched to his own drummer, shunned the poetic conventions of the
> day, and avoided the pastoral sweetness and superficiality so often as-
> sociated with much contemporary Scottish Gaelic poetry. By remain-
> ing enclosed, as it were, in a time warp of his own choosing, Allan
> availed himself of much of his clan's formidable cultural resources of
> history and song.[7]

I would note that the "pastoral sweetness and superficiality" described by Rankin is more associated with the conventions of 19th century Gaelic poetry of Scotland, than of the New World. Nonetheless, her analysis provides compelling rationale for the characteristics of 18th century Gaelic poetry and the panegyric code contained in this song. It starts out with a personal statement, but, as a martial song, the command form is used, and right away key elements of the panegyric code are in evidence:

Cuir am botal air a' bhòrd
S a' ghloin' am dhòrn 's gun òlainn làn i,
An deochs' air chuimhneachan Chlann Dòmhnaill
Na fir mhòra bha 'nn sa Bhràighe;
Sliochd an Taighe, sid an seòrsa
Na h-uil' aon tha beò dhiubh 'n dràsda
Ge be tìr na ghabh iad còmhnaidh
'S mi gun òladh an deoch slàinte.

Put the bottle on the table
a glass in my hand that I might drink its fill
this drink in memory of Clan Donald
the big men of Brae Lochaber
Sliochd an Taighe, the very ones
All those who survive today
wherever they might abide
truly I would drink their health

MacInnes notes that the hero of the poem (in this case heroes) "is invariably addressed by name, patronymic, or traditional style and title, which may involve the name of his *dùthchas*, a territorial style."[8] Here we see the use of all three of those elements in this single first verse—he starts with general praise of Clann Domhnall, but then moves quickly to pinpoint which MacDonalds he is praising—the MacDonalds of Bohuntin who were known as Sliochd an Taighe. The *dùthchas* (as MacInnes notes, "*dùthchas* is ancestral or family land; it is also family tradition; and equally, it is the hereditary qualities of an individual"[9]) is also described in this verse as being the Braes of Lochaber, described by Allan the Ridge, simply as the *bràigh*, with Lochaber being understood. Also in this verse we have the beginnings of a description of physical endowments—they are big men, which implies a host of heroic qualities—and the idea of drinking and toasts.

John MacInnes notes that "the role of the warrior … is both centre and apex" of the panegyric code, and from this song, it is obvious that Allan the Ridge would agree with him.[10] The following two verses provide ample illustration of this point:

Luchd nan cuilbhear 's deagh Spàinnteach
Dheanadh air an làn-damh cuimse
Nam broilleach mun iadh an sgàrlaid

Fir chothromach, àrda, chuimte:
Misneachail an tùs na h-àimhreit
Anns an spàirn nach rachadh iomrall
Na fir thaiceil, ghaisgeil, dhàna
Nach gabh sgàth roimh aird na h-uirghil.

Nam faiceadh sibh cruinn air faiche
Na fir ghasda an taic a chèile
Luchd nan cuailein 's nan gruaidh daithte
Luchd nam breacannan fèile:
Luchd nan claidhean 's nan sgiath breaca
Na fir reachdmhòra nach gèilleadh
Na fir chalma, gharga, throma
Dheanadh pronnadh agus rèubadh.

Men of muskets and good Spanish guns
who could target the adult stags
in their scarlet encircled breasts
stalwart, tall and shapely men
courageous at the onset of strife
who would not waver in the struggle
those solid, valiant bold men
unflinching at the height of tumult.

Should you see them drawn up on the field
Those good men, shoulder to shoulder
curly-haired, ruddy-cheeked
and tartan-kilted
men of swords and engraved shields
valiant and undaunted
those intrepid, fierce powerful ones
who could crush and mutilate.

I would note that these verses can also serve to illustrate other examples of 18th century characteristics and of the code. First is the piling on of adjectives to describe the physical qualities of the MacDonald men. Second is the actual descriptors used to describe these warriors' physical beauty. We can also see that many motifs are packed together in these verses.

The Broken Code: The Bard MacLean – "Oran eadar Iain MacGilleain agus an Coirneal Friseal"[11]

The Bard, whose *sloinneadh* is Iain mac Ailein 'ic Iain 'ic Thearlaich 'ic Lachainn 'ic Dhòmhnaill òig 'ic Iain 'ic Eaobhain 'ic Lachainn Fhinn, lived from 1787 to 1848. He was born in Tiree, but emigrated to Pictou County in 1819.

Known in the oral tradition as "The Bard and the Colonel," this is a twenty-two verse song styled in the form of a debate or a flyting between the Bard (MacLean himself) and the Colonel (Colonel Fraser, who brought many of the emigrants from Scotland). The topic of the song is emigration to the New World, with the Bard pointing out why it is not such a good thing and the Colonel extolling its virtues. MacInnes notes that "the [panegyric] style in turn reflects an attitude to the world which is regarded intellectually in terms of praise versus dispraise" and that is certainly something in evidence here.[12]

In using the two characters to narrate the song, MacLean creates a character steeped in the panegyric code and all of its virtues (the Bard). Conversely, he uses the character of the Colonel to create a sort of "anti-code," by continually having him point out that the old social order and the things that were important to it (particularly in respect of social roles and physical attributes) are no longer such.

Like many 18th-century songs, it starts, in the voice of the Bard, with the personal and the locative—the locative being the New World:

'S mòr mo mhulad 's cha lugh m' èislean,
Chan eil feum dhomh 'bhith ga chùnntais;
On ' thàinig mi don tìr seo
Gu bheil m' inntinn air a mùchadh;

Great is my sadness, not less my sorrow
It does me no good to report it
Since I have come to this land
My creativity has been smothered

The Bard then proceeds to address the concept of *dùthchas*, using the word itself, when he laments:

Nam bithinn 'an tìr mo dhùthchais,
Far an robh mi 'n tùs mo làithean,
Gheibhinn meas am-measg nan uaislean
'Bha mun cuairt domh 'n Earraghàidheal;

If I were in the land of my heritage
Where I had been in my young days
I would find respect among the nobles
Who surrounded me in Argyll

MacInnes notes that in 18th century poetry, "the aristocratic disdain for manual work appears more than once."[13] The physical hardship of clearing the land of trees, wearing a yoke around his neck like an ox while hauling wood, and the discomforts that go along with this back-breaking labour are all very much in evidence in this song in the verses of the Bard.

The Colonel, however turns the positive on its head when he uses elements of the 18th century code of praise to show that such does not apply in the New World. First he extols the virtues of physical labour, prudence, and the acquisition of wealth, all of which are the antithesis of the types of Social Roles emphasized in the panegyric code. When the bard indicates that few of the emigrants actually accumulate wealth, the colonel gives his first big slap to the 18th century virtues of pride and geniality:

Daoine 'bha tuillidh is spòrsail,
'S a bha mòr-chuiseach 'nan inntinn,
'Thuit gun fhios dhaibh 'an ainfhiach;

Men who were exceptionally merry
And who were of a proud disposition
Have fallen unknowingly into debt

The implication is that the codes of behaviour and what was important to the Gaels do not apply in the New World, and may even hinder the Gaels in their adaption to the New World. It is not generosity and hospitality that are important in the New World, but prudence and physical labour. The Colonel also stresses over and over again that prosperity awaits the Bard—that one of the chief benefits of coming to the America is the promise of wealth. This emphasis on acquiring money and things is something that is utterly foreign to the panegyric code. In the code, these things are not an end in themselves, but a means to offer hospitality. Furthermore, wealth is, at best, only ever implied in the descriptions of household and the hospitality offered to family and fellow Gaels.

The Colonel also, however, points to the broken code in the *Old* World in two separate verses. Perhaps the harshest example of this makes use of the imagery of the Gael as a hunter and how this activity, which was so important, is now disallowed:

Chan fhaod e iasg 'thoirt à linne,
Na fiadh on fhireach as airde;
Ma mharbhas e eun 'san doire,
Thèid a choireachadh mar mhèirleach.

He may not take a fish from a pool
Nor a deer from the highest moor
If he kills a bird in the grove
He will be condemned as a thief

In summary, the character of the colonel, uses elements of the panegyric code such as social roles, household, and physical attributes, but he replaces the old qualities with new qualities that reflect a changed world.

The Code Understated: The Piper MacGillvray—"Oran nan Granndach"[14]

The Piper's *sloinneadh* seems to be Iain Aindra Bàn 'ic Dhòmhnaill 'ic Eoghainn. It has been stated in many publications over the years that he lived from 1792 to 1862.[15] This is in fact incorrect; the years in which the Piper lived were from 1784 to 1860, as evidenced by his obituary in the Antigonish Casket on April 19th of that year.[16] His parents emigrated in 1791, but the Piper was left behind. According to his nephew, the Sagart Arisaig, "he lived for several years with Alexander McDonald of Glenaladale—*Fear a Ghlinne* and he came to Canada in 1818."[17] He was of Moidart descent. As an interesting aside, Alasdair MacKinnon was familiar with the Piper and alluded to him in the first verse of his song, "*An Dubh-Ghleannach*" with the line "*Dh'aithnich mi meoir grinn a Bhrathaich.*"

This song is a lament for a drowning that took place off of Araisaig in 1831. The story of the song is that two young men from the parish—John Grant and Alexander MacLeod—were going to the seminary in Quebec. A party of five men: two of John Grant's brothers—Donald and Colin—as well as Malcolm MacLeod, brother to Alexander and Alasdair *Bàn* MacDonald from the nearby community of MacArra's Brook took them by boat to Arichat, from whence they left. On the way home, the party of five got hooked up with a fishing shallop; it was a bigger boat and it allowed them to make better time. Just when they were about one hundred yards from shore at Arichat, a squall came up and the shallop hit the little boat, and the four men that were on it were drowned.

MacInnes notes "what seems an excessive preoccupation with the death of the hero and the imagery of the grave functions as a harsh reminder of the loss to the clan."[18] This poem is a perfect illustration of this, with different verses describing the impact on specific people, including the father of the Grant boys, their widows, and all of those of the district, in a line that is used to begin two separate verses, "*Tha lionn-dubh air feadh an àite*" [There is sorrow throughout the district]. As for the preoccupation with death, the following verse will suffice to illustrate that point:

Airson a bhith smaointinn air ur coltas
Chan eil ann ach obair dhiomhain
'S anns an uir a thèid a' cholainn
Theid i a dholaidh 's beag as t'fhiach i
'S e bhith 'g urnaigh ris nan ainglean
Na bheil againne ri dheanamh
Dia bheir dh'fhuasgladh air ur n-anam
Agus lasachadh bhur pian dhuibh.

To be thinking of your appearance
it is no more than a fruitless exercise
for the body returns to the earth

it perishes, little is its worth
it is to be praying to the angels
that we have to do
asking God to release your souls
and alleviate your sufferings

MacInnes notes that often with kennings, "a favourite metaphor is the ship caught in a storm"[19]—no need for a metaphor here—that is what happened, and the tragedy of it is played over and over: how they would be alive but for the shallop (referred to in one verse as the "*shallop dhubh a' challa*" or the black shallop of disaster, thus giving it almost mythical properties). Specific mention of Anna the widow of Donald Grant, who was pregnant with their only child when he drowned, occurs towards the end of the poem. As MacInnis notes "some poems contain a complimentary reference to the subject's wife ... the normal place for this is towards the close of the poem."[20]

This is the only song of the four examined that makes use of the 18th century characteristic of understatement—when describing the Grants and the MacDonalds that were drowned the bard states:

Drongaireachd no droch nàdur
Cha do chàraich Dia nur feòla

Drunkenness or bad nature
God did not place in your flesh

It is worth noting that the bard does not dwell too much on the virtues of the men that were drowned and make use of excessive adjectives, but instead restricts himself to a few statements about the group, and specific statements about two of the drowned, both of whose good-nature is stressed. I particularly like the line used to describe Colin Grant "*Beul a thoirt a-mach a' ghaire*"—whose mouth gave forth laughter.[21] Mention is made of the fathers of each of the drowned, but again the statements are very few.

The eulogy for each of the drowned men is sparse—only three of the four men receive a verse lamenting them (although there is a verse to the father of Colin and Donald Grant, and two to Anna Grant). We are not told anything about their social roles or their households, perhaps because of their youth or perhaps because the manner of their death was not linked in any way to their social roles. It is as if the tragedy is too great for the community and that this overwhelms the code and thus results in its understated use. Supporting this thesis is the fact that this song was known in the oral tradition wherever Father John Grant (brother to Colin and Donald Grant) was stationed as a parish priest. That sense of loss remained with him throughout his life and was passed on to his parishoners all over Cape Breton.

The Code and Satire: Hugh MacKenzie—"Oran a' Bhòcain"[22]

Hugh MacKenzie of the Rear of Christmas Island provides a 20th century example of the use of MacKinnon's song as a basis for poetic expression. MacKenzie was of Barra descent and born in 1896. His *sloinneadh* was Eoghan Archie Sheumais 'ic Dhòmhnaill 'ic Eachainn 'ic Gilleasbuig 'ic Fhionnlaidh 'ic Iain Buidhe nan Saighead. He died in 1971.

His nine verse song on this air is entitled "*Oran a' Bhòcain.*" Later in life he recalled the story of the song:

> The incident about which this song was composed is as follows: there lived at Rear Christmas Island a fine gentleman of whom it was said that he never told a lie in his life. Imbued as he was by this virtue, he never doubted other people's veracity, which left him vulnerable to the wiles of neighbours who delighted in telling him some fantastic stories. On this occasion, he was cautioned that his flock of sheep would be devoured by a wild beast whose howls were heard at night in woods adjacent to his property. Poor Neil regarded this as a matter demanding immediate attention. His sally through the neighbour-hood that afternoon, urging all who could carry a gun to assemble that evening was reminiscent of olden days in the Scottish Highlands, when on the eve of battle the fiery cross bearer would summon the clans. Needless to say, there was no lack of volunteers. Neil assumed command, and in his briefing displayed more strategy than did General MacArthur in Korea. Nothing was seen or heard by the gallant commandos except the bleating of a young lamb which had strayed from his mother. Suffice to say that the boys had a very enjoyable evening.[23]

This is a brilliant piece of satire that makes use of the many heroic elements of the code to describe the ridiculous scene at hand. It starts with the personal, and quickly piles on the adjectives, makes use of the *dùthchas* (in this case Barra) as an identifier, and identifies wars and battles associated with their progenitors:

'S tìm dhomh teannadh ri òran,
Fiach a seinn mi glòir nam fiùran;
Na fir òga, làidir, sgairteil,
Dhearbh le'n gaisge a bhi cliùiteach;
Sliochd nan laoch bha ann am Barraidh,
Bu tric a rinn arm a ghiùlan,
Dol a chogadh ri Rìgh Shasuinn,
Chionn bhi bagairt air a' Phrionnsa.

It is time for me to begin a song
to see if I can sing of the glory of the heroes
the young, strong, vivacious men

that proved with valour to be renowned
the seed of the heroes that were in Barra
often they bore arms
went to war for the English King
in order to threaten the Prince

The next verse continues in this vein for the first half, but then the war to which they are marching is described, and this is the first clue that MacKenzie is simply having fun with the listener:

Gun dhearbh gillean a' Chùil so
Nach leigeadh iad an cliù gu nàire;
Tha iad deas gu dhol d'an tuasaid,
Gun eagal, gun fhuath roimh nàmhaid;
Nuair a chual' iad gun robh Bòcan
Thall aig còmhnard Allt-na-Fearna,
Chruinnich iad réisimeid uallach
A rinn gluasad anns an anmoch.

Indeed the boys of the Rear
would not let that fame be shamed
They are ready to go into the fray
without fear, without aversion before the enemy
When they heard that a Bòcan was over at the flats of Allt-na-
Fearna
they gathered a sprightly regiment
that moved in early

Interestingly, at the fifth line in the verse, when the listener realizes that this is not a heroic song, but a satire, MacKenzie changes the *aicill* (vowel rhyme).

Anthony MacKenzie, who was in real life a very quiet and holy man, is described as leading the battalion with flushed cheeks and lifting the *bratach* (banner):

Labhair Anthony an uair sin,
'S an fhuil gu ghruaidhean air lasadh,
"Bitheamaid duineil mar bu dual dhuinn,
Gun tog mise suas a' bhratach;
Seinnidh Eòghann a' phìob-mhór dhuinn
Gus am bodhar i 'm mac-talla:
Dùisgidh i spiorad nan Gàidheal,
'S gur is fheairrd sinn dol d'an chath i."

Anthony then said
and the blood going to his face
"Let us be manly as is our heritage
I will raise the banner

Hugh (MacKenzie the bard) will play the great pipes for us
until they deafen the echo
The spirit of the Gaels will be awakened
and we're the better for it going into battle"

This mixing of heroic elements with the comical situation at hand is
also a turning of the code on its head or making enough use of it to high-
light satire.

Late in the song, the women (whose comely attributes are described) of
the home front are mentioned as being in the minds of the heroes:

Fear a' smaointinn air a ghruagaich;
Maighdeann a' chùil dualaich, chlannaich;
Saoil an dean fear eil' a pòsadh
Ma gheibh am Bòcan a leannan?

Each man thinking of his sweetheart
maidens of ringleted hair
wondering if another would marry her
if the Bocan got her sweetheart?

The extent of the bravery of the heroes is revealed in the last verse:

Ghluais na fearaibh null do'n chòmhnard
Gus am Bòcan chur ri talamh;
Chluinnte fuaim a' chogaidh òrdain
Gu deas, dòigheil airson batail;
'S duilich leam gu feum mi innse
Facal fìrinn' mu'n a' ghaisgeach;
Dé bha sid ach uan gun mhàthair
Chaidh a bhàthadh anns an abhainn.

The men moved down to the flats
for the purposes of putting the Bocan to earth
the noise of an ordered war was heard
ready, willing for battle
I'm sorry that I must relate
true words about the heroes
what was that (bòcan) but a lamb without its mother
that was drowned in the river.

Although this is a work of the 20th century, MacKenzie shows just
how familiar he is with the poetry of an earlier time, and just how well he
can use its characteristics to chronicle a modern, humorous event.

Conclusions

In conclusion, it is evident that the tradition of using the panegyric code of
rhetoric as a basis for expression was carried on in the New World by both

19th and 20th century bards (at least as it relates to the use of this particular "form of *dàn*") in a number of different types of songs and in a number of different ways. It would be interesting to examine all of the songs composed in the New World using this melody and poetic form, to see whether they are as steeped in the 18th century as are these four examples. It would also be interesting to see how these four bards handled the panegyric code in their other works. It may be that the poetic form used here somehow brought to the mind of the bards the characteristics of 18th century poetry, with which they were so familiar, or that they purposely chose this form when they were dealing with topics that were best suited to that code of rhetoric.

Notes

1. MacInnes, "The Panegyric Code in Gaelic Poetry and its Historical Background," *Transactions of the Gaelic Society of Inverness*, 479-480.

2. Ó Baoill. *Bàrdachd Shìleas na Ceapaich*, 240.

3. MacInnes, 448-457.

4. Black, *An Lasair*, xx-xxii.

5. Text and translation source for this section is Rankin, *As a' Bhràighe*. The one exception is the opening line, which she gives as "*Faigh am botul air a' bhòrd*." "*Cuir am botul*" is what I have heard in the oral tradition. I recorded the first verse of this song in 1994 from Dorothy Dicks, formerly of Foot Cape, whose uncle used to sing this song.

6. MacDonald, *MacDonald Bards*, 100.

7. Rankin, 175.

8. MacInnes, 450.

9. Ibid, 452.

10. Ibid, 454.

11. Sources for this section include Dunbar (text and translation) and MacLean Sinclair (biographical information). The text version of the song and translation printed by Dunbar, as it does not include the editing done to the manuscript by MacLean Sinclair.

12. MacInnes, 436.

13. Ibid, 453.

14. Sources for this section include MacLellan, MacDougall, and a tape of the singing of Mrs. Annie MacDonald made by Father Allan MacMillan in the 1960s. Translation is my own.

15. See for example, MacLellan, *Brìgh an Òrain*, 405 and MacLean Sinclair, 235.

16. Antigonish Casket, 19 April 1860, 3.

17. MacLean, *History of Antigonish (Volume 1)*, 66.

18. MacInnes, 457.

19. Ibid, 458.

20. Ibid, 449-450.

21. In the version in MacDougall, this verse is about Donald Grant.

22. Sources for this section include MacLeoid, *Bardachd a Albainn Nuaidh*, 82-84 and MacKenzie, *MacTalla nan Gleann*. Translation is my own.

23. MacKenzie, 8.

Bibliography

Black, Ronald, ed. *An Lasair: An Anthology of Eighteenth Century Gaelic Verse*. Edinburgh: Birlinn, 2001.

Dunbar, Robert D. "The Secular Poetry of John MacLean: 'Bàrd Thighearna Chola', 'Am Bàrd MacGilleain'." PhD diss. University of Edinburgh, 2006.

MacDonald, Keith Norman. *MacDonald Bards from Medieval Times.* Glasgow: Alex. MacLaren & Sons, 1929.

MacDougall, J.A. "Oran nan Granndach." *Mosgladh*. April 1931, 1-8.

MacInnes, John. "The Panegyric Code in Gaelic Poetry and its Historical Background." *Transactions of the Gaelic Society of Inverness* 50 (1976-78): 435- 98.

MacKenzie, John Joe. *Mactalla nan Gleann*. Mimeograph manuscript, 1979.

MacLean, Raymond E., ed. *History of Antigonish* (2 vols). Antigonish: Casket Printing and Publishing, 1979.

MacLean Sinclair, Rev. Alexander. *Clarsach na Coille*. Glasgow: Alex. MacLaren & Sons, 1928.

MacLellan, Lauchie. *Brìgh an Òrain A Story in Every Song*. Translated and edited by John Shaw. Montreal: McGill-Queen's University Press, 2000.

MacLeoid, Calum Iain M. *Bardachd a Albainn Nuaidh*. Glasgow: Gairm, 1970.

Ó Baoìll, Colm, ed. *Bardachd Shìleas na Ceapaich. Poems and Songs by Sileas MacDonald.* Edinburgh: Scottish Texts Society, 1972.

Rankin, Effie. *As a' Bhràighe Beyond the Braes: The Gaelic Songs of Allan the Ridge MacDonald 1794-1868*. Sydney, NS: University College of Cape Breton Press, 2004.

Laurinda Matheson

Alasdair Ailein Mhóir, Bàrd na Ceapaich

Alasdair Ailein Mhòir, or Alexander Macdonald, is considered to be Nova Scotia's Bàrd na Ceapaich. Though he was born in Scotland, Macdonald came to Nova Scotia at the age of nine, and lived and wrote there for the rest of his life. He was born in Glenuig, Moidart, in either 1819[1] or 1820[2], one of seven children born to Allan and Nancy Macdonald. The family left Scotland in 1829[3] or 1830[4], and came via Pictou to Antigonish County. They had hoped to get land near the farm of Allan's brother Alexander, who had settled in West River twenty years before.[5] There was, however, no land available nearby, so they looked farther afield and settled on Keppoch Mountain.

The Keppoch had first been settled in about 1817, and had been named by early settlers for a location in Scotland, possibly either the Keppoch near Arisaig, or the Keppoch in Lochaber.[6] When the bard and his family came to the area, it was still very much a wilderness. There was no road, only a track leading from the nearby community of St. Joseph's to the scattering of farms on the mountain. Settlers would walk to St. Joseph's, or even into Antigonish, for supplies. A priest would walk from St. Joseph's up to the Keppoch and say mass at the home of one of the residents until a church was built on the mountain in 1861. At its height, the community was home to sixty-four families, and included a school, a store, and two post offices.[7]

The bard's father built a log cabin as shelter for his family, and began clearing land for a farm. Eventually, he managed to build a more substantial house out of boards made from the logs he had cleared, squared with an axe and cut into boards by hand. His wife Nancy died five years after their arrival in Nova Scotia. He remarried two years later, but the hard physical labour of farming affected his health, and he died in 1860.[8] All of Allan's children left the Keppoch except for the bard and two of his sisters. They helped work the family farm, gradually clearing more land every year.

In his mid-twenties, the bard began to think of marrying. His father told him that he could either follow his brothers and seek his fortune, or else take half of the family farm and make it his own. The bard chose the latter option, and, with his sisters' help, cleared land for himself and built a house.[9] In 1846, he married Mary MacLean of South River.[10] He and his wife would have ten children, two of whom would die young. The family prospered on the farm at first, but had some difficult years when oxen, which had been useful in the heavy farm work, were given to pay a debt. The bard's wife died in 1880, he left the Keppoch in 1888 and moved to Springhill, where some of his sons were working in the coal mines there. He died in Springhill, at the home of his son Sandy, on March 10, 1904.[11]

Most of the bard's poetry was produced while he was living on the Keppoch, and it provides a reflection of the community in which he lived. He composed songs for the people of the area, including laments and praise poems. His laments include *"Òran Cumha do Bhean Dhàibhi Friseal,"*[12] written for the wife of local sawmill owner David Fraser. The Frasers were ancestors of Danny Cameron, one of the last Gaelic speakers from the area. The bard also wrote a lament for the Bard MacLean, author of *"A' Choille Ghruamach,"* who had lived not far away.[13] His lament for his own wife, *"Cumha d'a Mhnaoi,"* is particularly touching, with passages such as the following verse in which he compares himself to rudderless ship lost in the fog:

Cha b' ionndrainn bhuam gach maoin is luach,
'S gach ni mu 'n cuairt gu léir,
Seach rùn mo chrìdh' a bhi 'gam dhìth,
'S mi fann gun chlì 'na déidh;
Mar ànrach truagh air bhàrr nan stuadh
'S gun long-phort cuain da réidh,
Ach dùint' an ceò gun stiùir, gun seòl,
'S gun iùl air còrs' fo 'n ghréin'.[14]

His songs were not always melancholy, however. He wrote two praise poems to Mary Cameron: *"Òran do Mhàiri Chamaron"*[15] and *"Òran Molaidh do Mhàiri Nighean Alasdair Dhochanafhasaidh,"*[16] full of vivid imagery. The following verse, from *"Òran do Mhàiri Chamaron,"* describes the beauty of the young woman's eyes:

'S mur dhearcagan feàrr-dhris
Air meanbh-bhàrr nan geug,
Tha do dhà shùil mhìogach
Fo d' ruisg mhìn-ghlan, réidh.
'S gorm 's gur lìonte, bòidheach
Fo dhreach neòil le chéil'

Iad,'s gun chron ri 'fhaotuinn
Dhaibh le h-aon fo 'n ghréin'.

He also wrote a poem after the departure of Father Ronald MacGilli-
vray, known as Sagart Arasaig. Sagart Arasaig was a scholar and close friend
who was transferred to the parish of Arisaig after serving many years in the
parish of St. Joseph's. The bard describes the loss of his friend, who shared
his love of poetry:

Có 'nis 'thuigeas na dàin bhuam,
Na bheir àbhachd as ùr dhomh,
Bho nach fhaicinn mar b' àbhaist
'S an taigh bhàn air an dùnan,
Gnùis shoilleir na fàilte
'Dhèanadh mànran a dhùsgadh,
Ged bhiodh m' aigne fo smuairean
Gheibhinn suaimhneas 'a 'd chùirt-sa. [17]

Later, Sagart Arasaig wrote a song for the bard in return.[18]

The bard wrote songs in honour of local events, such as the wedding of
a local store owner, Angus MacGillivray. The song is called "*Banais Aonghais
an t-Sagairt*,"[19] or the "Wedding of Angus the Priest"; Angus had acquired
his nickname after working for some years for Sagart Arasaig in St. Joseph's.
The bard wrote a satire, "*Aoir Bhutteler*,"[20] after a man named Thomas Butler
was convicted of libel for the publication of a pamphlet making derogatory
statements about Bishop Colin MacKinnon, founder of St. Francis Xavier
University.

The bard's most well-known poem, "*Òran do Theampull an Naoimh Tru-
innein*," was written for the construction of St. Ninian's Cathedral, on which
the bard is said to have worked as a joiner. One verse describes the construc-
tion of the towers which frame the cathedral entrance:

Nuair a chaidh mise mu 'n cuairt dhi,
Chuir i tuanalaich 'nam shealladh,
Le bhith beachdachadh 's a' smaointinn
Air na daoine bha 'ga togail
'S mar sheas an cinn 's an àirde
Anns an d' rinneadh pàirt de 'n obair,
Bhios mar chliù 's mar mheas gu bràth dhaibh
'S do 'n t-sliochd bhios a' fàs 'nan deaghaidh. [21]

The song was composed as part of a contest during a bazaar in aid of
the construction, in 1871. Both the bard and Norman MacDonald, a local
teacher and scholar, won five dollars for their efforts. Norman MacDonald
donated his prize money to the cathedral fund; the bard, with a large family
to support, took his back to the Keppoch.

His songs also show scenes from everyday life in the community. One fragment, quoted in a letter from the bard's son, Rod D. MacDonald, to Rev. D. J. Rankin, author of the *History of Antigonish*, describes the bard and his grandson taking the cattle out in the morning, and calling them home:

Cha laidh oirnne mulad no gruaim
Fo mhaduinn gu snuadh tràth-nòin
Ach canntaireachd langanach gun ghruaim
A' tional nam bò mu'n chrò.
'Nuair bhleoghainn air am làine 's a' chuaich
Bheir mise 'gam luaidh a leòir
De bhainne cruidh choisinn 'bhàrr snuadh
Dha m' ghillean beag guanach òg.[22]

In "*Òran do Neòinean-Chùbhraidh*," the bard muses on finding a solitary mayflower by the side of the road.[23] One humorous song, "*Hug-oroinn-o, 'S Mi fo Smuaran*," describes an incident in which the bard is short of tobacco. His wife goes to a neighbour's house to borrow some, but finds that the neighbour in question is away from home. The man's wife searches the pockets of an old pair of trousers hanging on the wall, and the bard's wife returns home with a mixture of tobacco and chaff, which the bard smokes and praises extravagantly. He describes celebrating the excellent stuff with a ceilidh:

Trusaibh coisir an taigh Màiri,
'S ni sinn gàirdeachas le sulas
Ailein Beag 'toirt dhuinn ar slàinte
'S dannsaidh àrd ann *Paddie Dhruthain*. [24]

Paddie was Patrick Druhan, who had married the bard's sister Catriona. A family photograph shows him as a stern, rather forbidding individual; the song reveals a lighter side to his character.

Another humorous song, "*Òran mu Iomhaigh*," presents a dialogue between the bard and his wife, after the bard has had his picture taken by a local photographer. The bard is taken by the image, and reflects on how things would have been different if he had seen earlier just how handsome he was. His wife, somewhat tartly, says that she sees nothing of beauty in his face:

A dhuine, bi ciallach,
'S cuimhnich air Diadhachd,
Cha'n fhaca mi riamh
Dad do bhriaghachd 'ad ghnùis;
Le d' bhòllaich gun aithne
Toirt bòichead a dh'aindeoin,
Ged fhuair thu 'n diugh faileas
Cha b' aire air thu;
Gun chaill thu do mhath ris,
Do thùr agus t-aithne,

'S e 'n crochadh ri balla
Fo amharc do shùl;
Cha'n fhaigh sinn bonn rath dhiot
Bho 'n fhuair thu chùis-mhagaidh—
'S b' e turus a' bhreamais
Thug dhachaidh e dhuinn. [25]

The reader is even granted glimpses of local politics from some of the bard's songs. In a fragment from a story in *The Casket*, the bard describes the scene at the first election after Confederation, during which he, in the minority, supports the Confederate candidate.[26] In "*'S Gur Mithich Dhomh Labairt gun Dàil*," he urges local Gaels to support one of their own in an upcoming election.[27]

The only song known definitely to have been written after the bard left the Keppoch was "*Teine Cnuic an Fhuarain*," which describes a fire which destroyed much of the business district of the town of Springhill in 1895. The bard paints a vivid picture of crowds rushing about, horses bolting in a panic, merchants flinging goods out of burning buildings into the street, and of a great wind lifting flaming coals into the sky and then sending them down again onto the people:

Dh'éirich an stoirm leis an teine
'S b' e chùis-eagail bhith 'ga h-éisdeachd,
'S i tarruing nan éibhlean dàite
Suas, 'nan frasan, do na speuran.[28]

The bard's poetry was published chiefly in the local newspaper *The Casket* and in *Mac-Talla*, the Gaelic paper published out of Sydney. The earliest poem published seems to have been his lament to the Bard MacLean, which appeared in *The Casket* in 1853. Occasionally, a poem will appear in print more than once, as was the case with "*Òran mu Iomhaigh*," which appeared in *The Casket* in 1862, and again as a slightly different version in 1926. Some poems were also published by the Rev. A. MacLean Sinclair in his collections *Filidh na Coille*, *MacTalla nan Tùr*, *Clàrsach na Coille* and *Gaelic Bards from 1825 to 1875.*

A number of poems were found in a notebook, known as the Sander MacDonald Manuscript. The manuscript was discovered by Sander MacDonald, a resident of West River, in an abandoned house in the area during the 1930s. Though he had no Gaelic himself, he kept the notebook for many years, and in the late 1950s he gave it to Major C. I. N. MacLeod, who was teaching at St. Francis Xavier University at the time.[29] MacLeod included several of the poems from the manuscript in his book *Bàrdachd á Albainn Nuaidh*; after his death, the manuscript was sent to the Department of Celtic at Glasgow University, which has made it available to visiting scholars. Dr. Ken Nilsen of the St. FX Department of Celtic Studies brought a copy of the manuscript back to Nova Scotia, and kindly made it available to my husband and me during our research into the bard and his work. The manuscript includes a number of poems, several essays and various miscellaneous jottings. Among these there are eight songs and one short poem by the Keppoch bard.

The authorship of the manuscript is unclear. The writing is not similar to the bard's writing, which can be seen in letters which he wrote to A. MacLean Sinclair, available at Nova Scotia Archives and Record Management. The writer may have been Sagart Arasaig. Some notes at the back of the notebook include biographical details which correspond to the priest's life. The poem which the bard wrote for Sagart Arasaig appears separately from the other poems, and includes the notation "February 22nd, 1886, Arisaig," which could indicate that the priest copied it into the notebook after receiving it from the bard in Arisaig, after leaving the Keppoch in 1885. The handwriting appears similar to examples of the Sagart Arasaig's writing, which can be seen in letters from the Antigonish Diocesan Archives. It would take analysis by an expert for any conclusion to be made. These details are by no means confirmation, but may be indications of authorship.

The bard does not seem to have written down and kept most of his poetry. Other individuals, including Sagart Arasaig, Norman MacDonald, and A. MacLean Sinclair took down his poems for him on various occasions. In a letter to MacLean Sinclair, the bard asks that his friend send him a copy of the lament for his wife Mary "since you took it down in M.S. from my self, and I forgot every syllable of it since."[30] Fortunately, these others not only recorded the songs, but also sent them to publications such as *The Casket* and *Mac-Talla*, disseminating and preserving them for other readers.

More information on the bard and his life can be gleaned from a series of articles written by his son Rod D. MacDonald. These articles, about Rod D.'s memories of life on the Keppoch, were published in *The Casket* in the 1920s. They contain details about the bard's life, including the story of how he built his house, sledding logs he had cleared down the mountain to a sawmill, then hauling the finished boards back up with the help of his bilingual mare, which understood commands in English and Gaelic.[31] Rod D. mentions going back to the Keppoch as an adult and visiting the spot where his father and a neighbour made good moonshine—giving another insight into the nature of some of the celebrations described in the poems.[32] Rod D. also describes local superstitions, storytelling, weddings, and New Years eve customs, all of which help fill in the picture of the bard's life and surroundings.

While the bard does not seem to have put great emphasis on conserving his poetry, he seems to have been aware of, and valued, his status as a bard. In the poem Banais Aonghais an t-Sagairt, he mentions the work of the bards, and asks "who would not invite them before all others":

Cha'n eil meang an cainnt nam bàrdaibh,
Olc air mhath 's gun dèan iad fhàgail;
Có nach fiadhaicheadh roimh chàch iad,
Ùmaidh bochd, gun ghràs 'n a chraicionn?[33]

In the *History of Antigonish*, there is a story of the bard meeting with
Angus and his wife a year later, and of the bard holding the couple's new
baby. After he passed the child back, MacDonald said, "When he grows up,
tell him that he was once in the arms of the Keppoch Bard."[34]

Others also consider his work worthy of notice; Donald Fergusson in-
cluded the bard's lament to his wife in his book *Beyond the Hebrides*, and
called it "one of the most moving pieces of Gaelic poetry of its time."[35]
Alexander MacLean Sinclair said of the bard, "*Cho fad agus is aithne dhomh
is e bàrd Gàidhlig as fheàrr a tha 'n diugh am America.*"[36]

Twenty-three poems, or fragments of poems, by the bard have been
found in *The Casket, Mac-Talla,* Sinclair's collections, and the Sander Man-
uscript. These include satires, praise-poems, humorous songs, songs to mark
special events and reflective pieces. The variety of genres and subject matter
suggest that the bard's talent was more than just a simple skill in composing
entertaining verse. The bard could turn his hand to serious or light themes,
employing a variety of literary techniques to enhance and emphasize the
sentiment behind the subject. In his song on the wedding of his friend
Angus the Priest, the bard wrote of his words going into print, so that the
joyful celebration would not be forgotten:

Théid mo dhàn an clò nan iarunn
Nach leig séisd mo ghlòir air dìochuimhn';
Chum 's gun cluinn iad feadh nan crìochan
Miad gach fialaidheachd a bh' againn.[37]

Thanks to his talent, this prediction has come true. When my husband
and I started researching the bard and his works, we found in his songs a
compelling portrayal of the Keppoch settlement and its people. We col-
lected the poems, provided background and translations for each piece, and
published the results under the title *O Cheapaich nan Craobh: a' Bhàrdachd
aig Alasdair Ailein Mhóir, Bàrd na Ceapaich.*[38] We did so with the object of
bringing these songs, which present a picture of the bard's community and
provide an echo of its far-off joys and sorrows, its losses and celebrations,
to the modern reader.

Notes

1. "1901 Canadian Census."

2. Sinclair, *Mactalla Nan Tur*, 117.

3. Cameron, *Drummer on Foot*, 144.

4. Alexander MacDonald, "Letter to Rev. A. Maclean Sinclair," 1896.

5. Cameron, 144.

6. Roderick D. MacDonald, "Letter to Rev. D. J. Rankin," 1923.

7. MacLean, *History of Antigonish* Vol. 1, 82.

8. Roderick D. MacDonald, "Letter to Rev. D. J. Rankin."

9. Roderick D. MacDonald, "A Sketch of Pioneer Life in the Keppoch," *Casket*, 6.

10. Cameron, 147.

11. Roderick D. MacDonald, "A Sketch of Pioneer Life...."

12. Alexander MacDonald, "Òran Cumha do Bhean Dhàibhi Friseal," *Casket*, 4.

13. Alexander MacDonald, "Òran Cumha do' n Bhàrd Mac Gill' Eathainn," *Casket*, 4.

14. Alexander MacDonald, "Cumha d'a Mhnaoi," in *Gaelic Bards from 1825 to 1875*, 115.

15. Alexander MacDonald, "Òran do Mhàiri Chamaron," *Casket*, 8.

16. Alexander MacDonald, " Òran Molaidh do Mhàiri Nighean Alasdair Dhochanafhasaidh," in *Mactalla Nan Tur*, 101.

17. Alexander MacDonald, "Òran do Mghr. Raoghal Mac Gille Bhràth," *Mac-Talla*.

18. Ronald MacGillivray, "Oran do Bhàrd Na Ceapaich," *Casket*, 8.

19. Alexander MacDonald, "Banais Aonghais an t-Sagairt," *Casket*, 10.

20. Alexander MacDonald, "Aoir Bhutteler," *Casket*, 5.

21. MacLeod, *Bàrdachd á Albainn Nuaidh*, 37.

22. Roderick D. MacDonald, "Letter to Rev. D. J. Rankin."

23. Alexander MacDonald, "Letter to Rev. A. Maclean Sinclair."

24. Sander MacDonald Manuscript.

25. Alexander MacDonald, "Òran Mu Iomhaigh," *Casket*, 4.

26. Alexander MacDonald, "Bha Mi 'n Diugh an Lochaber," *Casket*, 11.

27. Alexander MacDonald, "'S Gur Mithich Dhomh Labairt Gun Dàil," *Casket*, 4.

28. Alexander MacDonald, "Teine Cnuic an Fhuarain," *Casket*, 8.

29. Alexander Anthony (Sander) MacDonald, Telephone Interview.

30. Alexander MacDonald, "Letter to Rev. A. Maclean Sinclair."

31. Roderick D. MacDonald, "A Sketch of Pioneer Life in the Keppoch."

32. Roderick D. MacDonald, "My Trip Through the Keppoch," *Casket*, 7.

33. Alexander MacDonald,"Banais Aonghais an t-Sagairt," *Casket*, 10.

34. MacLean, *History of Antigonish* Vol. 2, 81.

35. Fergusson, *Fad Air Falbh as Innse Gall: Leis Comh-Chruinneachadh Cheap Breatuinn / Beyond the Hebrides: Including the Cape Breton Collection*, 298.

36. Sinclair, *Gaelic Bards from 1825 to 1875*, 115.

37. Alexander MacDonald, "Banais Aonghais an t-Sagairt," *Casket*, 10.

38. Alexander MacDonald. *O Cheapaich nan Craobh: a' Bhàrdachd aig Alasdair Ailein Mhóir, Bàrd na Ceapaich.*

Bibliography

"1901 Canadian Census." Automated Genealogy 1901 Census Transcription Project. http://automatedgenealogy.com. Accessed 15 February 2007.

Cameron, William. *Drummer on Foot*, edited by Raymond MacLean, Donald MacFarlane. Antigonish, NS: The Casket Printing and Publishing, 1999.

Fergusson, Donald A., ed. *Fad Air Falbh as Innse Gall: Leis Comh-Chruinneachadh Cheap Breatuinn / Beyond the Hebrides: Including the Cape Breton Collection*. Halifax: D. A. Fergusson, 1977.

MacDonald, Alexander. "Aoir Bhutteler." *The Casket* 69(2) 13 January 1921, 5.

———. "Banais Aonghais an t-Sagairt." *The Casket* 108(3) 19 January 1961, 10.

———. "Bha Mi 'n Diugh an Lochaber." *The Casket* 72, (39) 2 October 1924, 11.

———. "Cumha D'a Mhnaoi." In *Gaelic Bards from 1825 to 1875*, edited by Alexander MacLean Sinclair, 115. Sydney, NS: Mac-Talla, 1904.

———. "Letter to Rev. A. Maclean Sinclair." Nova Scotia Archives and Records Management, MG1, Vol. 26690 #9, 1894.

———. "Letter to Rev. A. Maclean Sinclair." Nova Scotia Archives and Records Management, MG1, Vol. 26690 #284, 1896.

———. *O Cheapaich nan Craobh: a' Bhàrdachd aig Alasdair Ailein Mhóir, Bàrd na Ceapaich*, edited by Trueman and Laurinda Matheson. St. Andrews, NS: Sìol Cultural Enterprises, 2008.

———. "Òran Cumha do Bhean Dhàibhi Friseal." *The Casket* 11(15) 23 October 1862, 4.

———. "Òran Cumha do' n Bhàrd Mac Gill' Eathainn." *The Casket* 1(28) 3 March 1853, 4.

———. "Òran do Mghr. Raoghal Mac Gille Bhràth." *Mac-Talla* 11(18) 6 March 1903.

———. "Òran do Mhàiri Chamaron." *Mac-Talla* 3(6) 1894, 8.

———. "Òran Molaidh do Mhàiri Nighean Alasdair Dhochanafhasaidh " in *Mactalla nan Tur*, edited by Alexander MacLean Sinclair, 101. Sydney, NS: Mac-Talla, 1901.

————. "Òran Mu Iomhaigh." *The Casket* 11(2) 17 July 1862, 4.

————. "'S Gur Mithich Dhomh Labairt Gun Dàil." *The Casket* 1(25) 20 January 1853, 4.

————. "Teine Cnuic on Fhuarain." *The Casket* 72(2) 24 July 1924, 8.

MacDonald, Alexander Anthony (Sander). Telephone Interview by Laurinda Matheson, 20 October 2006.

MacDonald, Roderick D. "A Sketch of Pioneer Life in the Keppoch." *The Casket* 14(5) 4 February 1926, 6.

————. "Letter to Rev. D. J. Rankin." "Antigonish Co. Keppoch" file, Fr. Charles Brewer Celtic Collection, Angus L. Macdonald Library, St. Francis Xavier University, 1923.

————. "My Trip Through the Keppoch." *The Casket* 71(41) 18 October 1923, 7.

MacGillivray, Ronald. "Oran do Bhàrd Na Ceapaich." *The Casket* 72(18) 3 May 1924, 8.

MacLean, Raymond, ed. *History of Antigonish*. Antigonish, NS: Casket Printing and Publishing, 1976.

MacLeod, C. I. N., ed. *Bàrdachd á Albainn Nuaidh*. Glaschu: Gairm, 1970.

Sander MacDonald Manuscript. Antigonish, NS: s.n., [18--].

Sinclair, Alexander Maclean. *Gaelic Bards from 1825 to 1875*. Sydney, NS: Mac-Talla, 1904.

————. *Mactalla Nan Tur*. Sydney, NS: Mac-Talla, 1901.

Michael Newton

Celtic Cousins or White Settlers?
Scottish Highlanders and First Nations

The interaction between Scottish Highlanders and First Nations tends to be oversimplified both in popular and academic discourse. On the one hand, the facile assumption is sometimes made that as "tribal" people who had been displaced and subjugated by an anglophone empire, they made natural allies and can be lumped together in the same category. On the other hand, others lump all "Britons" together as though they were homogenous English-speaking White Anglo-Saxon Protestants (a convenient assumption for the majority of scholars who are unable to read or contextualize Gaelic, Irish, Manx, and Welsh texts).

It would not be prudent to make simplistic and sweeping generalizations about the many encounters that happened between the First Nations of North America and immigrant Scottish Gaels in the late 18th and early 19th centuries. For one, First Nations were highly distinctive groups of different peoples; even Gaels themselves tended to belong to discrete groups ("clans") with specific identities, traditions and traits. Furthermore, the elites of all these sets of peoples had been exposed to institutions of mercantilism, colonization, and acculturation by this time. Finally, all of these sets of peoples were subject to rapid and fundamental acculturation during this period as subalterns subsumed within the British Empire.[1]

Encounters between First Nations and Scottish Gaels occurred in many different places by people who had been conditioned by specific experiences and who had particular agendas of their own. It made a great difference whether the Highlanders involved were disbanded soldiers who had fought in the Seven Years' War settling on land-grants given by the King as reward for their service, fur traders working on behalf of a multi-national corporation such as the Hudson's Bay Company, or poor, landless peasants who were deported to North America.

The perceptions that Scottish Gaels had of Native Americans should be analyzed by considering them within the framework of mutually connected perceptions between Gaels, anglophones, and First Nations and the distortions inherent in them, just as we might look at a set of increasingly warped images in a hall of mirrors. We can look for traces of perceptions of race and identity, and processes of cultural syncretism, in texts produced in the asymmetrical dialogue happening between these poles, with the caveat that these peoples are all in transition, not static "essences." In a thorough examination of mutually interacting perceptions and relationships, we could pose a set of questions on our sources that would include the following:

1. What were the anglophone notions of civility and civilization and how were notions of the non-civilized Other projected in order to justify empire?

2. How were these projections moulded to depict Gaels and First Nations? How did these two colonial projections inform each other?

3. What did Native Americans think of the anglophone world and the anglophone projections upon them?

4. What did Native Americans think of Scottish Gaels in terms of actual human interaction as well as anglophone projections in literature?

5. What did Scottish Gaels think of themselves before and in response to and participation in colonization?

6. How did Scottish Gaels absorb anglocentric projections, through what channels and in what contexts?

7. How did these projections, and participation in colonization, affect Gaelic perceptions of Native Americans?

And so on...

Once we start to pose questions about Gaelic perceptions (i.e., 5, 6, and 7), especially amongst the non-elite, it is crucial that we attempt to answer them by reference to texts composed in the language that the vast majority of the non-elite spoke at this time: Scottish Gaelic. The range of texts now available for analysis is limited by the fact that few Highlanders were literate in their own language and most Gaelic-speaking communities lost their language and oral traditions before they could be recorded accurately by folklorists or historians. This makes those that do survive—mostly from Nova Scotia and Glengarry, Ontario—very valuable relics indeed.

It is my aim in this short contribution to offer some observations and propose a tentative framework for a line of scholarship which is yet in its infancy in Celtic Studies but which will complement parallel lines of enquiry about the complex unfolding relationships between European and First Nation peoples in North America.

Ideologies of Subordination

The marginalization and Othering of the Gael has a long history in Scotland. During the middle ages, the institutions of the Scottish nation went out of the control of Gaelic speakers and into (primarily) the hands of anglophones. Divisions—linguistic, cultural and perceptual—emerged between Highlands and Lowlands at this time; anglophone Lowlanders saw themselves as more civilised and refined than the "Old Scots" of the Highlands.

King James VI of Scotland, who became King James I of England in 1603, assumed an aggressive stance against the Gaels. In 1597 the Scottish Parliament passed an act to create outposts of the central government in Kintyre, Lochaber, and Lewis which would act as outposts of "civilitie and polecie." This plan was elaborated explicitly in King James's book of 1599 in which he expressed his disdain for the Gaels of the western isles in particular, where he wanted to create "colonies among them of answerable inland subjects, that within short time may reform and civilize the best inclined among them: rooting out or transporting the barbarous and stubborn sort, and planting civility in their rooms." The institutions of the state became increasingly hostile towards Gaelic linguistic and cultural norms and Highlanders were increasingly self-conscious of the pressures of assimilation.[2]

Beginning in the later 18th century, culturally-defined stages of civilization and savagery became increasingly subsumed under the idea of race. Racialism was a product of the imperial experience which was used to justify domination of various sorts. While the Enlightenment recognized the abilities of societies to progress (as well as regress), this paradigm of cultural fluidity came in increasing competition with the more rigid notion of race during the course of the 19th century and often lost out to it. Race was understood as an index of a people's capacity for self-government, amongst other things, and even into the 20th century many texts dismiss the possibility that Highlanders had such capacities.

Anglophones made frequent comparisons between the Highlanders of Scotland and First Nations based on presumptions of barbarism and inferiority.[3] Unsurprisingly, anglophones from both England and Scotland brought their pre-existing prejudices with them to North America and these continued to stigmatize Gaelic in the immigrant context.[4] Having already been exposed for several generations to cultural and linguistic oppression in Scotland was bound to have an effect on Highland immigrants in North America, who generally found themselves once again in an anglocentric environment hostile to their language and culture.

One account from early 19th-century Canada illustrates the ambiguous status of Gaels as they were perceived by anglophones. This particular author suggests that immigrant Gaels were even lower on the scale of civility than native peoples because of their supposed failure, as Europeans, to advance beyond barbarism. According to this depiction, the Gaels do not speak but merely "mutter" and seem incapable of engaging in higher cognitive functions. Not having the linguistic skills to query the Gaels or the "Indians," the author projects contemporary assumptions upon them:

> I entered the outer apartment, and found a mixed assemblage of persons seated round the fire. On one side sat several Scotch Highlanders smoking tobacco, muttering Gaelic, and surveying with suspicious scrutiny the rest of the company; opposite them were three Indians in full hunting costume; and a couple of New England Americans, with some children belonging to the house, completed the group. The New Englanders talked volubly about politics, recounted many incredible stories of their own prowess, and intermingled the whole with oaths and impious expressions. The Scotch eyed them with a scowl of vacant curiosity, often shrugging their shoulders and sullenly shaking their heads. The attention of the Indians was directed to a miniature wind-mill, which a child attempted to turn by the blasts of an old pair of bellows. I now had an opportunity at once of contemplating three different descriptions of human beings, and of estimating what had been their influence of circumstances upon their respective characters. The Scotch peasants had been degraded by a life of poverty, servitude, and ignorance. Their ambitious propensities had never been developed, nor had their ideas ever strayed beyond the circumscribed limits of their homes. They knew nothing of the world; but their natural cunning, stupidity, and selfishness, formed the impregnable guardian of their own interests. The New Englanders, on the other hand, unaccustomed to subordination, stood much higher in their own estimation. They had ventured to think independently upon most subjects, and assumed the character of men of the world. They were not fettered by vulgar associations like the Scotch, but were shrewd in proportion; but in consequence of their want of education, and they being independent of the enlightened part of society, they were destitute of any sort of principle either moral or religious. The Indians possessed a sort of negative superiority over both parties, having no absolute views, and being exalted by those virtues that generally belong to the savage. Though untutored, they were not in a state of debasement, and they seemed more entitled to respect than either the Scotch or Americans.[5]

The portrayal of Scottish Gaels and their ranking on the hierarchy of civility and race varied greatly, according to context, but unfavourable estimations continued to appear into the 20th century in both Scotland and North America.

The two most obvious responses of immigrant Scottish Gaels in North America to these ideologies of subordination were (1) to align themselves with the historical experience and contemporary interests of First Nations, or (2) to distance themselves from them by emphasizing commonalities with other "white" Britons (which is what the Scottish Lowland elites had been doing since the 16th century). I will be examining evidence related to these first two responses in forthcoming articles.[6] There was also a third option, which was to claim that since they too had once been barbaric but had become civilized, they would make ideal mediators for First Nations in achieving the same goals. I will examine some of the evidence for this "middle ground" in the remainder of this article.

Models of Progress

It is particularly when Gaels use themselves as successful models of the civilizing process that we should infer that they really believed to have distanced themselves from the culture of their ancestors and from the company of other "savages." One striking example comes from Glengarry, Ontario, which was a solidly Highland community into the early 20th century. A line of reasoning in a debate in the Canadian Parliament in 1885 allowing First Nations peoples to vote was supported by the example of the Scottish Gaels:

> In a speech, a few days ago, in support of granting the franchise to certain civilized Indians possessing the necessary property qualification, Mr. MacMaster, M.P. for Glengarry, in the Dominion Parliament referred to the progress in civilization of the whole human race, and in particular instanced the wonderful improvement which during the last one hundred and fifty years had taken place among his own native Highlanders in Scotland (of whom he is so justly proud) through the abolition of the tribal system, and other legal restrictions. His argument was this— boldly, not only justly, deal similarly with these Indians and like effects will follow.[7]

In other words, the harsh measures imposed on the Highlanders after Culloden were, according to MacMaster, for their own good, and equivalent measures should be imposed on First Nations, regardless of their protests, because it would be for their own good as well. MacMaster's detractors argued that his comments offended Highlanders in that he was insulting their ancestors:

> They allege that in thus referring to the state of the Highlanders one hundred and fifty years ago, and in proudly and boastingly pointing out the fact that the Highland race wherever found throughout the world was now in the van of civilization, competing for and carrying

off the prizes open for the highest culture and enlightenment—that, forsooth, in doing this, Mr. MacMaster had slandered his own ancestors and the Highlanders of Scotland.

The interpretation of his statements must have been a sensitive issue to his constituents, for he became very unpopular. He finished his term in 1887 and resettled in England in 1910.

Scottish Gaels made public declamations elsewhere about the improvement of their people. At a meeting of the Gaelic Society of Inverness in 1892, for example, Bailie Stuart extolled the achievements of Highland settlers in Canada:

> He thought the intellectual gifts of the Highland race had lost
> nothing by transplantation to another soil, but had rather become
> strengthened and sharpened by the assimilation of new ideas and
> the pressure of unaccustomed social conditions. After giving several
> amusing instances of the prestige with which the Indians regard
> the possession of Highland names, Mr. Stuart briefly referred to the
> crofter settlements in Canada.[8]

It is significant in the present discussion that the progress of Gaels in terms of "civilization" is articulated as well as the asserted attachment of First Nations to them.

It is my hypothesis that there were at least three different narrative frameworks about the "civilizing" project which were seen as being transferrable from the Scottish Highlands to Native America. These I would title as:

1. Landscape as index of improvement
2. Religious conversion
3. Militarism

The idea that the Highlands were once completely covered with wood was widespread throughout Gaeldom. There was a widespread oral narrative in Gaelic about the burning of the forest which explained this transformation as a tragedy blamed on the Vikings. This narrative provided an interpretive, chronological framework for the Highland landscape, positing a direct correlation between time and the degree of tree cover.[9]

The impact of the heavily-forested landscape of North America upon the collective Gaelic psyche is evident in the pervasive nickname for the continent, *Dùthaich nan Craobh* "The Land of Trees." Gaelic oral narrative displays a high degree of consciousness about trees and there is evidence that immigrant Gaels in North America could see their voyage to the tree-laden continent as something like "time-travel" back to the primal landscape of the Highlands. Writing from Pictou, Nova Scotia, in 1802, for example, Rev. Augustin McDonald says:

> The landscape around and position of the forms are very handsome.
> But the whole country is as covered with the beautifullest woods

of every description and variety as we may suppose old Caledonia
to have been … In the forrests live a number of Indians, sunnburnt
complexiont poor shabby and mean in their appearance, but harm-
less so wandering in their disposition that it is hard to say when they
will be induced to give it up or imitate surrounding examples into
Civilisation.[10]

In extant poems from the Seven Years' War, Native Americans are
called by the nickname *Coilltich* "Forest-Folk,"[11] apparently a translation
of English "savage" (from Old French *sauvage* "wild," from Latin *silvaticus*
"of the woods"), likely coined by a minister or regimental chaplain such
as James McLagan. This terminology reflects the universal idea that "The
progress of mankind was from the forest to the field."[12] As the domestica-
tion of the landscape signified humankind's ascent to civilization, repre-
senting Native Americans as people of the Forest was equivalent to placing
them in an earlier stage of social evolution.[13] Gaelic first-encounter narra-
tives also strongly associate First Nations with woods and represent them
confronting Highland settlers who clear trees for agriculture.[14] It is ironic
that Gaelic poets accepted the epithet *Coilltich*, given that they had long
used tree symbolism to describe themselves positively and continued to do
so well into the 20th century in both Scotland and North America. The
earliest surviving example comes from a poem composed upon the Black
Watch's initial departure for North America ca. 1756:

Leoghnaibh garga de'n fhuil Albannaich
Leanaibh ri'r n-airm 's ri'r n-èideadh;
Faighibh targaid eutrom bhall-bhuidh'
Ghabhas dearg' thuagh Choillteach;
'S cuilbheir earr-bhuidh' n làimh gach sealgair,
Seòid a' marbhadh chaol-damh:
O 's mithich dh'Albannaich dol a shealg
Air Frangaich chealgach 's Coilltich.

Fierce lions of Scottish descent,
Be loyal to your arms and to your uniform;
Get your nimble, brightly decorated shields
That will absorb the blows of the axes of Forest-folk,
A bright-ended musket in every huntsman's hand,
Gallant youths killing slim stags:
O, it is time for the Scots to go hunting
After treacherous Frenchmen and Forest-folk.[15]

It is surely significant that some of the first encounters between Gaels
and First Nations were in the context of warfare, an activity in which en-
emies are almost inevitably dehumanized and denigrated. Here again, how-
ever, roles and perceptions were malleable, as they often fought together
during the American Revolutionary War (see below). By implicit analogy,

just as the Gaels and their forested homeland had been "improved," so were First Nations primitive but capable of improvement by the transformation of the landscape and socio-economic means of production.

One of the primary vehicles of improvement was religion. The difficulties in establishing religious centres in the Highlands and of funding staff for them was such that efforts were few and poor until the second-half of the 18th century, when it was seen as a necessary step in demilitarization and assimilation. Alexander McIntosh vindicated his use of church funds by magnifying the former barbarism of his congregation (at Murlaggan) and their transformation into peaceable subjects (post-1760):

> By his great Application in Instructing the People in the Principles of the Christian Religion, a very Remarkable Reformation is wrought among them; As family Worship is Set up in many Families, an almost Effectual Check put to Theft & Depredation for which Locharkaigside was remarkable throughout the Highlands.[16]

Many of the people who found their way to North America in the 18th century had similar "conversion experiences" which were part and parcel of the restructuring of Gaelic society and cosmology in the post-Culloden era. It is surely significant that the early missionary society, the Society in Scotland for the Propagation of Christian Knowledge (SSPCK), extended its network from the Highlands to North America in 1729 with the intention of converting native peoples, with the replacement of native languages with English as a concomitant aspect of civilization.[17] Even into the mid-19th century the Scottish Highlands were considered a missionary field as needy of conversion as Africa, Asian, or Native America.[18]

This notion is expressed in Gaelic poetry by Nova Scotia's first Gaelic-speaking minister, the Reverend James MacGregor who came to Pictou in 1786.[19] An even better example occurs in a poem by one of the most celebrated Gaelic poets of Nova Scotia, Iain MacIlleathain, composed ca. 1830, in which he illustrates the belief that the Protestant establishment improved both human life and the landscape itself. The poem is titled "Craobh-sgaoileadh an t-Soisgeil 'san Tìr seo" ("The Propagation of the Gospel in this Country").

> [...] Tha 'n Soisgeul air a mhìneachadh
> Le fìrinn is le gràdh
> A-mach air feadh nan coilltichean
> 'S gun cluinn iad e 's gach àit'.
> Bho chionn trì fichead bliadhna
> Bha an t-àit' seo fiadhaich fàs
> Gun taigh, gun duin' ach Innseanaich,
> 'S e 'n-diugh gu tìreil blàth. [...]
> Gur h-iomadh àit' ri là-san
> Bha 'nam fàsaichean fo choill'

Is mathain fhiadhaich chòmhnaidh annt'
'S loin chabrach mhór na loinn.[20]

The Gospel has been expounded
in truthfulness and love
throughout the farthest forests
and is heard in every place.
Some sixty years ago
this place was wild and empty
without houses or people but Indians
but it is now warm and snug; [...]
There were many places in the time [of James MacGregor]
which were wooded wastelands
inhabited by wild bears
and giant antlered moose.

The former deplorable state of savagery is then contrasted in the poem with the notion of material, religious, and agricultural progress enabled by the work of missionaries who in turn have enabled the hand of Providence. While the Indians were thus human representatives of the unimproved state in this poem, it must be noted that poems of exactly the same import were written at this same time about the Scottish Highlands.[21] We must also be aware of the use of people, places and things for rhetorical purposes, especially in Gaelic poetry; images may be used in order to express a certain message without reflecting actual perceptions, at least in their entirety.[22]

In 1791, Patrick Campbell, a native of Argyll, Scotland, visited a group of Mohawks who had fought alongside Highlanders during the Revolution, including the celebrated soldier Joseph Brant. Campbell's notes about their conversation demonstrates again how Gaelic tradition could predispose Gaels as seeing First Nations as undergoing a similar process of conversion and civilization as they themselves had in the past:

With Captain Brant I had a conversation upon religion, introduced by him, indeed, and not by me. He said, that we were told every one that was not a Christian would go to hell; if so, what would become of the miserable souls of so many Indians who never heard of Christ? asked if I believed so, and what I thought of it? I told him very frankly, that if all the saints and priests on earth were to tell me so, I would not believe them [...] but his discourses brought to mind a conversation on traditionary record, that passed between Ossian the son of Fingal, and Patrick, the first Christian missionary he had seen.[23]

Campbell is here referring to a medieval poem in dialogue form which was common in the Highlands. In this dialogue Ossian (or Oisean in proper Gaelic spelling) challenges Patrick's claims of the superiority of Christianity over the pagan Celtic past. This record is one of the most striking examples of how Gaelic oral traditions conditioned the responses of High-landers in their experiences with First Nations in such a way as to facilitate relating to them as peers.

During the second half of the 17th century and the first half of the 18th century, Gaels had formed the bulk of the military might of Royalist and Jacobite movements. The central government responded after major crises by building garrisons in the Highlands and military occupation. In the 18th century, the British military began a process of co-opting the mar-tial energy of the Highlands, allowing for the exploitation of an otherwise unskilled, "surplus" population. In the aftermath of the failed Jacobite Ris-ings (the last in 1745-1746), common Highlanders were recruited by their chieftains-turned-landlords in a conspicuous display of loyalty to the Brit-ish Crown. The surviving native elite hoped that this would lead to the res-toration of their hereditary estates and powers, restricted after 1746. Even ordinary Highlanders hoped that faithful service to the House of Hanover would redeem them from accusations of savagery and rebellion and grant them full participation and membership in the mainstream British polity.[24]

Despite the fact that Highlanders fought a number of First Nations during the Seven Years' War (known in the historiography of the Unit-ed States as the "French and Indian War"), they tended to fight together against "rebels" in the American Revolutionary War. Highland soldiers in New York province, for example, led parties of twenty or more Native Americans in guerilla warfare.[25]

Patrick Campbell's address to Brant and his fellow Mohawk soldiers emphasizes their common commitment to the British Crown and their loyalty to it as expressed in military service:

> I was obliged to get up, and told them that I would address them in the Indian language of my country, and said in Gaelic, "That I had fought in many parts of Europe, killed many men, and being now in America, I did not doubt but I would fight with them yet, particu-larly if the Yankies attacked us." My worthy friend Captain McNab explained in English my speech, as did Captain Clinch in the Indian tongue; at which they laughed very heartily.[26]

Campbell equates Gaelic with native languages and foresees continued service together as British citizens. Many 18th-century immigrant Gaelic communities in North America were the result of military rewards, so the impact of military involvement with the British State could hardly fail to make an impression in that period.

The assertion of British sovereignty westward in North America was slow, but it was asserted especially along the trade routes and garrisons es-tablished by and for the fur trade, an activity in which Highlanders played a prominent role. It seems particularly significant that several of these have the same names as garrisons built by British forces occupying the Scottish

Highlands after the Jacobite Rising of 1715, namely, Fort William on Lake Superior, Fort George near Niagara and (another) in British Columbia, and Fort Augustus near Edmonton. The policies and procedures created and implemented by Hanoverian forces in the subjugation of the Highlands have been argued to have been applied widely in the British Empire, especially those overseen by the Duke of Cumberland and his officers at the Battle of Culloden.[27]

The *Indian Magazine* was a monthly journal printed in Brantford, Ontario "in the interest of Canadian Indians" (although the section I've examined expresses this interest only in terms of assimilating them to anglophone Canadian society). In the January 1896 issue, it is suggested that a Six Nations Regiment be formed, inspired very much by the Highland Regiments: "the formation of the warriors of the Six Nations into a separate Military Organization, which shall represent their ancient corporal existence, just as the Highland Regiments in the army represent the ancient Scottish Clans."[28] Even the uniform was modelled on Highland military standards:

It is proposed that the uniform should consist, in addition to the tunic, which must be worn in any case, of kilt and "blanket," thus making a dress, while quite Indian-like, will resemble the dress of the Scottish Highlanders, which is certainly the bravest military costume in existence.

This too offers a vivid illustration of how the "civilizing" of the Scottish Highlands seemed to some to offer a model for the assimilation of First Nations. There is much scope for further investigation of how precedents

Fig. 1. Illustration of proposed Six Nations regimental uniform

set in the Highlands may have been applied in Native America, especially in terms of linguistic eradication and the institutional role of education.[29]

Conclusions

Scottish Gaels had a large corpus of pre-existing cultural concepts and oral narratives which influenced the ways in which they perceived First Nations and their relationships with them. In many cases Gaels drew direct parallels from their own inheritance to the languages and cultures of First Nations. In the 19th century in particular Gaels encountered new paradigms of identity and metanarratives of history developed in the course of European imperialism whose power to reorder the world made them difficult to resist; eventually these incoming concepts were absorbed to a greater or lesser degree as Gaelic communities interacted with the wider anglophone world. Regardless, understanding the Scottish Highland experience in North America cannot be complete without a serious consideration of Gaelic texts, which reveal the synchronic developments of the internal reference points which informed Gaelic mentality and culture, and, in turn, collective and individual action. Much work remains to be done collecting, editing, and analyzing primary sources in Gaelic to give us a fuller picture of the complexities of the Highland experience in North America and how it relates to their interactions with First Nations.

Scottish Highlanders did not agree upon and articulate a single response to their encounters with native peoples with a single voice as a unified group. Like other contemporary peoples in similar circumstances, they chose their responses and made recourse to paradigms of civility and identity according to their local circumstances and individual agendas. Gaels were commonly on the receiving end of oppression in Scotland, and some did not hesitate to make comparisons between themselves and other victims of the Imperial Age. However, as more Highlanders became involved in the institutions of power and wealth in the anglophone world, they saw the opportunities to divest themselves of their "barbaric" past and make common cause with the superior "Anglo-Saxon." Highlanders lived in a complex world of competing interests and exercised varying degrees of commitment to justice and equality; they did not all make the same choices, nor did they all receive the same rewards.

Whatever the profits attained by particular individuals, Highlanders had extensive experience of cultural oppression by the British State and sometimes continued to air their grievances and those of others with similar injuries, but there was an obvious negative cost to opposition to such a formidable hegemony. While Highlanders were subject to such cultural and historical precedents, they were not limited by them. They did not necessarily always believe that resistance to the British State was the best option for themselves or other subalterns; rather, some preferred to choose to collaborate with it and attain "respectability" within it. While they did not invent the concept of race, it was an instrumental paradigm in the hierarchical structure of power and privilege in North America which some attempted to manipulate to better their ranking. Similar comments could be made of the choices made by various First Nations in regards to racial claims and slave-holding.

The boundaries and categories within concepts of race and civility were never static but in constant flux, especially influenced by the movement of frontiers. When the centralized British State was attempting to assert its authority over Gaeldom and destroy its independence in the 16th and 17th centuries, anglophone Scotland and England were asserted as the centre of civility and Gaeldom (Ireland and the Scottish Highlands) the "savage frontier."[30] In the later 18th century, as Highlanders became more firmly integrated into the British polity and the frontiers of Empire extended over new horizons, the British State tended to draw the line demarcating civility from savagery outside Great Britain, incorporating the Scottish Highlands by contrast to the "less civilized" indigenous peoples subject to imperial ambition. Local conditions and agendas could, however, again cast the civility of Highlanders into doubt, particularly in contrast to the unquestionably superior Anglo-Saxons (in Britain, North America and elsewhere in the British Empire) whose manifest destiny was believed to be moving inexorably onwards. Similar observations could be said about race, and there was a considerable time delay in accepting Celts in general, and Gaels specifically, as unambiguous members of the white race.

Whether Scottish Gaels chose to represent themselves as closely related to First Nations or removed from them by a vast gulf of race and civilization was not a matter of either neutral objectivity or romantic musings. Whatever anglophones might have thought of their resemblances, Gaels themselves had a great deal at stake in such comparisons, as acceptance into the anglophone mainstream was crucial for their success within it. Given these circumstances, it is little wonder that they were under great pressure to make common cause with anglophones and the most effective way of doing this was to create space between themselves and First Nations. Those living on the periphery with little to gain from such acceptance were less liable to align themselves firmly with the anglophone world than those with closer ties. In fact, I gather from the textual evidence I have read to date that those who persisted in maintaining the Gaelic language and culture were often those most sympathetic to the plight of First Nations.

There is still vigorous debate as to whether Scottish Highlanders were victims or victimizers during this time period. Some historians of the Clearances have downplayed the victimization of the Gaels because they were co-opted into the military forces of the British Empire and in many

Rannsachadh na Gàidhlig 5 - Scottish Gaelic Research Conference

cases brought about a similar outcome to native peoples as they themselves had suffered in Scotland.[31] It is naive to think that the roles of victim and victimizer are mutually exclusive, however, especially where the historical experience of an entire people is concerned. The expansion of the British Empire effected a cascading chain of domination, dislocation, and subordination. A subaltern group attempting to elevate its position in a hierarchy is especially liable to behave brutally to those in the lower rankings. The impact of European immigrants in North America did not end with the native peoples that they initially displaced: those people in turn displaced others, were co-opted into the military forces of the dominant group, and so on.[32] Neither Highlanders nor First Nations were making decisions with an uncompromised set of options.

I have been able to do little more in this paper than suggest a few ways to interpret the textual remains of Gaels in North America; the complexities and interesting details reside in the data of specific cases. It is my hope that these comments can provide some insight to those willing to continue the work forward.

Notes

My work on this and related topics has been greatly assisted by sustained dialogue and textual contributions over several years from friends and colleagues, most especially Jonathan Dembling, Robert Dunbar, Wilson McLeod, and Domhnall Uilleam Stiùbhart. Any shortcomings are my own. I would also like to thank the libraries of Harvard University and Edinburgh University, and the Ottawa Museum of Civilization, for access to materials which appear in this article.

1. For First Nations, see Richard White, *The Middle Ground*.

2. Ohlmeyer, "Civilizinge of those Rude Parts" in *Origins of Empire*; Newton, *Warriors of the Word*, 28-9, 49, 59-70.

3. For example, Clyde, *From Rebel to Hero*; Pittock, *Celtic Identity and the British Image*; Plank, *Rebellion and Savagery*; Calloway, *White People, Indians and Highlanders*.

4. See for example Newton, "Becoming Cold-Hearted," 79-91, 107-109.

5. Howison, *Sketches of Upper Canada*, 180-81.

6. Newton, "The Macs meet the Micmacs"; *idem.*, "How the Highlanders became 'White'."

7. *Scottish-American Journal* 2 July 1885.

8. *Scottish-American Journal* 3 August 1892.

9. Newton, "Coille Mhòr Chailleann"; *idem.*, *Warriors of the Word*, 284-86, 289.

10. Macinnes, Harper and Fryer, *Scotland and the Americas*, 185.

11. Newton, *We're Indians*, 122, 124, 125, 140.

12. Thomas, *Man and the Natural World*, 195.

13. Despite the reality, of course, that most First Nations in the east did practice agriculture.

14. Newton, "The Macs meet the Micmacs."

15. Newton, *We're Indians*, 122.

16. Quoted in McLean, *The People of Glengarry*, 55.

17. Meek, "Scottish Highlands, North American Indians and the SSPCK."

18. *Ibid.*; Newton, *We're Indians*, 230-240.

19. Meek, "Craobh-Sgaoileadh a' Bhìobaill."

20. Meek, *Caran an t-Saoghail*, 72, 74.

21. MacInnes, *Dùthchas nan Gàidheal*, 369-71.

22. Newton, *Warriors of the Word*, 317.

23. Campbell, *Travels in North America*, 173-74.

24. Newton, "Jacobite Past, Loyalist Present."

25. McLean, *The People of Glengarry*, 95.

26. Campbell, *Travels in North America*, 168-69.

27. Plank, *Rebellion and Savagery*.

28. I owe this reference to R. Moses, curator at the Museum of Civilization in Ottawa.

29. Szasz, *Scottish Highlanders and Native Americans*, opens the dialogue on this subject although much remains to be done, particularly in Gaelic sources.

30. Williamson, "Scots, Indians and Empire"; Ohlmeyer, "Civilizinge of those Rude Parts" in *Origins of Empire*; Newton, *Warriors of the Word*.

31. See, for example, Richards, "Leaving the Highlands."

32. See, for examples, Calloway, *White People, Indians and Highlanders*, 13-15.

Bibliography

Calloway, Colin. *White People, Indians and Highlanders*. New York: Oxford University Press, 2008.

Campbell, Patrick. *Travels in North America*, edited by William Ganong. Toronto: The Champlain Society, 1937.

Clyde, Robert. *From Rebel to Hero: The Image of the Highlander, 1745-1830*. East Linton: Tuckwell, 1995.

Howison, John. *Sketches of Upper Canada*. Edinburgh: Oliver and Boyd, 1821.

Macinnes, Allan, Marjory-Ann Harper and Linda Fryer. *Scotland and the Americans, c. 1650-c. 1939*. Edinburgh: Scottish History Society, 2002.

MacInnes, John. *Dùthchas nan Gàidheal: Selected Essays of John MacInnes*. Edinburgh: Birlinn, 2006.

McLean, Marianne. *The People of Glengarry*. Montreal and Kingston: McGill-Queen's University Press, 1991.

Meek, Donald. "Scottish Highlands, North American Indians and the SSPCK: Some Cultural Perspectives." *Records of the Scottish Church History Society* 23 (1989): 378-96.

———. *Caran an t-Saoghail / The Wiles of the World : Anthology of 19th Century Scottish Gaelic Verse*. Edinburgh: Birlinn, 2003.

———. "'Craobh-Sgaoileadh a' Bhìobaill agus an t-Soisgeil': A Gaelic Song on the Nineteenth-Century Christian Missionary Movement." In *Fil Sùil nglais / A Grey Eye Looks Back: a Festschrift in honour of Colm Ó Baoill*, edited by Sharon Arbuthnot and Kaarina Hollo, 143-62. Ceann Drochaid, Scotland: Clann Tuirc, 2007.

Newton, Michael. *We're Indians Sure Enough: The Legacy of the Scottish Highlanders in the United States*. Richmond: Saorsa Media, 2001.

———. "'Becoming Cold-hearted like the Gentiles Around Them': Scottish Gaelic in the United States 1872-1912." *eKeltoi* 2 (2003a): 63-132.

———. "Jacobite Past, Loyalist Present." *eKeltoi* 5 (2003b): 31-62.

———. "Coille Mhòr Chailleann ann am Beul-aithris nan Gàidheal" in *Cruth na Tíre*, edited by Wilson McLeod and Máire Ní Annracháin, 180-94. Dublin: Coiscéim, 2003b.

———. *Warriors of the Word: The World of the Scottish Highlanders*. Edinburgh: Birlinn, 2009.

———. "'Did you hear about the Gaelic-speaking African?' Gaelic Folklore about Identity in North America," *Comparative American Studies* 8 no. 2 (June 2010) 88-106(19).

———. "The Macs meet the 'Micmacs': First Encounter Narratives in Scottish Gaelic from Nova Scotia," *Journal of Irish and Scottish Studies*, forthcoming.

———. "How the Highlanders became "White": Tracing Racialism in Scottish Gaelic sources," forthcoming.

Ohlmeyer, Jane. "'Civilizinge of those Rude Partes': Colonization within Britain and Ireland, 1580s-1640s." In *Origins of Empire: British Overseas Enterprise to the Close of the Seventeenth Century*, edited by Nicholas Canny, 124-47. Oxford: Oxford University Press, 1998.

Pittock, Murray. *Celtic Identity and the British Image*. Manchester: Manchester University Press, 1999.

Plank, Geoffrey. *Rebellion and Savagery: The Jacobite Rising of 1745 and the British Empire*. Philadelphia: University of Pennsylvania Press, 2006.

Richards, Eric. "Leaving the Highlands: Colonial Destinations in Canada and Australia." In *Myth, Migration and the Making of Memory: Scotia and Nova Scotia c.1700–1990*, edited by Marjory Harper and Michael Vance, 105-26. Halifax: Fernwood Publishing, 1999.

Szasz, Margaret Connell. *Scottish Highlanders and Native Americans: Indigenous Education in the Eighteenth-Century Atlantic World*. Norman: University of Oklahoma Press, 2007.

Thomas, Keith. *Man and the Natural World*. Oxford: Oxford University Press, 1983.

White, Richard. *The Middle Ground: Indians, Empires, and Republics in the Great Lakes Region, 1650-1815*. Cambridge: Cambridge University Press, 1991.

Williamson, Arthur. "Scots, Indians and Empire: The Scottish Politics of Civilization 1519-1609," *Past & Present* 150 (1996): 46-83.

Laurie Stanley-Blackwell

God's Céilidh: Cape Breton's Ceist Tradition

Throughout the 19th and early 20th centuries, the *sacramaid*, the five-day open-air communion, was a dominant symbol in the lives of Cape Breton's Scots Presbyterians. It was the social and religious highlight of the year; a time for spiritual enlightenment, family reunions and courtship. In this enriched context, the theological, social and cultural merged.

The sheer volume of resources, human dedication and intensity that went into these events is mind-boggling. Literally, thousands of Cape Breton Presbyterians zealously pursued the entire cycle of communion celebrations that were held at several major locations throughout the island from June to October. As many as 5,000 to 6,000 persons participated in a single communion gathering, and the regenerative effect was both individual and collective.[1] At these emotionally charged events, people reinforced their sense of community and Scottish identity, they found God, and some even met their future spouses; for it was a venue for courtship as well as spiritual renewal. One is awed by the erudition of the preachers, the profound piety of many of the participants and their legendary stamina as they sat through as many as five or six hours of sermons, psalms and prayers. The community of Boularderie probably set a record with its lengthy communion in 1839— it started at 11 and ended just shy of 6 o'clock—that is, almost seven hours. Participants at these gatherings endured an array of physical discomforts with stoical determination, everything from rain, to black flies and mosquitoes, hunger pangs and the squirming of disgruntled children.

Cape Breton's sacramental season was imbued with a powerful symbolism. The quest for purity as a symbol of Christian holiness was a dominant motif at these sacramental gatherings. It was reflected in the rigorous regimen of self-examination and penitence, the settling of old disputes with neighbours and the paying of outstanding bills. Such preparations constituted a symbolic public cleansing and communal reconciliation, as people readied themselves for the Lord's Supper. The quest for purity was also exemplified by the marathon of housecleaning and the whitewashing of the church. It also found expression in the practice of carrying of one's shoes and stockings, sometimes wrapped in kerchiefs, to the communion site and the draping of the rough-hewn communion table with "clean and white" linen.[2]

The locations of Cape Breton's open-air communions were also charged with symbolism. It is a cliché among real estate agents that "location" is everything. But this adage did indeed apply to Cape Breton's open-air communions. Throughout most of the 19th and early 20th centuries, the open-air communions were staged throughout Cape Breton in locales which became "sacred spaces," special "trysting places" with God.[3] To the uninformed visitor, these storied settings, where blue lakes mingled with dark green forests, might seem little more than mere dots on the map, but they became sites of extraordinary significance—places of mystery and meaning. They were more than mere landscapes—they became "soulscapes." Celebrated in popular lore, these so-called "gates to heaven" were regarded as hallowed places where one could expect to experience the divine.[4]

The symbol of community also reverberated throughout this five-day sacramental festival. The pilgrimage to the communion sites, the fellowship and feasting and the generous displays of hospitality and charity, as people opened their homes and emptied their root cellars and cupboards, were powerful metaphors of communal sharing and group cohesion. It was a veritable community event, for during communion time Cape Breton Presbyterians took a holiday for what was the most festive event in their world. The Lord's Supper, itself, was the most compelling expression of community for it helped the participants remember who they were as a culture and reinforced their sense of being sacramentally bound to each other.

The communion events themselves involved a closely scripted five-day ritual. Day one centred on a 24-hour fast. Day two was the Ceist, a time of self-examination, scriptural inquiry and commentary led by highly-esteemed biblical savants known as "The Men." Day three was "preparation day" and involved a much closer scrutiny of one's knowledge of doctrine, performance of religious duties, and experience in grace. Day four was the much-awaited central event, the Lord's Supper. It drew the largest crowds of the year, which thronged to places such as Mira, Whycocomagh, Baddeck, Boularderie, North River, Strathlorne, Little Narrows and River Denys to sample a foretaste of Heaven. Day five was the day of Thanksgiving and it marked the conclusion of the five-day cycle.

The Sunday outdoor sacrament was the premiere event of the communion season. For this reason, it has captured the lion's share of attention from historians. The Ceist, however, deserves more intensive scholarly investigation. In the minds of most Cape Breton Presbyterians, this special day was second only in importance to the Sabbath communion. The Rev. Alexander Ross, who ministered in Cape Breton from 1895 to 1903, rated this unique event as "the greatest day of the five except the Sabbath day."[5] It was looked forward to with keen anticipation, for it offered the one opportunity in the year to "open out, explain and have explained" the "dark and knotty questions" that had weighed heavily on minds throughout the year.[6] In this way, the second day of the sacramental season often proved to be instructive and soul-searching.

The time-honoured Ceist, also known as "The Men's Day" or "The Laymen's Day," was governed by its own specific protocol. The Ceist usually opened with several psalms, a prayer and scripture reading. This sequence of devotional exercises was followed by the minister who "called" for the all-important "Question." The "Question" was announced by one of the prominent laymen in the congregation, who rising with bible in hand, would read or recite a passage of scripture. This specific excerpt would serve as the theme for the following discussion. The clergyman then summoned "the most godly and experienced men" to "speak to the question," a process that involved personal testimonials which highlighted the clear line of demarcation between the righteous and the wicked.[7] The clergyman usually closed the discussion with a brief summation (*an criathar*); however, it was the prerogative of the layman who had proposed the original question to conclude the service with a prayer.

The Ceist had other distinctive hallmarks. It was generally held outdoors, in the open air, and was conducted almost exclusively in Gaelic. There was no fixed number of participants, nor was there any prescribed time limit for those who chose to contribute. For this reason, the Ceist frequently ripened into a three- to four-hour event.[8] The number of participants could climb as high as twenty-two, as it did at Mira's Friday Service in 1890.[9]

The event was also dominated primarily by male laity, "The Men" (*na Daoine*), who most frequently were elders qualified by virtue of their age and experience. For this reason, the clergy were expected to curb their involvement to the most token participation. The Rev. Alexander Maclean once confessed that any neophyte minister, new to Friday meetings, was bound to be "a little nervous."[10] The pre-eminence of laymen on this day is best exemplified by the Gaelic proverb: "When Black John arises, the minister lies down" ("*Nuair a dh' éireas Iain dubh, luighidh am ministeir*").[11] Women, although conspicuously present in the audience, had an even more circumscribed, circumspect role. For them, tradition dictated silence. As Mrs. Kay MacDonald of Blues Mills asserted in later life, "women just didn't."[12]

The godly laymen who dominated Cape Breton's early Ceists were The Men. They were part of a venerable tradition with antecedents reaching back to the Highlands and Islands of Scotland. There, The Men had been long revered for their fervent piety, personal experience of religion and second sight, talents which epitomized their unique relationship with God. Their signature trademarks were their distinctive preaching style, their long black hair, black cloaks and spotted handkerchiefs. The Men had a preponderant influence on the public mind and during the 18th century, they controlled the Friday Fellowship meetings to the virtual exclusion of the minister. The relationship between The Men and the Established Church proved stormy.[13] There were even futile attempts to suppress them as the clergy reviled the "Men's Day" as "unseemly occurrences."[14]

In Cape Breton, the early "Men" captured the affections and respect of the people which often bordered on adulation. Few were educated, and many of them could not read. Still, they were celebrated for their godliness, their oratorical gifts and their deep personal familiarity with the workings of grace. One man reminisced in old age, "I never had a man I loved as I loved Duncan [Ban]. I was then wild and careless, but I was never happier than when listening to his presentation of the story of the cross."[15] During the sacramental season, The Men often walked eighty to one hundred miles, from one communion to the next, presiding over the Ceist and conducting prayer meetings.[16] Among this lay elite, there were those who possessed "star power," and the public who gathered for these communions always craved to learn which of The Men would be in attendance. In short, some of The Men assumed the status of local heroes. Their celebrity was certainly visible to Professor McKerras of Queen's University who visited Cape Breton in August 1872. He observed first-hand that "these grey-haired fathers," as he styled them, were regarded with "a veneration" sometimes superior to that accorded the minister.[17] For some Nova Scotian clergy, this encroachment on their authority was galling, but they begrudgingly conceded that The Men were uniquely talented. The Rev. William Murray, who attended an open-air communion at Middle River in 1855, confessed some degree of bias against The Men: "I went there a little skeptical as to the benefit of such gatherings both to ministers and the people...."[18] The experience soon disabused him of his prejudices and he found himself recanting. "They are peculiarly valuable for young ministers,—who, if their self-complacency be not altogether shell-proof, will get their grace and humility a little stirred up and increased."[19] The Rev. Malcolm Campbell was so impressed with The Men that he compiled a small book in 1913, entitled *Cape Breton Worthies: Life Sketches of Notable Men in the early Presbyterian Church, Eminent for Piety and Talent*, to enshrine their legacy. This volume, which encircled The Men with halos, was little more than an exercise in Cape Breton Presbyterian hagiography.[20]

A number of important factors contributed to the popularity and prestige of The Men in early 19th-century Cape Breton. First, Cape Breton's frontier environment and the shortage of formal institutions helped spawn the island's own version of The Men. Owing to the initial dearth of min-

242   Rannsachadh na Gàidhlig 5 - Scottish Gaelic Research Conference

isters, The Men oftentimes functioned as lay catechists and lay preachers. They conducted prayers, visited the sick and held periodic meetings in people's houses where the catechism was recited and its teachings explained. However, even after the formal establishment of the Cape Breton Presbytery in 1836, The Men's popularity showed little sign of waning.

During this particular period, several eminent laymen occupied the front ranks of the select band of religious luminaries. Standing out more like a beacon than a lamppost was Boularderie's Duncan MacDonald. A native of Coll, Hebrides, this catechist-farmer was widely respected for his piety, charismatic discourses and command of Gaelic. He was regarded by Cape Breton Presbyterians as an instrument of God, with a "special gift" for facilitating conversions and for helping the mentally "disturbed."[21] The bible was "his constant companion"; he was often heard to say that "the first prayer he remembered hearing was his own."[22] On his death in 1854, Effie MacLeod of North River composed an effusive elegy of thirty-five verses.[23] The elegy migrated to New Zealand with one of the Rev. Norman McLeod's flock and eventually was published in *Mac-Talla* in 1904. As late as 1900, the residents of Mira, whom MacDonald had visited but once a year, still preserved his memory "in loving reverence."[24]

Another important member of this spiritual band was the farmer-catechist-precentor, Donald Ross of Cow Bay Backlands (Port Morien). A native of Uig, Lewis, Ross was regarded as one of the "ablest and most acceptable 'Ceist' day speakers."[25] He frequently undertook "preaching tours" all over the island and his arresting appearance and reborn zeal drew crowds.[26] Another popular figure at the Cape Breton Ceist was Angus McLeod of Hunter's Mountain, Middle River. Nicknamed Aonghas Liath ("Grey-haired Angus") because of his prematurely silvered hair, MacLeod epitomized the consummate "Man." He had a "powerful voice" which projected "a considerable distance."[27] Of a solid physique and ruddy complexion, he looked like a man who was hardened by life's challenges. McLeod's obituary declared, "He was very powerful in addressing a congregation in the Gaelic language of which he had great command, with seldom or never a word out of joint."[28] And finally, there was Angus MacLean, the mystic from Cape North, who stood out from his contemporaries with his long dark bushy hair, his gaunt sallow face and raspy voice. He occasionally looked so unkempt that the Rev. John Murray first mistook him for a local tramp. However rough in his appearance, MacLean was a person of impressive oratorical prowess, who was "most entertaining in his address" and commanded the "marked attention" of his audiences.[29] The Rev. Malcolm Campbell wrote about this lay preacher in superlatives, claiming that MacLean's "gift of prayer" outshone any he had witnessed in either pulpit or pew.[30]

Although by no means complete, this sampling of names helps throw into sharp relief the extraordinary talents that Cape Breton's "Men" pos-

sessed. Although they were "strongly individual," they shared some sig-
nificant commonalities.[31] They were virtually idolized for their reputations
of godliness and high principles. They were also renowned for their deep
experiential familiarity with the workings of grace. For example, Angus
McLeod of Hunter's Mountain and Donald Ross of Cow Bay Backlands,
both natives of Uig, Scotland, traced their conversions to the evangelical
ministry of the celebrated Rev. Alexander McLeod of Lewis. This first-
hand knowledge, it was popularly believed, endowed The Men with spiri-
tual insights and gave the words drawn from the depths of their own ex-
perience a forceful credibility. In short, their authority did not come from
learned theological treatises or formal religious training, but from a higher
source. As one cleric stated: "Their power was not of office but of charac-
ter."[32] Their influence was all-encompassing, for it drew, like a magnet, both
young and old. "Some how," noted one commentator, "they mastered the
secret of influencing the young."[33] Judging from contemporary accounts,
many of The Men displayed superior oratorical skills, a fact which also helps
explain their tremendous appeal. The Rev. Malcolm Campbell captured the
essence of this attraction when he wrote, "Much of the secret of their in-
fluence lay in their conversational powers."[34] As commentators of the day
reveal, these so-called "conversational powers" were far from ordinary. Their
"gifts," it was remarked, were "natural," that is, God-given. The oratorical
discourses of The Men were characterized as strong-voiced, wrought with
feeling, and deeply contemplative. They brimmed with eloquence and were
enlivened with ecstasy. They seemed to breathe life into the dry bones of
orthodoxy and their words resonated "as the bird sings" and poured forth
"like the purest water from the mountain spring."[35] As one obituary said
of Donald Ross, "He was never 'dry'."[36] The Men's tone possessed a singu-
larity which was described variously as "sweet," "melancholy," musical and
contemplative. Their emotion-charged utterances possessed acoustic force,
appealing directly to what American religious historian, Leigh Schmidt,
has dubbed the "soundscape" of the Protestant oral tradition.[37]

The message of The Men also possessed a distinctive quality. As the
Rev. M. A. McKenzie noted on his trip to Cape North in October 1894, he
was struck not only by "their style of expression" but "by their remarks."[38]
The Men avoided theological polemics and eschewed prepared texts. In-
stead, they drew upon more immediate and practical examples to enrich
their remarks, particularly from their own rich stores of experimental reli-
gious knowledge. These details of personal encounters with the divine were
supplemented with allusions "from the familiar scenes of the farm life," and
bolstered with excerpts from Bunyan and the bible which were quoted pro-
fusely and faultlessly.[39] These latter embellishments were not used as sub-
stitutes but as a parallel of their own experiences. Consequently, The Men's
comments at the Ceist tended to be personalized and highly subjective. They

did not parrot the content of the clergyman's sermons. Instead, they frequently leaned towards an allegorical, cryptic form of verbal expression—"a peculiar way of conceiving and expressing religious truths" was the way that the Rev. John Murray phrased it.[40] In his *History of the Presbyterian Church in Cape Breton*, Murray further stressed this point, remarking that "Their type of religion was peculiar to themselves."[41] In this sense, Cape Breton's Men diverged little from their counterparts in the Highlands and Islands of Scotland who also employed "folk tales and popular symbolism adapted to Christian purposes."[42] Drawn from the twin stores of biblical knowledge and personal experience, the words of The Men appealed to their listeners on an affective, emotional level. Few were left unmoved. "There can be no doubt," stated the *Presbyterian Witness* in September 1864, "that these services have a powerful influence on the mind and heart of the great mass of our Gaelic congregations at the Communion Season."[43] Even as late as August 1913, the *Presbyterian Witness* remarked, "no one could listen to these men without feeling how real to themselves was the work of the spirit in their hearts."[44] This observation, however, does not fully do justice to their profound impact. During prayer meetings, Duncan MacDonald's homilies were so intense "that distraught participants had to be removed to another room so that the meeting could be continued."[45] Donald McDougall, who died in 1903, exerted similar emotional sway over his audience. It was noted that: "Seldom did he pray in public without melting many into tears."[46] According to contemporary accounts, the Cape Breton Ceist was often an event of unbridled fervour. At one late 19th-century Ceist, some of the male spectators responded to the discourses of various Men with loud exclamations of assent and satisfaction. The women, on the other hand, sat swaying rhythmically backwards and forwards as they clutched handkerchiefs. Their cheeks streamed with tears although their voices were muted.

The Ceist was a unique setting where the private and public, the communal and personal, the interior and exterior converged. As an institution, however, the Ceist has been cast in almost exclusively religious terms. The key to uncovering its full meaning and significance is best found in ethnographic theory. The Friday Ceist, which stood so resiliently apart from ministerial control, was essentially a folk expression, the spiritual equivalent of the more secular céilidh.[47] Admittedly, the Cape Breton Ceist did not occur within the intimate confines of a céilidh house, but it was performed in a setting conducive to the pleasureable feeling of fellowship and the communal. The Ceist also echoed aspects of the Céilidh, as The Men tapped into a cultural vein where oral transmission was central and held their audiences spell-bound with their well-stocked memories, their story-telling prowess and the vivid narratives about their personal spiritual experiences and the religious worthies of the Church. They possessed all the credentials of gifted story tellers, sharing with eager listeners their collection of spiritual knowledge and wisdom, and becoming practiced performers as they travelled Cape Breton's Ceist circuit. In short, their skills and function paralleled those of the local *seanachaidhs*. The Men's stories were filled with practical, didactic information, and they delivered them in a way that was unrehearsed and extempore. They were also essentially entertainers, products of a "performance culture," who entranced their audiences with their strong and resonant voices and their captivating narrations. They appealed to the sensory on many levels. As a result, the Ceist was a major outlet for spontaneous religious feeling. Bodies swayed to the musicality of their words, tears flowed as emotions were moved and minds were stirred by their colourful use of imagery.

Like their storyteller counterparts, The Men had individual performing styles. At the Ceist, Angus MacLeod of Hunter's Mountain possessed "a manner peculiar to himself," his head and shoulders erect and his lips puckered;[48] River Denys's Malcolm MacLeod projected an austere gravitas, with his measured pace and carefully weighed words; [49] Hugh Ferguson of Gabarus Lake was more expressive in his mannerisms, his fervent outpourings punctuated by involuntary yelps; and Angus MacLean of Cape North was intensely earnest, with his voice rough from overuse, his words free flowing but impeccable in their delivery.[50]

There was also an element of competition inherent in the Ceist for although many of The Men were household names, some clearly enjoyed more popularity than others. Even in the 18th century, it was noted that the Friday service in the Scottish Highlands could exhibit "all manner of rivalries and jealousies."[51] Jessie Morrison of Baddeck remembered vividly one highly competitive Ceist-day participant who always leapt to his feet first to lead off the discussion. John MacLeod of Big Bras d'Or (known locally as "John Bliss") betrayed his overweening sense of ego at one Friday Ceist. He declined to participate with the quip: "When the chickens are through scratching, there's not much for the hen to do."[52]

Like many traditional Gaelic storytellers, a significant proportion of The Men could neither read nor write; they possessed little English and were endowed with remarkable memories and a repertoire of stories, many of which verged on the supernatural. Their stories about personal experiences of grace and their description of genuine tokens of saving grace were widely accepted by their listeners as exemplars. In fact, some of the more captivating stories became cultural treasures, often quoted with the same deference as scripture. These stories constituted a singular narrative genre, functioning virtually as memorates, imbedded in the folk memory of Cape Breton Presbyterians. The allegories and adages of Duncan MacDonald (Donnchadh Ban Ceisdear) were particularly popular, the most memorable of which was his remonstrance against gossipers: "It is not for the purpose of goring the lambs that horns were put on the sheep" ("*Chan ann gu bhith tolladh nan uan a chuireadh adhaircean air na caoraich*").[53] Other remarks, also characterized by compelling originality, were "Jesus refused to drink the proffered cup of vinegar, but He took His Father's cup and drank it to the very dregs. Your hell-deserving soul was in that cup."[54] Such words anchored in the memories of Cape Breton Presbyterians and were still being quoted sixty years after his death. The Ceist, therefore, like the céilidh was multi-functional, serving as a conduit for cultural information and reinforcing social cohesiveness. For Gaelic-speaking Cape Breton Presbyterians, it became a vital means by which they were enculturated in the values, ideals and principles of their religion which would mould their "character and conduct" for life.[55]

Clearly, the Cape Breton Ceist serves as compelling evidence that the sacred and secular in Gaelic Presbyterian culture did not represent clear-cut polarities. As Scottish historian Donald Meek asserts, "the cultures of the church and the ceilidh-house have not always been mutually exclusive."[56] There were, in fact, significant points of convergence and "creative interaction." [57] The Ceist drew on secular models and reflected in many ways "the innate quality of Gaelic society."[58] This fact alone may explain its enormous popularity among Cape Breton Presbyterians and why it claimed their total loyalty for such a long period of time.

Like the Gaelic storyteller, The Men were also fated to oblivion, undoubtedly succumbing to many of the same forces; certainly institutional pressure and rural demise took their toll on both.[59] The Ceist tradition showed early signs of decline at the turn of the 19th century. However, the event still retained its mystique into the early decades of the 20th century. In Lake Ainslie, the Ceist in August 1916 drew visitors from Inverness and Strathlorne. At Grand River, the tradition was still sufficiently robust that fifteen men spoke "forcibly and well" at the Ceist in September 1915.[60] By this time, however, some of the Presbyterian ministers, in an attempt to assert ministerial control and professional authority, started to intrude more visibly into the Ceist-day proceedings. For example, at River Denys in August 1917, the Clerk of Session announced the "question" to be discussed several weeks in advance. This innovation clearly detracted from the spontaneity of the Ceist and introduced an element of regulation. An increasing number of clerics also participated in the discourses about the "Question." For example, at a Ceist in Boularderie in September 1905, the participants included three clergy.[61] Symptomatic of change was also the increased use of English at the Ceist-day gatherings, although this Friday event had been traditionally Gaelic-speaking. As Cape Breton Presbyterians moved increasingly toward a foreshortened communion season, the Ceist became a casualty of modernization. To chart its demise is to follow the arc of Gaelic's decline. For with the dwindling of the Ceist was swept away yet another institutional structure to buttress Gaelic's survival. Among a new generation of young anglicized Cape Bretoners, the Ceist day lost its spiritual aura and was called disparagingly "the old Man's Day."[62] In rural Cape Breton, it hung on into the late 1930s and early 1940s, regarded by many clergy as a relic of the past. At the Ceist day at Black River in July 1937, participation was limited to only two elders and one minister.[63] Attendance was equally paltry. In 1937, the Session minutes referred to "few people" at the Friday gathering; two years later, the same refrain was echoed: "Few were present at the service."[64]

Interviews conducted in the 1990s with those who remembered the Ceists of the 1920s and 1930s are revealing. The memories of the informants still retained with amazing clarity the details about those who had participated at the Friday gathering. They could also single out the names of those who had excelled at the Ceist, and identify those parties who had spoken in Gaelic or had opted for English. The reviews on their performances were mixed. Most of the informants remembered squirming, checking their mothers' watches, and even falling asleep during the proceedings. According to Whitman Gillis of Blues Mills, although there were "some good fellas there," a "lot spoke who shouldn't have."[65] Mrs. Catherine Ross, also of Blues Mills, stated, "A lot of old fellas thought that they could talk better than the minister." She recalled vividly the antics of "Billy Sunday," "one old fellow," who frequently got "overheated" and "worked up." On one occasion, when "Billy Sunday" was in full oratorical flight, his brother crept up behind him, and muttered in Gaelic "enough."[66] However, there was no time limit on Ceist-day performances and so he continued barely drawing a breath. The interviews with elderly Cape Breton Presbyterians suggest that the quality of the Ceists by the 1920s and 1930s was uneven. For some, The Men of the early 20th century failed to measure up to their luminous 19th-century counterparts. They seemed to be feeding their listeners chaff rather than the finest of wheat. However, it is not fully clear why The Men fell from grace. Did the fate of such a cultural landmark mirror a decline in quality or a decline in public interest? Or is it possible that the answer is a combination of both? Among many Presbyterian clergy in Cape Breton there was an indelible sense that the golden age of The Men had passed even before the advent of the 20th century. Certainly, by 1921, the Rev. John Murray referred to the Ceist and The Men in past tense. He wrote in wistful terms about the passing of those who had excelled as spiritual storytellers at "God's Céilidh": "They are all gone now and we shall never see their like again."[67]

Notes

1. *Presbyterian Witness*, 18 August 1855; 9 August 1856.

2. Ibid., 1 October 1864.

3. This concept is more extensively explored in Laurie Stanley-Blackwell, *Tokens of Grace: Cape Breton's Open-air Communion Tradition*, 55. For a thought-provoking analysis of sacred geographies, see Belden C. Lane, *Landscapes of the Sacred: Geography and Narrative in American Spirituality*.

4. Ibid., 54-55. See also *Presbyterian Witness*, 18 August 1855.

5. Keith and Pat MacMilllan, ed., *Reminiscences of the Reverend Alexander Ross*, 59. The *Presbyterian Witness* echoed this assertion when it stated, "it was a day of days, long looked forward to and long remembered," 8 September 1900.

6. *The Blue Banner*, September 1903, no pagination; *Presbyterian Witness*, 2 November 1878.

7. *Ecclesiastical and Missionary Record*, December 1855, 187; *The Canadian-American Gael*, vol 1, 1944, 88. See also MacLennan, *The Story of the Old Time Communion Service and Worship*, 3.

8. For example, the Ceist at Cape North during the autumn of 1882 ran 3.5 hours. See *Presbyterian Witness*, 14 October 1882.

9. *Presbyterian Witness*, 17 September 1890.

10. Alexander Maclean, *The Story of the Kirk in Nova Scotia*, 48-49.

11. Dunn, "Gaelic Proverbs in Nova Scotia." *The Journal of American Folklore*, 33, 39ff.

12. Interview with Kay MacDonald, Blues Mills, 25 September 1995.

13. D. Beaton, "Fast Day and Friday Fellowship Meeting Controversy in the Synod of Sutherland and Caithness (1737-1758)" *Transactions of the Gaelic Society of Inverness*, 159-82. See also John MacInnes, "The Origin and Early Development of the 'Men'," *Records of the Scottish Church History Society*, 16-41; Steve Bruce, "Social Change and Collective Behaviour: The Revival in Eighteenth Century Ross-shire" *The British Journal of Sociology*, 554-72; Donald Beaton, *Some Noted Ministers of the Northern Highlands*; and John Kennedy, *The Days of the Fathers in Ross-shire*.

14. Gunn and MacKay, eds., *Sutherland and Reay Country*, 354.

15. *Presbyterian Witness*, 8 September 1900, 18 May 1901; M. D. Morrison, "Religion in old Cape Breton" *Dalhousie Review*, 189.

16. *Presbyterian Witness*, 2 November 1878; 8 September 1900.

17. John Murray, *The History of the Presbyterian Church in Cape Breton*, 268.

18. *The Ecclesiastical and Missionary Record*, (December 1855) 187.

19. Ibid.

20. Malcolm Campbell, *Cape Breton Worthies*.

21. Carmichael, MacLeod and Patterson, *History of Boularderie Presbyterian Congregation*.

22. Campbell, 10.

23. *Ecclesiastical and Missionary Record of Free Church of Nova-Scotia* (April 1854), 27; *Mac-Talla*, vol. 12, no. 24, 1904.

24. *Presbyterian Witness*, 8 September 1900.

25. Campbell, 21.

26. *Presbyterian Witness*, 2 November 1878.

27. Campbell, 8.

28. *Presbyterian Witness*, 31 August 1878.

29. Ibid., 14 Ocotber 1882.

30. Campbell, 25.

31. Ibid., 16.

32. *Presbyterian Witness*, 8 September 1900.

33. Morrison, 189.

34. *Presbyterian Witness*, 8 September 1900.

35. Ibid., 8 September 1900, 14 September 1884.

36. Ibid., 2 November 1878.

37. Leigh Schmidt explores the sensory experience of hearing in the history of religion in *Hearing Things: Religion, Illusion and the American Enlightenment.*

38. *Presbyterian Witness*, 6 October 1894.

39. Ibid., 16 August 1913.

40. John Murray to Rev. Campbell, 22 October 1910, Appendix III, in Campbell, 28.

41. Murray, 267.

42. T. M. Devine, *Clanship to Crofters' War*, 104.

43. *Presbyterian Witness*, 24 September 1864.

44. Ibid., 16 August 1913.

45. Stanley-Blackwell, 36.

46. *Presbyterian Witness*, 1 August 1903.

47. This point of convergence is hinted at but not explored in Margaret A. MacKay, "Folk Religion in a Calvinist Context: Hungarian Models and Scottish Examples" *Folklore*, 139-49. The author asserts that "the emphasis in Calvinism on 'the word' opens up areas of individual experience of interest for the study of a range of narrative genre." She identifies the informal house visits, formal gatherings and services during the communion season as potential areas of scholarly study.

48. Campbell, 8-9.

49. Ibid., 16-17.

50. Ibid., 25-26.

51. Gunn and MacKay, 355.

52. This quotation was provided by Rev. Ritchie Robinson to the author, 19 November 1994. This saying was passed on to Rev. Robinson by Annie Mac-Aulay who was born in Boston in 1901. Her family moved back to the Big Woods Road in Millville, Boularderie, around 1908-1909.

53. Charles W. Dunn, *Highland Settler*, 98.

54. Campbell, 11.

55. See "What is Seanachas"? On-line source: http://www.virtualmuseum.ca/Exhibitions/Ceilidh/html/gaeliccb_whatisseanachas.html.

56. Donald Meek, *The Scottish Highlands: The Churches and Gaelic Culture*, 50. Meek debunks the stereotype of the evangelical Presbyterian Church as a "culturally-destructive" force in 19th-century Scotland. He argues that the "Céildh-house was one of the pre-existing models for fellowship meetings of the kind that became common when evangelicalism took firm root in the Highlands." 44.

57. Ibid., 51.

58. Ibid., 51-52.

59. John Shaw, ed., *Tales until Dawn: The World of a Cape Breton Gaelic Story-Teller*, xxv.

60. *Presbyterian Witness*, 14 August 1915.

61. *The Blue Banner*, September 1905, no pagination.

62. Angus H. MacLean, *God and the Devil at Seal Cove,* 48.

63. Maritime Conference Archives, PC-305#3, Presbytery of Inverness, Congregation of West Bay, 1898-1959, 2 July 1937, 98.

64. Ibid., 2 July 1939, 101.

65. Interview with Whitman Gillis, 25 September 1995.

66. Interview with Catherine Ross, Blues Mills, 25 September 1995.

67. Murray, 267.

Bibliography

Beaton, D. "Fast Day and Friday Fellowship Meeting Controversy in the Synod of Sutherland and Caithness (1737-1758)" *Transactions of the Gaelic Society of Inverness* 29 (1914-1919), 159-82.

Beaton, Donald. *Some Noted Ministers of the Northern Highlands*. Inverness: Northern Counties Newspaper, 1929.

Bruce, Steve. "Social Change and Collective Behaviour: The Revival in Eighteenth Century Ross-shire." *The British Journal of Sociology* 34 (4) (1983): 554-72.

Campbell, Malcolm. *Cape Breton Worthies*. Sydney: Lynk Printing, 1975 [Don MacKinnon, 1913].

Carmichael, Isabel, Angus MacLeod and D. M. Patterson, *History of Boularderie Presbyterian Congregation*, 1972.

Devine, T. M. *Clanship to Crofters' War*. Manchester: Manchester University Press, 1994.

Dunn, Charles W. "Gaelic Proverbs in Nova Scotia." *The Journal of American Folklore* 72 (January-March, 1959): 30-35.

———. *Highland Settler*. Wreck Cove, NS: Breton Books, 1991.

Gillis, Whitman. Interview with the author, 25 September 1995.

Gunn, Adam and John MacKay, eds. *Sutherland and Reay Country*. Glasgow: John MacKay "Celtic Monthly" Office, 1897.

Kennedy, John. *The Days of the Fathers in Ross-shire*. Pictou, NS: James Paterson, 1867.

Lane, Belden C. *Landscapes of the Sacred: Geography and Narrative in American Spirituality*, 2nd ed. Baltimore: Johns Hopkins University Press, 2002.

MacDonald, Kay. Interview with the author, Blues Mills, NS, 25 September 1995.

MacInnes, John. "The Origin and Early Development of the 'Men'." *Records of the Scottish Church History Society* 8 (1942): 16-41.

MacKay, Margaret A. "Folk Religion in a Calvinist Context: Hungarian Models and Scottish Examples." *Folklore* October, 113, no. 2 (2002): 139-49.

Maclean, Alexander. *The Story of the Kirk in Nova Scotia*. Pictou: Pictou Advocate, 1911.

MacLean, Angus H. *God and the Devil at Seal Cove*. Halifax: Petheric Press, 1976.

MacLennan, George A. *The Story of the Old Time Communion Service and Worship*. Toronto: The Charlton Press, 1991[1924].

MacMilllan, Keith and Pat, eds. *Reminiscences of the Reverend Alexander Ross*. Private printing, 1988.

Meek, Donald. *The Scottish Highlands: The Churches and Gaelic Culture*. Geneva: WCC Publications, 1996.

Morrison, M.D. "Religion in old Cape Breton." *Dalhousie Review* 20 (1940): 181-96.

Murray, John. *The History of the Presbyterian Church in Cape Breton*. Truro: News Publishing, 1921.

Presbytery of Inverness, Congregation of West Bay. Maritime Conference Archives, PC-305#3, 1898-1959, 2 July 1937, 98.

Ross, Catherine. Interview with the author, Blues Mills, NS, 25 September 1995.

Schmidt, Leigh. *Hearing Things: Religion, Illusion and the American Enlightenment*. Cambridge, MA: Harvard University Press, 2000.

Shaw, John, ed. *Tales until Dawn: The World of a Cape Breton Gaelic Story-Teller*. Kingston/Montreal: McGill-Queen's University Press, 1987.

Stanley-Blackwell, Laurie. *Tokens of Grace: Cape Breton's Open-air Communion Tradition*. Sydney: Cape Breton University Press, 2006.

Newspapers and Bulletins

The Blue Banner

The Canadian-American Gael

Ecclesiastical and Missionary Record of Free Church of Nova-Scotia

Mac-Talla

Presbyterian Witness

Laurie Stanley-Blackwell and Shamus Macdonald

The Strongman, the Storyteller and Eastern Nova Scotia's Scots

For centuries, the Gaelic imagination was extensively populated with be-
ings of extraordinary dimensions and strength through the long tales of the
Fenians and other oral narratives. In Scottish popular culture, even mortal
protagonists performed feats of epic strength and were elevated by the sto-
rytellers to icons of superior endurance, brawn and agility. The preeminence
of physical strength as an index of courage and vigor is also epitomized by
the tradition of the Highland Games. The so-called "manhood stones" or
"lifting stones," such as the famed McGlashen and Inver Stones, also testify
to the all-importance of physical strength and have their counterparts in
Nova Scotia.[1]

A study of acts of strength in Eastern Nova Scotia instantly conjures up
the name and image of the "Giant MacAskill" of Englishtown. As a strong-
man, MacAskill's feats in the name of Cape Breton's honour were widely
extolled and embellished. His fame, however, has cast such a long shadow
that it has tended to obscure in the minds of scholars the achievements of
the everyday strong men and strong women in the region.[2] In short, stories
of physical strength, in both the written and oral record, remain largely
unexplored.

According to print-based sources, 19th-century Eastern Nova Scotia
boasted an amazing pantheon of individuals who outshone their contempo-
raries in terms of strength. There was Donald McNeil of Antigonish Coun-
ty who carried a 295-kg (650-pound) anchor to his shipbuilding worksite
at Morristown after four men had declined to perform the formidable task.[3]
Daniel Rankin, the "strong man of Sutherland's River," also enjoyed a large
measure of fame for his "dead weight lift" which was "authoritatively stated
to have been ten hundred pounds."[4] Bishop William Fraser, who came to

Antigonish in the summer of 1823, was renowned "among the old folk" for his strength.[5] Most noteworthy among his acts of prodigious strength was his knack for bending horse shoes, a faculty that cast him in the central role of Antigonish's version of the often-told tale about the blacksmith and the strongman. Fraser's talent, however, was far from unique. It was also shared by many others according to the accounts we have today, including a MacRae woman in Sutherland's River, Pictou County, who could bend number five horseshoes with her bare hands.[6]

Stories of physical prowess were the staple of family histories and genealogies among Eastern Nova Scotia's Scots. In Judique, for example, the story of James MacDonald who defended his brother's honour became part of the cycle of oral history. MacDonald purportedly walked from Judique to Miramichi to "lick an Irish 'Bully' who had ill-treated his brother." James returned proudly bearing the bully's belt which remained with the family "for a long time as a trophy."[7]

The published settlement narratives of Eastern Nova Scotia's Scots are also replete with tales of feats of muscular strength. For the historian and the folklorist, published 19th-century and early 20th-century local histories provide the most durable format for these settlement narratives. Many of the early local histories were based on oral recollections and consequently were important conduits by which the memory of these concrete personal experiences were inscribed and preserved. The most prevalent variant of the strongman story in these sources relates to displays of physical endurance, such as hauling barrels or sacks of meal, salted herring and salt over vast distances. Interestingly enough, these accounts furnish minute details about actual distances and the weight of the objects borne. Precise in their localization, these seemingly historic events are fixed in both time and place. For example, Father MacGillivray's *History of Antigonish* records that Little Allan MacDonald walked every Saturday from Antigonish to his home in the Keppoch carrying 23 kg (50 pounds) of corn meal. The Rev. George Patterson's *History of Pictou County* brims with stories about sturdy settlers who were undaunted by distances and heavy loads. One of the most memorable examples of magnificent courage and strength relates to Alexander Fraser of Middle River, who, when only "a lad of sixteen, carried a younger sister to Truro on his back," while the only food he had for the whole journey was the tail of an eel.[8]

Women, too, were celebrated in the early settlement annals for their physical prowess. In Benacadie, Donald McInnis's wife, Catherine, daughter of Big John Cameron, was no frail female vessel. It is related that, lacking oxen or horses, Donald headed off to his boat, a distance of 3.2 km (two miles), with two big bags of oats slung over his shoulders. Following closely on his heels was Catherine, toting on her back a big carcass of pork which tipped the scales at more than 91 kg (200 pounds).[9]

This sort of story had other variants. Most common were those that related to the extraordinary distances travelled to attend religious services. For example, Father MacGillivray recorded that the women residents in Ohio, Antigonish County, were known to travel as far as Arisaig to attend mass, a trip of no fewer than 40 km (25 miles).[10] For the early Scottish settlers of Eastern Nova Scotia, local stories about distance and survival were more than entertaining anecdotes. Those who taxed their reserves of stamina by shouldering heavy barrels and sacks were often carrying home "the staff of life" (i.e., food to their hungry families). Those who were testing the limits of endurance by trekking countless miles to religious services were demonstrating their indomitable sense of faith. Such stories then were as much exempla about physical strength as moral fortitude.

One of the most prevalent motifs in Eastern Nova Scotia's stories of strength in print form features the human being pitted against the wild animal in a life and death struggle. Two examples of this point must suffice. During the early 19th century, Pictou County's Alexander Falconer was no slouch when it came to testing his strength against the brute force of wild animals. It is told that when confronted by a bear of monstrous size who came barrelling toward him, Falconer "caught him by the ears, and throwing himself on the shaggy monster, pinned his snout to the ground" never letting go of his hold until his cousin had speared the bear with a pitchfork.[11] According to East River historian, the Rev. Robert Grant, Pictou County laid claim to a glorious abundance of tales about "ferocious bulls," especially those relating to Alexander McKay of St. Mary's, in whose hands "all kinds of horned cattle—from the fiercest of bulls downwards were as helpless as so many pups."[12] There are also numerous examples of stories in early local histories where the muscular powers of human beings outperformed their beasts of burden. Deacon McKay of Riverton, Pictou County, a man of "towering stature," on at least one occasion replaced a horse which balked at hauling logs, and hitching himself to the double whipple tree, he finished the task in tandem with the remaining horse.[13] "Big" Donald McGillivray of Dunmore, Antigonish County, proclaimed by Bishop Fraser to be the "strongest man who ever came from the Highlands," put his team of sluggish oxen to shame by unhitching them and taking the chain around his shoulders in order to haul the load of logs up a hill.[14]

Women also garnered acclaim for their altercations with wild animals. According to priest-historian Father D. J. Rankin, a Mabou mid-wife, nicknamed "The White Woman," who came from Scotland around 1809, was renowned for her altercation with a "huge" black bear when she was only eighteen years of age. Undaunted, she confronted the animal lurking near the sheep pen with a big stick and beat it so forcefully that she crushed its skull. Filled with admiration for this exploit, Rankin marvelled: "What was her father's surprise when he finds on his return that his daughter had performed a feat that would tax the strength and courage of the strongest man in the country."[15]

Displays of physical strength were not limited to long treks through the woods or violent skirmishes with wild animals. An exhibition of physical force was frequently the means by which a dare, community feud or an unresolved score was settled. It was even the means by which a young man might prove his fitness for the hand of his betrothed. In short, it served as the determining test for local conflicts, an outlet for ethnic animosities and an arbiter of honour. Community reputations rose and fell on these occasions for there was always a strong undercurrent of local patriotism and internecine strife. The combative rivalries between the Roman Catholic Barramen of Washabuckt and the Protestants of Middle River and Big Baddeck were notorious. In these clashes, bodily strength was an invaluable asset, and considerable personal and community pride were wrapped up in these exhibitions of physical power. One of the most celebrated feuds in 19th-century Antigonish was a step-dancing contest between John the Boxer MacDonald of Antigonish and Angus MacDonald of Purlbrook. After he lost the challenge, John the Boxer, a "perfect figure of rugged manhood," started spoiling for a fight.[16] His opponent retaliated by kicking his powerful feet in the air, thus launching into orbit one of his brogans and well as John the Boxer's beaver hat, both of them sailing over a three-storey building on Antigonish's Main Street. This feat was a testament to Angus's strength and agility, and as the two combatants searched unsuccessfully for their "missing property," John the Boxer reproached his opponent for "kicking so hard that the boot was still flying."[17] Women were not immune to challenges to perform feats of physical strength. According to Archibald MacKenzie's *History of Christmas Island*, Catherine McInnis showed no sign of feminine fragility when she urged her burly son to thrash some bullies at a kitchen party. In fact, she helped roll up his sleeves and unbutton his collar to ready him for the fray. She even delivered a punishing right hook that floored one of his opponents.[18]

Judging from early published local histories, Eastern Nova Scotia's strong men and strong women used their bodies to proclaim their personal and public identities, as well as their sense of physical strength, honour and achievement. In many ways, the oral tradition echoes this assessment. Conducted in both Gaelic and English, fieldwork in areas of the province settled by Gaelic-speaking immigrants reveals numerous historical legends, anecdotes and secular memorates detailing the exploits of men and women with exceptional physical strength. Like tales of the supernatural and humorous anecdotes, oral narratives based on this subject matter appear well maintained in the region's folktale corpus despite language shift. Furthermore, tradition bearers themselves often allude to their importance when describing the tale genres preferred by friends and family. Alec Goldie, a well-known storyteller from Middle Cape, certainly assigns stories of strength a prominent place when discussing his own tale preferences: "I was always interested, as far as I can go back, I was always interested in those stories; about strong people, ghosts, forerunners, the evil eye and all that stuff."[19] Gaelic scholar and grandson of the Bard MacLean, Alexander MacLean Sinclair, also notes their presence in the tale repertoires of two influential tradition bearers from his own Pictou County youth: "The one could not read at all; the other certainly was not a reader of historical books. But they both had a number of stories of ghosts, strong Highlanders, and clan feuds."[20]

In terms of theme and content, accounts of feats of strength current in the oral tradition possess close parallels to those found in print sources and include numerous international motifs which help situate them within a worldwide storytelling tradition.[21] Willie Chisholm of Heatherton, for example, tells the story of his grandfather, Kenneth Chisholm, who is reputed to have carried stones weighing 181 kg (400 pounds) to the top of the towers at St. Ninian's Cathedral during its construction.[22] In North River, Murdock MacLennan relates that his uncle, a coal miner, would routinely lift industrial objects weighing 227 kg and 272 kg (500 and 600 pounds) and throughout the region, stories are told of men who could bend or break horseshoes with their bare hands.[23]

Importantly, however, oral narratives appear to contain far fewer instances of romanticization and editorialization than those in print sources. Moreover, accounts told in the oral tradition occasionally provide additional details not included in the written record. In this way, we can see the storyteller setting the scene and bringing it to life for the listener, at times providing genealogical information, improvised dialogue or validating statements meant to enhance the interest and relevance of the tale for the listener and add to its credibility.[24]

Only a fraction of the stories available in the oral tradition today have ever been recorded in print, however. Highly localized, and often passed on within families of those whose exploits they chronicle, narratives like these have been retained largely through the oral tradition. Even important Gaelic publications, such as *Mac-Talla*, *Am Mosgladh* and *Fear na Céilidh*, contain only infrequent examples. Given the amount of traditional material available to their editors, and their need to cater to a diverse and widespread audience, these shorter, community-oriented tales appear not to have been given priority in Gaelic print sources.

Today, however, oral narratives ostensibly based on the local experience form a vigorous and prominent component of the regional folktale tradition. Indeed, though contemporary Gaelic-speaking tradition bearers occasionally reference the former preeminence of Fenian tales, and the giants and superhuman deeds for which they were celebrated, most narrators prefer local tales which they believe to be true. Likewise, outside his home community, stories about the size and strength of Angus MacAskill are only infrequently encountered. Instead, local examples of strength featuring family or fellow community members are offered to eager listeners. When stories about the Giant MacAskill are related in the region, they often come in the form of tall tales or humorous anecdotes. Though tradition bearers clearly distinguish between Fenian tales, tall tales and the narratives on which this research is based—which are largely believed to be factual accounts of local historical significance—each can be viewed as a manifestation of the same collective interest.

As noted earlier, themes evident in the published sources display parallels in the oral tradition. Tales that allude to challenges are present, for instance. Father Allan MacMillan speaks about an Inverness County ancestor who, because of his strength, was continually dared to lift a particular heavy stone. Exasperated, the strongman finally relented, lifted the rock above his head and smashed it on the ground—thus putting an end to all further requests.[25] Tales featuring men who proved stronger than their work animals are also represented in the oral tradition. In the following example, Murdock MacNeil shares a story from Rear Christmas Island that appears to have passed into the realm of local legend due to generational transmission and community pride.

Bha e a' fuireach shìos air Rathad nam Farallach mar a chanadh iad sin. Agus aig ceann a' rathaid, a' dol a-mach, fhios agad, bha i fuathasach cas fhios agad, 'mach na pàircean, suas aig ceann a' rathaid. Agus co dhiubh tha t-seansa, bha Dòmhnall Eòghainn, a' latha a bha seo, bha gràinne aige no feur ri tharraing a-staigh. Bha aige ri spealadh; bha i tioram. Agus chaidh e suas leis a' bheòthach-eich, agus mar a chanadh iad an uair ud, 's e trams, trams na cartach fhios agad....Ach co dhiubh, theann Dòmhnall Eòghainn air a' cur gràinne air na trams agus co dhiubh, lìon e e 's lìon e e 's tha t-seansa, an uair sin, 'air a stad e, bha e thairis, 's bha e car duilich, a dèanamh a-mach gun do chuir e mòran do dh' fheur air na trams, trams na cartach, air tàilleabh, tha i fuathasach cas a' tighinn 'nuas leis a' bheinn, fhios agad, dhan taigh far an robh iad a' fuireach. Ach co dhiubh, thuirt e, "Tha eagal orm" os esan, "gu bheil seo 'dol a bhith ro throm air a' bheòthach-eich." Agus a' rud a rinn e, thug e an t-each às na trams na cartach agus cheangal e e air an darna taobh, a-muigh air a bheinn, agus chaidh e-fhein 's na seaftaichean. Thug e a-nuas an lòd mòr do ghràinne dhan rathad mhòr.

Agus bha an t-seann fheadhainn a chuala mise a' bruidhinn air, bha iad ag ràdh, thuirt iad, bha lòd cho trom, agus fhios agad, bha a' bheinn cho cas, gu robh na brogan ... brogan mòr, leathair làidir a bh'annda, agus gu robh, an cudromaich sin cho mòr air, gu robh na

sàiltean 's na broigan aige dìreach a singeadh 's an talamh a' tighinn
a-nuas a' bheinn. Ach thug e a-nuas uile, a' chairt, am feur, a h-uile
sgàth a-nuas 's cha robh sgàth trioblaid aige. Smaoinichibh sibhse
'nisd an spionnadh a bha aig an duine sin 'son sin a dhèanamh! Sin
Dòmhnall Eòghainn.

He was living down on the Farrell Road as they would call it. And
at the end of the road, going out, you know, it was terribly steep you
know, out in the fields, up at the end of the road. And anyway it
seems Donald Hugh was, this day, he had grain or hay to bring in.
He had to harvest; it was dry. And he went up with his horse, and,
as they would call it at that time, it was trams, the trams of the cart
you know.... But anyway, Donald Hugh started to put the grain on
the trams and anyway, he filled it, and filled it, and it seems, then,
when he stopped, he was over, and he was rather sorry, realizing that
he put a lot of hay on the trams, the trams of the cart, since it is ter-
ribly steep coming down with the mountain, you know, to the house
where they were living. And anyway, he said, "I am afraid" he said
"that this is going to be too heavy on the horse." And the thing he
did, he took the horse out of trams of the cart, and he tied it on the
other side, out on the mountain, and he himself went in the shafts.
He took the big load of grain to the main road.

And the old people I heard speaking about him, they were saying,
they said, the load was so heavy, and you know, the mountain so
steep, that the boots ... big boots with strong leather inside them,
that the weight was so heavy on him, that the heels of his boots were
just sinking into the ground coming down the mountain. But he
took down everything, the cart, the hay, everything down and he had
no trouble at all. Think of that yourself now, the strength of that man
to do that! That was Donald Hugh.[26]

Echoing its print counterpart, the oral record also demonstrates that
strength was not exclusively the domain of the young. John Fraser of
Merigomish reminds us that his great-great-grandfather died at the age of
105 wrestling a bull back into a barn, and Jimmy "Mick Sandy" MacNeil of
Benacadie Pond recounts a story about a strongman who was challenged on
his deathbed and still managed to oust his antagonist. [27]

Though altercations were often anticipated at local dances, accounts of
unfair fights are not celebrated in the oral tradition. Instead, listeners are
reminded that some of the most capable fighters were those least likely to
do so. As Henry Anderson of Pictou County states, "Bailey's Brook has
got a lot of strong men; big strong men in Bailey's Brook. There's a few big
strong men around here too. They're very careful not to use that strength." [28]

Significantly, tales about strong women also figure prominently in the
oral tradition with many informants relating stories about their mothers

and grandmothers lifting barrels of flour weighing 45 kg and 91 kg (100 and 200 pounds). In Port Hood, a local woman is remembered for hefting the 34-kg (75 pounds) tongue of a church bell above her head three times.[29] In Benacadie Glen, Angie Farrell speaks about a local woman who bested the men of another community in a lifting contest.[30]

In discussions about feats of strength, informants also provided details on an array of informal games designed to test strength. While some are undoubtedly international in distribution, at least two have widely recognized Gaelic names testifying to the degree to which they were once entrenched in the cultural life of the region. This rich and largely unexplored dimension of the intangible cultural heritage of Eastern Nova Scotia is frequently mentioned by tradition bearers in relation to stories of strength. As a result, it can be seen as an adjunct of the oral tradition—leading as it so often does to additional accounts of feats of strength. The following is a selection of games uncovered by fieldwork thus far. Played largely for entertainment by children and adults, each contest must surely have generated a great deal of amusement and laughter.

- *Maide Leisg* (Lazy Stick) consists of two players sitting on the floor facing each other with their knees bent and the soles of their feet touching. Holding a broomstick horizontally between them, they pull against each other. The objective is to lift one's opponent off the floor.[31]

- Although not yet encountered outside of Gaelic-speaking circles, *Leum a Bhradain* (The Salmon's Leap) is a game in which a player lies face down on the floor, supported by his hands and the tips of his toes, then pushes his body up and attempts to clap his hands before hitting the floor again.[32]

- Two chairs are placed so that their fronts face each other. A player then sits in one chair and attempts to jump into the opposing chair in one fluid motion.

- A player lies on the floor and stiffens out his body. His opponent then tries to raise him to his feet.[33]

- A number of informants in central Cape Breton recalled a game in which three chairs were lined up in a row. A player would rest his feet on the first chair and his head on the third. He then attempted to remove the middle chair from under his mid-section while maintaining his position, and after that manoeuvre would pass the chair over himself and slide it back under himself from the other side.

- A well-known game involved players attempting to jump up and kick the ceiling from a standing position on the floor. Remarkably, some informants described this being done with two feet at the same time.

- Another game aimed at testing agility required participants to jump in and out of a series of lined-up barrels.

- One widely distributed game involved a player holding a short stick in front of himself with two hands and then trying to jump over that stick. Incredibly, an informant recalled people doing this barefoot with a razor in the place of a stick.[34]

- In both the written and oral traditions of Inverness County, a number of stories centre on men who would tie a heavy weight to their little finger and then try to write their name on a wall or blackboard. One informant, who apparently developed a reputation for his strength as a result of this game, recalled writing his name on the wall with a 25-kg (56-pound) weight tied to his little finger. The next day, he succeeded in lifting 45 kg (98 pounds) with his little finger.[35]

- In another test of physical vigour, a broom handle was placed upside-down perpendicular to the floor. A player would then turn his legs and feet, and lower himself until one hand was within an inch of the floor. The player would then swing his body under his lower arm and come up on the other side to a standing position.[36]

Despite the small discrepancies between Eastern Nova Scotia's print-based and oral variants of strongman stories, there are some noteworthy parallels. For example, in both formats physical force for the sake of physical force was seldom condoned. Stories frequently reminded the reader or the listener that these specimens of superlative strength were not bellicose brutes, but invariably people of benign and good-hearted dispositions. As a cultural emblem, strength transcended the physical and connoted such positive traits as uprightness, honesty and vigour. The stories of Eastern Nova Scotia's real-life strong men and women also point to the fact that to intimidate or tyrannize was not an acceptable use of physical force. Feats of strength were especially prized when they possessed a valorous quality, raising them above the level of raw power by virtue of honorable motive and ethical conduct.

Eastern Nova Scotia's print-based and oral stories about feats of strength reveal another distinctive attribute. Bodily strength was not synonymous with physical size. Strength did not always appear in the guise of a giant. Even the person of average endowments could be mighty and, hence, revered. Equally noteworthy is the fact that stories of exceptional strength in Eastern Nova Scotia were not framed in terms of gender. This distinguishing feature of the Gaelic oral and print tradition was not the norm in other parts of 19th-century Canada, where physical feats were equated with masculinity.[37] Strong women had a special place in the collective memory of Scottish Eastern Nova Scotians and even acquired heroic status. Conversely, physical strength was not the exclusive preserve of the young. In Eastern Nova Scotia, obituaries, in particular, showed a penchant for listing the feats of those who had defied the infirmities of old age. According to the *Presbyterian Witness*, Malcolm McMillan of Catalone demonstrated remarkable vivacity as a centenarian. Several months prior to his death at 101 years of age, he had mowed hay along with his son, grandson and great-grandson, completing a day's work which was "equal, it is said, to that of the best of them"; he had even cut and sewed a pair of mill-cloth trousers for himself shortly before he passed away.[38]

Finally, the stories relating to feats of strength did not disappear with the onset of modernization. The genre continued to evolve, accommodating the new realities of industrialization. As a consequence, traditional details about stones and barrels, which were redolent of a pre-industrial, agrarian society, were replaced by more modern equivalents such as gasoline barrels, railway ties, automobiles, telegraph poles and coal boxes. And so it was recorded that "Red Angus" MacEachen from Brook Village, even as "an old man," could perform "like a human crane," hoisting a car from a bog.[39] It should also be noted that a new permutation of the strongman story emerged in the late 19th century as these stories were increasingly staged in the boxing ring rather than in the barnyard and the woods. The muscular hero of the settlement narrative mutated into the professional athlete— usually a boxer or wrestler—who was celebrated for his international standing, as well as his documented wins and titles.

Regardless of what form they take, accounts of exceptional physical strength, endurance and agility form a significant part of the oral narrative tradition of Gaelic Nova Scotia as well as the early published community histories of Eastern Nova Scotia. In exploring this topic, one is quickly struck by how many aspects of daily life were influenced by the theme of physical strength. Indeed, the sheer number of variations is also impressive. Clearly, the histories of strong men and women in Eastern Nova Scotia found a highly localized form of communal expression in both written and oral narratives. That these stories have remained vital, despite urbanization and language shift, is also significant. Told with sincerity, pride and conviction, many stories still remain closely connected to a specific place, time and person after generations. What is more, they represent a favorite genre of tale for many tradition bearers. As storyteller Alec Goldie once exclaimed, "In them days, strong men was something that was looked up to. Oh, if you were a fearful strong man boy, they told terrible stories about you!"[40]

Notes

The authors would like to acknowledge the generous assistance of the Centre for Regional Studies, St. Francis Xavier University, which provided much of the research funding for this project.

1. Jeck and Martin, *Of Stones of Strength*, 6.

2. The use of the term "Eastern Nova Scotia" is meant to include Pictou and Antigonish Counties, as well as Cape Breton.

3. Raymond A. MacLean, ed., *History of Antigonish*, 129. The first volume of this two-volume local history was written by Reverend Ronald MacGillivray (Sagart Arisaig) and was first published in *The Casket* during the years 1890 to 1892.

4. *Eastern Chronicle*, 25 March 1924.

5. MacLean, ed., vol 1, 90. See also Nilsen, "Collecting Celtic Folklore in the United States," *Proceedings of the First North American Congress of Celtic Studies*, 62.

6. A. A. MacKenzie, *Scottish Lights: Popular Essays on Cape Breton and Eastern Nova Scotia*, 134-35.

7. MacDougall, *History of Inverness County*, 195. This county history was originally published in 1922. See also MacDonald, *Fair is the Place: An Account of Two Clanranald Families at Judique, Cape Breton*, 350.

8. Patterson, *A History of the County of Pictou Nova Scotia*, 88. This county history was originally published by Dawson Brothers of Montreal in 1877.

9. "Staunch Men and Women: Recorded Feats of Strength Revealed by Hugh MacKenzie," Vertical File, Cape Breton History, Father Charles Brewer Celtic Collection, Angus L. Macdonald Library, St. Francis Xavier University.

10. MacLean, vol 1, 83; vol 2, 82 footnote 100.

11. Grant, *East River Worthies*, 56. This book originally appeared in New Glasgow's *Eastern Chronicle* in 1895 and was available in book format shortly thereafter.

12. Ibid., 28.

13. Ibid., 32.

14. MacLean, vol 2, 93, footnote 40. See also *The Casket*, 21 May 1908.

15. Rankin Papers, Unpublished manuscript, 4, Antigonish Heritage Museum.

16. This story was written by John R. MacInnis and published in *The Casket*, 2 July 1936.

17. Ibid.

18. Archibald MacKenzie, *History of Christmas Island Parish*, 40.

19. MacDonald collection: Goldie (03/03/2000).

20. Quoted in Linkletter, "Bu dual dha sin (That was his birthright): Gaelic Scholar Alexander MacLean Sinclair (1840–1924)," 98.

21. Specific motifs will be noted and further explored in a future research project.

22. Project collection: Chisholm (24/09/2005).

23. Project collection: MacLennan (26/09/2005).

24. On occasion, research has revealed similar stories maintained in both the written and oral traditions of a community. In those instances, further inquiries have usually shown that tales collected orally were learned orally. Preliminary research also indicates that variations have been preserved within communities, even when a well-known print source is readily accessible. In other words, though folk narrators may be aware of a printed version of a story, they have not felt the need to conform to it. In this way, we can see the oral tradition reinforced by the written record but not eclipsed by it.

25. Project collection: MacMillan (18/07/05).

26. Project collection: MacNeil (28/07/05). Transcribed and translated by Shamus MacDonald. Thanks to Jim Watson and Kathy Reddy for advice on the transcription.

27. Project collection: Fraser (18/09/2005); MacNeil (09/09/2005).

28. Project collection: Anderson (17/09/2005).

29. Project collection: Anonymous source (09/2005).

30. Project collection: Farrell (02/09/2005).

31. This game evidently has a wide distribution. See Peter C. Maclagan *Games and Diversions of Argyleshire*, 234. For a description from the Québécois tradition, see Tremblay, 17. Also see *Dictionary of Newfoundland English*, 299.

32. A similar description is provided by Joe Neil MacNeil in *Tales until Dawn—Sgeul gu Latha: The World of a Cape Breton Story-teller*, 396-97.

33. This activity is identified as Lifting the Stiff Hough in Seán Ó Súilleabháin's *Irish Wake Amusements*, 38-39.

34. This practice is cited in *Irish Wake Amusements*, 41.

35. The informant, a strongman, is well-known Gaelic tradition-bearer Willie Fraser of Deepdale, Inverness County. Project collection: Fraser (09/03/06).

36. Angus Hector MacLean provides a similar description in *God and the Devil at Seal Cove*, 97.

37. Borish, "'A Fair, Without *the* Fair is No Fair at All': Women at the New

England Agricultural Fair in the Mid-Nineteenth Century," *Journal of Sport History*, 171; Wamsley and Kossuth, "Fighting it out in Nineteenth-Century Upper Canada/Canada West: Masculinities and Physical Challeges in the Tavern," *Journal of Sport History*, 411.

38. *Presbyterian Witness,* 15 December 1888.

39. A. A. MacKenzie, 135.

40. Macdonald collection: Goldie (03/03/2000)

Bibliography

Borish, Linda J. "A Fair, Without *the* Fair is No Fair at All: Women at the New England Agricultural Fair in the Mid-Nineteenth Century." *Journal of Sport History* 24, vol. 2 (1997): 155-76.

Dictionary of Newfoundland English. Second ed. Toronto: University of Toronto Press, 1990.

Grant, Robert. *East River Worthies.* New Glasgow, NS: Scotia Printers, n.d.

Jeck, Steve and Peter Martin. *Of Stones of Strength.* Nevada City, NV: Ironmind Enterprises, 1996.

Linkletter, Michael. "*Bu dual dha sin* (That was his birthright): Gaelic Scholar Alexander MacLean Sinclair (1840–1924)." PhD diss. Harvard University, 2006.

Macdonald, Mildred. *Fair is the Place: An Account of Two Clanranald Families at Judique, Cape Breton.* Sydney, NS: City Printers, 1979.

MacDougall, J. L. *History of Inverness County.* Belleville, ON: Mika Publishing, 1972 [1922].

MacInnis, John R. *The Casket,* 2 July 1936.

MacKenzie, A. A. *Scottish Lights: Popular Essays on Cape Breton and Eastern Nova Scotia.* Wreck Cove, NS: Breton Books, 2003.

MacKenzie, Archibald. *History of Christmas Island Parish.* Christmas Island, NS: s.n., 1926.

Maclagan, Robert C. *Games and Diversions of Argyleshire.* London: David Nutt, 1901.

MacLean, Angus Hector. *God and the Devil at Seal Cove.* Halifax: Petheric Press, 1976.

MacLean, Raymond A., ed. *History of Antigonish,* vol. 1 and 2. Antigonish, NS: Casket Printing and Publishing, 1976.

MacNeil, Joe Neil. *Tales until Dawn—Sgeul gu Latha: The World of a Cape Breton Story-teller,* edited by John Shaw, 396-97. Kingston and Montreal: McGill-Queen's University Press, 1987.

Nilsen, Ken. "Collecting Celtic Folklore in the United States." In *Proceedings of the First North American Congress of Celtic Studies*, edited by Gordon MacLennan. Ottawa, ON, 1986.

Patterson, George. *A History of the County of Pictou Nova Scotia*. Belleville, ON: Mika Studio, 1972 [1877].

D. J. Rankin Papers, Unpublished manuscript, 4, Antigonish Heritage Museum.

"Staunch Men and Women: Recorded Feats of Strength Revealed by Hugh MacKenzie," Vertical File, Cape Breton History, Father Charles Brewer Celtic Collection, Angus L. Macdonald Library, St. Francis Xavier University.

Ó Súilleabháin, Seán. "Lifting the Stiff Hough." In *Irish Wake Amusements*. Cork/Dublin: Mercier Press, 1967.

Tremblay, Maurice. "Parlour Games in French Canada." In *Folklore in Canada*, edited by, Edith Fowke. Toronto: McClelland and Stewart, 1976.

Wamsley, H. B. and Robert S. Kossuth. "Fighting it out in Nineteenth-Century Upper Canada/Canada West: Masculinities and Physical Challeges in the Tavern." *Journal of Sport History* 27, no. 3 (2000): 405-30.

Newspapers and periodicals

The Casket

Eastern Chronicle

Presbyterian Witness

Susan Wilson

Hugh Macdiarmid and Sorley Maclean: Correspondents and Collaborators

In a digital age when communication tools abound, a time in which we are inundated with email, text messages, blogs, and postings through such social networks as chatrooms, Facebook and Twitter, it seems anachronistic to speak of the multivalent textual riches of traditional correspondence or "snail mail" in contemporary parlance. Yet for the literary historian, letters are more than simply the material artifacts of a bygone era. In the case of two of Scotland's greatest 20h-century writers, Hugh MacDiarmid and Sorley MacLean, their correspondence not only augments existing biographical and autobiographical material about each poet, it also offers insight into their creative processes, their literary collaboration on *The Golden Treasury of Scottish Poetry*, and their perceptions of their respective roles in relation to Scotland's cultural and linguistic traditions.

While researching through the MacLean manuscripts at the National Library of Scotland in the summer of 2005, I came across thirty-five letters from Hugh MacDiarmid which MacLean had saved. Of these letters, only sixteen had previously been published: three in Alan Bold's 1984 volume entitled *The Letters of Hugh Macdiarmid*, and another thirteen in Dorian Grieve, Owen Dudley Edwards, and Alan Riach's 2001 compilation, *Hugh Macdiarmid: New Selected Letters*. However, while this newly augmented correspondence shed light on the literary collaboration between MacDiarmid and MacLean for *The Golden Treasury of Scottish Poetry* during the 1930s, it represented only MacDiarmid's side of their communication.

Fortunately, the recollection of several relevant footnotes in the 1986 volume of criticism entitled *Sorley Maclean: Critical Essays*, led to MacLean's half of the correspondence: some forty-three letters held in the Special Collections of Edinburgh University Library. These had previously been referenced by such scholars as Joy Hendry, Raymond Ross, Michel Byrne and, most recently and extensively, Christopher Whyte; however, they had not been transcribed in their entirety or annotated. This written exchange between MacDiarmid and MacLean, assembled for the first time in a scholarly monograph pending publication with Edinburgh University Press, consists of eighty-one letters—close to fifty years' correspondence illustrating the relationship between these seminal 20th-century Scottish poets. Most of those familiar with the development of Scottish poetry in the last century are well aware of MacDiarmid and MacLean's acquaintance but know less about the genesis and development of their relationship through their literary collaboration on *The Golden Treasury of Scottish Poetry* which, as their correspondence demonstrates, engendered a friendship lasting over the course of almost half a century. While the letters raise significant issues regarding both poets' translation practices and, from a narratological point of view, argue for a reassessment of epistolarity as a significant genre in its own right rather than merely as a literary convention popularized in the eighteenth-century, a detailed discussion of these points is beyond the scope of the present article. What, then, can briefly be said about the legacy of the letters?

Although the surviving letters range from July 27, 1934 until July 23, 1978, the majority of MacDiarmid and MacLean's correspondence dates from the years 1934 to 1942, the period of their literary collaboration on *The Golden Treasury of Scottish Poetry*. This phase of their epistolary exchange concludes with MacDiarmid's conscription to work in a Glasgow munitions factory and MacLean's mobilization in the Armoured Division Signals Corps of the British Army. For the most part, these letters initially portray a private domesticity, with both writers working in relative isolation from such metropolitan centres as Edinburgh and London: MacDiarmid writing first from Whalsay and then from Glasgow; and MacLean from Raasay, Skye, and Mull, from the Catterick military camp in Yorkshire, and subsequently from the North African desert.

Through their letters, we are privy to the demands of MacDiarmid's daunting work load as he attempts to provide for his family while simultaneously coping with the rigours of daily life in the Shetland Islands. Likewise, we vicariously experience MacLean's challenges as a resident teacher/supervisor at the Elgin Hostel on Skye, where male pupils from outlying areas live during the school term. Later, during his tenure in Tobermory on the island of Mull, MacLean writes of his social isolation and longs for the intellectual companionship he enjoyed with Jack Stewart and other socialist friends in Portree on Skye.[1] Both men speak of their respective health, the obstacles to their work, and the claims of family relationships. The linguistic domesticity of MacLean's writing is evident in the Gaelic syntax of his writing in English, and in many ways his letters—frequently written in haste before the departure of the mail boat—evince a much more informal structure and tone than those of the elder poet. MacDiarmid's correspondence, on the other hand, is often edited.

Early on in their exchange, their letters contain polite enquiries regarding each other's well being and the weather; the content of their discussions only moves beyond the superficial when they discuss literature, exchanging suggestions for Gaelic material to be included in *The Golden Treasury of Scottish Poetry* which MacDiarmid is compiling. These letters focus on the translations of *Gàidhlig* poetry he has commissioned from the younger writer. Ultimately, MacLean was to provide prose translations of eleven poems featured in the anthology. However, only two of these—Alasdair Mac Mhaighstir Alasdair's *"The Birlinn of Clann-Raghnaill"* and Duncan Bàn MacIntyre's *"Moladh Beinn Dorain"*—were subsequently versified by MacDiarmid, then vetted by MacLean prior to their publication.

As the epistolary narrative of their friendship evolves, both MacDiarmid and MacLean assume a variety of roles in their alternate capacities as writers and readers. Here the function of the letters comes into play, for the content of their correspondence clearly indicates that each writer is influenced by a consideration of how he will be read. As Janet Altman observes: "To write a letter is to map one's coordinates—temporal, spatial, emotional, intellectual—in order to tell someone else where one is located at a particular time and how far one has traveled since the last writing."[2] Yet content is further coloured by an awareness of the reader as listener and responder; thus, the letters convey self-consciousness on the part of both MacDiarmid and MacLean of the image each is attempting to portray. Their correspondence is, in effect, an agent for the construction of specific personas, the most important of which are their respective interpretations of the role of the Scottish poet.

For MacDiarmid, this discursive stance is that of the established writer, well versed in the literatures of European modernism, who demonstrates an extensive knowledge of Scottish literature in general, including a familiarity with the Gaelic tradition. Yet he is not too proud to learn from MacLean, and he continues to defer to the native speaker's knowledge of Gaelic throughout their long friendship. Initially, MacDiarmid fails to recognize that MacLean is the contemporary voice he is seeking to represent the Gaelic tradition in his anthology, *The Golden Treasury*. However, towards the end of their collaboration, when MacLean has co-authored and published his poetry in *Seventeen Poems for Sixpence* with Robert Garioch, MacDiarmid is touched by MacLean's dedication of *"An Cuilithionn /* The Cuillin" to him and acknowledges the younger writer as a significant new voice in Scottish poetry.[3] In a letter dated May 13, 1940, MacDiarmid asks MacLean for permission to represent him through an English rendering of *"Ban-ghàidheal"* and remarks that *"Dàin do Eimhir III"* is "an exceed-

ingly beautiful and moving poem."[4] This appreciation of MacLean's liter-
ary talents remained steadfast, despite the fact that the Gaelic poet's work
did not begin to reach a broad audience until the 1970s, and later gained
widespread recognition through the publication of his collected works, *O
Choille gu Bearradh / From Wood to Ridge*, in 1989. From then on, Gaeldom
in particular, and the world in general came to recognize the unique talent
which MacDiarmid had first praised in the late 1930s.

Similarly, MacLean's admiration for MacDiarmid's achievements was
unwavering. Early in the relationship he is deferential to the older poet,
his letters expressing a sense of disbelief that he is engaged in a literary
project with a writer of MacDiarmid's stature. However, MacLean's confi-
dence asserts itself as he offers suggestions regarding poems for inclusion in
The Golden Treasury. He does not hesitate to steer MacDiarmid away from
writers whose work is of questionable quality and even goes so far as to of-
fer himself as a "ghost critic" and respondent to the Gaelic scholars whose
comments in the *Times Literary Supplement* of January 4, 1936 questioned
MacDiarmid's remarks prefacing his translation of Alexander MacDon-
ald's *The Birlinn of Clanranald*. Eventually, MacLean is able to share his
own work with MacDiarmid, who responds favourably. Though their views
on the poetry of W.B. Yeats and Dylan Thomas differ, they share a mutual
dislike for the "MacSpaundy" group of MacNeice, Spender, Auden, and
Day Lewis, an antipathy largely due to the English poets' "public-school"
Communism.[5] For his part, MacLean understands the rift which eventu-
ally develops between MacDiarmid and Edwin Muir's literary circle, and
the Gaelic poet despairs over Scotland's stubborn refusal to recognize the
scope of MacDiarmid's achievement. In a letter dated January 10, 1940,
MacLean writes:

> Nowadays I am more and more worried and ashamed of the way
> Scotland has treated yourself whom, I at least, recognise as one of the
> great European poets of all time.... It is amazing to find how many
> subscribe to that view without doing anything about it in public.[6]

Ultimately, critic Duncan Glen describes MacLean, George Campbell Hay
and Douglas Young as "Bit sparks i the tail o [MacDiarmid's] comet."[7]
More recently, Michel Byrne has elaborated on this analogy in his pa-
per entitled "Tails o the Comet? MacLean, Hay, Young and MacDiarmid's
Renaissance," in which he refers to MacLean and Hay as "two rising stars
of Gaelic poetry and MacDiarmid's Renaissance."[8] Summarizing MacDi-
armid's pluralistic vision of Scottish culture, Byrne states,

> MacDiarmid had been waging his long *kulturkampf* against the
> Anglocentrism and parochialism of Scottish culture since the 1920s.
> ... In the course of the late twenties and early thirties, MacDiarmid's
> preoccupation with the role of Gaelic in his cultural revolution grew
> more and more pronounced.... It wasn't merely that "the profitable

affiliations of Scots lie, not with English, but with Gaelic," but that
Scots culture was "really a subsidiary development of ... ancient
Gaelic culture," "represent[ing] the Celts' compromise with circum-
stance." In the introduction to his *Golden Treasury* of 1940 MacDiar-
mid would restate that the Renaissance aim of recharging the Scots
language was "only a stage in the breakaway from English, prelimi-
nary to the great task of recapturing and developing [Scotland's]
great Gaelic heritage."[9]

While Byrne quite rightly observes that these views were "clearly the
latest in a long line of alien appropriations of the [Gaelic] language and
culture,"[10] he further comments that "it is striking the extent to which
MacDiarmid's notions chimed with MacLean and Hay's own concerns.
What we can see repeatedly is MacDiarmid flagging up very real issues in
Gaelic culture, with a partially informed understanding which then gains
substance as he establishes his friendships with MacLean and Hay."[11] Thus,
the letters from 1934-1942 not only provide a record of MacDiarmid and
MacLean's literary collaboration on *The Golden Treasury of Scottish Poetry*,
first published by Macmillan of London in 1940, but they also demonstrate
how indispensable each writer was to the other's literary development.

MacDiarmid's aesthetic goals for *The Golden Treasury* were ideologi-
cally rooted in a profound sense of cultural nationalism. He intended this
collection to represent poetry in each of Scotland's languages, Scots, Gaelic,
English, and Latin, so as to demonstrate "a well-established tradition of
Scottish poetry in all its constituent tongues."[12] In his introduction to the
anthology he explains, "Alas, the very great difficulties of making or ob-
taining verse translations in English or in Scots of Gaelic poems, which
give any idea of the beauties of the originals, have rendered it impossible
for me to give in this anthology anything like a representative selection
from the poets in question."[13] Nonetheless, in terms of what he did man-
age to achieve, his meeting with MacLean in 1934 was fortuitous, for in
the younger poet he found a native Gaelic speaker who, through the rich
repository of knowledge inherited from his family, was an authority on the
Gaelic tradition. As Angus Nicholson points out:

> Both sides of [MacLean's] family provided rich sources of tradition
> and a view of the world through a Gaelic lens that was not at all
> narrow. The music, the song and the poetry, legends, the histories of
> clan deeds and of the Clearances were readily available from parent,
> uncle, aunt or grandparent.... The language in which all this knowl-
> edge was transmitted to the young MacLean was, of course, Gaelic.[14]

Thus, MacLean could provide direction regarding the selection of po-
etry best representative of Scotland's Gaelic poets, as well as translations of
the poems themselves. Largely due to MacLean's assistance, the anthology
includes eleven Gaelic poems, works by such diverse poets as Iain Lom, Al-

exander MacDonald, Dugald Buchanan, Duncan Bàn MacIntyre, William Ross, William Livingston and Donald Sinclair, all rendered in English but unfortunately published without their original Gaelic texts. In producing these translations, Sorley MacLean was indispensable; as Michel Byrne has pointed out, "[if he had] not existed MacDiarmid would have had to—and probably have tried to—invent [him]."[15]

At the time MacDiarmid was compiling *The Golden Treasury*, his lyrics in Scots contained in *Sangschaw* (1925) and *Penny Wheep* (1926), followed by the publication of his long poem, *A Drunk Man Looks at the Thistle* (1926), had already established him as the preeminent Scottish poet of his generation and helped make him a contentious intellectual presence in the ideological debates over cultural nationalism. However, events of the late twenties and early thirties took their toll on the poet. The failure in 1930 of the experimental London magazine *Vox*, of which MacDiarmid was editor, followed by an acrimonious divorce from his first wife Peggy and his subsequent loss of contact with their children, Christine and Walter, resulted in the MacDiarmid's return to Edinburgh without any viable prospects.[16] In the aftermath of these difficulties in both his professional and private lives, MacDiarmid retreated to the Shetland Island of Whalsay in 1933, with his second wife, Valda, and their young son, Michael.[17] There, under tremendous pressure as a professional writer trying to provide for his family, he juggled numerous literary projects, working during the years of his collaboration with MacLean on no fewer than eleven books and launching a new literary journal. The strain of such a workload ultimately affected his health; MacDiarmid was hospitalized for nervous exhaustion in September 1935, a month after MacLean had visited with the family on Whalsay.[18]

MacLean, for his part, first encountered MacDiarmid's poetry in 1933 as an undergraduate at Edinburgh University through his friends James Caird and George Elder Davie.[19] When MacLean began to collaborate on *The Golden Treasury*, he was a young as yet unpublished poet, newly graduated with First Class Honours in English, and in the process of completing a year's teacher training at Moray House in Edinburgh.[20] Soon afterwards he progressed to a position at Portree Secondary School on Skye.[21] MacLean stated later in life:

> Now Hugh MacDiarmid, of course, had before ... '33 or '34 ... expressed a great interest in Gaelic poetry, in *Cencrastus* especially he had expressed a great admiration for Alexander MacDonald.... He had sensed something in [him], this tremendous energy, this verve in Alexander MacDonald, and I recognized that he was right in that. When I met him in 1934 I agreed to help him ... in translating MacDonald's "Birlinn" and Macintyre's "Ben Dorain" and a few other Gaelic poems, but especially the "Birlinn."[22]

In a letter to MacDiarmid dated July 27, 1934, MacLean states:

I have been working at [those Gaelic translations which you asked
me to do for you] more or less since I came home at the end of June
and as I am thinking that my speed is not what it should be I would
like to know first when you wish them. I am enjoying the work very
much and I find it extremely profitable to myself in every way.... You
may be assured that I will be greatly delighted to do anything I can
towards helping your work.[23]

Joy Hendry argues that although "[b]oth poets were technical inno-
vators in their use of language and poetic form[, it] is mistaken ... to see
MacLean in any sense as following in MacDiarmid's footsteps, remarkable
though it is that at more or less the same time two Scottish poets should
provoke similar changes in the poetry of Scotland's two minority languag-
es."[24] In fact, by the time the two poets first met in 1934, MacLean had
already written a number of the poems which would later appear in *Dàin
do Eimhir*.[25] Yet for MacDiarmid and MacLean, issues of race and class re-
sulted in similar aesthetic goals and political outlooks. Both poets were des-
perately concerned with the revitalization of, or indeed in MacLean's case,
the mere survival of the languages and literary traditions they championed.
Thus, each contended with the function of the poet as social commentator,
walking the "tight rope to cross the abyss of silence," the fine line between
art and politics, poetry and propaganda.[26] While downplaying the nature of
MacDiarmid's influence upon MacLean, Hendry overlooks the alternate
impact of the younger writer upon "the father of the modern Scottish imag-
ination," something the correspondence clearly reveals.[27] Given MacDiar-
mid's vision of the vital necessity of preserving and continuing Scotland's
Gaelic tradition, his articulation of a Scottish identity which was pluralistic
and accorded the Gaelic language and culture a place of honour rather than
viewing them with dismissive contempt, the letters between the two writ-
ers indicate that MacLean had a significant influence on the older writer.

Despite MacLean's occasional frustration with MacDiarmid's tenden-
cy to pontificate regarding the Gaelic tradition,[28] their friendship remained
constant rather than devolving into rivalries over contemporary develop-
ments in Scottish literature such as the exchanges waged publicly in print
between MacDiarmid and Edwin Muir in the late thirties, and between
MacDiarmid and Ian Hamilton Finlay in the 1960s. The easy familiarity
and mutual respect are still evident in the correspondence of the 1970s
when MacDiarmid and MacLean discuss anecdotes regarding the con-
flict between Conor Cruise O'Brien and Seán MacBride during the Celtic
Studies Symposium at St. Michael's College, University of Toronto, which
both poets were invited to but only MacLean could attend.[29]

Even toward the end of MacDiarmid's life, by which time MacLean
had garnered numerous accolades of his own, the poets' mutual regard un-

derscores the stability of their friendship. In response to MacLean's comments that "[He has] said privately and publicly again and again ... [that] there is no poet living in the Islands called British who is in the same class as Hugh MacDiarmid; and [he] would be greatly astonished if it were demonstrated ... that there is in Europe,"[30] MacDiarmid replies, "You have always been over-indulgent about my poetry and too modest about your own. There is, I think, no doubt about you and I being the two best poets in Scotland today, but it is all nonsense of course to go further than that."[31] Ultimately, while MacDiarmid assumed the role of the nation's poet through his advocacy of a pluralistic literary tradition encompassing work in all of Scotland's languages, MacLean's was the voice of Gaeldom. His letters attest to his ties to family and community, to pride of place, history, and tradition. And it is he who serves as communal host, granting MacDiarmid access to the richness of that cultural repository and to the warmth of kith and kin when MacDiarmid and his friend W.D. MacColl finally visit Raasay and Skye while researching *The Islands of Scotland* in September 1937. Perhaps one of the most touching testaments to MacLean's regard for MacDiarmid appears in a letter from the North African desert written on February 23, 1942. MacLean states:

> I am now in Egypt in a tank division and my movements are such that I can take very few books along with me but I have as yet managed to cling to the *Drunk Man* and MacMillan's *Selections* and on the strength of those two I manage to persuade any intelligent Scots I fall in with, that there is living in Scotland a greater [poet] than Burns.[32]

In a moving elegy for MacDiarmid, "Lament for the *Makar,*" published in the *Times Educational Supplement for Scotland* on September 15, 1978, MacLean summarized his impressions of his friend and fellow poet: "[H]e combined a supreme poetic sensibility, and astonishing intellectual energy, with a social and political activism rare in the intellectual, and still rarer in the artist.... MacDiarmid's courage was immense. I found his generosity very great."[33]

In MacDiarmid's letter to MacLean dated January 23, 1977, just over a year and a half before the elder poet's death, he states: "There is no question, I think, but that you'd have had much greater international recognition if you'd written in a language accessible to a greater readership."[34] Here MacDiarmid's comments raise the vital issue of the impact of MacLean's deliberate use of Gaelic as the language of his poetry in terms of the Gaelic poet's exposure and recognition. Yet to MacLean, the merits of writing in his mother tongue far outweighed the disadvantages. In the introduction to his collected poems, *O Choille gu Bearradh / From Wood to Ridge*, he observed:

I often wonder if I loved Gaelic so much because it was my first language, and I had heard so much fine song in it from a very early age, but it does have great qualities. First of all, it is essentially a mid-European language, with some Nordic and some Mediterranean qualities, hence a wide range of sound. Also, it is immensely flexible metrically and in syntax, especially in its capacity for indicating positions and degrees of emphasis....

In 1931 or 1932, I forget which, I wrote a poem called "The Heron": the English, of course, is only a translation. I thought it better than any of my English stuff, and because of that—but also for patriotic reasons—I stopped writing verse in English and destroyed all the English stuff I could lay hands on.[35]

Ultimately, MacLean's linguistic mastery resulted in the inimitable quality of his poetry, something which MacDiarmid recognized and acknowledged.[36] This, in turn, won MacLean cult status throughout Gaeldom and beyond. As Seamus Heaney has written, "I knew Sorley MacLean by reputation before I felt his authority.... But then, in the early seventies, two things occurred which made the spark jump: I read Iain Crichton Smith's translations, *Poems to Eimhir*, and I heard MacLean himself read his own poems in the original Gaelic."[37] Heaney elaborates:

[When] I heard the voice of the man himself speaking the poems in Gaelic[,] ... this had the force of revelation: the mesmeric, heightened tone; the weathered voice coming in close from a far place; the swarm of the vowels; the surrender to the otherness of the poem; above all the sense of bardic dignity that was entirely without self-parade but was instead the effect of a proud self-abnegation, as much a submission as a claim to heritage. All this constituted a second discovery, this time of the true climate of his linguistic world.[38]

At home in Scotland, MacLean's poetry inspired a new generation of Gaelic scholars, writers, and critics. There, as in Ireland, "[t]he audience for MacLean's poetry goes far beyond the restricted body of readers who have access to it in the original language,"[39] many of whom have learned Gaelic to access his writing in its original context.[40] There is no question that both MacDiarmid and MacLean would have been delighted with such developments.

In conclusion, through their simultaneous function as a means of sharing confidences, of seeking advice, of providing instruction, of discussing cultural and political issues, the letters illuminate not only the routine domesticity of MacDiarmid's and MacLean's private lives, they also reflect, on another level, the domesticity of the Scottish nation. Within this discursive space they share their views towards other writers and literary movements in Scotland and beyond, and they discuss nationalism, socialism and Marxism against the historical background of the Spanish Civil War and the rise of Fascism in Germany, Italy, and Spain. As correspondents, each plays the role of confidant, mentor, tutor, advisor, and steadfast champion of the other's work.

Despite the fact that there is the tacit understanding between Mac-Diarmid and MacLean that their "correspondence is essentially a private affair,"[41] underlying their awareness of each other as "specifically delineated reader[s]," there is also a sensitivity to the potential of an external, public readership.[42] This is borne out by the survival of multiple copies of MacDiarmid's letters to MacLean, despite the former's assertion to his biographer Alan Bold that he never duplicated his letters.[43] MacLean's retention and cataloguing of the letters he had received from MacDiarmid also speak to his consideration of their value to posterity as literary historical artifacts. Yet another clue that both poets were aware that their correspondence might eventually be viewed by the reading public is MacDiarmid's deliberate erasure of portions of one letter to MacLean by blacking out parts of the text with a marker pen.[44] Thus, this "movement from private to public reading,"[45] from an awareness of an internal reader to that of an external readership, turns MacDiarmid and MacLean's epistolary narrative into an engaging documentary of literary history which conveys through its mediation of past and present, the sense that we are participating in events as they unfold. Through this correspondence we experience the dynamism of MacDiarmid's and MacLean's respective creativity, a catalytic force which revitalized the cultural and intellectual life of contemporary Scotland.

Notes

1. MacLean, Letter, 28 April 1938.

2. Altman, *Epistolarity: Approaches to a Form*, 119.

3. MacDiarmid, ed., *The Golden Treasury of Scottish Poetry*, 352.

4. MacDiarmid, Letter, 13 May 1940.

5. Whyte, ed., *Dàin do Eimhir* by Somhairle Mac Gill-Eain, 164-65; 198-99.

6. MacLean, Letter, 10 January 1940.

7. Glen, *Hugh MacDiarmid and the Scottish Renaissance*, 154.

8. Byrne, "Tails o the Comet? MacLean, Hay, Young and MacDiarmid's Renaissance," 2.

9. MacDiarmid qtd. in Byrne, "Tails o the Comet?" 2.

10. Ibid., 3.

11. Ibid., 4.

12. MacDiarmid, Introduction to *The Golden Treasury of Scottish Poetry*, xiii.

13. Ibid., xii-xiii.

14. Nicholson, "Questions of Prestige," 202.

15. Byrne, "Tails o the Comet?" 2.

16. Bold, *MacDiarmid*, 239-81.

17. Ibid., 284-88.

18. Ibid., 332-36.

19. Hendry, "The Man and His Work," 16.

20. Nicholson, "An Interview with Sorley MacLean," 27; Black, ed., *An Tuil*, 765.

21. Black, ed., *An Tuil*, 765.

22. Nicholson, "An Interview with Sorley MacLean," 27.

23. MacLean, Letter , 27 July 1934.

24. Hendry, "The Man and His Work," 16.

25. Ibid.

26. MacLean, Preface to *O Choille gu Bearradh/From Wood to Ridge*, xvi.

27. Ascherson, "Seven Poets," 19.

28. Byrne, "Tails o the comet?" 5.

29. Dooley, "Report," Fax to Iain Higgins, 18 December 2007.

30. MacLean, Letter, 16 January 1977.

31. MacDiarmid, Letter, 23 January 1977.

32. MacLean, Letter, 23 February 1942.

33. MacLean, "Lament for the *Makar*," 2.

34. MacDiarmid, Letter, 23 January 1977.

35. MacLean, Preface to *O Choille gu Bearradh/From Wood to Ridge*, xiii-xiv.

36. MacDiarmid, Letter, 23 January 1977.

37. Heaney, Introduction to *Sorley MacLean: Critical Essays*, 1.

38. Ibid., 2.

39. Whyte, ed., *Dàin do Eimhir* by Somhairle Mac Gill-Eain, 41.

40. Nicholson, "An Interview with Sorley MacLean," 36; Whyte, ed., *Dàin do Eimhir* by Somhairle Mac Gill-Eain, 41.

41. Altman, *Epistolarity: Approaches to a Form*, 48.

42. Ibid., 90.

43. Bold, ed. *The Letters of Hugh MacDiarmid*, x.

44. MacDiarmid, Letter, 23 January 1977.

45. Altman, *Epistolarity: Approaches to a Form*, 106.

Bibliography

Altman, Janet Gurkin. *Epistolarity: Approaches to a Form.* Columbus, Ohio: Ohio State University Press, 1982.

Ascherson, Neil. "Seven Poets." In *Seven Poets: Hugh MacDiarmid, Norman MacCaig, Iain Crichton Smith, George Mackay Brown, Robert Garioch, Sorley MacLean, Edwin Morgan.* Glasgow: Third Eye Centre Ltd., 1981.

Black, Ronald, ed. *An Tuil: Anthology of 20th-Century Scottish Gaelic Verse.* Edinburgh: Polygon, 2002[1999].

Bold, Alan, ed. *The Letters of Hugh MacDiarmid.* London: Hamish Hamilton, 1984.

———. *MacDiarmid: Christopher Murray Grieve: A Critical Biography.* London: John Murray, 1988.

Byrne, Michel. "Tails o the Comet? MacLean, Hay, Young and MacDiarmid's Renaissance." In *ScotLit* 26 (Spring), 2002 http://www.arts.gla.ac.uk/ScotLit/ASLS/Tails_o_the_comet.html. Accessed 17 Aug. 2005.

Dooley, Ann. Report on Susan Wilson's PhD diss. Fax to Iain Higgins. 18 December 2007.

Glen, Duncan. *Hugh MacDiarmid and the Scottish Renaissance.* Edinburgh: W. and R. Chambers, 1964.

Grieve, C. M. (Hugh MacDiarmid). Letter to Sorley MacLean (*Somhairle MacGill-Eain*). 13 May 1940. MSS 29533. National Library of Scotland, Edinburgh.

———. Letter to Sorley MacLean (*Somhairle MacGill-Eain*). 23 January 1977. MSS 29533. National Library of Scotland, Edinburgh.

Heaney, Seamus. "Introduction." *Sorley MacLean: Critical Essays*, edited by Ross J. Raymond and Joy Hendry. Edinburgh: Scottish Academic Press Ltd., 1986.

Hendry, Joy. "Sorley MacLean: The Man and His Work." In *Sorley MacLean: Critical Essays*, edited by Ross J. Raymond and Joy Hendry, 9-38. Edinburgh: Scottish Academic Press, 1986.

MacDiarmid, Hugh. "The *Birlinn* of Clanranald." In *The Modern Scot* 5.4 (January 1934): 230-47.

———, trans. "The *Birlinn* of Clanranald," edited by James H. Whyte. St. Andrews: Abbey Book Shop, 1935.

———. *Complete Poems: Volume 1*, edited by Michael Grieve and W.R. Aitken. Manchester: Carcanet, 1993.

———. *Complete Poems: Volume 2*, edited by Michael Grieve and W.R. Aitken. Manchester: Carcanet, 1993.

———. *A Drunk Man Looks at the Thistle.* Edinburgh: Blackwood, 1926.

———, ed. *The Golden Treasury of Scottish Poetry.* London: Macmillan, 1940.

———. *Hugh MacDiarmid: New Selected Letters*, edited by Dorian Grieve, Owen Dudley Edwards, and Alan Riach. Manchester: Carcanet, 2001.

———. *The Islands of Scotland: Hebrides, Orkneys and Shetland.* London: Batsford, 1939.

———. *Penny Wheep.* Edinburgh: W. Blackwood, 1926.

———. *Sangschaw.* Edinburgh: W. Blackwood, 1925.

MacLean, Sorley. (Somhairle Mac Gill-Eain.) "Ban Ghàidheal / A Highland Woman." In *O Choille gu Bearradh: Dàin Chruinnichte / From Wood to Ridge: Collected* Poems, 26-9. Manchester: Carcanet, 1989.

———. *Dain do Eimhir*, edited by Christopher Whyte. Glasgow: The Association for Scottish Literary Studies, 2002.

———. "Lament for the *Makar*." *The Times Educational Supplement (Scotland).* 15 September 1978: 2.

———. Letter to Christopher Murray Grieve (Hugh MacDiarmid). 27 July 1934. MSS 2954.13. Edinburgh University Library, Edinburgh.

———. Letter to Christopher Murray Grieve (Hugh MacDiarmid). 28 April 1938. MSS 2954.13. Edinburgh University Library, Edinburgh.

———. Letter to Christopher Murray Grieve (Hugh MacDiarmid). 10 January 1940. MSS 2954.13. Edinburgh University Library, Edinburgh.

———. Letter to Christopher Murray Grieve (Hugh MacDiarmid). 23 February 1942. MSS 2954.13. Edinburgh University Library, Edinburgh.

———. Letter to Christopher Murray Grieve (Hugh MacDiarmid). 16 January 1977. MSS 2954.13. Edinburgh University Library, Edinburgh.

———. *O Choille gu Bearradh. (From Wood to Ridge.)* 1989. Manchester; Edinburgh: Carcanet/Birlinn, 1999.

MacLean, Sorley (*Somhairle Mac Ghill-Ethain*), and Robert Garioch. *17 Poems for 6d: in Gaelic, Lowland Scots, & English.* Edinburgh: Chalmers Press, 1940.

Nicolson, Angus. (*Aonghus MacNeacail.*) "An Interview with Sorley MacLean." In *Studies in Scottish Literature* 14 (1979): 23-36.

———. "Questions of Prestige: Sorley MacLean and the Campaign for Gaelic." In *Sorley MacLean: Critical Essays*, edited by Ross J. Raymond and Joy Hendry, 201-10. Edinburgh: Scottish Academic Press, 1986.

MacDonald, Alexander. *The Birlinn of Clanranald (Birlinn Chlann-Raghnaill).* Trans. from the Scots Gaelic of Alasdair Mac Mhaighstir Alasdair by Hugh MacDiarmid. *Times Literary Supplement* 1770 (4 January 1936): 17. *Times Literary Supplement Centenary Archive Online* 29 Dec. 2007 http://www.tls. psmedia.com.ezproxy.library.uvic.ca/member.asp.

Whyte, Christopher, ed. *Dain do* Eimhir, by Somhairle MacGill-Eain. Glasgow: The Association for Scottish Literary Studies, 2002.

Andrew Wiseman

Fear Beag a' Chridhe Mhòir: The Life and Legacy of Calum Iain Maclean (1915–1960)

Portrait of Calum Iain Maclean (1915–1960).

Courtesy of the School of Scottish Studies Archives, University of Edinburgh

Tha an saoghal fhathast àlainn ged nach eil thu ann...

Calum Iain Maclean (1915-1960) (Calum Iain mac Chaluim 'ic Chaluim 'ic Iain 'ic Tharmaid 'ic Iain 'ic Tharmaid, or, more simply, Calum an Tàilleir) was born in Òsgaig (Oskaig), on the Isle of Raasay (between the Isle of Skye and the mainland), on September 6, 1915 to a family of humble crofting background. For an island as small as Raasay to produce such a prodigious talent is quite extraordinary. Maclean was one of a family of four other boys and two girls, all of whom went on to fulfilling careers. Their parents were Malcolm MacLean, or Calum Chaluim Iain Ghairbh (1880-1951), tailor, and his wife, Christina Nicolson, or Ciorstaidh Shomhairle Mhòir Iain 'ic Shomhairle Phìobaire 'ic Iain 'ic Eòghain (1886-1974). Maclean's four brothers were Sorley MacLean or Somhairle MacGill-Eain (1911-1996), a famous Gaelic poet, scholar and schoolmaster, John MacLean (1909-1970), a piper, schoolmaster and classicist, Dr. Alasdair Maclean (1918-

1999), who practiced medicine for some thirty years in South Uist, and Dr. Norman MacLean (1921-1998) who practiced medicine at Wakefield in Yorkshire. Their two sisters, Ishbel (1924-2010) and Mary Maclean (1926-), were both schoolteachers.

This paper is primarily intended to put Calum Maclean's life, his field-work career, and, of course, the magnificent legacy of his collecting into per-spective. This is especially relevant given that the Calum Maclean Project, funded by the Arts and Humanities Research Council (AHRC), will allow access to fieldwork transcriptions and the diaries which Maclean kept dur-ing his prolific—if short-lived—career as a folklorist, author, ethnographer and, most importantly, collector. A brief background to Calum Maclean's early career would not be remiss in order to gain an understanding of why he followed the career path to which he was in so many ways destined to fulfill.

Education

Maclean received his early education at Raasay Public School and then Portree Secondary School (1929-1935), after which he attended the Uni-versity of Edinburgh (1935-1939) where he took Latin, Greek and Gaelic before going on to take a first (major) in Celtic in 1939 under the tutelage of two famous Gaelic scholars, Professor William J. Watson (1865-1948), and, his son, Professor James Carmichael Watson (1910-1942). Such was his early promise as a scholar that Maclean was successful in winning the McCaig and Macpherson scholarships which enabled him to enroll at Uni-versity College Dublin where he undertook further study in Early Irish under Professor Osborn Bergin (1872-1950) and also in Medieval and Modern Welsh under Professor J. Lloyd-Jones (1885-1965).

At the outbreak of the Second World War, Maclean's studies came to a temporary halt and so he had to cast around for some other means of live-lihood. At first he worked in a perambulator factory in Clonmel, County Tipperary, and, after the factory closed due to wartime shortages, he went to stay in Indreabhán, just west of Galway City in Connemara. While do-miciled there, Maclean's already burgeoning knowledge of the Irish lan-guage and tradition was further enhanced especially through the inspiration drawn from the writings of Douglas Hyde (1860-1949).

Early Fieldwork

As a native Scottish Gaelic speaker, Maclean acquired with relative ease an excellent command of the Irish Gaelic of the Connaught Gaeltacht. This did not go unnoticed by Maclean's contacts in Dublin, for Professor Séamus Ó Duilearga or James Hamilton Delargy (1899-1980) appointed Maclean as a part-time collector for the Irish Folklore Commission (Coimisiún Bé-aloideasa Éireann).[1] During this period, Maclean turned his back on his Presbyterian upbringing and converted to the Roman Catholic faith.[2]

While war raged throughout Europe, from August 1942 to February 1945, Maclean sent a considerable amount of southern Connemara lore to the Commission, amounting to six bound volumes.[3] By April 1945, Maclean was appointed a full-time collector by the Commission in Dublin. During the next few months, Maclean learnt the craft of folklore from his colleague Seán Ó Súilleabháin (1903-1996) or Sean O' Sullivan, who had received archival training at Uppsala some ten years before.[4] Maclean's work involved extracting excerpts from 19-century printed Scottish Gaelic tale collections and through this process he gained experience in cataloguing and archiving techniques.[5] In a little over five years, then, Maclean had become a full-time collector working for the Irish Folklore Commission. In many ways, Maclean was in the right place at the right time for not only did he have good contacts but he knew and got on well with Ó Duilearga. It was through the latter's foresight that his latest Scottish Gaelic-speaking recruit was sent to his own native island to begin folklore collecting there. Although Maclean may have been reluctant to leave his adopted homeland, he fully agreed with the sentiments behind the proposal to collect material in Scotland for he wrote:

> ...that the time is ripe to begin the systematic collection of Scottish and Gaelic folklore under the aegis of the Irish Folklore Commission. I have no doubt that the help of so many people in Scotland will be forthcoming. Naturally a Scottish Folklore Institute would be the ideal aim, but, at the present juncture, Scottish Gaels would welcome the support of the Irish Folklore Commission.[6]

Such a proposal only came to fruition through the drive and energy of the politically astute Ó Duilearga who eventually won hard-fought financial support from the Irish Government.[7] And Ó Duilearga, for the record, was also instrumental in the foundation of the School of Scottish Studies in 1951.[8]

Recording in Scotland for the Irish Folklore Commission, 1945-1950

On December 19, 1945, Calum Maclean returned to his homeland with an Ediphone recording device so that at least one serious attempt would be made at the scientific preservation of this material before the last Gaelic storytellers and folk-singers who had escaped the net of the 1872 Education Act had passed away.[9] Maclean was fully conscious of the task that lay before him and applied himself to this work with gusto. An entry from a diary, which he wrote in Scottish Gaelic, gives an insight into his work as an ethnographer at this time:

Thòisich mise, Calum I. Mac Gille Eathain, a' cruinneachadh beul-
airthris agus litreachas beóil ann an eilean Ratharsair am paraiste
Phort-righeadh anns an Eilean Sgitheanach air an 19mh lá de 'n
Dùdhlachd (Nodhlaig) 1945. Rugadh mi agus chaidh mo thogail
anns an eilean seo. An uair a bha mise òg bha tòrr dhaoine anns an
eilean seo aig a robh sgeulachdan agus seann-òrain nach deachaidh
a sgrìobhadh sios riamh is nach téid a sgrìobhadh sios gu bràth. Tha
an t-seann-fheadhainn an nis marbh agus thug iad gach rud a bha
aca leotha do'n uaigh. Có dhiubh tha cuid de dhaoine ann fhathast a
chuimhneachas bloighean de na h-òrain a bhiodh aca agus bloighean
de'n t-seanchas eile cuideachd. Shaoil mi gu robh barrachd òran air
am fàgail anns an eilean seo na bha de aon rud eile. Uime sin chuir
mi romham na h-òrain a sgrìobhadh sios uile mar a chuala mi aig
na daoine iad. Ach sgrìobh mi sios cuideachd gach rud a thachair
rium. Tha fhios agam gu bheil sinn tri fichead bliadhna ro anamoch
gu tòiseachadh air an obair seo, ach dh'fhaoite gu sàbhail sinn rud air
chor eigin fhathast, mun téid e uile a dhìth....[10]

I, Calum I. Maclean, began two days ago to collect the oral tradition
of the island of Raasay. I was born and reared on this island. When
I was young there were many people here who had tales and songs
which had never been written down, and which never will be, since
the old people are now dead, and all that they knew is with them in
the grave. There are still some people alive who remember some of
the songs and traditions of their forefathers, and as it seemed to me
that there are more songs than anything else available, I decided to
write down those which I could find. I realize that we are sixty years
late in beginning this work of collection, but we may be able to save
at least some of the traditional lore before it dies out....

As part of his duties as an employee of the Irish Folklore Commission,
Maclean had to keep in regular contact with the Dublin office via both let-
ter and telephone. Maclean also had to send progress reports of his work
every so often (probably on a quarterly basis). After Maclean's successful
sortie in collecting traditions in his native Raasay, the Director of the Irish
Folklore Commission, Séamus Ó Duilearga, took the decision, in 1946, to
send Maclean back to his native homeland so that he could continue to
collect the fast-dying Gaelic traditions of the Hebrides and the mainland
Highlands on a full-time basis. By February 1946, Maclean had amassed a
great deal of lore from his own relations, mainly from his maternal uncle,
Angus Nicolson or Aonghas Shomhairle Iain 'ic Shomhairle (1890-1965)
and, his paternal aunt, Peggy MacLean or Peigi Chaluim Iain Ghairbh
(1869-1950). Maclean's Raasay collection was mainly songs along with as-
sociated stories about their provenance and background.[11] It is noteworthy
that Maclean collected these rather than long romantic tales that were more
or less no longer available.[12] Maclean noted—perhaps due to the zeal of

the convert—that the reason for this was that a strong Calvinistic streak pervaded the island at the time. Indeed, Maclean only encountered 'living' storytellers of the old school in the Southern Hebrides whose repertoires were representative of those collected by John Francis Campbell and his various collectors around a century before. Maclean noted in his diary, January 24, 1945, writing in Irish Gaelic, after his first fieldwork foray in his native island:

> Táim anois a' cur deire leis an gcéad leabhar a bhailigheas de bhé-aloideas na h-Alban. Tá ana-chuid amhrán ins an leabhar seo ata críochnaí anois agam ...Tá a thuille amhrán aca fós. Tá ceól ag dul le gach aon dán amháin. Nì h-é an ceól céadna atá le aon dá amhrán dá bhfhuil agam ins an leabhar seo. Is mór go deó an peacadh nár rugadh mé deith mbliadhna fichead níos túisce, ach deabhal neart air anois. Tá na daoine a raibh an t-adbhar a b' fhearr aca básuighthe uile anois ... Tá gala uabhthasach annseo indiu.[13]

> I have now finished my first collection of Scottish Gaelic lore. There are many songs in this book which I have now transcribed but there are many others songs still to be recorded. All of those which I have written down have associated airs, save one, and all of the tunes are different from one another ... It is a great "sin" that I was not born thirty years earlier, as the best of the lore has gone into the grave with those that had it ... There is a terrible gale blowing here today.

In a letter to his brother Sorley, Maclean reflected upon his experience of collecting in Raasay:

> But I enjoy my work very much. The folklore business became more interesting according to how you master the proper system of approach. Raasay is a wonderful type of place to work. It is small and sea-contained. It has fishermen and crofters, land and sea, birds, fish and animals, old ruins, growers, buailes, ghosts, fairies oral tradition, local history and everything that comes within our scope. It would take a good collector three years to cover it all.[14]

After leaving Ireland for good, it was a great joy for Maclean to return periodically to Dublin but such visits were always tempered with the knowledge that he would miss Ireland each time that he left and thus turn his back on his adopted homeland. Such was Maclean's love of all things Irish that Maclean prevaricated over having ever to leave though the decision, somewhat to his chagrin, was out of his control. In February 1946, on his return to Dublin after his collecting trip to Raasay, Maclean wrote to his brother Sorley MacLean that "Delargy wishes me to return to Scotland to collect in the early summer. I am not so sure, as I feel reluctant to do so on this salary. I am still going to try to wangle six months of Sweden out of him. He has made no mention of it so far."[15] Questions of salary or foreign travel aside, Maclean had a deep affinity with Ireland and its people; and had occasion to write fulsomely about them on his leaving Ireland.[16] Maclean later wrote to Sorley MacLean, rather fatefully as it turned out:

> ...that I am not sure if I want to return to Scotland for good. I don't think I do. I am not at all keen on returning to Glasgow or Edinburgh, but would not mind spending ten to fifteen years collecting folklore in the Gaidhealtachd and Western Isles.[17]

Nevertheless, in only a few months Maclean had gathered in a fairly decent amount of material and it is something of pity that he did not collect even more than he did in Raasay. But his attention had been turned elsewhere—to the Southern Hebrides and, in particular, to the island of South Uist. It is no coincidence that Maclean came under the influence of his older contemporary in the shape of John Lorne Campbell (1906-1996) who not only encouraged Maclean's collecting activities but would have also furnished him with good advice and contacts over in Barra, Benbecula and South Uist. Before Maclean's initial trip to the Southern Hebrides, he spent some time at Canna House and we can imagine that a great deal of their evening conversations involved collecting and talk over tradition bearers. It was also an opportunity for the older Campbell to pass on his experience as a fieldworker to the younger Maclean.

Reports of Maclean's progress were related back to the Irish Folklore Commission. In his memoir of Calum Maclean, Seán Ó Súilleabháin wrote that: "He was in constant touch by letter and telephone with the Dublin office, to which he returned occasionally to report progress and receive fresh instructions."[18] In a letter addressed to Maclean, Ó Duilearga openly admits that he was not a reliable correspondent and so Maclean tended to correspond more regularly with his colleague Seán Ó Súilleabháin.[19] In any case, Ó Súilleabháin was the archivist of the Irish Folklore Commission for the duration of its existence (1935–71).[20] In a government report, Ó Duilearga was later to recap on Maclean's activities: "I know of no better nor more suitable man for the job than he—it is work of ultra-importance not only for Scotland and for Ireland but for Europe and the world in general."[21] In October 1946, Ó Duilearga wrote a long letter to Calum Maclean which not only gives an insight into the working relationship between the older and more experienced director with his younger and enthusiastic collector but also reveals what he expected of Maclean. What Ó Duilearga had to say was full of sound advice and his encouraging words would have left no doubt in Maclean's mind of his collecting activities and what the fruit of his efforts might bear for future generations:

> You are doing more important cultural work that anyone else in Scotland, for what you are doing is immortal; and when all the polemics of the day & all the headlines in the daily papers are forgotten, your work will remain.[22]

Ó Duilearga further spurred on his younger acolyte as well as keeping a promise to give Maclean as much help as he possibly could:

> I am determined to do all that is in my power to keep you in this magnificent undertaking of yours. So carry on, & we'll do all we can at this end.

Maclean was obviously seeking clarification for his collecting activities and had to work to a remit as directed by his employer. Maclean was assiduous in his work and laboured as best he could, sometimes in some trying circumstances as well as in relative isolation from Dublin. As was the case with all other collectors employed by the Irish Folklore Commission, Maclean habitually kept professional working diaries which detail his daily routines and offer only so much by way of ethnographical insights. Recalling his return trip to Benbecula in the summer of 1946, Maclean wrote:

> I went back to Benbecula within three weeks. It is generally the policy of our collectors to find the two best tradition-bearers in a district and collect their material completely before turning to other sources. I had found one source in Benbecula and I did not take long to find the other. In the same township, Griminish, and about a quarter of a mile from Angus MacMillan's house, I found Angus Maclellan. They were practically next-door neighbours.[23]

Maclean through his working life followed a routine of transcribing through the day and then visiting informants to record during the evening. Collecting activity was more frequent—according to custom—during the winter nights. Invariably, Maclean would also make comments about the weather; and some of his more detailed entries are reserved for funerals, weddings and for gatherings of storytellers for a *ceilidh*.

From 1946 Maclean at first kept his diaries in Irish, and then, in 1949, swapped to Scottish Gaelic. Aside from his diaries, Maclean corresponded on fairly regular basis with the Head Office in Dublin and, in addition to this, many of staff from Head Office came to visit him (such as Seán

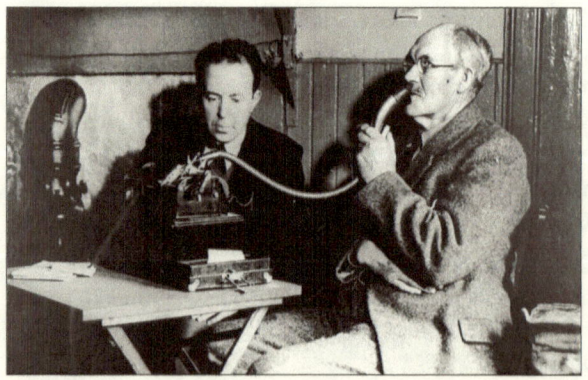

Fig. 2.

Angus MacMillan, Griminish, Benbecula, recording on the Ediphone for Calum Maclean in 1947. Courtesy of the UCD Delargy Centre for Irish Folklore.

Ó Súilleabháin, Séamus Ó Duilearga and Séamus Ennis or Séamus Mac Aonghusa) as well as other scholars (such as Åke Campbell (1891-1957),[24] John Lorne Campbell, Angus McIntosh (1914-2005) and Derick Thomson (1920-)).

Collecting for the School of Scottish Studies (1951-1960)

On New Year's Day 1951, Maclean formally began to work for the newly founded School of Scottish Studies based at his *alma mater*, the University of Edinburgh. Since being given this long overdue institutional berth, the systematic collection of Scottish Gaelic and Scots folklore began in earnest through the avid work of Calum Maclean, the School's first appointed collector, as well as others such as Hamish Henderson (1919-2002), John MacInnes (1930-), Donald Archie MacDonald (1929-1999) to name but a few, as well as their successors. The very first recordings that Maclean made for the School included no less than five hundred and twenty-four Gaelic tales (mainly short items that were part of the local *seanchas*) from a roadman encountered "in the dead of winter, and Lochaber lay white and deep in snow."[25] The last that Maclean made were literally on his deathbed. While Maclean was an employee at the School of Scottish Studies he kept up his diaries mainly in Gaelic but also, after 1954, he would write these periodically in English.[26] Interestingly, Maclean's diaries from 1951 contain more insights and details than many of his diaries that he kept for the Irish Folklore Commission; and they occasionally read more like a travelogue rather than a professional working diary of a fieldworker.[27] By the time that Maclean was in the employ of the School he had been given a freer rein geographically to collect in parts of Scotland other than in the Highlands, and in Scots too. The School had a remit to collect a wider range of material with less emphasis upon international or romantic folktales.

Maclean was the first person to undertake the systematic collection of the old Gaelic songs, stories, customs and traditions in the Highlands and Islands with modern recording apparatus. Therein lies the importance of his work. A good deal had been done previously in the way of collecting old stories in the Highlands by John Francis Campbell of Islay (1821-1885) and his collectors, but lacking any means of making mechanical recordings, their task of writing down such tales from dictation was a very laborious one; and John Francis Campbell himself admitted that his collection in no way exhausted the stories current in the Highlands when he concluded his *Popular Tales of the West Highlands* (1860-62) with the admission that "whole districts are yet untried, and whole classes of stories, such as popular history and robber stories, have yet been untouched."[28]

International Links and Gaelic Tradition Bearers

Most importantly, Maclean spent a little under a year (from Summer 1951 to Autumn 1952) undertaking professional training at Uppsala University in Sweden which was then, as now, at the forefront of folklore methodology, cataloguing and archival techniques. Maclean benefited greatly by what he learnt at this institution as well as from his time at the Irish Folklore Commission. Having studied under Professor Dag Strömbäck (1900-1978), Maclean later set up an index system for Scottish folklore at the School of Scottish Studies based on the one at Uppsala. Maclean's fieldwork experience, in-depth knowledge of Gaelic oral tradition as well as a broad academic knowledge provided him with a unique combination of skills that were advantageous to collecting. Moreover, Maclean possessed a remarkable facility to put people at ease and by his friendly and unassuming manner managed to gain their confidence. He stressed this observation in one of his articles that "for any folklore collector the crucial time is when contact is first made with the tradition bearer" and that "every folklore collector must be prepared to efface himself and approach even the most humble tradition bearer with the deference due to the high and exalted."[29] True to his own words, Calum Maclean lived out this principle to the full, and so, with his easy-going personality coupled with a sometimes-mischievous but infectious sense of humour, managed to open many a door that would have otherwise been closed.

Everywhere Maclean went he found the best contacts and tradition bearers and by doing so managed to gather in a vast amount of oral material straight from people's memories. Out of the hundreds of people recorded by Maclean, there were four storytellers that struck him as exceptionally talented: James MacKinnon, known as Seumas Iain Ghunnairigh, (1866-1957), from Northbay in Barra;[30] Duncan MacDonald, Donnchadh mac Dhòmhnaill 'ic Dhonnchaidh (1882-1954), from Peninerine in South Uist;[31] (MacMhathain, 1949, 59; Maclean 1956, 31–32; Maclean 1975, xiv);[32] Aonghas MacGilleMhaoil or Angus (Barrach) MacMillan (1874-1954), from Griminish in Benbecula;[33] and Iain MacDhòmhnaill, or John MacDonald the Bard (1876-1964), from Highbridge in Brae Lochaber.[34] Coincidentally, MacMillan and MacDonald both died within three weeks of one another. Writing their respective obituary notices, Maclean stated that: "Eminent scholars in several European countries are proud to have numbered Angus MacMillan among their friends. To folklorists Angus was something more than a mere source of information. He was a phenomenon..."[35] and that MacDonald's "...story-telling was a perfected art, an art that delighted not only learned listeners ... but more so his humbler fellow islesmen at the firesides in South Uist."[36]

Others worthy of mention are: Fr. John MacMillan of Barra, Wee Mary Macpherson (South Uist), Patrick MacCormick and his wife, Catriona, Angus John MacLellan (all from Benbecula), Annie and Calum Johnston, Neil Angus MacDonald, and the Coddy (John Macpherson)[37] (all from Barra), not to mention, Angus MacLellan (1869-1966), or Aonghas Beag mac Aonghais 'ic Eachainn 'ic Dhòmhnaill 'ic Chaluim 'ic Dhòmhnaill, from Frobost (South Uist) as well as another Angus MacLellan, or Aonghas mac Iain 'ic Chaluim, from Griminish (Benbecula). A host of other names could be easily added to their number. But it was in Benbecula, where Maclean had spent so many years in the field collecting, that he later recollected a *ceilidh* that left a lasting impression:

> No mention of the tradition-bearers ... would be complete, if we did not include the grand old gentleman, the blind piper Lachlan Bàn Mac Cormick. As well as several traditional pipe-tunes, he recorded two tales, and has more to tell. My most moving experience as a folklore collector was to have recorded from him. He is 92 years of age and his eyes have been completely sightless for the past eight years.[38]

A Fieldworker's Legacy

In 1956 Maclean was struck down by cancer necessitating the amputation of his left arm the following year. Even with the onset of cancer that was to finish him, he continued to work and remain cheerful under extremely adverse circumstances that reflected the strength of character that belied his small stature. Sadly, Maclean's only major publication was *The Highlands* (1959), and what may be described as an uncompromising view of the Highland people, history and culture from the perspective of an insider, a Gaelic-speaking Scot, received many favourable critical reviews on publication.[39] Apart from a modest amount of academic papers, book reviews and popular publications, due to the amount of time spent in recording, and the concomitant task of transcription and indexing, Maclean's foremost legacy is his vast collection of mainly Gaelic oral tradition carried out in the field over a fourteen-year period (1946-1960). The vast majority of the collection was made in the Southern and Inner Hebrides and on the mainland Highlands. Maclean was always conscious of being a successor to those great collectors who had gone before him: John Francis Campbell of Islay, Hector MacLean (1818-1892), John Dewar (1802-1872), Alexander Carmichael (1832-1912), Fr. Allan McDonald or Maighstir Ailein (1859-1905), as well as many others. In some ways he surpassed them all.

According to those that personally knew Calum Maclean, he was a friendly, easy-going character with no pretensions of either pride or schol-

arly haughtiness. Maclean was humble, engaging, and sociable with a per-
sonality full of fun, charm and diversion that could disarm even the most
shy and reticent. At least one anecdote can be noted here to illustrate this:

> ...the late Donald Archie MacDonald and Calum were listening to a
> song sung by Mrs. Archie MacDonald of South Uist when the tape
> jammed while being fast-forwarded and a section of the tape disinte-
> grated. In a flash, both men scrambled to the floor and picked up the
> pieces in the hope that they might still be usable. Suddenly Calum
> swooped on a miniscule piece of tape and looked up at Donald Ar-
> chie with just the right balance of horror together with a sparkle in
> his eye and exclaimed: '*A Thighearna, 's dòcha gur* h-e grace-note *a tha
> seo!*' (Oh Lord, this might be a grace-note!).[40]

At the comparatively youthful age of only forty-four, on August 17,
1960, Calum Maclean lost his battle against cancer and died in the Sacred
Heart Hospital, Daliburgh, in his adopted South Uist. He was to have re-
ceived, on September 19 of that year, from the St Francis Xavier Univer-
sity—an institution with very strong Highland connections—the degree
of LLD., *honoris causa*, for recognition of his work for the preservation of
Gaelic oral tradition.[41] It was a fitting honour for a scholar—the one word
that he pleaded to his friends and colleagues not to have marked on his
gravestone but where "Celtic Scholar and Folklorist" appears—who had
spent so many long hours collecting in the field.[42] Maclean was buried in
Hallin Cemetery, South Uist, an island that not only claimed him but one
that he claimed to be his own. No one who knew him did not miss him. His
death robbed the Gaelic world of not only a great scholar but also a great
Highland character. Sorley MacLean wrote a very moving lament for his
younger brother typifying for many the great loss felt at his untimely death
which was considered by Hugh MacDiarmid to be "one of the noblest ele-
gies I have ever been privileged to read."[43]

> Tha iomadh duine bochd an Albainn
> dh'an tug thu togail agus cliù;
> 's ann a thog thu 'n t-iriosail
> a chuir ar linn air chùl.
> Thug iad dhutsa barrachd
> na bheireadh iad do chàch
> on thug thu dhaibh an dùrachd
> bu ghrìosaich fo do bhàigh.
> Mhothaich iadsan an dealas
> a bha socair 'na do dhòigh,
> thuig iad doimhne throm do dhaondachd
> nuair b'aotroime do spòrs.
>
> There is many a poor man in Scotland
> Whose spirit and name you raised;

You lifted the humble
Whom our age put aside.
They gave you more
Than they would give the others
Since you gave them the zeal
That was a fire beneath your kindness
They sensed the vehemence
That was gentle in your ways,
They understood the heavy depths of your humanity
When your fun was at is lightest.[44]

Commenting upon the legacy left by Maclean, the late Basil Megaw (1913-2002), a former (and first) director of the School of Scottish Studies from 1957 to 1969, wrote:

The full significance and range of the oral material preserved as a result of Calum Maclean's work ... will only become apparent after years of study, but ... scholars who have had access to it have expressed their admiration for the skill and care displayed in the recording, no less than the intrinsic value of the material. The unique combination of his inherited gifts, training and experience, lend particular weight to his own final conclusion that, for richness in oral tradition, no area in these islands—not excepting even the west of Ireland—can compare with South Uist.[45]

There are many examples of the storyteller's art preserved and archived in the School of Scottish Studies (Macaulay 2006, 81-94). There are more than ten thousand hours worth of material of oral narratives, song and so forth recorded in Gaelic and Scots. It is a remarkable collection for a variety of reasons. And Maclean recorded many of these items. Looking back on his life one may ask what was his greatest contribution: the recordings he made of Highlanders and Islanders telling stories and singing; the scholarly articles that he wrote; or, indeed, his book about the Highlands showing the world what it was like to be a Gael and to give a insider's view of the world of the Gael in the middle of last century. Perhaps everyone will have a different opinion about this but one thing that can be sure is the precious things he preserved that were in danger of disappearing if it were not for Maclean's unstinting and selfless work. Maclean gathered together a treasure trove for future generations. Though Maclean may have not envisioned what shape his legacy was eventually going to take he would have intrinsically known that this store of knowledge would be preserved and eventually disseminated for anyone who has an interest in Gaelic cultural history and tradition. The Calum Maclean Project aims to do just that: an online resource that provides access to his collecting career which encapsulates both the life and legacy of Calum Maclean, a man with a personality that his brother Sorley so aptly described as Fear Beag a' Chridhe Mhòir ("The Little One of the Big Heart").[46]

Notes

My thanks to the staff of Edinburgh University Library, the School of Scottish Studies Archives, UCD Delargy Centre for Irish Folklore, University College Dublin, and the National Library of Scotland for their patience and forbearance, as well as the Trustees of the National Library of Scotland for permission to publish articles in their custodial care. My thanks also to Dr. John Shaw, of the Department of Celtic and Scottish Studies at the University of Edinburgh, to Cailean MacLean, Dr. Alasdair Maclean's son and Calum Maclean's nephew, for sharing his knowledge and for his sage advice. The usual disclaimer applies by which the author of this article is solely responsible for any errors or misinterpretations which may remain.

1. Briody, 299-300.

2. For an apocryphal story of Maclean's conversion to Roman Catholicism, from Fr. Calum MacNeil, Glenfinnan, a priest who officiated at Calum Maclean's funeral held in South Uist, see MacNeil 1985, 153.

3. Séan Ó Súilleabháin states in his memoir of Calum Maclean that his main informant in Indreabhán was Maitiú Mór Ó Tuathail and also that Maclean collected many songs from Pádhraic (Larry) Ó Fínneadha which Maclean subsquently based his thesis on that was sucessfully submitted for an MA degree (Maclean 1975, viii). The material collected by Maclean in Connemara is IFC MSS 840, 851, 868, 926, 969, 1025 and 1142. My thanks to Ríonach uí Ógáin, College Lecturer and Archivist at UCD, for this information.

4. Lysaght, 49-59.

5. Maclean 1975, ix; IFC MS 1302.

6. Ibid., 300.

7. Briody, 302-304.

8. Ibid., 305-307.

9. Calum Maclean was not the only one at this time collecting oral tradition for K[irkland] C[ameron] Craig published some of Duncan MacDonald's stories (MacDhomhnaill, 1950) as well as John Lorne Campbell himself who had recorded a significant amount of material, especially in South Uist, from such tradition bearers as Angus MacLellan (MacLellan, 1997) and, in Barra, from John MacPherson, the Coddy (MacPherson, 1992). John Lorne Campbell also editied an earlier collection of half a dozen stories from Barra and Uist (Campbell, 1939) recorded from two Barra tradition bearers, Murchadh an Eilein and Seumas Iain Ghunnairigh (James MacKinnon from Northbay) and from the poet and South Uist tradition bearer, Seonaidh Caimbeul (Seonaidh mac Dòmhnaill 'ic Iain Bhàin) from Glendale. The important difference was that Maclean had institutional support initially from the Irish

Folklore Commisson and, afterwards, from the School of Scottish Studies based at the University of Edinburgh.

10. IFC MS 1026, 1a.

11. IFC MS 1026-1027; Maclean 1942-50, 176-92.

12. See MacGilleEathain 1945, for examples of stories transcribed and edited by Maclean taken down from Peggy Maclean, then aged 77 from Suidhinis, Raasay, who heard them from Catherine MacLean (Catrìona Uilleim), who died aged 85 in 1927 at Osgaig, Raasay.

13. IFC MS 1026, 95-96.

14. NLS MS.29536, 26.

15. Ibid., 37-38.

16. Ó Súilleabháin, x.

17. NLS MS.29536, 41-42.

18. Maclean, x.

19. Lysaght 1998b: 137-51

20. Ibid., 137

21. Briody, 303

22. For the full edition of this letter, see Wiseman, forthcoming.

23. NLS MS.29790, 15.

24. Lysaght, 1990, 27-51.

25. Maclean, 1956: 33.

26. NLS MS.29795, 1r–162v.

27. It may well be the case that Maclean was already making sure that he wrote up such material for later publication as similar passages in his diaries can be found in his book, *The Highlands*.

28. Campbell 1890, iv: 428.

29. Nicolaisen, 163.

30. Maclean 1952, 125-26; Maclean 1956, 26-28; Maclean 1975, xiii.

31. MacGilleEathain 1954: 170-74.

32. Maclean recorded Duncan MacDonald's biography, see IFC MS 1180, 111-256. See also Draak 1957: 47-58; Campbell 1952: 1-5 and Campbell 1954: 473-74.

33. Maclean 1952, 126-29; Maclean 1956, 29-31; MacGilleEathain 1954, 170-74; Maclean 1975, xiii-xiv; Maclean 1979, 64. Maclean also recorded Angus MacMillan's biography, for which see IFC MS 1180, 301-548.

34. Maclean 1956, 33; Maclean 1975, xiv: 20.

35. Maclean 27/05/1954, 10(7).

36. Maclean 18/06/1954, 8(6).

37. Marshall, 73-77; Maclean 1952, 126; MacPherson 1992.

38. NLS MS.29790, 23. Maclean wrote an account of this in IFC MS 1301, 181-84. It may added in passing that Lachlan Bàn MacCormick (1859-1952) composed a reel for Calum Maclean to which the recipient of this honour was deeply moved and delighted by such a gesture.

39. Despite the fact that Batfords sold out their print run by August 1960, Maclean's book was not reprinted by them and was not reprinted until sixteen years later by Club Leabhar. It may well be that, according to John Lorne Campbell, the Highland "establishment" had got at Batfords because of Maclean's uncompromising views on such topics as history, education, development and language. I am indebted to Cailean MacLean for this information.

40. MacDonald 1985: 95.

41. This came about through the advocacy of John Lorne Campbell, Fear Chanaigh, who corresponded with officials at St. Francis Xavier University at the beginning of 1960. The degree was awarded posthumously at a ceremony held on September 19, 1960. A letter dated August 4, 1960, was sent by Maclean saying that while he was deeply appreciative of the award he was far too unwell to travel to collect his honorary award in person. I am indebted to Susan Cameron, Celtic Collection Librarian, at the Angus L. Macdonald Library, St. FX University, for this information.

42. I am indebted to Cailean MacLean for this information.

43. National Library of Scotland 1981, 34.

44. Maclean 1975, xxii-xxv.

45. Megaw, 122-23.

46. For further details about the Calum Maclean Project, see http://www.celtscot.ed.ac.uk under Research Projects and Publications.

Bibliography

Unpublished

National Library of Scotland, Edinburgh

Most of Calum I. Maclean's papers (MSS.29779-29798) are collected as a sub-group under the papers of Sorley MacLean (1911-1996).

There are two main collections of Calum I. Maclean's manuscripts of fieldwork transcriptions. One collection is at the School of Scottish Studies at the University of Edinburgh, Edinburgh, while the other is at University College Dublin Delargy Centre for Irish Folklore, Dublin.

University of Edinburgh, School of Scottish Studies Archives

SSS MSS 1-28 notebooks, containing around 440,000 words.

University College Dublin, UCD Delargy Centre for Irish Folklore

IFC MSS 1026-1031, 1053-1054, 1111, 11129, 1153-1156, 1171, 1179-1183, 1300-1302 notebooks, containing around 2,100,000 words.

Published

Almqvist, Bo. "Irish Folklore Commission: Achievement and Legacy," *Béaloideas: The Journal of the Folklore of Ireland Society* 45-47 (1977-1979): 6-26.

———. "Obituary Dag Strömbäck (13.8.1900-1.12.1978)," *Folklore* 90, no. 1 (1979): 98-104.

"Authority on Folklore Dies on Holiday," *The Oban Times*, no. 5509, 20 August (1960), 3(2).

Briody, Mícheal. "The Collectors. Diaries of the Irish Folklore Commission: A Complex Genesis." *Sinsear* 9 (2005): 27-45.

———. *The Irish Folklore Commission 1935-1970: History, Ideology, Methodology.* Studia Fennica Folkloristica 17. Helsinki: Finnish Literatur, 2007.

Campbell, John F. *Popular Tales of the West Highlands*, 4 vols. Paisley: Alexander Gardner, 1890 [1860–62].

Campbell, John L. *Sia Sgialachdan a Chruinnich 's a Dheasaich Iain Latharna Caimbeul ann am Barraidh 's an Uidhist a Deas / Six Gaelic Stories from Barra and South Uist.* Edinburgh: Privately printed by T. and A. Constable, 1939.

———. "Portrait of a Bard." *The Scots Magazine* LVIII, no. 1 (1952): 1-5.

———. "Duncan of the Stories." *The Scots Magazine* 61, no. 6 (1954): 473-74.

———. [J. L. C.]. "Calum I. MacLean: An Appreciation." *The Stornoway Gazette* XLII, no. 2533, 06 September (1960): 5(1–3).

"Celtic Scholar's Death," *The Stornoway Gazette* XLII, no. 2532, 30 August (1960): 6(5-6).

Cheape, Hugh. "John Lorne Campbell: Scholar, Folklorist and Farmer." *Review of Scottish Culture* 10 (1997): 1-4.

"Cuireamaid Clach Air An Carn," *An Gàidheal*, leabh. XLIX, air. 8 (1954): 58.

Draak, Maartje. "Duncan MacDonald of South Uist." *Fabula: Journal of Folklore Studies* 1 (1957): 47–58.

Duncan, Angus [A. D.]. "Calum Iain MacGilleathain Nach Mairean." *An Gàidheal*, leabh. LV, air. 10 (1960): 111-12.

Henderson, Hamish. *Alias MacAlias: Writings on Songs, Folk and Literature* Edinburgh: Polygon, 2002.

————. "Calum Maclean 1915-1960." *Tocher* 39 (1985): 81–88.

Hutchinson, Roger. "A force for Gaeldom." *The Scotsman*, no. 46992, 27 April (1994): 11.

————. "Calum Iain Maclean: Extraordinary member of an extraordinary family." *West Highland Free Press*, no. 1771, 04 June (2006): 12.

Lysaght, Patricia. "Swedish Ethnological Surveys in the Western Isles of Scotland, 1939, 1948: Some Dates from Ireland." *Review of Scottish Culture* 6 (1990): 27-51.

————. "Don't go without a Beaver Hat! Seán Ó Súilleabháin in Sweden in 1935." *Sinsear* 7 (1993): 49-59.

————. "In Memoriam. Seán Ó Súilleabháin (1903–1996)." *Fabula: Journal of Folk-lore Studies* 39 (1998a): 120-21.

————. "Seán Ó Súilleabháin (1903–1996) and the Irish Folklore Commission." *Western Folklore* 57, no. 2/3 (1998b): 137-51.

Macaulay, Cathlin. The School of Scottish Studies Archives. *Scottish Archives* 12 (2006): 81-94.

————. Uist in the School of Scottish Studies Archives. In *The Life and Legacy of Alexander Carmichael*, edited by Domhnall Uilleam Stiùbhart, 156-71. Port of Ness: The Islands Books Trust, 2008.

MacDhomhnaill, Donnachadh. *Sgialachdan Dhunnchaidh: Seann Sgialachdan air an gabhail le Dunnchaidh MacDhomhnaill ac Dhunnchaidh, Uibhist a Deas, mar a chual e aig athair fhein iad 1944*, edited by K. C. Craig. Glasgow: Published for K. C. Craig by Alasdair Matheson, 1950.

MacDhòmhnaill, Dòmhnall Iain. "Calum Iain MacGilleathain." *An Gàidheal*, leabh. LVI, air. 5 (1961): 53-54.

MacDonald, Donald Archie. "Calum I. Maclean (1915–1960)." *Tocher* 39 (1985): 95-96.

————. "Some Aspects of Family and Local Background: An Interview with Sorley MacLean." In *Sorley MacLean: Critical Essays*, edited by Raymond J. Ross and Joy Henry, 221–22. Edinburgh: Scottish Academic Press, 1986.

MacGill-Eain, Somhairle. "Cumha Chaluim Iain MhicGill-Eain/Elegy for Calum I. Maclean." In Maclean, 1975: xx–xxxiii. First published as "Cumha Chaluim Iain MhicGill-Eain," *Gairm*, air. 72 (1970): 313-18.

MacGilleEathain, Calum I. "Sgéalta as Albain," *Béaloideas: The Journal of the Folklore of Ireland Society*, vol. XV (1945): 237-48.

————. "Aonghus agus Donnchadh," *Gairm*, air. 10 (1954): 170-74 [see also Calum I. Maclean].

MacInnes, John [J. M.]. "Noted Collector of Hebridean Folklore: The Late Mr. Calum I. MacLean: Appreciation." *The Oban Times*, no. 5510, 27 August (1960): 5(3).

Maclean, Alasdair. "Calum I. Maclean (1915–1960)." *Tocher* 39 (1985): 99-101.

Maclean, Calum I. "Calum Maclean on Aonghus Barrach." *Tocher* 31 (1979): 64.

———. "Hebridean Storytellers." *ARV: Journal of Scandinavian Studies* 8 (1952): 120-29.

———. "The End of a Tradition: The Late Angus MacMillan, Benbecula." *The Stornoway Gazette* XXXVII, no. 2210, 25 May (1954): 6(5).

———. "The Late Angus MacMillan: An Appreciation." *The Scotsman* no. 34632, 27 May (1954): 10(7).

———. "The Late Angus MacMillan, Benbecula: An Appreciation." *The Oban Times*, no. 5186, 29 May (1954): 3(1).

———. "Uist Story-Teller: Death of Duncan Macdonald." *The Scotsman*, no. 34651, 18 June (1954): 8(6).

———. "The Late Mr. D. MacDonald, Peninerine, South Uist: An Appreciation." *The Oban Times*, no. 5190, 26 June (1954): 3(3).

———. "Hebridean Traditions." *Gwerin: Journal of Folk life* 1, no. 1 (1956): 21-33.

———. *The Highlands*. Inbhirnis: Club Leabhar, 1975 [1959].

———. "The Study of Folklore." *An Gàidheal*, leabh. LV, air. 7 (1960): 80-82; leabh. LV, air. 9: 104–106; leabh. LV, air. 10: 117–18.

———. "Traditional Songs from Raasay and their value as Folk-Literature." *Transactions of the Gaelic Society of Inverness*, vols. XXXIX/XL (1942-1950): 176-92.

MacLean, Sorley. "Calum Maclean 1915-1960." *Tocher* 39 (1985): 88–89.

MacLellan, Angus. *Stories from South Uist*, edited by John L. Campbell. Edinburgh: Birlinn, 1997 [1961].

MacMhathain, Uilleam [U. M.]. "Seanchaidh Uibhisteach." *An Gàidheal*, leabh. XLIV, air. 5 (1949): 59.

MacNeil, Fr. Calum. "Calum Maclean 1915-1960." *Tocher* 39 (1985): 153.

MacPherson, John. *Tales from Barra Told by the Coddy*, edited by John L. Campbell. Edinburgh, Birlinn, 1992 [1960].

Marshall, John. "Meeting the Coddie." *The Scots Magazine* LIV, no. 6 (1951): 73-77.

Megaw, Brian R. S. "The Late Calum I. Maclean." *Scottish Studies* 4 (1960): 121-23.

"Mr. Calum Maclean: Authority on folklore." *The Scotsman*, no. 36575, 17 August (1960): 5(1).

National Library of Scotland. 1981. *Somhairle MacGill-Eain/Sorley MacLean*. Edinburgh: National Library of Scotland.

Newall, Ventia. Séamus Ó Duilearga. *Folklore* 92, no. 1 (1980): 113.

Nicolaisean, W. F. H. "Calum Maclean (1915-1960)." *Fabula: Journal of Folklore Studies* 5 (1962): 162-64.

Ó Súilleabháin, Seán. "Memoir." In *The Highlands*, by Calum I. Maclean. Inbhirnis: Club Leabhar, 1975 [1959].

Shaw, John. "John Lorne Campbell (Fear Chanaidh), 1906-1996." *Folk Music Journal* 7, no. 4 (1998): 540-42.

Weir, Tom. "The Campbells of Canna." *The Scots Magazine* 146, no. 5 (1997): 532-37.

Whitaker, T. K. "James Hamilton Delargy, 1899-1980." *Folk Life* 20 (1981–82): 101-106.

Wiseman, Andrew E. M., "Your work will remain: A Letter from James Hamilton Delargy to Calum Iain Maclean, dated 17-19 October 1946," *Scottish Studies*, vol. 36 (forthcoming).

III. A' Ghàidhlig sna Meadhanan, Ath-bheòthachadh Na Gàidhlig agus Diaspora nan Ceilteach

Gaelic Media, Revitalisation, and Celtic Diaspora

Jean S. Forward and Julie Woods

The Celtic Diaspora: A Course of Inquiry

In the Spring semester of 2008, at the University of Massachusetts Amherst, I taught a course for upper level undergraduates and graduate students on the Celtic Diaspora. Students analyzed data from a wide variety of sources: archaeological, linguistics, cultural and physical anthropology, as well as historic documents and literature to see if it was possible to define Celtic identity and/or culture from the Neolithic/Bronze Age to the present. The class took a holistic, anthropological approach with a large dose of historical source criticism, intentionally steering away from the mainstream secondary sources in an attempt to avoid Eurocentric bias.

Several questions directed the analysis and discussion throughout the semester. The discussion occurred in the seminar-style class twice a week. Who is a Celt? What is Celtic culture? Can it be defined in prehistory? History? Contemporary times? How has it changed through the last 5000 years of colonization, migration and continuity? Identity markers that were considered included use of land, language, song, ritual, beliefs, kin/social relationships, gender roles, oral history, material culture, political organization, educational process, enculturation (learning one's own culture), burials and stereotypes. Particular attention was paid to the Irish and Scottish populations and the construction of their identity markers.

Required texts included John Haywood's *Atlas of the Celtic World*, Gwyn and Thomas Jones's translation of the *Mabinogion* (1993) and Thomas Kinsella's translation of the *Táin*. Additional readings, usually chapters, were from Carleton Jones's, *The Burren and The Aran Islands*; an archaeological collection, *Celtic Chiefdoms, Celtic States*; Michael Slavin's *Ancient Books of Ireland*; John Relethford's chapter in *Reflections of Our Past*, entitled, Three Tales of Ireland; Kelli Ann Costa's article on Coach Fellas and Irish Tourism; selections from Peter Gray's *The Irish Famine*; Michael Kennedy's article "Gaelic Nova Scotia" and Michael Newton's *Handbook of the Scottish Gaelic World.*

A series of maps from Barry Cunliffe's *Ancient Celts* were handed out and reviewed in seminar. The final reading was an article by Clive James, "The Welsh and the Scottish Gael in Their New World Colonies: Cream Tea and Tartan tourism" presented at Rannsachadh na Gaidhlig in 2002.

Each week, students were required to write up an annotated bibliographical entry, analyzing a specific cultural marker for each of the assigned readings, in preparation for class discussion. During the final weeks of the semester, students orally presented a summary of their final paper.

First, we would like to discuss John Haywood's *Atlas of the Celtic World.* John Haywood is a Research Fellow in the Department of History at the University of Lancaster and a Fellow of the Royal Historical Society of Great Britain. Student evaluations found the Atlas to be informative with good maps, especially of trade routes. They also emphasized the excellent pictures of artifacts (visuals are important). As a group, we concluded that the facts as presented needed more evidence to support Haywood's claims, which sometimes seemed more interpretive than factual. Haywood demonstrates a strong euro-anglo bias focusing on a linear time line, male dominated hierarchical societies and a strong war, aggression, violence view of socio-political development. The pro-English bias is clear in comments such as Rob Roy was "a notorious cattle rustler and protection racketeer." A pro-Scottish interpretation might see Rob Roy as more of a Robin Hood style of historical character. Frequently, Haywood seemed blinded by what some would call a war bias, not willing to consider any other interpretation of data than that the artifact was used for war. For example, the "war horn," some might see it as too fragile and ornately decorated to actually be used in battle as Haywood claims. Instead, could it have been a symbol of achievement in war? Or diplomacy? Song? Oral history? Were these horns designed as gifts to offer in rituals or to connect to the Otherworld? In Ireland, many horns were recovered from bog-like areas or dried up lakes where preservation in dark murky waters would have been ideal. At Loughnashade near Navan Fort in Armagh, workers digging at the edge of a lake found four beautifully worked bronze horns in 1798. The horns were designed to produce a rhythmic noise during rituals that would have sounded like an Australian didgeridoo. Horns such as these could have been heard by thousands of people to draw them towards Navan Fort, known as Emain Macha in the *Táin* rather than to lead warriors into battle.[1]

The bias that leads scholars to interpret material culture from the Neolithic to contemporary times as evidence of competition, aggression and war like behavior runs rampant throughout secondary historical and anthropological sources. This was the major reason that the course attempted to look at the data without a particular paradigm already set in our minds. Haywood's *Atlas* is based on a war and aggression interpretation. Evolution of society, culture, technology and religion is based on conquest and support for the military machine. End of the semester student evaluations recommended continuing to use the Atlas because it provided critical thinking opportunities, affording the chance to compare and contrast Haywood's evidence with other sources, thus exposing bias and allowing students to make their own conclusions.

Initial discussion of the Neolithic included Newgrange, Knowth, Dowth, Fourknocks, Loughcrew and Tara. While not included in Haywood's *Atlas* or many treatises on ancient Celts, in an attempt to think outside the box, it seemed appropriate to at least have a brief discussion of these "megalithic passage tombs" with astronomical alignments built by Neolithic farming communities several hundred years before Stonehenge and the Egyptian pyramids. "Bru na Boinne" is the original Irish name of Newgrange, meaning "The Bend of the Boyne". Conventional wisdom says that Newgrange was not built by Celts, but that it was built 2500 years before Celts came to Ireland. Yet, it is included in such collections as David James's, *Celtic Connections: Ancient Celts, Their Traditions and Living Legacy*. One version has Newgrange entering Celtic mythology as a fairy mound, home of the god Dagda, his wife Boann and their son, Aonghus, the god of love.

Some say Newgrange is Brug Oengusa, mansion of Oenga and/or Sid in Bruca, an entrance to the otherworld and/or built by "Tuatha De` Danaan," people of the goddess Dana, a race of supernatural beings who originally came from the sky. For certain, the opening is aligned with the dawn of the winter solstice, an event that can now be viewed live, throughout the globe, via the world wide web, produced by Heritage Ireland and hosted by the Office of Public Works.[2] The implications of viewing this ancient event on the web for Celtic identity in the future should be pondered. Who is a Celt? How is Celtic culture defined? Consideration of Newgrange set the stage for asking these questions about the past and the future throughout the semester. The Megalithic art theme at Newgrange includes spirals, concentric circles and triangles—symbols seen frequently throughout pre-Celtic and Celtic cultures. Where does Celtic identity and culture really begin? How will it be perpetuated? How do descendants of Celtic emigrants in the diaspora perceive Celtic identity?

The class next considered selections from Carleton Jones's *The Burren and the Aran Islands* on the Bronze and Iron Ages in western Ireland. According to Carleton Jones, farming spread from the Near East in 7000/9000 BCE throughout southeastern Europe and arrived in Ireland by 4000/6000 BCE. The spread of farming was a slow, selective process. Neolithic Irish practiced animal husbandry more than cereal production. In many areas of Scotland and Ireland, grains could not grow due to high precipitation and low evaporation. Since humans need more than meat to survive, it could be assumed that gathering was still important to the overall diet. This means gathering of foods from the land and from water (fresh and salt). Early farmers left behind evidence of cleared forests and enclosed fields with walls. Jones claims that "essential concepts for farmers" include a linear concept of time.[3] Many anthropologists, based on archaeology and cross-cultural comparative ethnographic studies, would strongly disagree with this conclusion. Farming is about cycles, the cycle of birth/spring, death/winter and rebirth/spring again. Until the development of hierarchical political and social systems, the languages of cultures tied to the land reflected and many still reflect, cyclical thinking not linear thinking. Linear thinking was reinforced by the development of nation states and science. Its dominance around the globe today is in part due to the results of colonization, commercial expansion and the control of time as a means to control production. This course intentionally attempted to ignore the arbitrary political boundaries of modern nation states, looking past (pun intended) to times when local, small scale farming communities tied closely to the earth and the seasons were the norm. Although rarely noted, the Celts, from Druids to farmers and gatherers were known for their extensive knowledge of their environment and sustainable living.[4]

Jones's descriptions of portal tombs, chambered tombs, burial cairns and wedge tombs fascinated the class. Jones's interpretation that the spread and different size of tombs represents an increasing population contesting land ownership in a competitive, self-aggrandizement fashion is not supported by the data presented. It is but a theory based on assumed behavior. As Jones himself notes, the archaeological record actually shows that the area is covered by ancient walls that marked off fields in addition to an unusually large number of wedge tombs. The wedge tombs would not have been needed to mark the fields already marked by ancient walls.

Interpretations of archaeological sites and materials based on assumptions about individual behavior or societal behavior often involve the cultural biases of the interpreter. If the researcher is basing his assumption on euro-anglo cultural norms, he might expect to see a progression of tomb types based on changes in cultural or religious practices as the result of increased populations, new ideas from conquering peoples or new influences from trade. Yet E. F. Aranyosi's recent analysis of descriptions, plans and photos of more than 700 tombs from 17 of 26 counties in Ireland has shown that tomb builders frequently borrowed ideas from each other creating a huge range in variation of tomb design and construction techniques. Tombs do not represent distinct cultures of people and therefore are not likely to have been used for defining territories.

Jones presents a frequent argument of archaeologists, that changes in material culture represent significant migrations or invasions by newcomers to the territory. This argument is flawed. Beaker pottery, la Tene metalwork styles, coinage, two-wheeled chariots, etc. are often found as grave goods and used to identify Celtic culture throughout central Europe. However, Celtic burials, as the class discovered, change from in ground, in stone tombs, with and without burial goods to cremation. Bog burials are particularly problematic. Speculation about the identity and status of the person often runs rampant from violent criminals, murder victims to Druidic sacrifices adding fuel to whatever interpretation about society and burial practices the particular researcher or reader wants to make.

In reference to La Tene material culture, "most pieces found in Ireland were made by local craftsmen who were copying and modifying an exotic art style."[5] Few direct imports have been found. This does not support the claim of a "large-scale movement of a new ethnic group into Ireland.[6] Most likely, it represents long distance trade and communication with the continent. Previous conclusions by archaeologists that sudden changes in material culture, especially pottery, represent invasions or major migrations into a territory are being challenged and changed around the globe. As Wobst notes, style changes for a reason. People do not start changing objects without a reason. They rely on their own extensive experience making objects, observing others. They know what works, what is desirable and what is not. When there is a change in style, there is usually a good reason-possibly a new mode of production, possibly more time to experiment or possibly the desire to signal group affiliation within and among groups.[7] Changes in material style, technology or function can be associated with dramatic events such as invasions but often they are just as likely to be due to non-violent events. The result of the influence of trade is often the most likely conclusion. Today, change in archaeology and linguistics favors a model of change due to "natives of Ireland speaking a Celtic language because Ireland was part of a social and trade network stretching along the Atlantic seaboard" not from massive migrations or invasions.[8] A similar language developed over millennia because of this vast network of social and economic ties from Ireland to central Europe.

The next section of class focused on articles from *Celtic Chiefdoms, Celtic States*, edited by Bettina Arnold and D. Blair Gibson. Evidence and interpretations in the series of articles was cross-checked with information from Haywood and other sources such as the *Mabinogion* and the *Táin*. Arnold and Gibson state that written sources often dominate over the archaeological record, and that "In order to realize the potential of the sources for the late prehistoric /early historic periods of Europe, an analytical approach must be developed that integrates questions regarding the social and cultural existence of the Celts with the historical and archaeological data."[9] The authors questioned the classic direct historical approach and insistence on a linear social typology, as did the holistic anthropology seminar. The concept that human social organization follows a neat line of ever increasing social complexity is not supported by archaeological and ethnographic data. For instance, the linear typology of bands, tribes, chiefdoms and states does not adequately allow for ranked societies. In ranked societies, "People of higher ranks have more social prestige than people of lower rank, but they do not have significantly greater wealth or power."[10] Greater rank usually means greater respect and influence. Rank can be distributed by individual and/or kin/social group. Like all human societies, even if it appears to be static, it is not. Humans and their environment are constantly changing, in reaction to each other, and simply put, because every Homo Sapiens is unique, different from their ancestors and descendants, bringing with them, a unique response to their cultural and physical environments. Human cultures and societies are dynamic.

Some ranked societies including some Celtic societies are categorized as chiefdoms. As Arnold and Gibson point out, chiefdom is almost as difficult to define as Celt. Some say it is ranked, but some say it is stratified. Gibson notes that the "chief characteristic of chiefdoms is that they are entities of regional scale which integrate local populations."[11] In the case of the Irish Celts, chiefdoms are ranked usually by lineal descent groups. Beyond these key points, chiefdoms in Ireland and throughout the Celtic world can vary considerably. It's an ambiguous category, maybe better thought of as a process. Increasing social complexity and all of the related factors are more like the ebb and flow of tide, building and diminishing in a cyclic, occasionally spiral fashion.

Brun describes nine pre-Celtic pre-state cultural complexes: Atlantic, Nordic, Lusatian, North-Alpine, Iberian, Italian, Carpathian, South-Oriental, and Grecian, then summarizes political organization development using archaeological data to support development sequences through the Hallstatt era. The implications seem to support the concept of linear development and increased warfare while simultaneously describing a process of fluctuation as a result of trade. Significant trade items include salt, copper and amber. Concentrated settlements developed in the Alpine passes along the trade routes. Specialization in animal herding developed as well as specialization in ironworking, crafts and weaving. New ideas traveled back and forth along these trade routes. All of this was groundwork for the development of complex social and political organization, but the exact distribution of wealth and power/authority is unclear. Power may have been based on control of exchange or control of territory and resources: "Intra-Celtic stylistic homogeneity remained very strong, [...] continuing intensity of exchanges throughout culture complex ... [r]egions such as Armorica and

England, [...] retained a strong individuality, and it is difficult to discern the influence of immigration and acculturation there."[12]

Gibson says that the Irish Chiefdoms could be considered a "precocious state." They had a centralized seat yet they did not rule based on agricultural power. Agri-Pastoralism that was prevalent in Ireland and many areas of Scotland makes it difficult to implement centralized controls. Agricultural societies are often centralized to ensure access to trade routes, markets, water sources and technology as well as for protection. In Scotland, where agriculture was difficult and exchange was more regional, chiefdoms existed until Culloden in 1746.[13]

Were the Celtic polities of the First century BCE, chiefdoms or states? What were the actual uses of oppida? Fortified hilltops? Coinage centers? The significance of coinage became a regular topic of conversation in the seminar. The development of increased centralization and social stratification seems to have been based on trade not control of land. "All excavated oppida have produced evidence of intensive commercial interaction with Rome."[14] The theoretical implications are that the "emergence of state in the Celtic world was the result of an intensification both of agriculture and of long-distance exchange."[15] How does this fit with the stereotype of historic Celtic culture and identity? Does it fit with the stereotype of the barbarian, war mongering horde that invades Rome? Haywood claims that Caesar is our only credible witness of the Celtic world at the time. Archaeology disagrees. In fact, Celtic coinage, amphorae and other pottery vessels found at many oppida were designed or specially marked for trade with Rome. A wide variety of artifacts from elite to common goods are found at all excavated oppida indicating their use as market or exchange centers rather than fortified forts for raiding Celts to return to after wars. And what about the *Mabinogion*, where a very different story of Roman contact is told?

Carole Crumley adds the factor of climate change to the development of Celtic culture and civilization. Crumley is one of the few to integrate spatial analysis, the economy and ecology into the history of Celtic cultures. Crumley expands on Henri Hubert's 1934 treatise concerning the subsistence patterns of Celtic populations, stating that whether a group was more pastoral or agricultural depended on both the environment and the length of time the group had occupied their region. As a population increased, and the group needed more space/territory, one pattern of fission was for the wealth to be divided between group members—some stayed on the ancestral lands, while others received a share of wealth in animals and other portable property and moved on, a flexible, mobile colonizing group. Anthropologists call this "voting with your feet." Human populations are able to adapt to a wide range of environments using agricultural, pastoral, horticultural, and artisanal skills.[16]

According to Crumley, Roman conquest and colonization of rural Celtic societies came in three phases: commercial expansion, military action and creation of cities. This process expanded into England during a warmer climatic phase, when vineyards were possible. It receded after a more temperate climate emerged. Both Crumley and the seminar discussed the rise and fall of cities, cultural complexity and hierarchy extensively. Evidence of the high status of wine and drinking for both Romans and Celts exists throughout historical documents and archaeological data. The consensus of Crumley and the seminar was a need for a holistic assessment of Celtic polities, one that includes the available literary evidence, an extensive regional survey and excavation to establish the functions of sites, and research into environmental conditions and natural resources.[17] Currently, Celtic studies favor a view of a literate urban victor (Rome) over an oral rural vanquished and this has "profoundly twisted our understanding of the historic relation between humans and the environment, and instituted a false measure of human accomplishment."[18] We need to untwist the twisted.

Peter Wells continued the analysis of the development and use of oppida and their relation to Celtic settlements and social systems. His article left the class with more questions than answers. Were oppida primarily for the production of trade goods? Did they contribute to the increased efficiency of food production? Were the artisans working for their own benefit or under the control of an elite group? Can certain burial practices (they change from burials with grave goods to cremation) be labeled Celt? Are the gold hoards the result of trade or toll collection or both? In time, will we see an analogy of castles in the English colonization of Wales and Scotland to the creation of oppida on routes of easy transport from Rome?

The *Mabinogion* and the *Táin* present different challenges in researching the Celtic past. Translations add a layer of potential bias. The *Mabinogion* is well known for being the first mention of King Arthur. It also has the story, "The Dream of Macsen Wledig," where the Roman king comes to Wales, not to conquer, but to marry the maiden he saw in a dream. When they marry, she asks for a "maiden fee" of all of the Isles of Britain. When were these stories first told? When were they first written down? Both the *Mabinogion* and the *Táin* describe women as strong important people in Celtic society. Gender roles and status are major areas of difference between Celtic cultures and Roman/Western Civilization where women are chattel with little voice in the public, political arena. Rhiannon and Maev are powerful queens who direct vast armies.

Both the *Mabinogion* and the *Táin* give us views into the Celtic past that differ from the usual secondary histories written by Roman and Anglo-Norman sources. While warfare is evident, there is clearly a code of honor and behavior to be followed. Not just "wild men" raiding for the sake of fighting as the stereotypes often imply. Also, the use of language and song in gatherings gains significance. In the *Mabinogion*, "song and carousal" are a part of every meal/feast. In the *Táin*, communication is frequently poetic. Ogham is used by Cú Chulainn to leave messages. Over and over we see the importance of language, song and poetry. In fact, language whether song or poetry or other is one of the Celtic identity markers that carries in to the present.

Michael Newton claims that the Gaelic oral tradition is the "primary resource for understanding Gaelic culture."[19] Song and poetry were and are the way to communicate with deities, spirits, ancestors, and each other. His descriptions of the functions of poets and poetry are compelling. Newton's claims are reinforced by analysis of the importance of not only the *Mabinogion* and the *Táin* in Celtic heritage, but also by research into the history of writing and oral literature in general. Slavin's book on ancient Irish texts provides detailed histories of Ireland's oldest books, including the *Cathach* (600 CE) and the *Táin* ("Book of the Dun Cow" or the "Great Cattle Raid of Cooley") and many others.

These texts present a picture of the Atlantic Celt region which disagrees with the conventional Western Civilization version of Celts being pushed by the Romans out of continental Europe to the margins of Europe. Starting with Brun's description of nine pre-Celtic cultural complexes, a different version of Celtic history and pre-history emerges. This version sees what today is identified Celtic, primarily the Scottish, Irish, and Welsh languages and communities not as some vestigial remains of the continental groups, but as a cultural complex that developed *in situ* in the British Isles, a cultural complex tied to other pre-historical Celts by a similar language, trade networks and social/kin connections. A cultural complex that is peripheral to Roman colonization and is only, ultimately colonized through English colonization.

Michael Kennedy makes clear that the cultural system that Dodgshon describes for Scotland before Culloden is efficiently transplanted to the colony of Nova Scotia with language and the middle class tacksmen. Feasting, including song, dance, poetry and storytelling, remain key expressions of community in a very public way. Travel, trade and life by the sea were and remain important within the Celtic diaspora. Oral literature describes Celtic people moving easily around the Isles. Cú Chulainn travels fairly effortlessly to Alba for training as a warrior from two different experts, one a woman, one a man. The strong connections between Ireland and Scotland need to be viewed from the sea, not just the land.[20]

In conclusion, this seminar raised more questions than answers. The next incarnation of the course will focus more on the Atlantic Celts in order to see if *in situ* development is evident in the archeological record. One final question from the seminar should be considered here. In many ways it sums up our investigation so far. Carleton Jones describes the massive enclosure on top of Turlough Hill as either a Neolithic ritual enclosure or a Bronze Age hill fort.

It is a very large and roughly circular enclosure with an entrance via a natural cleft on the east side and additional gaps at other points around its circumference. The gaps appear to cluster at the four cardinal points; north, south, east, and west. In addition, one of the southern gaps faces the large cairn on the summit of Slieve Carran just over two kilometers to the south.[21]

The enclosure, today, is mostly bare crag with small semi-circular enclosures built up inside. Jones says it is most likely a Neolithic 'causewayed enclosure," common in Britain and on the continent and generally thought to be a place of meeting of kith and kin for rituals or large assemblies. In Jones's glossary, he defines turlough as "a lake that seasonally fills and drains. Turloughs are typical of karstic areas where the drainage is below ground rather than above ground."[22] What was the function of the enclosure on Turlough Hill? A place to gather where the cattle could be watered while poets sang about your kin's history? Cunliffe describes the sense of community and tradition still present in Celtic communities, like fest-noz in Brittany and other contemporary community events like fêtes folkloriques. "Although both are really recent re-inventions, created to meet modern needs, no one who has sat on a summer's night at an open air communal supper and enjoyed the raucous music of the biniou and bombarde, the dancing and the poetry, can fail to appreciate what it means to feel one with a deep Celtic tradition."[23]

Notes

1. Navan Research Group.

2. (http://www.servecast.com/opw/211207/arcive300.html

3. Jones 2006, 28.

4. Crumley 1995.

5. Jones 2006, 80.

6. Jones 2006, 79.

7. Wobst 1999.

8. Jones 2006, 81.

9. Arnold and Gibson, 4.

10. Bonvillain in Arnold and Gibson, 288.

11. Gibson, 116.

12. Brun, 17.

13. Gibson in Dodgshon, 99.

14. Dodgshon, 23.

15. Ibid.

16. Crumley, 27.

17. Crumley, 32.

18. Crumley, 32.

19. Newton, 77.

20. Moffett 2002.

21. Jones 2006, 42.

22. Jones 2006, 249.

23. Cunliffe, 7.

Bibliography

Aranyosi, E. F. "Evaluating Explanations for the Irish Chambered Grave Typology." Bremerton, WA: Olympic College, 2008.

Arnold, Bettina and D. Blair Gibson, eds. *Celtic Chiefdoms, Celtic States*. Cambridge, U.K.: Cambridge University Press, 1995.

Arnold, Bettina and D. Blair Gibson. "Beyond the Mists: Forging an Ethnological Approach to Celtic Studies. In *Celtic Chiefdoms, Celtic States*, edited by Bettina Arnold and D. Blair Gibson. Cambridge, U.K.: Cambridge University Press, 1995.

Brun, Patrice. "From Chiefdom to State Organization in Celtic Europe." In *Celtic Chiefdoms, Celtic States*, edited by Bettina Arnold and D. Blair Gibson. Cambridge, U.K.: Cambridge University Press, 1995.

Crumley, Carol L. "Building an Historical Ecology of Gaulish Politics." In *Celtic Chiefdoms, Celtic States*, edited by Bettina Arnold and D. Blair Gibson. Cambridge, U.K.: Cambridge University Press, 1995.

Dodgshon, Robert A. "Modelling Chiefdoms in the Scottish Highlands and Islands Prior to the '45." In *Celtic Chiefdoms, Celtic States*, edited by Bettina Arnold and D. Blair Gibson. Cambridge, U.K.: Cambridge University Press, 1995.

Gibson, D. Blair. "Chiefdoms, confederacies and statehood in early Ireland." In *Celtic Chiefdoms, Celtic States*, edited by Bettina Arnold and D. Blair Gibson. Cambridge, U.K.: Cambridge University Press, 1995.

Haywood, John. *Atlas of the Celtic World*. London: Thames and Hudson. Heritage Ireland. Office of Public Works, 2007. http://www.servecast.com//opw/211207/archive.html.

Jones, Carleton. *The Burren and the Aran Islands*. Cork, Ireland: The Collins Press, 2006.

Jones, Gwyn and Thomas Jones. Trans. *The Mabinogion*, rev. ed. London: Everyman, 1993.

Kinsella, Thomas, trans. *The Táin*. New York: Oxford University Press, 2002.

"Navan Ancient Capital of Ulster." Navan Research Group brochure: Navan Centre, Armagh, Northern Ireland, 2008.

"Navan Fort—Legendary Capital of Prehistoric Ulster." Heritage Guide No. 40. Archaeology Ireland, edited by Tom Condit and Gabriel Cooney. Dublin: Media House, n.d.

Wells, Peter. "Settlement and Social Systems at the End of the Iron Age." In *Celtic Chiefdoms, Celtic States*, edited by Bettina Arnold and D. Blair Gibson. Cambridge, U.K.: Cambridge University Press, 1995.

Wobst, H. Martin. "Style in Archaeology." In *Material Meanings*, edited by Elizabeth S. Chilton. Salt Lake City, UT: University of Utah Press, 1999.

Donald J. Gillies

MEDIA ECOLOGY FOR THE GÀIDHEALTACHD

In basic terms, just as human ecology is the study of the interaction of people with their environment, so media ecology is the study of the interaction of people with their media environment. Marshall McLuhan is acknowledged by most scholars of the subject as the originator of the field now generally known as media ecology. When asked by an earnest but uncertain television interviewer, "What now, briefly, is this thing called media ecology?" McLuhan replied:

> It means arranging various media to help each other so they won't cancel each other out, to buttress one medium with another. You might say, for example, that radio is a bigger help to literacy than television, but television might be a very wonderful aid to teaching languages.[1] And so you can do some things on some media that you cannot do on others. And, therefore, if you watch the whole field, you can prevent this waste that comes by one canceling the other out.[2]

Marshall McLuhan was born in 1911 and died in 1980. His early academic and scholarly work was quite conventional: he was a professor of English with a PhD (1943) from Cambridge. But, in 1951, when he was 40, he broke away from academic tradition and published *The Mechanical Bride: Folklore of Industrial Man*, a cultural critique based on advertisements—very unconventional for a professor of English. By the time he wrote *The Gutenberg Galaxy: The Making of Typographic Man* in 1962 and *Understanding Media: The Extensions of Man* in 1964, his writing style on media and communication had evolved into the cool, aphoristic prose he maintained until his death. He said that his work was to probe society. "I don't explain—I explore" was his operational trope.[3] I was fortunate to have attended McLuhan's seminar *Media and Society* at his Centre for Culture and Technology in the University of Toronto from 1969 to 1971 and to have had this direct link to his ideas on media ecology.

For McLuhan, the effects of media are independent of content (i.e., "the medium is the message"):

> This is merely to say that the personal and social consequences of any medium—that is, of any extension of ourselves—result from the new scale that is introduced into our affairs by each new extension of ourselves, or by any new technology.[4]

It was McLuhan's addressing of the new environments we share with the media that gave life to the discipline of media ecology. "Any understanding of social and cultural change is impossible without a knowledge of the way media work as environments."[5] As his disciple and fellow media ecologist Neil Postman put it, a medium of communication is an environment and not a machine.[6]

After his death in 1980 McLuhan's bright star seemed to be fading. But in the mid-1990s he began to receive renewed attention, particularly when *Wired* magazine anointed him its patron saint and each month highlighted one of his aphorisms on its masthead.[7] In that same decade the Internet was born and McLuhan was invoked again:

> There are different reasons for McLuhan's revival. For the first time since television achieved dominance of the culture in the fifties and sixties, there is a new wave of technological innovation that seems on the verge of radically remaking our world—a wave signified by the Internet and virtual reality. Personal computers, first used largely as glorified typewriters, now seem capable of linking individuals into an electronic, instantaneous, global communication network.[8]

This tentative speculation appeared some twenty years after McLuhan had told us, "Ours is a brand-new world of allatonceness. *Time* has ceased, *space* has vanished. We now live in a global village ... a simultaneous happening."[9] And in a posthumous publication we learn that "the entire planet has been retrieved as a programmable resource and art form (i.e., ecology) as a side-effect of the new satellite ground."[10]

Normalizing Media Ecology

The McLuhanistic style of media ecology required normalizing if it was to appeal and be comprehensible to a broader audience. This responsibility has been assumed by the Media Ecology Association (MEA), now the academic heart of the discipline. Its website sets out to provide a comprehensive range of answers to the question "What is media ecology?" and called on the central figure in the field: the late Neil Postman, who institutionalized the discipline in the first graduate program at New York University.[11] Postman's authoritative 1970 statement set the standard for what has followed and merits sampling here.

> Media ecology looks into the matter of how media and communica-tion affect human perception, understanding, feeling, and value; and how our interaction with media facilitates our chances of survival.... It tries to find out what roles media force us to play, how media structure what we are seeing, why media make us feel and act as we do.... Media ecology is the study of media as environments.[12]

Also in 1970 Postman explained the biological origins of the term me-dia ecology. In biology, a medium is defined as a substance within which a culture grows.

> If you replace the word *substance* with the word *technology*, the defini-tion would stand as a fundamental principle of media ecology: a medium is a technology within which a culture grows; that is to say, it gives form to a culture's politics, social organization, and habitual ways of thinking. Beginning with that idea, we invoked another biological metaphor, that of ecology. Its first use in its modern meaning [was] in the late 19th century ... to refer to the interactions among the elements of our natural environment.... We put the word *media* in front of the word *ecology* to suggest that we were not simply interested in media, but in the ways in which the interaction between media and human beings give a culture its character and, one might say, help a culture maintain symbolic balance.[13]

Probing Gaelic Culture

There have been many changes to the media ecology of the Gaidheal-tachd—Gaelic Scotland—in the last few years.[14] These changes have been less significant in the mainstream media, which are essentially print and broadcasting, than in the new media: the digital media. When media change, social and cultural environments change. When that happens, it is time to have recourse to media ecology. And now it is time for media ecol-ogy also for the Gaidhealtachd.

In my interpretation of McLuhanism and media ecology, I am probing Gaelic as a culture—as a cultural environment—by looking at the environ-ment of Gaelic media and their ecology. My recent media research in the Gaidhealtachd has taken me to Sabhal Mòr Ostaig for the opening of Fàs: Ionad Ghnìomhachasan Cruthachail is Cultarail (The Centre for Creative and Cultural Industries); to the UHI Millennium Institute to meet the newly appointed Gaelic Strategy Development Officer; to meet the Chair of the Bòrd na Gàidhlig, the Gaelic development agency (the Bòrd is a primary funder of Gaelic media-making); to meet the Chair and staff of

Seirbheis nam Meadhanan Gàidhlig (Gaelic Media Service), now called MG Alba–Meadhanan Gàidhlig Alba;[15] as well as staff at BBC Scotland to find out about the planned new Gaelic digital television service, BBC Alba. Those meetings reveal that the study and practice of Gaelic culture in its many expressions is currently developing a broader base throughout the Gaidhealtachd. In terms of cultural production, the new media are making the greatest impact by reason of their rate of growth relative to the old mainstream media.

There are necessarily limitations to this cultural probe. Because the revival of Gaelic has been taking place over a relatively short period of time and the language has a relatively minor share of the media of communication, only limited amounts of Gaelic media audience and circulation data are available, as will be shown below.

The Gaelic Media Environment

Media ecology recognizes that any given society at any given time has its own unique media environment, as is demonstrably the case in Gaelic Scotland today. It is impractical to review all current Gaelic media here and now, so, in the McLuhanistic style, I will probe: explore, not explain.

The Role of the Scottish Government

Since the 1999 devolution of aspects of parliamentary power to a Scottish parliament, all Scottish governments have declared their support for Gaelic language and culture. The Minister for Culture, External Affairs and the Constitution is responsible for Gaelic policy, administered through the government's Gaelic and Scots Unit. A major expression of this commitment was given by Alex Salmond, MP, MSP, First Minister of Scotland, in the 2007 annual Sabhal Mòr Lecture:[16]

> We will work to enhance the status and use of Gaelic. We will promote and expand Gaelic education provision at every level. We will secure progress in key areas of Gaelic development—pushing for urgent action in the main areas of the National Plan [for Gaelic].[17] And we will put our full support behind the dedicated Gaelic digital TV channel [see Television below].[18]

Such an undertaking by government must be seen as enhancement of the ecology of Gaelic, including the ecology of the Gaelic media.

Mainstream Media

Here we must call on Harold Innis, acknowledged by McLuhan as a precursor. In terms of cultural production, the traditional mainstream media—print, broadcasting and film—provide some minimal Gaelic content. These older media tend to be centrally controlled and strive for, in Innis's term, a monopoly of knowledge, to control production of information, often in concert with government and industry.[19] These media have as their essential function the construction of an *audience* to sell to advertisers.[20] As the motto of the *New York Times* puts it, "All the news that's fit to print" (lampooned by the instinctual media ecologist as "All the news that fits we print").

Books and Journals—There are comparatively few books in Gaelic. As a deposit library, the National Library of Scotland receives a copy of every book published in the country and holds over eight million books. Of these about 3,400 are in Gaelic, covering all types of Gaelic publishing from early Bibles to modern children's books, including books where a substantial part of the text, at least 40 per cent, is in Scottish Gaelic with the rest of the text in English, Scots or other languages. There is some limited Gaelic publishing, including that supported by Comhairle nan Leabhraichean (the Gaelic Books Council).[21] The publishers Acair, Birlinn, Dunedin, Mainstream and Ùr Sgeul have supplied the Gaelic market. I have not as yet been able to discover numbers of books published. The journal *Gath* publishes Gaelic writing and, again, I have no circulation or readership figures. With inadequate audience data it is difficult to characterize the specialized environment, made up of a very small number of fluent Gaelic readers who are also fluent in English.

Newspapers—The only all-Gaelic newspaper is the monthly published by An Comunn Gaidhealach, *An Gàidheal Ùr*. It is distributed as a supplement to the *West Highland Free Press* and is also available online.[22] There are regular columns and articles at various frequencies in the *West Highland Free Press*, the *Stornoway Gazette*, the *Oban Times*, the *Inverness Courier*, *The Herald*, *The Scotsman*, the *Press and Journal* and a few others occasionally. Newspapers form a strong traditional part of a media environment but it is not clear how important they are for Gaelic because there are no Gaelic readership numbers available. In general it should be observed that all newspapers are searching for ways to redefine their nature and function and retain their readers and advertisers. In common with newspapers around the world, these papers are concerned about their future in their traditional formats in the face of what the Internet is doing to reporting and advertising. An almost universal response to these concerns is the provision by most newspapers of a digital version available on the Web and often accompanied by a weblog, or blog, with readers becoming writers and initiating the phenomenon of so-called citizen journalism. Mainstream broadcasting has adopted the same strategy.

Radio—It is difficult to make sense of the environment in which Gaelic radio operates. A few local radio stations broadcast some Gaelic programming, but the BBC's Radio nan Gàidheal offers the greatest variety and largest content on air and online. In 2007 it was named Station of the Year at the Celtic Media Festival in Skye. The service has an excellent website that gives access to live and archived programs, including Gaelic language training.[23] There are also plans to establish a new Gaelic digital service. No readily accessible Gaelic audience numbers are available, however, at least to someone outside the BBC. To a large extent this is a function of the statistical demands of data collecting from a group too small to fit into the sampling demands of Radio Joint Audience Research Ltd (RAJAR).

Apart from any internal research, all radio research in the United Kingdom is conducted by RAJAR. In discussing my research interest with a RAJAR researcher I was startled to hear that this audience research expert had never heard of BBC Gaelic radio. Further discussion led to the observation that the audience must be too small to be of interest or significance. The RAJAR website provides audience data for 438 public and private radio stations in the United Kingdom, but not for Radio nan Gàidheal.[24]

The BBC commissions radio (and television) audience research from the Leirsinn Research Centre at Sabhal Mòr Ostaig. In 2007 the average weekly reach of Radio nan Gàidheal was 67 per cent of the population.[25] Reach is defined as listening to (or watching) a program for at least fifteen minutes in the week being surveyed, as reported by audience members in a sample group completing a weekly diary form in Gaelic or English.[26] What does this tell us about the ecology of Gaelic radio? One may gather impressions of the radio environment, but generalizing on listening behaviour is difficult. Demographically, who is listening to what, and when?

Television—The United Kingdom's primary television ratings organization is the Broadcasters' Audience Research Board (BARB).[27] It does not report on BBC Scotland and so it is not possible to have comparative data on the viewing of Gaelic television. Currently, BBC Gaelic television audience research from the Leirsinn Research Centre shows that the average weekly reach for 2007 was 61 per cent of the target viewing audience.[28] But the environment of Gaelic television is dominated by the planned launch of BBC Alba, the Gaelic Digital Service, on satellite and cable in October 2008, and over-the-air (Freeview in the United Kingdom) in 2010. It will broadcast for up to seven hours a day of its own programming that may include output from the BBC as a whole, repeats, and archived material. When off-air, it would carry Radio nan Gàidheal as fill.[29] The BBC Trust—the governing body—"remains doubtful about the service's ability to achieve the level of reach proposed by the BBC Executive in the short term"[30] and "is not convinced that in this instance a linear [traditional] channel is the most appropriate means of distribution."[31] It also alludes to the possibility of a "stand-alone service for the Gaelic-speaking community."[32] A close watch will be kept by the many groups and entities with an interest in this venture including the Office of Communication (the United Kingdom's regulating body),[33] the Scottish Government as it awaits the Scottish Broadcasting Commission Final Report,[34] the BBC with its eighty-one years of public service broadcasting without private funding, and private broadcasters in the United Kingdom and internationally looking for any piece of any new market in any media mix.

BBC iPlayer—Bridging the Mainstream and New Media—BBC iPlayer went live on the Internet in 2007, at first making downloads available and then streaming content, including Radio nan Gàidheal and BBC2's two-hour Gaelic Zone on Thursday evenings. It will also carry the new BBC Alba service from October 2008. This may be seen to confirm McLuhan's probe, "[a] characteristic of all media [is] that the "content" of any medium is always another medium."[35] This venture is also an exercise in audience retention and extension, at home and abroad, by the BBC.

The New Media—It is vitally important to determine what part the new media are playing. Unlike the old mainstream media, the new media are not (yet) centrally controlled. "The new media are by their very nature overtly inclusive, participatory, and encyclopaedic."[36] The Internet and the World Wide Web are shaping culture everywhere.

> Electric circuitry profoundly involves men with one another. Information pours upon us, instantaneously and continuously. As soon as information is acquired, it is very rapidly replaced by still newer information. Our electrically configured world has forced us to move from the habit of data classification to the mode of pattern recognition. We can no longer build serially, block-by-block, step-by-step, because instant communication insures that all factors of the environment and of experience co-exist in a state of active interplay.[37]

A powerful case is presented by David Crystal, Honorary Professor of Linguistics at the University of Wales Bangor, author of over 100 books, and a Welsh speaker. As he writes in "Dying languages get a new voice on the Internet,"[38]

> [T]he Internet could forestall the dismal fate of about half of the world's 6,500 languages, which are doomed to extinction by the end of the 21st century at a rate of about two languages a month.... The Internet offers endangered languages a chance to have a public voice in a way that would not have been possible before.... Languages at risk of extinction are appearing on blogs, instant messaging, chat rooms, YouTube and MySpace, and their presence in the virtual world curries favour with youngsters who speak them.... And what turns teenagers on more than the Internet these days.

Surely Gaelic must be one of the languages to which these conditions apply.

If the Internet along with the World Wide Web has increased access to the mainstream media by engrossing them in the manner discussed above, it has also been the site of new interactive communication practices in the form of the so-called Web 2.0. This is seen as a second generation of Web application and innovation, enabling group communication, information sharing, collaboration, and networking. The best known of these applications are the social networking sites (e.g., Facebook, LinkedIn, Twitter, Virb)[39] and popular video-sharing sites (e.g., YouTube) along with wikis, folksonomies and blogs engaging millions of participants. Bòrd na Gàidhlig provides a list of 162 Gaelic Internet links[40] and has announced that it will launch its own website in February 2009.[41]

A recent online search in Gaelic for information on the Gaelic blogosphere resulted in 1,440 sites associated with blogs. Some are components of mainstream media websites as discussed above while others are stand-alone. Probably best known is Tìr nam Blog, with the more recent AbairThusa attracting serious participants. The content of all blogs is very mixed in terms of accuracy, authenticity, and interpretation of information exchanged. Language usage is often casual and ungrammatical. Personal criticism and abuse of fellow bloggers is common. But they are in Gaelic and are worth attention for that alone as the newest elements of the ecology of Gaelic. They are bound to increase in number and interactivity in concert with blogs in all languages.

Conclusion

The application of media ecology may facilitate our understanding of and engagement with our fast-changing contemporary cultural matrix. It seems to me that a vital question to be answered is: What may be the best, the optimal, future media environment for Gaelic if we want it to prevail and flourish? To advise an ecological approach implies taking a holistic view of the environment, but that cannot yet be done because not enough is known about the elements of the current media environment. That is what media ecology research must find out. Assessing the relative roles of the old and the new media in the ecology of Gaelic language and culture would be a significant point of entry into such research. How it is to be carried out seems to be a matter for the Bòrd na Gàidhlig to determine as a component of its research mandate by commissioning a research project that will answer the concerns, explicit and implicit, expressed here. A statutory Non-public Body directly funded by and accountable to the Scottish Government, the Bòrd has three main aims: to increase the number of persons who are able to understand the Gaelic language; to encourage the use and understanding of the Gaelic language; and to facilitate access, in Scotland and elsewhere, to the Gaelic language and Gaelic culture.[42] The Bòrd is thus the overseer of the life of the Gaidhealtachd and well placed to chart the media map of the future of Gaelic.

Notes

1. Two examples of this aspect of television: Radiotelevisione Italia (RAI) taught basic literacy in the 1950s and 1960s with *Telescuola*; the Gaelic series *Bruidhinn ar Cànan/Speaking Our Language* has had its successful broadcast life extended by videotape and CD.

2. Interview, *The Education of Mike McManus*, TVOntario, 28 December 1977, in McLuhan and Staines, 271.

3. McLuhan, *Foreword*: "Casting My Perils before Swains," in Stearn, xii.

4. McLuhan, 1994, 7.

5. McLuhan and Fiore, 26.

6. www.media-ecology.org/media_ecology.

7. For a full contextualizing of this renewed attention, see Levinson, 1999.

8. Benedetti and DeHart, 190.

9. McLuhan and Fiore, 63.

10. McLuhan and McLuhan, 106.

11. www.media-ecology.org.

12. www.media-ecology.org/media_ecology.

13. www.mediaecology.org/publications/MEA_proceedings/v1/humanism_of_media_ecology.html.

14. *Gaidhealtachd*: Gaeldom.

15. Announced in circular from Chief Executive, MG Alba, 7 July 2008.

16. Sabhal Mòr Ostaig is the Gaelic college in Sleat, Skye, founded in 1973, that is one of the thirteen academic partners of the UHI Millennium Institute in Scotland. It is the National Centre for Gaelic.

17. See Bòrd na Gàidhlig, bibliography.

18. Salmond, 24.

19. E.g., in Innis, 1950.

20. This axiom arises from the syncretic work of Smythe as developed in *Dependency Road*.

21. See www.gaelicbooks.org.

22. www.an-gaidheal-ur.co.uk. It ceased publication in March 2009 after ten years. Withdrawal of subsidies and advertising led to financial collapse.

23. www.bbc.co.uk/scotland/a#190C0A.

24. www.rajar.co.uk.

25. Data provided in interview with Stuart Martin, BBC Scotland, Glasgow, 23 April 2008.

26. From *Gaelic TV Audience Response Project* weekly diary provided in interview with Brian Macdonald, Leirsinn Research Centre, 27 June 2007.

27. The BARB website provides ratings in many configurations: www.barb .co.uk.

28. Data provided in interview with Stuart Martin, BBC Scotland, Glasgow, 23 April 2008.

29. BBC Trust, 8.

30. BBC Trust, 5.

31. BBC Trust, 6.

32. Ibid.

33. Ofcom, 2007.

34. This report, *Platform for Success*, was published shortly after the presentation of this paper.

35. Marshall McLuhan 1994, 8.

36. Eric McLuhan, 2005.

37. McLuhan and Fiore, 63.

38. Crystal. See also www.davidcrystal.com.

39. For a sample list of 130 of some of the best-known and most noteworthy social networking sites as of 11 June 2008 see www.wikipedia.org/wiki/ List_of_social_networkingwebsites.

40. www.bord-na-gaidhlig.otg.uk/about_gaelic/gaelic_links.html as of 8 July 2008.

41. www.mygaelic.com.

42. For the Bòrd na Gàidhlig's complete current information see http://www .bord-na-gaidhlig.org.uk/welcome.html.

Bibliography

Benedetti, Paul and Nancy DeHart, eds. *Forward Through the Rearview Mirror: Reflections On and By Marshall McLuhan.* Toronto: Prentice-Hall Canada, 1996.

BBC Trust. *Gaelic Digital Service: Public Value Test Final Conclusions.* London: BBC, January 2008.

Bòrd na Gàidhlig. *The National Plan for Gaelic 2007–2012.* Inverness: Bòrd na Gàidhlig, 2007.

Crystal, David. "Dying languages get a new voice: Loss of Words—Saved by the Internet." *The Globe and Mail*, 14 June 2007.

Innis, Harold. *Empire and Communications*, revised by Mary Q. Innis, with a foreword by Marshall McLuhan. Toronto: University of Toronto Press, 1972 [1950].

Levinson, Paul. *Digital McLuhan: A Guide to the Information Millennium*. London and New York: Routledge, 1999.

Lum, Casey Man Kong, ed. *Perspectives on Culture, Technology and Communication: The Media Ecology Tradition*, Cresskill, NJ: Hampton Press, 2006.

McLuhan, Eric. "On Media Ecology." *Sixth Annual Meeting of the Media Ecology Association*, 24 June 2005.

McLuhan, Marshall. *The Mechanical Bride: Folklore of Industrial Man*. New York: Vanguard Press, 1951.

———. *The Gutenberg Galaxy: The Making of Typographic Man*. Toronto: University of Toronto Press, 1962.

———. *Understanding Media: The Extensions of Man*, with a new introduction by Lewis H. Lapham. Cambridge, MA: MIT Press, 1994 [1964].

McLuhan, Marshall and Quentin Fiore. *The Medium is the Massage: An Inventory of Effects*. Toronto: Bantam Books, 1967.

McLuhan, Marshall and Eric McLuhan. *Laws of Media: The New Science*. Toronto: University of Toronto Press, 1988.

McLuhan, Stephanie and David Staines, eds. *Marshall McLuhan: Understanding Me: Lectures and Interviews*. Toronto: McClelland and Stewart, 2005.

Media Ecology Association. *Sixth Annual Meeting*, 24 June 2005. www.media-ecology.org.

Market Impact Assessment of the BBC/Gaelic Media Service Gaelic Digital Service, London: Office of Communication, 12 November 2007.

Postman, Neil. *What is Media Ecology?* Media Ecology Association. www.media-ecology.org/media_ecology.

Salmond, Alex, MP, MSP, First Minister of Scotland. *Òraid an t-Sabhail* [The Sabhal Mòr Lecture] *2007*. Sleat, Skye: Sabhal Mòr Ostaig, 2007.

Scottish Broadcasting Commission. *Platform for Success: Final Report*. Edinburgh: The Scottish Government, September 2008.

Smythe, Dallas W. *Dependency Road: Communications, Capitalism, Consciousness and Canada*. Norwood, NJ: Ablex, 1981.

Stearn, Gerald Emanuel, ed. *McLuhan: Hot and Cool*. New York: Signet Books, 1967.

*Lindsay Milligan, Douglas Chalmers
and Hugh O'Donnell*

Gaelic Language Plans in Context: Issues of Application and Tokenism

Within the context of Gaelic studies, it seems almost unnecessary to discuss the purpose of language policy and planning. These are issues that are well known by contemporary researchers and scholars who engage with Gaelic, but are also increasingly prominent within sociolinguistics, applied linguistics and many other disciplines. In fact it is out of a multidisciplinary setting that the present research has been created. This research has arisen out of the DYLAN Project, which is an international language dynamics and management of diversity project funded under Framework 6 of the European Union. It is a project that looks into the ways in which multilingualism can be promoted and can be made to be an asset. Policy initiatives, like the *National Plan for Gaelic* and Gaelic Language Plans (GLPs), are considered to be highly important within the process of developing efficient multilingualism. Thus, and although multilingualism can be difficult to create and sustain where there is a minority/majority dynamic, this research ultimately seeks to contribute to defining the circumstances through which multilingualism can be created and sustained, thereby increasing flexibility of communication and mutual understanding.[1]

Language policy, like the GLPs being analysed in this article, offer their conformers some control and calculation over multilingual practice by detailing the parameters for its enactment. In the literature of sociolinguistics and applied linguistics, the purposes of language policies and plans have recently been considered by Spolsky and Shohamy among others.[2] The evaluation of language plans as a concept is currently also the subject of attention for some of our partner projects within the DYLAN project.[3]

It is also common for critics to deconstruct and consider the ramifications of particular examples of language plans and policies, especially those that may prove to have widespread consequences. From the Gaelic context, some notable recent contributions in this area have been made by Walsh and McLeod, MacLeod and Dunbar.[4] Most recently, Walsh and McLeod presented a content analysis of Irish Language Schemes (comparable to GLPs) as well as of a forerunner to the GLP of Comhairle nan Eilean Siar (CnES, Western Isles Council). Their methods involved likening the content of each document to the Catherine Wheel model, and identifying weaknesses within these policies and plans by considering where blockages in language consumption might arise and negate the overarching goals of the policies.[5] The conclusions drawn by the authors are highly interesting within the context of this article where, using a different approach altogether, many of the same conclusions must be made. In relation to Irish Language Schemes, it was suggested that "some of the 'commitments' set out in the schemes merely re-state what the public body is already obliged to do" and this is a concern that has also surfaced in response to several of the draft GLPs we have studied.[6] In addition to which, the need to create training so that staff are capable of using the target language, the focus on written communication rather than oral use of the target language, recruitment, and stimulating demand are four additional points the authors note as being concerning or potentially detrimental to the schemes they studied. Several of these notions will be echoed in this paper.[7] The purpose of our studying the inaugural and draft GLPs was to engage a discussion of how individual organisations intend to create and promote multilingualism. We have focused upon the way each GLP and organisation has used individual plans, or "Core Commitments" to contribute to and further the development goals of Bòrd na Gàidhlig (BnaG or the Bòrd).

Language policy and planning is both a relevant and timely concern for contemporary research in Gaelic studies. The minoritized position of Gaelic in both Scotland and Canada (particularly in relation to the majoritized English language) means that policy and planning initiatives are geared toward the increased use, acquisition and status of Gaelic.[8] These three categories, alongside corpus development, comprise a theory and indeed policy for the achievement of language development for Gaelic in Scotland that has been created and promoted by BnaG.[9] However, it is important to remember that this is not a universally accepted or proven theory of language development, but a melange of other theory and influences (including but certainly not limited to Kloss, LoBianco and Fishman, and modelled most directly upon the example of Welsh Language Planning).[10] These influences have then been compiled and translated into an actionable policy that is specific to the situation of Gaelic in Scotland. The policy of Gaelic development, as articulated in the *National Plan for Gaelic*, is therefore coherent with a unique theory that has been created for Gaelic language planning based upon the state (including demographics and prestige) of the language in Scotland.[11] This coherence exists because the theory has been tailored to the capabilities of Bòrd na Gàidhlig and needs of the policy itself. However, this national policy, a kind of macro-policy, demands the creation of GLPs, or micro-policies, by public organizations. These organizations will be diverse, and their abilities and needs are not the same as those of Scotland in general. Thus, it is at this level of abstraction that the theory for language planning and development in Scotland may not cohere with that of actual micro-planning. This article reviews the content of four draft GLPs and one final and approved GLP to consider how each interprets the four aforementioned categories for national language development. As a disclaimer, the content of the article is not intended as a criticism of either macro- or micro-planning, particularly as its findings are based upon draft documents. Rather, this Chapter invites discussion about how the content of policy and planning differ according to scope of application. It suggests that the theory for language planning in Scotland fits both to macro- and micro-policy, but that the interpretation of this theory may be more flexible than initially indicated in the *National Plan for Gaelic*. We also make recommendations for the improvement of future Gaelic Language Plans based on the good examples of those it has included in this analysis.

Methods

For the preparation of the present article, five of the six inaugural GLPs invited by BnaG were collected (four in draft form, one in its final state) and studied using a systematized approach which compared their Core Commitments (these are individual plans for using Gaelic alongside English) against those suggested by the *Guidance on the Development of Gaelic Language Plans* and the four language developmental areas as stipulated in the *National Plan for Gaelic*.[12] These GLPs were authored by: CnES, Highland Council, Argyll and Bute Council, the Scottish Parliament Corporate Body (SPCB), and Highlands and Islands Enterprise (HIE). The GLP of the Scottish Government was not included in analysis because it could not be accessed at the time of analysis and writing-up. Also at the time of analysis, it should be noted that only one of the five GLPs had been approved by BnaG, all others were draft plans for development and provision.[13]

Materials

Before presenting the findings of analysis, it will be useful to briefly review the materials that were included in this research process. The first and perhaps most influential document is the *National Plan for Gaelic*, which bears implications for all of Scotland, particularly the public sector over which the Bòrd has some influence.[14] The plan adopts the principle that Gaelic and English should be afforded equal respect in Scotland and, moreover, that this equality may need to involve positive discrimination for Gaelic. The plan details a series of key action areas for the promotion of Gaelic, but clearly stipulates four developmental areas that underpin these key tasks. The four development areas are: status, corpus, acquisition and usage. These four development areas are therefore being regarded as the theoretical constructs of language planning and development for Gaelic in Scotland.

A second document authored by Bnag is the *Guidance on the Development of Gaelic Langauge Plans*.[15] This document is accessible to the public and is also applicable to any private organizations seeking to create a GLP. The document reiterates the four development areas of the *National Plan for Gaelic* and also provides a series of four action areas and sub-areas that any organization creating a GLP can use to direct the ways in which they will provide for Gaelic alongside English use. These four areas are: identity, communications, publications and staffing.

Additionally, there are five GLPs being considered within this article. The first is of the SPCB, which acts as a support to the Scottish Parliament by helping to create material, service and staffing provisions.[16] The second is of the Highland Council, which is home to Scotland's second largest proportion of Gaelic speakers.[17] As of the 2001 census, there were 202,291 residents in Highland Council, of whom 9.1 per cent (18,363) claimed some ability with Gaelic.[18] The third is of CnES, which is Scotland's most densely populated council area for Gaelic speakers and has traditionally had strong public support for the language.[19] The Council had 25,745 residents according to the 2001 census, of which 71.6 per cent (18,423) claimed some Gaelic ability.[20] Argyll and Bute council has authored the fourth GLP included in this paper, and it contains the third largest population of Gaelic speakers. In Argyll and Bute Council, and as of the 2001 census, amongst a total population of 88,676 residents, 7.3 per cent (6,515) of claimants reported some ability with Gaelic.[21] And finally, HIE, which is a non-departmental public body seeking economic development, gives us the fifth example of a GLP. Again, in all cases excluding that of Highland Council, the GLP being analysed is the draft not final version, although revisions and full approval have since been made for CnES, Argyll and Bute Council as well as the SPCB.

Data Extraction

The content of each GLP, vary from 25-62 pages in length, was extracted and categorised by one investigator (LM) (see Tables 1 and 2). First the presence or absence of the Bòrd's Core Commitment items was noted. This was done, in the first instance, by searching the documents for the words of each commitment (e.g. for "corporate identity" search for "corporate," and then "identity") and in the second place by reading the document for instances in which the commitment was presented using other words (e.g. "bilingual identity" was used in place of "corporate identity" in the GLP of HIE). After having extracted information regarding Core Commitments, the context in which each of these commitments was presented was cross-referenced against the other content of the GLP. In this stage of analysis, we sought to determine if and how these commitments were thought to fulfil the four development areas of the *National Plan for Gaelic*. Awareness of the development areas was pinpointed within the GLPs by searching for the words "status," "corpus," "acquisition" and "usage" and by searching for phrases that were drawn directly from either the *National Plan for Gaelic* or the *Guidance on the Development of Gaelic Language Plans* into the studied GLPs (e.g., increased "visibility" and "audibility" are two factors involved in status development according to the Bòrd's *Guidance*, and these words were sometimes borrowed directly into GLPs to explain the function of certain Core Commitments).

Analysis

When all Core Commitments and references to development areas had been identified, the surrounding texts in which these appeared were used to shape analysis (LM, DC, HOD). We sought to determine which Core Commitments were most frequently regarded as a means of developing status, corpus and usage and acquisition and, within the broader context of the GLP, to determine what other methods of developing these four areas were identified by authoring organizations.

Findings
Status

In the *National Plan for Gaelic*, status development is described as being intended "to increase the visibility and audibility of Gaelic, to enhance its recognition and to create a positive image for Gaelic in Scottish public life."[22] In this initial incarnation, one of the key ways to develop status is through the proliferation of GLPs, but how has the Bòrd planned for in-dividual GLPs to contribute to the goal itself? The *Guidance of the Devel-opment of GLPs* suggests that "[p]ublic authorities can play an important role in increasing the visibility of Gaelic by, for example, using Gaelic on signage, letterheads and on their websites," but such visual representations are not the only way the Bòrd would like its cooperating organizations to help promote Gaelic's status.[23] With regard to the suggested Core Commitments, status development is addressed by: corporate identity, signage, reception, forms, complaint procedures, public relations and media, printed material, websites, recruitment and advertising.[24] Interestingly, these are not the same set of Core Commitments cited by organizations within actual GLPs as those that contribute to status development.

In the five GLPs examined, all Core Commitments were associated with the development of status in one or more document (see Table 1 for details and citations). The most commonly cited Core Commitments for the development of status were corporate identity and signage, and the least cited was complaints procedures followed by exhibitions. Notably, it is in the area of status development that the GLPs identified the greatest number of Core Commitments as contributing to a development goal. With so many Core Commitments being seen as relevant to the task of status development, the way each GLP acknowledges the development area is also of great interest.

Each GLP addressed status development in different ways. The SPCB, for example, did not interpret status planning using its own words, but directly quoted the *National Plan for Gaelic* as a foreword to its commitments.[25] Explanations justifying the selected commitments in this GLP are, likewise, taken directly from the *Guidance* document. Similarly, whilst Argyll and Bute Council acknowledges all the Core Commitments in their Gaelic Language, they do not make any reference to how these fulfil the Bòrd's four development areas, apart from citing the explanation for each Core Commitment as provided in the guidance. The Highland Council's GLP, which is also the only example of a fully approved Plan in this article, contains charts to help explain the connections between its Core Commitments and the four development areas. They also clearly identify three aspects in which they will seek to develop the status of Gaelic (i.e., home, education and adult learning)[26] and clarify that they will achieve this goal through their Core Commitments and through other commitments as outlined in "Helping implement the National Plan."[27] In this regard, Highland Council seems to be responding to the guidance of BnaG, but also distinguishing between the function of Core Commitments within its own practices and the overarching development goals for Gaelic in Scotland. CnES provide a second example where a GLP engages very deeply in language planning strategy. Explaining why Core Commitments are so vital to status development, CnES writes:

> It is a hugely important aspect of the process of normalisation of Gaelic that the public ought to be able to access public services in the language should they wish to. It is also of prime importance in this context that the use of Gaelic is normalised as much as possible within the internal day-to-day running of the Comhairle.[28]

Like the Highland Council, CnES also identifies additional ways in which it can benefit the development area in a section called "Helping to implement the National Plan for Gaelic" through items like "Image and Confidence," the "Economy" and "Media."[29] HIE, like Highland Council and CnES, acknowledges that there is a relationship between certain Core Commitments and status development, but also asserts that there are external ways to help promote status in a section titled "Implementing the National Plan for Gaelic."

Corpus

In the *National Plan for Gaelic*, corpus development is intended "to strengthen the relevance and consistency of Gaelic and to promote research into the language."[30] The three targeted developments for corpus were then stipulated as: a) relevance and consistency of the language, b) quality and accessibility of translations, and c) availability of accurate research on the language.[31] The *Guidance on the Development of GLPs* suggests that "the expanded use of Gaelic in the delivery of services and in corporate identities is likely to trigger the development of new terminology in Gaelic, ensuring that users of Gaelic are equipped to deal with all aspects of daily life."[32] This guidance identifies the following Core Commitments as being relevant to corpus development: signage, forms, and printed materials. Notably, the focus of the Bòrd is upon written language as a benefit to corpus development, but this association is not echoed in actual GLPs. Instead, and across the five studied GLPs, all Core Commitments are identified at one time or other as being beneficial for corpus development. Most cited is forms and printed material, and least cited are complaints procedures and signage.

As before, Scottish Parliament and Argyll and Bute Council did not address corpus development apart from instances in which they borrowed phrases directly from one of the two aforementioned Bòrd documents. However, the topic was addressed by Highland Council, CnES and HIE. Highland Council addresses corpus development not only in their Core Commitments but in a section apart from these commitments titled "Helping implement the National Plan: Gaelic education."[33] CnES makes less mention of corpus development, but in a summary of their current situation states that "the Comhairle is one of the principal producers of new Gaelic terminology."[34] Finally, HIE describe corpus development as "strengthening the relevance and consistency of Gaelic and to promote research into the language" and accordingly address the issue both through Core Commitments and in their section "Implementing the National Plan for Gaelic [*sic*] Research."[35]

Usage

In the *National Plan for Gaelic*, usage development is intended "to encourage grater use of Gaelic, to provide opportunities to use the language and to promote access to Gaelic forms of expression."[36] The targeted developments for usage are:
  -an increase in the use and confidence in Gaelic in communities
  -an increase in the use of Gaelic in tertiary education and in places of work
  -an increase in the presence of Gaelic in the print, broadcast and online media
  -an increase in the promotion of Gaelic in the arts
  -an increase in the profile of Gaelic in the tourism, heritage and recreation sectors.[37]

The *Guidance on the Development of GLPs* suggests that:

...through the provision of a greater range of services to the public through the medium of Gaelic, and by providing their own staff with greater possibilities to use Gaelic in the conduct of their jobs, public authorities can significantly increase their opportunities to use Gaelic.[38]

The Core Commitments cited as being relevant to usage development in the guidance are: reception, telephone, mail and email, public meetings, complaints procedures, websites and exhibitions. In the five GLPs we have studied, all Core Commitments were identified as benefiting usage development at one point or another. The most frequently cited item was language learning, the least were corporate identity, complaints procedures and exhibitions (see Table 1 for more details including citations).

With regard to the way each GLP acknowledged usage development apart from Core Commitments, the Scottish Parliament and Argyll and Bute Council did not address the issue apart from instances in which they borrowed phrases directly from one of the two aforementioned Bòrd documents. Highland Council addressed the issue through the additional section: "Helping implement the National Plan Gaelic in the community."[39] CnES, likewise addressed the issue apart from Core Commitments and using subheadings like "Gaelic and the Western Isles Economy,"[40] "Gaelic Culture and the Arts"[41] and "Young People, Sports and Gaelic."[42] HIE, as before, reinterprets the development area and gives its own definition to the matter, describing the task of usage development as "encouraging greater use of Gaelic, to provide much greater and wider opportunities to use the language and to promote access to Gaelic forms of expression."[43] In addition to the Core Commitments HIE make in this area, they also address the topic through matters like Promotion of Gaelic in communities"[44] and "Promotion of Gaelic in business development."[45]

Acquisition

The final development area to consider is that of acquisition. In the *National Plan for Gaelic*, acquisition development is intended "to increase the number of Gaelic speakers by ensuring the language is passed on and by securing effective opportunities for learning Gaelic."[46] The targeted areas for acquisition development are Gaelic at home, Gaelic-medium education and adult education.[47] With a focus so clearly distinguished from the internal and external practices of public organizations, it is little wonder acquisition is the area that is given the least amount of attention in Core Commitments. The Guidance for the Development of GLPs states that:

> ...the key areas in which the Bòrd considers authorities need to focus are on school education, the home and adult learning. In some cases the increase Gaelic provision an authority provides may stimulate additional demand for services in Gaelic and create added interest for Gaelic to be learned and passed on.[48]

Again, the focus of the Bòrd is not on internal or external practices, but on more formalised education systems and language practice outside the institution. The only core commitments cited by the Bòrd as being relevant to acquisition are training and language learning. Accordingly, in actual GLPs it is only Scottish Parliament who references any Core Commitments as fulfilling the developmental goal for acquisition, and these are printed material and language learning. Highland Council does provide some additional core commitments which benefit acquisition, but these are not derived from the suggested list of the Guidance document.

Since the focus of GLPs with regard to acquisition were not Core Commitments, it is beneficial to consider how each does acknowledge the development area. As before, the Scottish Parliament and Argyll and Bute Council did not address the issue apart from instances in which they borrowed phrases directly from one of the two aforementioned Bòrd documents. Highland Council addressed the issue through the additional section, "Creating the conditions for development" and thus regards acquisition as the enabler of other developments,[49] and also through additional policy stipulations regarding their district education options. CnES addresses the issue at length with reference to their district education policy, and explains:

> In order to increase the number of Gaelic speakers in the Western Isles in the next five years, language learning and acquisition strategies will be the key drivers in ensuring the successful outcomes of this target.... In the past, inter-generational language acquisition was taken for granted in the home, but nowadays with the ever changing social mix in island communities, acquisition of Gaelic through education is of crucial importance.[50]

Finally, HIE suggest that the development area means that HIE should help increase "the number of Gaelic speakers by ensuring language transmission and ensuring effective opportunities for learning Gaelic."[51] CnES, likewise addressed the issue apart from Core Commitments and using sub-headings like "Gaelic and the Western Isles Economy,"[52] "Gaelic Culture and the Arts"[53] and "Young People, Sports and Gaelic."[54] HIE, as before, reinterprets the development area and gives its own definition to the matter, describing the task of usage development as "encouraging greater use of Gaelic, to provide much greater and wider opportunities to use the language and to promote access to Gaelic forms of expression."[55] In a separate section on "Implementing the National Plan for Gaelic" they also discuss acquisition as being key to developing other areas like usage and status.[56]

Discussion

Scottish Parliament and Argyll and Bute council both followed the guidance of BnaG very strictly, to the point that a large proportion of their plan can be said to quote the guidance document verbatim. Whilst the former also makes reference to the four development goals of the Bòrd, the latter does not and only calculates how it will incorporate Gaelic into its functions internally and with the public. The GLP of the Highlands diverges from the document and considers the core commitments for practical enactment only a small proportion of their larger GLP initiatives. However, they do provide a clear chart that explains where their plan overlaps with the guidance's suggested areas for development. CnES engages in a similar activity to that of the Highlands, by considering their core commitments for internal and external practices to be only a small part of their commitment to Gaelic development. CnES does not provide a clear indication of how their core commitments map only the guidance and they neglect to mention certain development areas—although it should be recognized that with a long history of supporting Gaelic development, it is likely that the initiatives CnES have not mentioned by name may already be in place. Finally, HIE cites all Core Commitments as being beneficial to status development, but proposed fewer connections between the commitments and corpus or usage development. HIE is the most prolific author of all GLPs with regard to their reinterpretation of development goals and the purposes of Core Commitments.

Despite the differences between GLPs, the following trends are apparent: first, that acquisition development is regarded as an issue to be tackled by the organization separate to the agreements they make with regard to internal and external practices. This is a trend which will have to be bucked as the Bòrd invites more organizations to create a GLP, assuming that not all organizations have influence over educational practices. Second, that corpus development is regarded by GLPs as being focused on the written language and particularly printed materials. There may be room for organizations to re-approach the issue of corpus development creatively and consider how their provisions for oral communication likewise benefit the corpus of the language. Finally, that whilst there are ample connections being drawn between Core Commitments and status, there is less being made for usage. This may be problematic as Core Commitments seen as targeting usage should help increase enactment of language practices in internal and external capacities. Organizations authoring GLPs should consider whether their provisions would benefit status without usage of these provisions.

Recommendations

To conclude, a series of recommendations will now be made. It is hoped that these might be useful for the creation of future GLPs. These recommendations are:

- Increased attention to acquisition development
- Explore corpus development through oral communication
- Consideration of the interrelations between status and usage development
- Broaden the mechanisms for dissemination of "best practice"

One trend we noted was that acquisition development was not regarded as being influenced by most Core Commitments. Because so many of the organisations we studied through this analysis also have the ability to direct formal education programmes this was understandable. However, as more GLPs are created by organisations that are not involved in the provision of education, acquisition development as a necessary means to enable the functioning and provision of other Core Commitments will become increasingly important. To this end, we suggest that GLPs place more emphasis upon acquisition development through Core Commitments like training and language learning.

Our second recommendation has to do with the focus of current Core Commitments in relation to corpus development. The GLPs we have studied focus on the written language and particularly printed materials as means by which to develop the corpus of Gaelic. The Core Commitments that effect oral communication, like telephone communication, are present in all GLPs, but they are not currently regarded as being relevant to corpus development. Thus, there may be room for organisations to consider how their provisions for oral communication can be used to develop the corpus of Gaelic.

While there are ample connections being drawn between Core Commitments and status, there is less being made for usage. This may be problematic as the Core Commitments that are seen as targeting status are often the primers or enablers for the use of Gaelic. If a GLP does not associate usage development with Core Commitments targeting status, such as corporate identity, recruitment or advertising, then there is a fear that these Core Commitments may be tokenistic. Organisations authoring GLPs should consider whether their provisions would truly benefit status without the accompanying usage (i.e., implementation) of these provisions.

Finally, and overarching all these recommendations is the concern that GLPs, particularly those that are authored by organisations that currently have less contact with the Gaelic community than, for example CnES or the Highland Council, may be prone to tokenism. This concern arises when we note how many of the existing draft GLPs have "cribbed" the Bòrd's own guidance document. Thus, among other recommendations it is the contention of this paper that the Bòrd should consider mechanisms for disseminating "best practice" among organisations developing GLPs. This would be intended to decrease the ease with which organisations could create GLPs that were viable with regard to content, but perhaps inadequately tailored to the specific circumstances and needs of the organization.

Table 1: Content Analysis of GLPs by Guidance suggestions

Commitment Area	Core Commitment	SPCB	Highland Council	CnES	Argyll & Bute Council	HIE
Identity	corporate identity	16	15-24	9	7	11
	signage	18	16, 22	10, 20	8	11
Communications	reception	18	15-24	9, 20	9	11
	telephone	18	15-24	20	9	11
	mail & email	19	15-24	19	10	11
	forms	19	15-24	17	11	11-12
	public meetings	20	15-24	12-13, 15-16	12	11
	complaint procedures	20	15-24		12	
Publications	public relations and media	21	16, 22	6-7	13	12
	printed material	21	15-24	10	14-5	11-12
	websites	22	16, 22	10, 14	15	11
	exhibitions	23	16, 22		16	12
Staffing	training	23	15-24	6, 14-16	17	13
	language learning	24	15-24	12, 16	17-8	13
	recruitment	24-5	15-24	16-17	19	13
	advertising	25	15-24	19	19	12-13

(Note: number in brackets indicates page reference for presence of item in GLP)

Table 2: Content Analysis of GLPs by Development Area

Commitment area	Core Commitment	Status						Corpus						Acquisition						Usage					
		1	2	3	4	5	6	1	2	3	4	5	6	1	2	3	4	5	6	1	2	3	4	5	6
Identity	corporate identity	X	X	X	X		X		X	X												X	X			
	signage	X	X	X	X		X			X											X	X	X			
Communications	reception	X		X	X		X		X	X										X	X	X	X			
	telephone			X	X		X		X	X										X	X	X	X			
	mail & email			X	X		X	X	X	X										X	X	X	X			
	forms	X		X	X			X	X	X	X					X				X	X	X				
	public meetings			X	X		X	X	X	X										X	X	X	X			
	complaint procedures	X	X							X										X		X				
Publications	public relations & media	X		X	X		X		X		X					X				X	X	X				
	printed material	X		X	X			X	X	X	X		X			X		X		X	X	X				
	websites	X		X	X				X		X									X	X	X	X			
	exhibitions		X							X						X				X		X				
Staffing	training		X	X	X			X	X							X					X	X				X
	language learning		X	X	X			X	X					X	X					X	X	X				X
	recruitment	X		X	X			X	X												X	X				X
	advertising	X		X	X			X	X		X					X					X	X				X

Notes: 1= Guidance from BnaG, 2= SPCB , 3= Highland Council cross referenced against their chart,[57] 4= CnES, 5= Argyll and Bute, 6= HIE.

Notes

1. Annamalai, *Language Policy*; van Langevelde, "Language and Economy in Friesland."

2. Spolsky *Language Policy*; Shohamy *Language Policy*.

3. Gazolla and Grin, "Principles of policy evaluation."

4. Walsh and McLeod, "An Overcoat Wrapped Around an Invisible Man?"; MacLeod, "Measuring Gaelic language planning"; Dunbar, "The Framework Convention within the Context of the Council of Europe."

5. Strubell, "How to preserve and strengthen minority languages." and "Some aspects of a sociolinguistic perspective to language planning."

6. Walsh and McLeod, 29.

7. Ibid., 31.

8. Bòrd na Gàidhlig, *National Plan for Gaelic.*

9. Ibid.

10. Kloss, "Abstand languages" and "ausbau languages"; LoBianco, "Language Planning as Applied Linguistics"; Fishman, *Reversing Language Shift.*

11. Bòrd na Gàidhlig, *National Plan for Gaelic.*

12. Bòrd na Gàidhlig, *Guidance on the Development of Gaelic Language Plans; National Plan for Gaelic.*

13. Highland Council, *Gaelic Language Plan 2007-2011*

14. Bòrd na Gàidhlig, *National Plan for Gaelic.*

15. *Guidance on the Development of Gaelic Langauge Plans* (BnaG 2007b)

16. Scottish Parliament Corporate Body. *Draft Gaelic Language Plan 2008-2013*

17. Highland Council.

18. General Register Office for Scotland. *Scotland's Census 2001: Gaelic Report.*

19. Comhairle nan Eilean Siar. *Draft Plana Gàidhlig (English).*

20. General Register Office for Scotland

21. General Register Office for Scotland

22. Bòrd na Gàidhlig, *National Plan for Gaelic,* 17.

23. Bòrd na Gàidhlig, *Guidance on the Development of Gaelic Language Plans,* 19.

24. Ibid.

25. Bòrd na Gàidhlig, *National Plan for Gaelic,* 17.; SPCB 2007: 31)

26. Highland Council, 26.

27. Ibid., 27-31.

28. Comhairle nan Eilean Siar, 9.

29. Ibid., 22, 25, 26.

30. Bòrd na Gàidhlig, *National Plan for Gaelic,* 17.

31. Ibid., 13.

32. Bòrd na Gàidhlig, *Guidance on the Development of Gaelic Language Plans,* 19.

33. Highland Council, 29-31.

34. Comhairle nan Eilean Siar, 10.

35. Highlands and Islands Enterprise. *A Draft Gaelic Plan for Highlands and Enterprise, 2007*-2012, 6, 20.

36. Bòrd na Gàidhlig, *National Plan for Gaelic*,17.

37. Ibid., 13.

38. Bòrd na Gàidhlig, *Guidance on the Development of Gaelic Language Plans*, 18.

39. Highland Council, 37-42.

40. Comhairle nan Eilean Siar, 25.

41. Ibid., 25-26.

42. Ibid., 27-18.

43. Highlands and Islands Enterprise. *A Draft Gaelic Plan for Highlands and Enterprise, 2007*-2012, 6.

44. Ibid., 17.

45. Ibid., 18.

46. Bòrd na Gàidhlig, *National Plan for Gaelic*, 17.

47. Ibid., 12.

48. Bòrd na Gàidhlig, *Guidance on the Development of Gaelic Language Plans*, 19.

49. Highland Council, 44-47.

50. Comhairle nan Eilean Siar, 23).

51. Highlands and Islands Enterprise. *A Draft Gaelic Plan for Highlands and Enterprise, 2007*-2012, 6.

52. Comhairle nan Eilean Siar, 25.

53. Ibid., 25-26.

54. Ibid., 27-28.

55. Highlands and Islands Enterprise. *A Draft Gaelic Plan for Highlands and Enterprise, 2007*-2012, 6.

56. Ibid., 17, 19.

57. Highland Council, 14.

Bibliography

Annamalai, E. "Reflections on a Language Policy for Multilingualism." *Language Policy*. 2, no.2 (2003): 113-133.

Argyll and Bute Council. *Draft Consultation Document Gaelic language plan 2007/8-2010/11*. (2007). http://www.argyll-bute.gov.uk/newsroom/currentaffairs/3251526. Accessed 6 March 2008.

Bòrd na Gàidhlig (BnG). *National Plan for Gaelic.* http://www.bord-na-gaidhlig.org.uk/National-Plan/Plana%20Naiseanta%20na%20Gaidhlig.pdf. (2007a). Accessed 1May 2009).

Bòrd na Gàidhlig. *Guidance on the Development of Gaelic Language Plans.* http://www.bord-na-gaidhlig.org.uk/gaelic-language-plans.html. (2007b). Accessed 1 May 2009.

Comhairle nan Eilean Siar (CnES). *Draft Plana Gàidhlig (English).* http://www.cne-siar.gov.uk/corporate/sgioba/cuiribh.htm. (2007). Accessed 9 March 2008.

Dunbar, Robert. "The Framework Convention within the Context of the Council of Europe: The Relationship with the European Charter for Regional or Minority Languages." In *Filling the Frame: Five years of monitoring the Framework Convention for the Protection of National Minorities,* by the Council of Europe, 37-44. Hudson: Council of Europe Publications, 2004.

Fishman, J. *Reversing Language Shift: Theoretical and Empirical Foundations of Assistance to Threatened Languages.* Clevedon: Multilingual Matters, 1991.

Gazzola, Michele and François Grin. "Principles of policy evaluation and their application to multilingualism in the European Union." In *Respecting Linguistic Diversity in the European Union,* edited by X. Arzoz, 73-84. Amsterdam: John Benjamins, 2008.

General Register Office for Scotland. *Scotland's Census 2001: Gaelic Report.* Edinburgh: GRO(S), 2005.

Highland Council. *Gaelic Language Plan 2007-2011.* www.highland.gov.uk/NR/rdonlyres/D97AF968-4CF7-4DAA-BEE4-F458B0C7A2CD/0/HC-GLPE280508.pdf. (2008). Accessed 1 May 2008.

Highlands and Islands Enterprise (HIE). *A Draft Gaelic Plan for Highlands and Enterprise, 2007-2012.* www.hie.co.uk/gaelic-plan. (2007). Accessed 29 March 2008.

Kloss, H. "'Abstand languages' and Ausbau languages'." *Anthropological Linguistics.* 9, no. 7 (1967): 29-41.

van Langevelde, Ab. "Language and Economy in Friesland: A First Step Towards Development of a Theory." *Tijdschrift voor Economische en Sociale Geografie.* 85 (1994): 67-77.

LoBianco, Joseph. "Language Planning as Applied Linguistics" in *The Handbook of Applied Linguistics* edited by Alan Davies and Catherine Elder. 738-61. London: Wiley-Blackwell, 2005

MacLeod, M. "Measuring Gaelic language planning." *Scottish Language.* 26 (2008): 61-78.

Scottish Parliament Corporate Body (SPCB). *Draft Gaelic Language Plan 2008-2013.* (2007). www.scottish.parliament.uk/vli/language/gaelic/documents/draftgaelicplan.pdf. Accessed 29 March 2008).

Shohamy, Elana. *Language Policy: hidden agendas and new approaches*. Abingdon: Routledge, 2006.

Spolksy, Bernard. 2004. *Language Policy*. Cambridge: Cambridge University Press.

Strubell, Miquel. "How to preserve and strengthen minority languages." Paper presented at the International Ivar Asen Conference 1996, Generalitat de Catalunya, Barcelona, 15 November, 1996.

Strubell, Miquel. "Some aspects of a sociolinguistic perspective to language planning" in *Institutional status and use of national languages in Europe (Plurilingua XXIII)* edited by K. De Bot et al. 91-106. *Sy Augustin: Asgard Verlag*, 2001.

Walsh, John and Wilson McLeod. "An Overcoat Wrapped Around an Invisible Man? Language Legislation and Language Revitalisation in Ireland and Scotland." *Language Policy* 7 (2008): 21-24.

Guy Puzey

Place-names and Language Revitalization in Gaelic Scotland

In terms of the efficacy of language policy, the official use of Gaelic place-names—for example on road signs and official maps—may sometimes appear to be an act of tokenism, but such an application of minority place-names can support the efforts being made in other policy areas to aid language revitalization. In this paper, the benefits of place-name care and standardization for Gaelic language revitalization will be explored with reference to specific implications within status planning, corpus planning and acquisition planning. In particular, the theoretical contribution of linguistic landscape studies will be examined to explain in what way bilingual road signs can raise the status of minority languages. It will also be shown that developments in place-name standardization could lead to more wide-reaching initiatives to promote Gaelic.

The Origins of the Campaign for Gaelic on Road Signs

In the 1960s and early 1970s, Cymdeithas yr Iaith Gymraeg (the Welsh Language Society) carried out a successful campaign for the introduction of bilingual Welsh and English road signs in Wales.[1] Against this background, Gaelic lobbyists, including the Gaelic Society of London, began to address the issue of Gaelic signs. Some districts, for example in the Western Isles, introduced bilingual signs early on. Others, such as the former county of Inverness-shire, proved to be more reluctant.[2] In the early 1970s, Inverness-shire County Council asked the prominent pro-Gaelic landowner and businessman Iain Noble to sell the Council a small section of roadside land south of Portree, on Skye, for planned improvements to the road. He offered the land free of charge, on the condition that three bilingual signs would be installed there. The Roads Committee chairman, Lord Burton of Dochfour, was against the suggestion, as was the county surveyor. Noble organized a petition in April 1973 in favour of bilingual signs that was signed by many community leaders, from church ministers and headmasters to the procurator fiscal (public prosecutor). Noble's petition did eventually make an impact on the Council, and it was decided that three bilingual signs would be installed.[3]

When the campaign group Ceartas (Justice) was set up in 1981, some of its founding members carried out graffiti action against road signs and wrote slogans on carriageways, beginning at Pitagowan on the arterial A9 trunk road. The action intensified during a weekend conference at Sabhal Mòr Ostaig in May 1981, and this was noticed by police. Iain Taylor—who was at that time director of Sabhal Mòr Ostaig as well as a Ceartas member—was later arrested and charged for painting over the English legend on a sign for the airport. In fact, Taylor has said that he and others had been "giving hints to the police," including painting a red arrow outside the College, hoping for a trial that would confirm the validity of Gaelic.[4] In court, Taylor was eventually found not guilty as the Sheriff believed that the fingerprints of the accused had not been obtained with his consent in specific connection to the airport sign incident.[5] The trial, however, was important in setting a precedent regarding the use of Gaelic in most Scottish courts. At that time, it had the same status as any other language other than English, and could generally only be used if the defendant could prove lack of proficiency in English.[6]

Recent Policy Developments

Over the next decades, more bilingual signs were installed in Scotland, including many town centre street signs. Highland Council adopted a "Gaelic Signposting Policy" in 1996, according to which bilingual place-names—and monolingual Gaelic place-names where these were deemed to be "virtually identical" to the English names—could be used on signs on roads controlled by the Council.[7] This policy has recently been strengthened as part of Highland Council's Gaelic Language Plan.

Trunk roads are primary routes managed by the Scottish Government, or by the Scottish Office prior to devolution. Bilingual signs on these routes need special permission from ministers. In 1984, bilingual signs were authorized for the A87 through Skye, and in 1996 for the A830 to Mallaig. In 2003, the Scottish Executive announced that it would "bilingualize" another seven trunk roads.[8] The Council of Europe's Committee of Experts on the United Kingdom's implementation of the Charter for Regional or Minority Languages published its second report in 2007. This commended Highland

Council and Comhairle nan Eilean Siar for their bilingual sign policies, but considered the Executive's undertaking as only "partly fulfilled." The report requested clarification of the Executive's position on bilingual signs in its next submission to the Council of Europe.[9]

In 2008, Transport Scotland, the agency responsible for trunk roads infrastructure, commissioned a review into the effects of bilingual road signs. This program of research is currently being carried out by the Transport Research Laboratory in Berkshire, England, and is due for completion in 2011. When, in early 2009, Highland Council complained about the length of time this review would take, transport minister Stewart Stevenson offered to fast-track the project.[10] Shortly afterwards, the public services trade union Unison passed a motion criticising the use of funds on bilingual signage.[11] Further criticism followed in the media regarding plans to use bilingual signs and corporate identities in National Health Service hospitals, with one editorial asking "what sort of cerebral amputee decided it would be a good move for NHS Highland to go Gaelic."[12] Such harsh comments have become commonplace in newspaper letter pages when bilingual road signs or other initiatives to promote Gaelic are discussed, and they demonstrate clearly how strongly some members of the public react to the official use of Gaelic, and the resultant ability of such schemes to generate debate. The greater use of Gaelic place-names is therefore increasing the profile of Gaelic in the media.

More evidence of the power of place-names to generate interest in Gaelic is to be found in one of the most popular Gaelic-language television programs produced by the BBC in recent years: *Tir is Teanga*. In each episode of this program, which has run to three series so far, presenter Colin MacLeod goes hill-walking in a different area, and the etymologies of the place-names in the hills are discussed.

The Role of the Linguistic Landscape in Status Planning

The term linguistic landscape has been used in the past to describe the general linguistic situation of a place, but recent studies have afforded this term a more specific meaning: "The language of public road signs, advertising billboards, street names, commercial shop signs, and public signs on government buildings combines to form the linguistic landscape of a given territory, region, or urban agglomeration."[13]

The first function of the linguistic landscape, according to Landry and Bourhis, is informational. The use of different languages on public signs could, for example, suggest that those languages are actually in use in public institutions, and that it is possible to use these languages there, although this is indeed not always the case. The informational function of Gaelic as used in the linguistic landscape can be problematic. If the recognition of

Gaelic on public and private signs is not supported by a more active use of Gaelic in public institutions and businesses, the signs could be considered tokenistic.

The second function of the linguistic landscape is symbolic, as the use of a language on public signage can symbolize the status of that language and increase the language's "subjective ethnolinguistic vitality."[14] While the linguistic landscape may attempt to reflect the sociolinguistic situation, it can also manipulate an individual's assessment of the status of languages, which could in turn affect that individual's linguistic behaviour. The relationship between linguistic landscapes and sociolinguistic frames of reference can therefore be seen to function in two directions.[15]

It is through this symbolic function that Gaelic signs can make a contribution to language revitalization by raising the status of the language. By making Gaelic more visible on both public and private signs, the language appears to be stronger. This impression can help to cultivate an increased consensus that Gaelic should be recognized and should be equally as respected as English. On the one hand the use of Gaelic on official signs is an important symbol that Gaelic is part of the public sphere but, on the other hand, the fact that it is usually only place-names that appear in Gaelic on road signs could also contribute to a perception of this use of Gaelic as tokenism. Place-names also have great symbolic worth of their own, however, as the most direct links between language and territory.

Code preference is an unavoidable trait of the representation of bilingual text, as one language is always given more prominence than the other through, for example, placement or sizing.[16] On the newest trunk road signs, Gaelic place-names are printed above English place-names, although in a marginally less prominent colour. This balance of putting Gaelic first, but letting the English names maintain their standard colour is an important part of affording equal respect for both Gaelic and English, and an improvement on established practice with other Celtic languages. In Ireland, Irish place-names on bilingual signs are in an italic Celtic-styled typeface that makes them harder to read than their clear English counterparts. In Wales, the language order of Welsh and English on signs varies from county to county, but the typefaces and colours are entirely the same.

The potential benefits bilingual signage could offer tourism have not gone unnoticed.

> Visual evidence of the existence of Gaelic is an important part of the process of affirming the distinctiveness of the Highlands and Islands to visitors (especially from the continent) as well as to residents. A major, and relatively inexpensive aid to creating this "Gaelic Face" to the product is the provision of Gaelic or bi-lingual signage and written information, including street signs, shop fronts, logos etc. especially in tourist hubs such as Inverness, Oban, Portree, and Fort William.[17]

As well as generating a sense of place for the Highlands and Islands, Gaelic has been used to generate a certain image of Scotland too. The new bilingual "Welcome to Scotland" signs at the border were inspired by a 2005 "First Impressions of Scotland" report for the Scottish Executive, which advocated the use of English and Gaelic at international gateways to Scotland.[18] East Berwickshire Councillor Michael Cook felt that putting these signs at the Berwickshire border was "wholly inappropriate," calling it "cod Highlandism," promoting "the American view that we all wear kilts and speak Gaelic."[19] Similar concerns to those of Councillor Cook have been raised in Caithness. The Caithness Area had previously opted out of the Highland Council's bilingual road signage, as the majority of members in the Area Committee believed that there was no cultural history of Gaelic in Caithness, but Highland Council have since extended their Gaelic Sign-posting Policy to cover their entire administrative area. Councillors from Caithness tabled an unsuccessful motion to maintain their opt-out, and some have even called for a local referendum on the issue.[20] The use of Gaelic on signs can therefore also play a role in the debate concerning to what extent Gaelic is a language of all of Scotland.

Corpus Planning: Ordnance Survey and Ainmean-Àite na h-Alba

The Ordnance Survey (OS)—the official cartographic service in the United Kingdom—has been using Gaelic orthography since it drew up its first maps in the 19th century. Gaelic spellings have been used especially for natural features in the Highlands and Islands, but also for a number of settlements. Over the years, however, inconsistencies between different map products emerged, together with typographical errors, inaccuracies in hyphenation and missing accents. In 1999, the OS prepared a corporate names policy with a view to improving the consistency of place-names on their maps. The next year, a Gaelic names policy followed, and this led to the creation of a Gaelic Names Liaison Committee, which included repre-sentatives from a variety of organizations in addition to the OS.

According to the OS Gaelic names policy, dual or bilingual English/Gaelic names would also be collected from the "man-made environment" when these were available, but bilingual names would not be used for objects in the "natural environment," apart from what it calls "principle [sic] features."[21] It was explicitly stated, however, that the aim was not to fabricate a totally bilingual environment by creating new translations of names.[22] When bilingual names were to be used, these would be in the same typeface and size, with just an oblique stroke between the English and Gaelic names. Code preference is as unavoidable on maps as it is on signs, and positioning and the use of slashes still maintain a certain linguistic hierarchy. The language sequence was to be English first, unless road signs showed a different sequence. Since the new mainland bilingual signs use Gaelic first, it remains to be seen to what extent this will have an impact on the OS maps.

Although the Gaelic Names Liaison Committee was set up to assist the work of the OS, it began to receive a number of requests for Gaelic names for road signs and street signs. Due to this increase in the Committee's workload, the Ainmean-Àite na h-Alba (Gaelic Place-Names of Scotland; AÀA) partnership was founded in 2006. AÀA brings together three local authorities as well as Bòrd na Gàidhlig, Comunn na Gàidhlig, Highlands and Islands Enterprise, the OS, the Scottish Place-Name Society and the UHI Millennium Institute, the federal higher education institution for the north of Scotland. It aims to continue the work of the Gaelic Names Liaison Committee in establishing a national database of Gaelic forms of place-names, but it is also aiming to produce a publicly accessible national Gaelic gazetteer, as mentioned in the National Plan for Gaelic 2007-2012, and to advise on the wording of Gaelic place-names on road signs.

Prior to being superseded by AÀA, the Gaelic Names Liaison Committee published a guidance booklet hoping to standardize Gaelic street-names.[23] This is an area of the toponomasticon that is easier to standardize than, for example, the names of natural features, as many streets or street-names are so new that they have no traditional Gaelic name. Also, for councils, bilingual street signs do not tend to be as controversial as road direction signs have been.

The names used on trunk road direction and village entrance signs have been drawn from lists compiled by AÀA. These lists have been put together through collaboration between experienced place-name scholars, who have consulted with local users of the toponyms in question where possible. The lists are available through the AÀA website (http://www.ainmean-aite. org). These lists will be able to be used for the future gazetteer, and they can act as a pilot for projects covering larger sets of names in the future.

The place-name care and standardization being carried out by AÀA is certainly a step in the right direction as far as toponymists are concerned, as it represents finally some official recognition in Scotland of the importance of place-names, but AÀA is also carrying out a task of great importance to corpus planning for Gaelic. Through AÀA's research and standardization of names, the partnership is ensuring that the Gaelic place-name stock is maintained, consolidated and fortified. Place-names are one of very few domains of the Gaelic language that can hope for public funding to assist their development, and in this way, AÀA could be laying the foundations for a future Gaelic language academy.

The Linguistic Landscape and Acquisition Planning

The visibility of languages in the linguistic landscape can be important for young learners of lesser-used languages. Exposure to Gaelic outside the home for young learners should be encouraged, as the greater the variety of settings in which they can use the language outside the classroom, the better.[24] Road signs themselves have an important didactic role in relation to language, in that they may be among the very first texts that children learn to read. Also, the standardization of Gaelic place-names and the maps and the gazetteer that will result from it will provide broadcasters, teachers and learners of Gaelic with extensive lists of authoritative forms of Gaelic place-names. These materials will be valuable resources for learning the language, but they will also ensure that the Gaelic place-name heritage of Scotland is preserved before it is too late.

Conclusions

Road signs, as the most ubiquitous and visible representations of place-names in public spaces, can be of prime importance for status planning. The same applies to the use of Gaelic on all official signs, but road signs have a special role, as they have one of the largest user-groups of any form of text. As for corpus planning, it is the increase in bilingual road signs, together with efforts to improve official map products, that have been the motivation to create AÀA, which could present a significant step towards the foundation of a Gaelic language academy. As well as supporting acquisition planning indirectly through status and corpus planning, the promotion of Gaelic place-names can also create new spaces for using the language and help to kindle an interest in Gaelic, especially among those new to an area, for whom the official Gaelic toponymy could play a role in establishing a sense of place and a place identity.

The intensity of the debate concerning Gaelic road signs in Scotland can occasionally seem strong, but the general reaction has been relatively serene compared to the response to the use of non-majority languages on road signs in other countries. In Norway, for example, Sámi place-names on signs have in the past been targets for repeated acts of vandalism, and in northern Italy, the use of place-names in dialects on road signs has been highly politicised.[25] A constructive debate concerning the validity of Gaelic road signage in Caithness, Berwickshire or other parts of Scotland could be of long-term benefit to the position of Gaelic in Scotland.

The centrality of place-names as elements to be represented bilingually is of significance, as a place-name belongs first of all to those who inhabit a place, and all sectors of society should have the right to use place-names in their own language. The greater recognition of Gaelic place-names through official cartography and signage is a reflection of an increased respect for Gaelic and could, at the same time, inspire further respect for Gaelic among the public.

Notes

I would like to thank Arne Kruse and Wilson McLeod, who supervised the MSc project upon which this paper is partly based, as well as the Arts & Humanities Research Council, the Anglo-Norse Society and the University of Edinburgh for their generous financial support. I am also most grateful to Peadar Morgan and Jacob King, who kindly answered my questions about AÀA.

1. Merriman and Jones, "Symbols of Justice," *Journal of Historical Geography*.

2. MacKinnon, *Gaelic: A Past and Future Prospect*, 109-10.

3. Hutchinson, *A Waxing Moon*, 115-17.

4. Ibid., 147-48.

5. *West Highland Free Press*, "Roadsigns—'not guilty!'" 2 July 1982, 1.

6. McLeod, "Official Status for Gaelic," *Scottish Affairs*, 100.

7. Highland Council, "Gaelic Signposting Policy," 24 April 1996.

8. Scottish Executive, "Bilingual signs rolled out."

9. Council of Europe, "European Charter for Regional or Minority Languages. Application of the Charter in the United Kingdom: 2nd Monitoring Cycle. Report of the Committee of Experts on the Charter," 42.

10. John Ross, "Review of bilingual road signs is to be fast-tracked," *The Scotsman*, 13 March 2009, 24.

11. Iain Grant, "Policy wasting resources when jobs under threat," *The Press and Journal*, 3 April 2009.

12. Editorial, *Ross-shire Journal*, 10 April 2009, 4.

13. Landry and Bourhis, "Linguistic Landscape and Ethnolinguistic Vitality," *Journal of Language and Social Psychology*, 25.

14. Ibid., 27.

15. Cenoz and Gorter, "Linguistic Landscape and Minority Languages," in *Linguistic Landscape: A New Approach to Multilingualism*, 67-68.

16. Scollon and Scollon, *Discourses in Place*, 120.

17. Pedersen, "Scots Gaelic as a Tourism Asset," in *Sharing the Earth*, 293.

18. Scottish Executive, "Review of First Impressions of Scotland."

19. *Berwickshire Advertiser*, "Borders sign returns amid complaints," 10 August 2007.

20. *John O'Groat Journal*, "Referendum call made on Gaelic signs," 20 March 2009.

21. Ordnance Survey, "Gaelic Names Policy," 6.

22. Ibid., 5.

23. Gaelic Names Liaison Committee, "Gaelic Street-Names."

24. MacNeil and Stradling, "Strategies for Sustaining the Gaelic Community in Scotland," in *Sustaining and Supporting the Lesser Used Languages*, 29.

25. Puzey, "Planning the Linguistic Landscape."

Bibliography

Cenoz, Jasone and Durk Gorter. "Linguistic Landscape and Minority Languages," in *Linguistic Landscape: A New Approach to Multilingualism*, edited by Durk Gorter, 67-80. Clevedon: Multilingual Matters, 2006.

Council of Europe. "European Charter for Regional or Minority Languages. Application of the Charter in the United Kingdom: 2nd Monitoring Cycle. Report of the Committee of Experts on the Charter." http://www.coe.int/t/dg4/education/minlang/Report/EvaluationReports/UKECRML2_en.pdf. Accessed 14 March 2007.

Gaelic Names Liaison Committee. "Gaelic Street-Names: A Standardised Approach." http://www.ainmean-aite.org/UserFiles/File/Gaelic%20Street%20Names%20-%20Sraidean.pdf, June 2006.

Hutchinson, Roger. *A Waxing Moon: The Modern Gaelic Revival*. Edinburgh: Mainstream, 2005.

Landry, Rodrigue and Richard Y. Bourhis. "Linguistic Landscape and Ethnolinguistic Vitality: An Empirical Study," *Journal of Language and Social Psychology* 16, no. 1 (1997): 23-49.

MacKinnon, Kenneth. *Gaelic: A Past and Future Prospect*. Edinburgh: The Saltire Society, 1991.

MacNeil, Morag and Bob Stradling. "Strategies for Sustaining the Gaelic Communities in Scotland: An Exploration of Community-Based and Educational Services on Issues of Language and Culture." In *Sustaining and Supporting the Lesser Used Languages*, edited by Sigrid Skålnes, 12-52. Oslo: Norwegian Institute for Urban and Regional Research, 2001.

McLeod, Wilson. "Official Status for Gaelic: Prospects and Problems," *Scottish Affairs* 21 (1997): 95-118.

Merriman, Peter and Rhys Jones. "'Symbols of Justice': The Welsh Language Society's Campaign for Bilingual Road Signs in Wales, 1967-1980," *Journal of Historical Geography* 35, no. 2 (2009): 350-75.

Ordnance Survey. "Gaelic Names Policy." http://www.ordnancesurvey.co.uk/

oswebsite/aboutus/reports/scotland/docs/namesgaelicen.pdf (March 2003).

Pedersen, Roy. "Scots Gaelic as a Tourism Asset." In *Sharing the Earth: Local Identity in Global Culture—Papers Presented at the Robert Gordon Heritage Convention 1995*, edited by J. M. Fladmark, 289-98. London: Donhead, 1995.

Puzey, Guy. "Planning the Linguistic Landscape: A Comparative Survey of the Use of Minority Languages in the Road Signage of Norway, Scotland and Italy," MSc diss., University of Edinburgh, 2006. http://www.era.lib.ed.ac.uk/bitstream/1842/2118/1/2007PuzeyGDissertationMSc.pdf.

Scollon, Ron and Suzie Wong Scollon. *Discourses in Place: Language in the Material World*. London: Routledge, 2003.

Scottish Executive. "Bilingual signs rolled out." http://www.scotland.gov.uk/News/Releases/2003/01/2947, 20 January 2003.

Scottish Executive. "Review of First Impressions of Scotland: Report to Ministers." http://www.scotland.gov.uk/Publications/2005/05/firstimpressions, 13 May 2005.

Ann Stewart

The Role of New Media in Scotland's Gaelic Digital Service

Concerns about the impact of mass media on language use are not new to discussions of lesser-used languages. The traditional take on mass media in these contexts has generally been that its availability in dominant languages has not only contributed to the decline of lesser-used languages, but has also made arresting such declines more difficult.[1] More recently, research with lesser-used languages has found that mass media may in fact encourage the use of such languages by providing consumers with opportunities to gain and maintain language abilities, while at the same time introducing new indexical relationships for that language, and thereby challenging dominant ideological valuations of it that may have contributed to shifts away from its use. As Patrick Eisenlohr and others have noted, the resultant ideological changes may lead the language to be valued positively in terms of social interaction, economic viability, and the like, by those who had previously assigned it negative values in those categories.[2] Making such changes could prove key in addressing the problem of getting young people interested and involved in the language through their daily lives, which is faced by many efforts at language revitalization.

With this possibility in mind, I set out for Glasgow in February 2007. During the next four months I carried out my first attempt at anthropological fieldwork, which was a pilot project designed to acquaint me with some of the issues surrounding Gaelic media and their place in a larger realm of Gaelic language revitalization. Because that general goal was clearly too large for a four-month pilot project, and I was particularly intrigued by the possibility of media affecting young people's desire to speak lesser-used languages, I chose to focus my research questions on the ideological aspects of Gaelic television production and content, as well as the extent to which consideration of a young audience fuels decisions about that production and content.

I arrived in Scotland unaware that the Gaelic digital service was already in the planning stages, but I soon learned that placing television alone at the centre of my study would not produce an accurate representation of current practices in the Gaelic media sector. As time went on, I began to understand that television programs are no longer created as ends in and of themselves. They are instead one possible incarnation of content that is now produced through a practice of "360 degree commissioning," which has played a prominent role in planning for the new digital service.

I will be using this opportunity to share with you some of the themes I have identified in the material compiled during those four months of fieldwork and to explain why I see them as suggesting that it is, in fact, new media technologies[3] that may be the most effective "object" to follow when conducting research that is concerned with addressing the difficulty of cultivating and maintaining the desire to actively use Gaelic (or some other lesser-used language) in young people. It is particularly important that I set this out now because a Gaelic Digital Service, which includes a significant new media component, is currently scheduled to debut in Scotland in September 2008.

The factors I have chosen to include here are, firstly, the reputation of the teenage demographic as being "notoriously hard-to-crack" (to use a phrase from the Chief Executive of the then Gaelic Media Service, which is now MG Alba). Secondly, the shifting patterns of media consumption toward new media sources, which are particularly evident in that elusive youth demographic. And thirdly, evidence that the Internet has already caused both producers and consumers of Gaelic media to alter their understandings of the language and its speakers. Taken together, these factors highlight the importance of new media in Gaelic revitalization efforts and the need to pay close attention to the make-up and impact of the new media portion of the coming Gaelic digital service.

My belief in the need to, in a sense, prove Gaelic's worth to young people was affirmed in the keynote address of the 2007 conference of the Community Learning and Development Review Group for Gaelic, held in Glasgow, on the theme "Engaging with Young People in Gaelic."[4] The speech was delivered by the manager of education for *Bòrd na Gàidhlig*, and when presenting a list of possible reasons that a large number of students in Gaelic medium primary schools are not continuing on to the associated Gaelic medium secondary schools, she concluded with, "And let us not forget that for many young people—Gaelic simply isn't cool enough for them." She further noted that, "They don't have the same opportunities to engage in past times through Gaelic," presumably in comparison with opportunities that are present through English, and, "They never talk Gaelic outwith the school environment."

These are the very difficulties that I had originally thought to address through a study of television, but a workshop at that same conference was devoted to addressing the role of new media technologies like instant messaging and social networking in the lives of young people. A major topic of discussion during that session was the ways in which sites like Myspace and Bebo might be utilized to provide opportunities for teenagers to use Gaelic in ways that *are* "cool" and "outwith the school environment." Perhaps not so coincidentally, the organizer of that workshop was a representative from Cànan, the company that has recently been working with MG Alba on *Sgleog*, a website designed specifically for 16-18 year olds.

A panel at the Celtic Media Festival, held on the Isle of Skye in March 2007, was aimed at the adaptations necessary when previous methods of programming meet with the new 360 degree approach *and* shifting consumption patterns among the youth audience. It was entitled "Youtube, My Tube, the Tube," and one of the most striking features of the panel was that four teenage students from the local school in Portree had been placed in the audience. This seemed odd at first, since students of this age had not been present at other festival events, but I soon realized that they had been brought in to answer questions posed by the panel. It was a unique solution to the difficulty many of my informants expressed about figuring out what the teenage audience wants from mass media. The chair of the session addressed the students directly to find out what their favorite program was (the popular E4 teen drama *Skins* for all of them) and where and when they watched it (on their computers, whenever they wanted). Though four is obviously a *very* small sample, the answers those students provided do seem to suggest that the digital service's intent to make content available online may entice more young people to view and interact with that content.

The proposition that the digital service's resultant increase in availability of new media content in Gaelic will encourage continued use of the language among young people relies on new media's ability to change the outlook of its consumers. The instances that follow show that use of the Internet has already succeeded in forging new indexical links for Gaelic both in the minds of media producers and consumers. The examples I provide will deal mainly with new media's ability to encourage the reimagining of the qualifications necessary for inclusion in a Gaelic community, but I believe they make a solid argument that the language's presence on the Internet can and will challenge dominant linguistic ideologies that may be deterring young people from seeking further exposure to Gaelic, if new media remain as integral a part of the realization of the new digital service as it did in the planning stages I was a party to.

My informant at MNE Media told me of a pilot program jointly con-
ducted by MNE Media, the BBC and the then Gaelic Media Service in
2006 that put previously televised shinty (a sport that is similar to Irish
hurling) matches out over the Internet. They found that people were watch-
ing the matches online from locations as far a field as California and Thai-
land, and this, quote, "kind of opened [their] eyes to the potential of a global
market, even for a niche language community." Perhaps as a result of such
findings, one higher-up in the Gaelic area of BBC Scotland admitted to
questioning whether they are solely responsible to the citizens of Scotland
who pay TV licence fees, or if there is also a responsibility to support those
who are working to revitalize the language outside of those national bor-
ders. Consideration of this latter possibility is also reflected in the descrip-
tion of the service by the BBC Trust and Ofcom (Office of Communi-
cations), which states: "Although the purpose of the service would be to
meet the needs of Gaelic speakers in Scotland, it would be available on
some platforms beyond Scotland."[5] This is good news for those of us who,
whether we like it or not, spend most of our time "beyond Scotland."

The clearest proof that I encountered of the Internet's ability to change
a person's beliefs about Gaelic came in the form of "Cuairt Nam Blog." That
television program aired on BBC Scotland on March 1, 2007 and it often
came up in my conversations with people both in the Gaelic media industry
and in wider Gaelic social circles once I had shared some of my research
questions with them. The aim of the program is to show how the Inter-
net is helping people outside of Scotland communicate with each other in
their pursuit of Gaelic fluency, with the site "Tir nam Blog" featured most
prominently.

The show begins in a Gaelic-immersion classroom at Stow College in
Glasgow and follows the presenter as she visits blog users in Los Angeles
and Alaska. Early in the program, the presenter, a native Gaelic speaker,
walks down one of the busiest pedestrian thoroughfares in Glasgow while
she announces, and here I use the subtitled translation, "The Gaelic com-
munity has changed greatly to the point where it has opened out to wel-
come Gaelic learners, some of them with no Highland connections at all."
Here we have a clear reference to existing indexical connections between an
imagined Gaelic community and native-speakers, and between that Gaelic
community and the Highlands. However, this quotation also contains a
suggestion that new indexical relationships may be forming that, at least,
challenge the exclusiveness of those previous references, if not their accu-
racy. Fortunately, as Elinor Ochs has described, one sign may have indexical
relationships with many different social meanings, so indexical links could
be formed between Gaelic and other parts of the world, or speakers of vary-
ing competencies, without ignoring the importance of the Highlands and
fluent native speakers in the imagining of a Gaelic language community.[6]

The presenter goes on to say, "Tir nam Blog users are widespread, in very different communities from the Highlands," which again suggests a reworking of a previously assumed exclusive connection between Gaelic and the Highlands. Further challenges to the qualities dominant language ideologies ascribe to an imagined Gaelic language community appear in her question, "Why do they learn Gaelic so far from traditional Gaelic communities?" (which indirectly addresses the existence of views of Gaelic as a language with dubious value by highlighting the effort people outside of "traditional communities" put into learning it) and her musing, "Before I began this journey, I'd never have believed that people could be fluent in Gaelic so far from the Highlands" (in which she admits a previous compliance with the aforementioned characterizations of Gaelic, while at the same time emphasizing their inaccuracy). I cannot say if the above statements were meant to reflect the beliefs of the presenter, the writers, or an assumed audience, but they are said to arise from careful consideration of one website, and so certainly speak to the role that new media have already played in altering Gaelic's current social meanings. The fact that both media producers and consumers brought this program to my attention indicates their increasing awareness of those possibilities, and the program is an excellent example of different types of media (in this case, television and website) working together to create new indexical relationships for Gaelic that challenge dominant language ideologies and could eventually make the language seem more "cool" to the elusive youth demographic.

The factors I have discussed here are only some of the themes that I began to identify while analyzing material from my first trip into the anthropological field. Bringing them together in this way shows that new media hold great potential for contributing to language revitalization efforts by creating new indexical relationships for Gaelic. That potential is especially exciting to contemplate for those of us who are interested in finding new ways to make Gaelic appealing to young people and who eagerly await the debut of the new digital service to see what it has to offer in that respect. I feel secure in predicting that new media's role in the new digital service will prove to be a significant topic of research not only for myself, but also for others who are concerned with first addressing, then reversing, the detrimental effects of dominant language ideologies on use and transmission patterns of the Gaelic language. New media becoming increasingly central to both the production of Gaelic media, and the consumption of media by young people, seems to be a hopeful combination that will require further study.

Notes

1. Eisenlohr, 23.

2. Ibid.

3. I use Wilson and Peterson's meaning of technologies "comprising digital-based electronic media." Wilson and Peterson, 452.

4. I should note that my knowledge of the language allowed me to understand perhaps a third of what was said in that speech, so the quotations that follow are drawn from the written simultaneous translation that was provided to me at the end of the conference.

5. BBC Trust and Ofcom, 2.

6. Ochs, 338.

Bibliography

BBC Trust and Ofcom. "Public Value Test on a proposed BBC/GMS Gaelic digital service: Joint BBC Trust/Ofcom description of service." http://www.bbc.co.uk/bbctrust/assets/files/pdf/consult/gaelic_digital_service/gaelic_ser_desc.pd, 2007.

"Cuairt nam Blog." http://video.google.co.uk/videoplay?docid=-71507089889010197658&hl=en-GB.

Eisenlohr, Patrick. "Language Revitalization and New Technologies: Cultures of Electronic Mediation and the Refiguring of Communities." *Annual Review of Anthropology* 33(2004): 21-45.

Ochs, E. "Indexing gender." *In Rethinking Context: Language as an Interactive Phenomenon*, edited by A. Duranti and C. Goodwin. New York/Cambridge, Cambridge University Press, 1992

Sgleog. http://www.sgleog.com/

Tir nam Blog. http://www.tirnamblog.com/

Wilson, S. M. and L. C. Peterson. "The Anthropology of Online Communities." *Annual Review of Anthropology* 31(2002): 449-67.

Robert Teare

An Introduction to Manx Gaelic

I would like to thank Rannsachadh na Gàidhlig and Saint Francis Xavier University for inviting a Manx contribution this year. I am a school teacher from the Isle of Man, and I would like to introduce you to Manx Gaelic.

There has been a growth in interest and the study of Manx in recent years that has not been confined to the Isle of Man itself. As a result, a new Manx Gaelic literature has begun to emerge, consisting of both original work and translations. This work supplements the older available literature which mostly consists of the Manx Bible, religious poetry and prose, shorter autobiographical pieces, and collections of ballads and hymns.

The flag of the Isle of Man depicts The Three Legs. For the Manx, our flag represents the resilience of the Manx Spirit. The survival of Manx Gaelic is a good example of this resiliance. Other than the occasional fleeting period when a sympathetic Bishop, or passing linguist, took some interest, Manx Gaelic had no professional bards, no military regiments, no great aristocratic patrons, no university departments, indeed, no educational institutions at all working on its behalf from the fourteenth century until the appointment of the first Manx Language Officer in 1992. For centuries, study of the language was in the hands of a small number of academics and amateur linguists; clergymen, bank managers, shopkeepers, fishermen and farmers, while the closest Gaelic dialects—those of Galloway and East Ulster—died out.

Perhaps as a consequence of geographic and academic isolation, perhaps for political reasons, and certainly because of the influence of English, Manx uses an orthography that is radically different from those of either Scottish Gaelic or Irish. I am sure that some have seen Manx orthography and dismissed it as a hopelessly unruly jumble, possibly because Manx employs seven letter characters that are not found in either Irish or Scottish Gaelic. While it is true that the orthography breaks almost all the rules that apply to Scottish Gaelic, it is also true to say that it also preserves too much of our island's story, character and *blass* (Scots Gaelic *blas*) to be easily discarded. I hope the following notes will serve as a good introduction for those of you who may want to learn a little more about Manx. The first part deals with the orthography, in particular; the absence of a *fada* diacritic, issues of "broad" and "slender," other vowels, the letter *y*, contractions, the auxiliary consonants of Manx, other consonants, and double consonants. The second part deals with grammatical points, and the final part is concerned with vocabulary. The pronunciation of Manx can be quite different from that of Scots Gaelic, a detailed discussion of the topic is to be found in Kewley-Draskau's *Practical Manx*. The following notes should be interpereted as primarily an introduction to the written language.

The Absence of the *Fada*

The lengthening of a vowel sound in Manx is often, but not always, achieved by writing the vowel as a double letter, so, for example, the vowel that in Scots Gaelic is often written as *à* is often written in Manx as *aa*, eg; *daa* (Scots Gaelic *dà*). Often an (unpronounced) auxiliary *e* occurs after the following consonant, eg *claare* (*clàr*). A frequent modification to this rule often occurs in final position, where a vowel may be lengthened by an *e* after the final consonant, eg; *rollage* (*reul* + diminutive), *bane* (*bàn*), *bare* (*b' fheàrr*) *drine* (*droigheann*). This convention is used to indicate a pronounced voiced stop and for the purpose of disambiguation.

The Scots Gaelic *ì* equivalent is written either as plain *i*,eg; *impir* (*ìompoire*), as *ee*, eg; *çheer* (*tìr*), or, rarely, in final position, with an *e* after the final consonant, eg., *drine* (*droigheann*). The Scots Gaelic vowel *ò* becomes *oo*, eg., *bootys* (*bòt*). Often a pronounced intrusive vowel, a characteristic of Manx, is added, eg., *mooar* (*mòr*). In initial position, Manx spelling often uses *ae* or *ai* to show a pronounced vowel shift from /]:/ to /e/ eg., *aeg* (*òg*). In medial position this vowel shift is more often represented as *aa*, eg., *paag* (*pòg*). The Scots Gaelic vowel *è* is written in a number of ways in Manx, but never *ee*. It is written in a number of ways, with an *e* after the final consonant in words such as *hene* (Scots Gaelic *fhèin*), as if it were a shorter vowel as in *hed* (*thèid*), or absent completely as in *jannoo* (*dèanamh*). The Scots Gaelic vowel *ù* is usually written as *oo* in Manx, eg., *coo* (*cù*), *ooir* (*ùir*) and *cooyl* (*cùil*),[1] and often in final position with a *u* followed by an *e* after the final syllable, eg., *kiune* (*ciùin*).

Distinctions between broad and slender

Although distinctions between broad and slender in Manx are lax in comparison to Scots Gaelic, and there is no "slender to slender, broad to broad" rule, Manx does have two main methods of indicating broad and slender vowels. The first method, used for most consonants, is to indicate the slender form of the following by insertion of the letter *i*, eg., *kiart* (Scots Gaelic *ceart*), *smooinaghtyn* (*smuaineachdainn*). Consonants are sometimes doubled after *i* to emphasize that they are slender, eg., *sooill* (*sùil*), this usually occurs where there is potential confusion with a broad consonant eg., *dooinney / dooney* (*duine / dùnadh*). In Manx the insertion of *e* to indicate that a vowel is slender does not occur, so *e* is almost always pronounced in its own right. An exception is words such as *eagh* (*each*) and eas (*eas*). Likewise, there is no need in Manx to insert an *a*, *o* or *u* to indicate a broad consonant, eg., *edd* (*nead*)[2]. The second method is the use of auxiliary consonants.

Other Vowels

Manx spelling is truer to pronunciation than to etymology, and this presents two main difficulties for the reader who is used to Scots Gaelic orthography; the written vowels represent the Manx accent, and consonants that are not pronounced in Manx are usually written as pure vowels.

aa - Besides representing (*à*), the Manx vowel *aa* is also used to represent
ath, eg., *raad* (*rathad*), *aa-yannoo* (*ath-dhèanamh*).
ey - The vowel *ey* is found in final position, and usually represents either the
ScG vowel ending *e*, eg., *shinney* (*sine*), or (particularly in the case of verb-nouns) the ending *adh*, eg., gynsaghey (*ag ionsachadh*).
ee - In final position the vowel *ee* (usually Scots Gaelic *ì* in initial and medial position)
is used in cases where either *ìdh*, or the plural suffixes *aich* and *ich* are found in ScG, eg., *bee* (*bìdh*), *Albinee* (*Albannaich*), *Manninee* (*Manainnich*).
oo - The Manx equivalent of final position *mh* in ScG is usually *oo*, eg., *olloo* (*ollaimh*).
u - Scots Gaelic final position *bh* is frequently *u* in Manx, eg., *shiu* (*sibh*)

The Letter Y

The most common vowel in Manx is the letter *y*. This letter in Manx generally represents the schwa vowel sound /ə/. This sound is particularly common in particles, articles and prepositions, where the vowel sound has diminished to /ə/ in the spoken language. In most cases the letter is equivalent to the *a* of Scottish Gaelic, eg., *ny* (Scots Gaelic *na*), *dy* (*da*), *my* (*ma*), but may be equivalent to other vowels, particularly in the case of the most common words, eg., *my* (*mo*), *dty* (*do*). In rare cases, *y* may represent an *i* vowel, eg., *fys* (*fios*), an English "y", eg., *yindyss* (wonder), or lenited palatal *g*. The letter *y* can also represent the weak, unstressed sound of a lenited syllable in medial position, eg., *ayr* (*athair*). Some lenited consonants of common words are cut out completely in Spoken Manx, and not even marked by a glottal stop. These are often marked by a *y* in the written language, eg., *loayrt* (*labhairt*). For many common words in Manx where Scots Gaelic has the consonant *g*, its absence is marked by *y* eg., *as* (*agus*) *aym* (*agam*), *ayd* (*agad*). Where Scottish Gaelic has lenited slender *dhi* Manx has *y*, eg., *Bwooise da Yee* (*Buidheachas do Dhia*).

Finally, although the Manx orthography generally does not insert *a*, *o* or *u* to indicate that a syllable is broad, a *y* is sometimes inserted for the same function ; for example *poyll*, (Scots Gaelic *poll*) and *moylley* (*mealladh*).

Contractions

Although apostrophes are favoured by some writers to indicate an unpronounced space between words, the tendency in Manx is to contract phrases into words. As a result, Manx has some quite peculiar contractions, eg; *Caid?*—(*C'ad?* / *Cia fhada?*), *choud's* (*cho fad' 's*), *roud* (*ro fhada*), *she* ('*s e*), *kevys dhyt?*, (*ciamar a thàinig fios dhut?*), *cha's aym* (*chan eil fhios agam*).

Consonants

Although at first the consonants of Manx seem to be quite exotically different from either those of Irish or Scots Gaelic, there are many similarities, and the differences are mostly predictable. In Manx, *gh* is preferred in final position to Scots Gaelic *ch*, eg., *Manninagh* (*Manainneach*). The feminine ending *aght* is used rather than *achd*, eg., *bannaght* (*beannachd*). The consonants *d* and *g* are interchangeable in Manx in the words *dagh* / *gagh* (*gach*), *dys* / *gys* (to) and *dyn* / *gyn* (*gun*). Initial position *cr* is found where Scots Gaelic has *cn*, eg., (*cnoc*). Although most broad consonants are written in Manx as they are in Scots Gaelic, and lenition of the letters *c*, *p* and *g* is indicated by the same method as Scottish Gaelic (the insertion of an *h*), there are a number of other orthographic differences that require more explanation:

The Auxiliary Consonants Çh, and J (Lenited Forms H and Y)

Manx uses *çh* where slender *t* would be found in Scots Gaelic, eg., *çhellveeish* (*telebhisean*), in lenited form it becomes *h* where *th* is found in Scots Gaelic. Some Manx spellings take a "belt and braces" approach to spellings by inserting an unpronounced *i* after initial position *çh*, eg., *çhiollagh* (*teallach*). Regular exceptions are that medial position slender *t* becomes *tçh*, eg., *paitçhey* (*pàiste*), and in final position becomes *tt*, eg., *aitt* (*ait*). Where nouns have, or have been presumed to have, a permanently attached diminutive, slender *t* is written as if it were in final position, eg., *aittin* (*aiteann*). The cedilla diacritic is actually a late nineteenth century innovation in Manx, and is still often omitted, in which case *ch* may actually represent slender *t*, rather than lenited *c*.

The letter *j* is used in initial position in place of slender unlenited *d*, eg., *jeeragh* (*dìreach*). Sometimes, as with *çh*, a "belt and braces" slender *i* is also inserted after *j*, eg., *jiarg* (*dearg*). In lenited form *j* becomes *y*. In medial position *j* sometimes becomes *dj* or *id*, eg., *raaidyn* (*rathaidean*).

The Auxiliary Consonants *k* (lenited form ch), *ck* and *ou* (lenited form *wh*)

Manx uses *c*, *ck* and *k* where Scottish Gaelic has only *c* (broad or slender). There appears to be no hard and fast rule for using either *c* or *k* in initial position, beyond a strong preference for *k* before *i* (and to a much lesser extent *e*), although the exceptions are too many (especially with loanwords) to say that *k* always represents Scots Gaelic slender *c*, eg., *Keltiagh* (*Ceiltiagh*). Both *c* and *k* are written as *ch* in lenited form. Unvoiced *ck* is only found in medial and final positions, eg., *casherick* (holy). *Qu* is often used in initial positions where broad unlenited *cuidh* / *cuibh* is used in Scottish Gaelic, eg., *queeyl* (*cuidheall* / *cuibhle*). In lenited form this becomes *wh*, eg., *daa-wheeylagh* (*dà-chuibhleach*).

The Auxiliary Consonant *v*—Consonants represented by the letters *m* and *b* are both represented by *v* (or *w*) in lenited form, rather than by the insertion of a following *h*.

The Auxiliary Consonant *w*—Besides *wh*, which usually represents lenited *qu*, *w* on its own is usually equivalent to Scots Gaelic *ui*, eg., *wahll* (*uill*), although Scots Gaelic *ui* is usually preferred in Manx where it better represents pronunciation, eg., *uinnag* (*uinneag*). In most cases *w* is used for loanwords from English that have retained the *w* sound of English, eg., *wappin* (weapon), but it may also be used for words of Gaelic provenance to as an aid to pronunciation, eg., *bwee* (alternative spelling—*buigh*) (Scots Gaelic *buidhe*).

Initial Position Scottish Gaelic *Dh*

Often where Scottish Gaelic has initial position *dh*, so to does Manx eg., *dhyt* (*dhut*), but Manx uses *gh* when forming the past tense, eg., *ghooisht ad*, (*dhùisg iad*) and in the vocative, eg., *Shen eh ghooinney!* (That's it man!) and in the genitive for the second, coupled noun, eg., *Thie Ghavid* (*Taigh Dhaib-*

hidh). Pronunciation of *gh* in initial position is variable. In cases where the consonant is pronounced in Manx as slender, *j* is found, (leniting to *y*).

S and *sh*

Slender Scottish Gaelic *s* is always written as *sh* in Manx, and in lenited form is either *çh* or *h*. Broad *s* is always written as *s*, and lenites to either *t* or *h*.

Other Uses of *h* to Indicate Lenition

Lenition of the letters *c, p, g* is indicated by the same method as Scots Gaelic, with the exception of palatal *g*, the lenition of which is *y*. When *gh* appears in medial position, in which case it is frequently unpronounced, eg., *magher* (*achadh*), *Moghrey mie* (*Madainn mhath*).

The Letter *f*

The lenition of *f* is either indicated by an apostrophe, or not shown at all.

Double Consonants

Fixed, pronounced, mutation in medial consonants can be represented by double letters, specifically *bb*, pronounced as lenited *b*, as in *lhiabbee* (Scots Gaelic *leapa*), *cc*, unpronounced as in *laccal* (lacking) or pronounced as broad *g*, as in *peccah* (*peacadh*), *ff*, pronounced as single *f*, as in *caffee* (coffee), *gg*, pronounced variously as / /, as in *aggle* (*eagal*), or as voiced glottal stop *g*, as in *agglagh* (*eagalach*), *pp*, pronounced as lenited *b*, eg., *tappee* (fast) and *ss* pronounced variously as in English "z" or "th" eg., *shassoo* (*seasamh*).

The Definite Articles

Manx has only two definite articles; *y* / *yn* (*a'* / *an* / *am*) and *ny* (*na*). *Ny* is only used before the second (feminine) noun in a genitive construction such as *kiaull ny marrey* (*ceòl na mara*), or as the plural definite article, eg., *ny lioaryn* (*na leabhraichean*).

Though there is no article *am* in Manx, an *m* is not inserted before nominative masculine nouns beginning with *b, f, m*, or *p*. Singular masculine nouns beginning with a vowel do not have a *t-* inserted after *yn*, eg., *yn aspick* (*an t-easbaig).*

The Noun

Although noun genders are broadly similar to those of Scottish Gaelic there are a few surprising differences, eg., *lioar vooar* (*leabhar mòr*). Many nouns have adopted a permanent diminutive suffix, eg., *rollage* (*reul*). Some nouns have adopted an intrusive *n*, eg., *mainshter* (*maighstir*). Mutations of masculine nouns in the genitive and dative, and those of feminine nouns in the nominative and dative, are mostly identical to those of Scottish Gaelic, one exception is the variable mutation of *sl* to *cl*, eg., *er y clieau* (on the mountain). The plural possessive pronouns in Manx cause eclipsis, but, with the exceptions of some place names and set phrases, the plural form of the noun, rather than the dative singular, is used. The use of the dative singular form for plural nouns in the genitive case is only found in placenames and archaic phrases. Whilst most nouns exist only in the nominative-accusative, or nominative-accusative and genitive, a few nouns exist only in the dative, or dative and genitive, eg., *Nalbin* (Scots Gaelic *Alba / Albainn*). The vocative particle *y* (*a*) is very rare in Manx.

Prepositions

The impersonal forms of many prepositions only exist in Manx as prefixes or in set-phrases. In their place, the combined forms with the third person singular are used, eg., *lesh* (*le / leas*). A noun following a combined preposition-pronoun does not cause lenition.

Notable exceptions to this are *fo / fy* (*fo*), *da / dy* (*do*), *ec* (*aig*), *ayns* (*anns*), and er (*air*). There is variable lenition after some of these prepositions, but modern Manx tends to treat these as if they were combined preposition-pronouns and not lenite. As in Scots Gaelic, when a noun is preceded by a preposition and the definite article this causes lenition, except in the case of dentals. As with Scottish Gaelic, the locative *i* particle found in Irish verbal phrases is not present in Manx. The preposition *erskyn* is equivalent to Scottish Gaelic *os cionn*, (*os* itself does not exist independently in Manx, but sometimes occurs in set phrases where it is written as *ass*).

The preposition *marish* is a preposition used to carry the meaning of English (together with), in cases where *ris* or *ri* or *còmhla ri / còmhla ris* would be used in Scottish Gaelic. (For most other instances where *ri* is used in Scottish Gaelic Manx uses *rish*, or, as a prefix, *ry-*).

The preposition *dy* (ScG *do*) is often inserted between two words, eg; *cappan dy hey* (ScG *cupa teatha*) to indicate measurement. The word *ayn* (ScG *ann / an / am*) is not used to define the state of a person as in Scottish Gaelic *cha robh annam ach an naoidhean aig an am*, in which case the Manx would be *cha row mee agh my 'neen ec y traa*.

In Scottish Gaelic the preposition *do* (meaning to and unto) has the common reduced form *a*. In Manx the equivalent preposition *da* more often than not becomes *dys* eg., *hie eh dys Glaschu* (*chaidh e a Glaschu*).

Pronouns

The singular pronouns in Manx are; *mee / mish* (ScG *mi / mise*), *oo / uss* (ScG *thu / thusa*), *eh / eshyn* (ScG *e / esan*), *ee / ish* (ScG *i / ise*). The plural pronouns are; *shin / shinyn* (ScG *sinn / sinnean*), *shiu / shiuish* (ScG *sibh / shibhse*), *ad / adsyn* (ScG *iad / iadsan*).

Where Scottish Gaelic uses the relative pronoun *a*, followed by the independent form of the verb, Manx does not, eg., *Shen y ven va aynshoh riyr* (*sin a' bhean a̱ bha an seo a-raoir*). The first person pronoun *ym* (often reduced to 'm) is used instead of *mee* in the future tense, eg., *nee'm shen noght* (*nì mi sin a-nocht*) *hem* (*thèid mi*), *lhaihym yn lioar mairagh* (*leugh mì an leabhar a-màireach*). An exception is present tense usage in *sheilym* (*saoileam*). With the third person future tense the pronoun is *mayd*, eg; *heemayd sy voghrey* (ScG *chì sinn 'sa mhaidin*).

Possessive Pronouns

The singular possessive pronouns are as follows; *my / m'* (*mo / m'*), *dty / d'* (*do / d' / t'*), *e* (*a*), *e* (*a*). The only plural possessive pronoun in Manx is *nyn* (*ar / bhur / ur / an / am*). To avoid confusion the *ec* (*aig*) construction is used more frequently than in Scots Gaelic. *Nyn* causes nasalisation which is marked in Manx by the following initial letter changes;

b → *m*, *c* → *g*, *çh* → *j*, *f* → *v*, *g* → *n'gh / ng*, *k* → *g*, *p* → *b*, *qu*→ *gu*, *t* → *d*.
There is no need for prefixed –*n* after *nyn*.

Prepositions in combination with possessive pronouns

Prepositions rarely form compounds with possessive pronouns in Manx. An exception is the preposition *ayns* (Scots Gaelic *anns*). In most instances in Manx *ayns* has replaced Old Irish *in*. In the combinations used for describing on-going situations *in* is still present, but, like copula verb *is*, the letter *i* has been permanently dropped. Where we might expect *in e* for "in his" (Old Irish *inna*), what we actually have is *ny*. The other combinations are; *my* (ScG *nam*), *dty* (ScG *nad*), *ny* (ScG *na*), *nyn* (ScG *nar, nur, nan, nam*). These combinations are used only for giving a person's occupation or state, eg., *t'eh ny haggyrt* (*'s e shagart a th'ann / tha e na shagart*), or, with a smaller range of verbs than in Scots Gaelic, for constructions such as *v'eh ny hoie ec y voayrd* (*bh'e na shuidhe aig a bhòrd*).

The only other, rare, case when Manx compounds a preposition with a possessive pronoun is in the case of object pronouns. In this type of construction, as in Scots Gaelic, a preposition is combined with a possessive pronoun before the verbal noun. In the case of Manx, the preposition used is *dy* rather than *aig*, eg., *ta mee dy dty 'kin* (*tha mi 'gad fhaicinn*). In Manx, however, the full form is used for the first two persons. These combinations are: *dy my* ('*gam*), *dy dty* ('*gad*), *dy* ('*ga*), *dy* ('*ga*), *dyn* ('*gar*), *dyn* ('*gur*), *dyn* ('*gan / 'gam*).

The more common choice in Manx, as in some dialects of Scots Gaelic is to treat the pronoun exactly as if it were a noun eg., *ta mee fakin oo* (*tha mi faicinn thu*).

The Verb

There is no verbal noun particle a' in Manx, eg., *Ta mee shooyl dys y valley* (ScG *Tha mi a' coiseachd don bhaile*).

The Scots Gaelic particle *ag* appears in Manx as prefixed *g*, eg., *V'eh geaishtagh rish y skeeal* (*Bha e ag èisteachd ris an sgeul*). Some writers insert an apostrophe before *g* to give *g'eaishtagh* this indicates a missing space between the particle and the participle, and not a missing letter! Thomson (1967) holds that the verbs *goll* and *gra* were originally contractions of *ag dol* and *ag ràdh*, but that the now permanently prefixed *g* has caused these particle + present participle contractions to be treated as verbnouns in their own right. Other verb participles that take prefixed *g* are often similarly treated in Manx.

The verb *jannoo* (*dhèanamh*) is frequently used, often for emphasis, as an auxiliary verb, eg., *Cha ren oo geaishtagh rhym!* (You did not listen to me!), *dy moghrey ren mee doostey* (*Gur moch rinn mi dùsgadh*).

The habitual present tense is formed with *ta* and, if necessary, an appropriate adverb, the form *bee* (*bithidh / bidh*) is only used for the future tense, eg., *ta mee goll dys y çhapp gagh shiaghtin* (*bidh mi a' dol don bhùth gach seachdain*). The independent form of the verb is used in Manx after all question words, eg., *C'raad t'ou goll?* (*Càite a bheil thu a' dol?*). Manx uses the particle *dy* to form the infinitive when the verb comes before the object, eg., *haink eh dy chionnaghey bee* (*thàinig e a cheannach biedh*), and *y* when it comes after the object, *my vees oo son shen y yannoo* (*ma bhios tu airson sin a dhèanamh*). Where Scots Gaelic has the interrogative particle an / am / a', Manx does not, eg., *jagh oo dys Lunnin?* (*an deach thu a Lunnain?*), *vel oo sthie?* (*a' bheil thu a-staigh?*). The past tense is formed by the verb stem with initial lenition, with prefixed unlenited *d* replacing prefixed *g* (*ag*), eg., *Deaisht mee rish y skeeal* (*Dh'èist mi ris an sgeul*). In other cases the Scottish Gaelic element *an do* is not present at all. The initial *i* of the Scottish Gaelic, (and Irish) copula verb *is* is completely absent in Manx.

The common present tense copula forms are *she* (*'s e*), *nee* (*an e*) and *dy re* (*gur*). *Is* alone cannot introduce a noun or pronoun in modern Manx, so, for example Scots Gaelic *is mi* is only expressed in modern Manx as *she mish* (*'s e mise*) or simply *mish* (*mise*).

The use of the copula in Manx in mostly restricted to the present and conditional. The past tense is usually formed with the addition of the transitive, eg., *she laa aalin v'ayn* (*bu là àlainn e*).

Adjectives and Adverbs

Where Scottish Gaelic uses the prefix *a* with adjectives and adverbs, Manx does not, eg., *noght* (*a-nochd*), *nish* (*a-nis*), *mairagh* (*a-màireach*), *magh* (*a-mach*) etc. The *an* element of Scottish Gaelic adverbs is also often either missing or reduced in Manx, eg., *jea* (*an-dè*), *nurree* (*an-uiridh*).

For adverbs, the particle *dy* is equivalent to Scottish Gaelic *gu*.

Vocabulary

The vocabularies of Manx and Scottish Gaelic are very close, and, as with many points of grammar, tend to agree with each other more often than with Irish.[3] In general Manx can be said to have absorbed and retained words from Norse, Latin and Norman French at such a similar rate and form as did Scottish Gaelic that it is hardly worth mentioning, eg., *ronsaghey* (*rannsachadh*), *agglish* (*eaglais*) *corp* (*corp*), *paitçhey* (*pàiste*), etc. There are however, four main areas of divergence; the use of loanwords and loaned phrases from English and Scots, and different choices made from the possibilities of Old and Middle Irish.

Manx has absorbed loanwords from Northern dialects of English, although not all these words have supplanted their Gaelic equivalents. Examples are *laccal* (lacking / wanting) *prowal* (proving / checking / testing / trying), *dreamal* (dreaming), *shickyr* (sure / secure) and *traenal* (training). On the other hand, there appears to be almost no loanwords in Manx from Scots.

Manx vocabulary sometimes agrees with dialects of Irish rather than Scots Gaelic, eg., *bayr* (road), *ersooyl* (away / gone, *air falbh*) *jarrood* (forgetting, *dìochuimhneachadh*) *jeeaghyn* (looking, *aimharc / coimhead / sealltainn*). Manx has also retained a small number of words that are found in Old or Middle Irish that have not survived in the same form in either Scots Gaelic or Modern Irish, eg., *eayst* (moon), *billey* (tree), *fliaghey* (rainwater). In more recent decades, some of those involved in the creation of new words and terms to meet the needs of the revival of Manx have introduced new words from Irish into the language.

It is in some of the most common words that we find the greatest differences between Manx and common dialects of Scots Gaelic. Some of the differences are caused by the usage of a loanword, but most are due to different choices made from the possibilties of Old and Middle Irish (see appendix).

These notes are meant to be an introduction to Manx orthography, grammar and vocabulary. It is a fascinating language, that can be considered, a dialect of East Gaelic, rather than the Gaelic-English patois that a first glance at the written language may suggest.

Appendix

aile – "fire" – *teine*
boayl (ball) – place – *àite* (MxG *ard* used for "region ")
braew – "fine" – *brèagha*
cabbyl (capall) – "horse" – *each* (MxG *eagh* used for "racehorse")
carrey – "friend" – *caraid*
cheayll – "heard" – *chuala, clashtyn (claistinn)* – "hearing" – *cluinntinn*
cooidjagh (cuideachd) – "together" (but not "also") – *còmhla / ri chèile /*
    maraon C'raad? – "Where?" – *Càite?*
Cre? – "What?" – *Dè?*
cur lesh (cuir leas) – "bring" – *thoir / bheir*
dooinney (duine) – "man" (but not "person") – *fear*
dooyrt – "said" – *thuirt*
dy chooilley – every – *a h-uile*
fer – "man" / "one" (irrespective of gender) – *fear / tè / neach*
feer – "very" (not necessarily as strong as ScG *fìor*) – *glè / fìor*
fir – "people" / "ones" – *luchd*
fliaghey – "rainwater" –*uisge-adhair*
fuirraghtyn – "waiting" (but not "staying") – *fuirich*
ga dy vel / ga ta – "although .. is" – *ged a tha*
giu / iu – "drinking" – *ag òl / òl*
gleashtan – "car" – *càr*
goll – "going" – *ag dol*
goll rish – "similar to" / "like" – *coltach ri*
hug (thug) – "gave" / "put" – *chur*
imman (iomain) – "driving" (a car) – *dràibheadh*
jeeaghyn – "looking" / "seeming" / "watching" – *amharc / coimhead /*
    sealltainn
jiarg-bwee – "orange" – *orains*
kinjagh – "always" – *an còmhnaidh / daonnan*
leayr – "soon" / "early" – *tràth / a dh'aithghearr*
loayrt (labhairt) – "speaking" / "talking" – *bruidhinn*
lught – "content" / "load" (not often used for "people") – *luchd*

lught-thie – family – *teaghlach*
lurgey – "leg" – *cas* ("foot" only in Manx)
marish – "(together) with" *còmhla ri*
magher (machair) – field – (*ScG achadh*), *mie (maith)* – "good" – *math*
moghrey – "morning" / "early" – *madainn / moch*
mooinjer da – "related to" – *càirdeas da*
mygeayrt - "around" / "about" – *timcheall / mu chuairt*
neesht – "too" / "also" – *cuideachd*
neuchiart – "incorrect" – *ceàrr*
peiagh – "person" – *neach / duine*
Quoi? – "Who?" – *Co*
quaagh – "strange" – *neònach / iongantach*
shickyr – " sure" / "secure" / "fast" – *cinnteach*
shuyr (siùir) – "sister" – *piuthar*
tappee – "fast" – *luath tannaghtyn (tàmh?)* – "staying" – *fuirich*
tra (tràth) – "when" (adverb) – *nuair / an nuair*
traa (tràth) – "time" – *àm / tràth / ùine*
ushag (uiseag) – "bird" – *eun*
ynsagh – "education" – *foghlam*
yindyssagh – "wonderful" – *iongantach*

Notes

1. Initial Scots Gaelic u is also usually written as oo in Manx, e.g., ooyl (*ub-hal*), and ooilley (*uile*).

2. Although the letter y is sometimes used for this function, e.g., shooyl (Scots Gaelic *siubhal*).

3. For further discussion see Jackson.

Bibliography

Jackson, K. H. "Common Gaelic." *Proceedings of the British Academy XXXVII*. London, 1951: 89-92.

Kewley Draskau, J. *Practical Manx*. Liverpool, U.K. Liverpool University Press, 2008.

Thomson, R. L. "Commentariola Mannica." *Studia Celtica* Volume II. Oxford, 1967: 127.

———. *The Viking Age in The Isle of Man : The Continuity of Manx*. London: Viking Society for Northern Research University College London, 1983.

Williams, N. "An Mhanainnis," *Stair na Gaeilge*. Dublin. Roinn na Sean-Ghaeilge, Colaiste Phadraig, Maigh Nuad, 1994. Chapter 10.

www.ingramcontent.com/pod-product-compliance
Lightning Source LLC
Chambersburg PA
CBHW060412030726
47495CB00003B/549